KB262680

무역법과 상거래

내일을여는지식 / 경영경제 10

무역법과 상거래

Trade law and commercial transaction

배상목 · 한만봉 공저

한국학술정보㈜

머리말

이 책은 무역법과 상거래에 대한 법령을 주로 기록하였다. 그리고 무역의 개념, 무역제도, 무역의 종류, 무역의 작용, 무역의 조직, 상거래법, 상거래의 개념 등에 관련된 법규의 이해와 실무에 적용하는 기술을 습득시키고자 다양한 의미를 해석, 적용하였다. 무역 일을 하는 공무원 및 회사, 개인사업자 또는 일반인, 종사자 등이 알기 쉽게 법조문을 밝혀 놓은 책이다. 주로 법조문을 기술한 이유는 법조문을 여러 번 읽고, 이해하면 법에 대한 구체적인 정황과 상황을 적용할 수 있는 능력이 길러지기 때문이다. 단순하게 이러한 법조문을 왜 기록하여 책으로 만들었을까 하는 의구심은 안 가져도 된다. 왜냐하면 법조문 자체가 법의 근본이기 때문이다. 해석과 풀이는 개인의 사견이 들어갈 소지가 많으나 법조문은 있는 그대로이기에 더 정확할 수 있다.

모쪼록 본 책을 통하여 맡은 바 분야에서 진정한 무역과 상거래의 전문가가 되기 바란다. 이 책을 공부함으로써 내적 성공, 외적 성공, 자아실현이 동시에 모두 이루어지며 행복한 삶이 되었으면 한다. 본 책을 출판함에 있어서 전적으로 도움을 주신 한국학술정보(주) 채종준 사장님과, 강태우 팀장님께 감사드리며, 늘 지식적인 면에서 도움을 주신 고려대학교 인문대학 학장님이셨던 김동규 박사님, 고려대학교 부총장님이셨던 표시열 박사님, 성균관대학교 정덕희 박사님, 성남기능대학 학장님이셨던 민영오 박사님, 혜전대학 이재오 총장님께도 감사를 드린다. 또한 자료를 찾아주고 도움을 주신 최선월 선생님에게도 고마움을 표한다.

(집필진과 자료정리를 도와준 선생님들)

　　21세기 진정한 신의 성실한 무역인과 상거래인, 유통마케팅인이 우리나라에서 많이 나오길 바란다.

2009년 5월 혜전대학 산학협력센터에서
배상목, 한만봉

차 례

III 미래의 상거래 변화가능성 ···549

무역과 전자상거래

I

무역과 전자상거래

01 무역의 개념

무역이 무엇인지를 알려면 무역의 시초부터 역사적인 상황을 이해하며 파악하여야 할 것이다. 단순하게 상거래로만 이해하는 협의의 개념 인식보다는 넓고 크게 볼 줄 알아야 한다. 그러면 무역의 시초부터 살펴보도록 하겠다.

초창기 무역

무역하면 우리는 해외를 연상한다. 그리고 국제적인 거래만을 무역으로 인식한 적도 있다. 그리고 또 무슨 전문가집단들만이 하는 고도의 상행위 같은 이미지도 풍긴다. 많은 어려운 무역용어와 규칙들이 등장하고, 또 그러한 내용들을 잘 알아야 수출도 할 수 있지 않을까 생각하기 쉽다. 그러나 원시적 의미에서의 무역은 한마디로 장사다. 상거래가 자기 나라에서만 이루어지는 것이 아니라 타국과의 교류로 이루어지는 것이 무역이었다. 유럽사람들이 최초로 북미대륙을 발견할 때 말이 통하지 않던 토착인디언들과 총포와 향료를 서로 교환한 것과, 신라시대 장보고가 당나라와 물물교환으로 장사했던 일들이 다 국제 무역의 시초들이다. 최근 러시아 상인들이 부산에 배를 타고 들어와 동대문시장, 남대문시장을 휩쓸고 다니면서 배에 가득 싣고 자기 나라에 가서 물건을 팔고, 또 이윤을 남겨 한국으로 들어오는 행위, 이러한 것들도 다 원시적 형태라고 볼 수 있다. 원시적 형태의 거래는 상거래에서부터 출발한다고 봐도 과언이 아니다.

현대적 의미의 무역

한국의 삼성이나 현대가 반도체나 자동차를 팔기 위해 외국상인들과 상담하고 계약하고 상품을 실어 주고 돈 받고 하는 행위 자체를 우리는 근대적 의미에서의 수출이라고 말한다. 우리가 외국으로부터 사들이는 행위를 수입이라 할 것 같으면, 외국 사람들에게 물건을 파는 행위는 수출이다.

나라 안에서 서로 주거니 받거니 하는 장사행위를 내수 또는 Local business라고 할 것 같으면 바다를 건너 타국으로 물건이 나가고 들어오는 행위를 우리는 국제무역(International Trade, International Business)이라고 통칭한다.

그러니 무역이란 한마디로 우리가 국내에서 하는 상행위를 국제적으로 연장한 비즈니스의 한 형태라 볼 수가 있다. 21세기는 돈거래도 무역의 일환으로 움직인다. 즉 환율과 달러 차익을 주고받는 것을 말한다. 외국환거래도 무역의 한 양태라고 보아도 될 것이다.

무역의 형태

좀 더 구체적으로 얘기해 보면, 우리나라의 한국타이어가 타이어 생산을 위해 고무를 말레이시아로부터 가져오는 행위, 현대자동차가 자동차 생산을 위해 국내 생산이 불가능한 부속품을 일본에서 구입하는 행위, SK상사가 Cotton 제품을 수출하기 위해 미국 켄터키 주에서 원면을 구입하는 행위,

수입자유화 바람을 타고 국산보다 질이 좋고 값이 싼 홍콩산 의류를 국내로 반입하여 파는 행위, 일부 부유층의 소비심리를 만족시키기 위해 이태리산 의류, 향수, 카펫 등을 유럽으로부터 반입해 백화점에 진열해 놓고 파는 행위이다. 이 모두가 일종의 수입형태의 무역이다.

다만 전자의 한국, 현대자동차, SK상사의 경우는 그와 같은 원자재 부품을 들여와서 가공, 조립, 생산하여 제3국으로 다시 수출하기 위한 생산성 조건부 수입형태라 할 것 같으면, 후자는 100% 국내로 들여와 소비되는 소비재 수입상품이라고 말할 수 있다. 우리가 세계 200여 개국에 수출하는 품목들을 보면 손톱깎이에서부터 컴퓨터, 자동차, 선박에 이르기까지 가지각색이다.

그런데 섬유, 컴퓨터, 자동차, 선박, 철강, 반도체, 정보통신기 등 수십만 수출품목 중에서 생산원가만 70~80%가 원·부자재 값으로 들어가는 상품이 있는가 하면, 고려인삼, 국산차, 김치, 수산물, 양송이 통조림 등 순수 신토불이로 원자재 수입 없이 가득률 100%로 달러를 벌어들이는 효자상품들도 있다.[1]

02　전자상거래의 개념

일반적인 상거래를 논의하지 않고 전자상거래를 논의한 이유는 21세기는 전자상거래가 상거래에 있어서 상당한 부분을 차지하기 때문이다. 전자상거래에 대해서 간단히 설명하면 다음과 같다. 재화나 용역의 거래에 있어서 그 전부 또는 일부가 컴퓨터 등 정보처리능력을 가진 장치(컴퓨터 등)에 의하여 전자적 형태로 작성되어, 송·수신 또는 저장되는 정보인 전자문서에 의하여 처리되는 거래를 말한다.

전자상거래는 종전과 같이 PC통신 등을 통하여 홈쇼핑이나 홈뱅킹 등이

---

1) http://kin.naver.com/detail/detail.php?d1id=13&dir_id=130501&eid=jKsuvo

있어 왔으나 인터넷이 대중화되면서 인터넷상에서의 거래가 활성화되고 있다. 협의의 전자상거래란 인터넷상에 홈페이지로 개설된 상점을 통해 실시간으로 상품을 거래하는 것을 의미한다. 거래되는 상품에는 전자부품과 같은 실물뿐 아니라, 원거리 교육이나 의학적 진단과 같은 서비스도 포함된다.

또한 디지털 상품도 포함되며, 이들의 비중이 점차 높아지고 있다. 광의의 전자상거래는 소비자와의 거래뿐만 아니라 거래와 관련된 공급자, 금융기관, 정부기관, 운송기관 등과 같이 거래에 관련되는 모든 기관과의 관련 행위를 포함한다. 전자상거래 시장은 생산자, 중개인, 소비자가 디지털 통신망을 이용하여 상호 거래하는 시장으로 실물시장과 대비되는 가상시장(virtual market)을 의미한다.

기업, 조직, 개인 간의 인터넷과 전자상거래의 효율적인 도입과 운영을 위해 전자상거래의 전 과정의 기획, 전략개발, 운영 및 추진방법론 구현, 전자상거래의 경영적, 기술적, 법적, 전략적 요소의 관리, 감독 등의 역할을 하며 신규 또는 기존 전자상거래 비즈니스를 개발, 교육, 훈련, 진단 및 지도하는 전자상거래 전문가로서 21C의 주역이 될 전문인을 말한다. 향후 가장 각광받는 정보기술분야, 인터넷경영분야의 전문가로서 인력 수요가 상당히 많을 것으로 예상되며, 외국에서도 최고의 대우를 받는 첨단전문직이다. 수요가 많아 취업뿐 아니라 개업에도 평생 보장이 될 것이다.

노동부는 '전자상거래관리사'가 21세기 최고의 유망 자격증이 될 것이라고 보고 있다. 전자상거래관리사 자격증의 도입으로 전자상거래를 전문적으로 지원할 수 있는 인력이 대량으로 양성되면 대기업은 물론, 중소기업, SOHO 등 전자상거래를 하고자 하는 모든 사업자들이 전문인력을 활용할 수 있을 것으로 전망된다. 전자상거래관리사를 활용할 경우, 인터넷 관련 기술뿐만 아니라 물류, 마케팅, 관련법률 등 경영분야의 지원이 가능해 보다 효과적으로 전자상거래 활동을 전개할 수 있어 전문가로서의 '전자상거래관리사'의 많은 수요가 예상된다. 또한 전자상거래관리사는 새로운 시대의 흐름을 올바로 읽어 새로운 창업에 두각을 나타낼 전문인으로 미래지향적 인간이며, 우리 경제의 미래를 책임질 신세대의 역군이 될 것이다.

1. 전자상거래의 시스템 기획
2. 전자상거래의 운영 및 분석
3. 인터넷 사이버몰의 설계, 구축 및 관리 등
4. 전자상거래의 물류 및 자문
5. 인터넷사이트(홈페이지)의 운영 및 관리
6. 부품업체, 협력업체, 거래업체 등과 설계·구매·생산·물류 등에 대한 정보 공유관리
7. 해당 분야의 진단지도, 교육 등 전문 컨설턴트로서의 역할 수행

각 국가기관, 대기업, 중소기업, 연구소 등의 전자상거래 관련 부서에서 전문가로 활동(기업 근무 시 자격수당, 승진고과 등의 혜택).

중소규모의 사이버몰 전문사업(SOHO 등), 기업 간 전자상거래 연결, 전문사업 기업체전자상거래용 프로그래밍 대행업, 인터넷 웹사이트 중개업 등 등을 할 수 있다. 그러나 상공회의소에서 밝힌 것처럼 활성화되어 있지는 않다. 아직은 걸음마 단계에 불과하다고 할 수 있다. 국립대학교인 공주대학교에도 전자상거래학과가 있어서 전자상거래학 박사를 배출하고 있지만, 그 근본을 찾아가면 상업정보가 그 근간을 이루고 있음을 볼 수 있다. 아직은 국가적인 여건과 인프라 구축이 덜된 분야라고 할 수 있다. 기대만큼 수익과 가치가 높지 않다고 할 수 있다.

e-business에 대한 정의가 분분하지만 넓은 개념으로 IBM에서 정의한 바를 인용하면 'e-business'란 개인, 기업, 단체, 기관이 인터넷과 기존 정보기술이 결합된 네트워크컴퓨팅 환경에서 핵심 업무 프로세스를 혁신함으로써 생산성과 경쟁력을 키우고 기존고객관리 및 신규수요창출을 극대화하는 새로운 비즈니스 방식이다.

인터넷을 통해 이루어지는 전자상거래, 온라인 뱅킹, 고객지원, 지식경영에서 원격진료, 행정, 교육 등 공공 분야에 이르기까지 네트워크 환경에서 이루어지는 모든 업무가 e-business이다. 쉽게 말해서 산업 각 분야에서 Internet을 이용하여 사업을 해 보자는 것이다. Internet은 인쇄기술의 발견,

신대륙의 발견, 르네상스 문화에 비견되지만 어쩌면 그보다 더 인간의 삶을 바꾸고 있는지도 모를 정도로 새로운 세상이 열리고 있는 것이다. Internet의 가장 큰 특징은 시간과 공간의 경계가 없어진다는 것일 것이다. 세계의 모든 사람들이 물리적으로 떨어져 있고 시차가 발생하고 있지만 인터넷에 접속하면 동일 공간과 동일 시간대에 동일한 관심사항으로 가상공동체(Cyber World)를 형성하면서 살아가는 것이 현실세계(Real world)의 우리들의 일상 생활인 것이다. 인터넷이 세상이 알려진 것이 10년 전쯤이고 Internet의 특성이 파악되고 web(world wide web)이라는 편리한 접속수단이 개발되면서 창의적인 사람들은 5~6년 전부터 Internet으로 사업기회를 창출하여 이미 상당한 기업 가치를 인정받고 있다. 이러한 예로서 Amazon, Yahoo, ebay 등이 독창적인 신규기업모델로서 성공을 거두고 있는 것이다. 전자상거래는 인터넷이 보편화되기 이전에도 기업 간 문서를 전자적 방식으로 교환하거나, PC통신의 홈쇼핑·홈뱅킹 등 다양한 형태로 존재해 왔으나, 인터넷이 대중화되면서 전자상거래는 인터넷상에서의 거래와 관련지어 생각하게 되었다. 협의의 전자상거래란 인터넷상에 홈페이지로 개설된 상점을 통해 실시간으로 상품을 거래하는 것을 의미한다. 거래되는 상품에는 전자부품과 같은 실물뿐 아니라, 원거리 교육이나 의학적 진단과 같은 서비스도 포함된다. 또한 뉴스·오디오·소프트웨어와 같은 디지털 상품도 포함되며, 이들의 비중이 점차 높아지고 있다. 광의의 전자상거래는 소비자와의 거래뿐만 아니라 거래와 관련된 공급자, 금융기관, 정부기관, 운송기관 등과 같이 거래에 관련되는 모든 기관과의 관련행위를 포함한다. 전자상거래 시장이란 생산자(producers)·중개인(intermediaries)·소비자(consumers)가 디지털 통신망을 이용하여 상호 거래하는 시장으로 실물시장(physical market)과 대비되는 가상시장(virtual market)을 의미한다.

　우리나라에서는 인터넷을 통한 옥션, G마켓, 그 외 인터넷 상점을 말한다. 수요가 서서히 늘어 가고 있는 추세이다.

법이 필요한 이유는 그 법을 지킴으로써 사회의 질서가 유지되고 따라서 개인의 권익이 최대한 보장될 수 있다고 믿고 있기 때문이다. 그런데 만일 법이 개인의 권익을 보장해 주지 않고 따라서 사회의 불안을 야기한다거나, 질서 유지 자체만을 목적으로 삼을 경우에는 어떻게 해야 하는가? 그래도 법은 지켜져야 할 이유가 있는가? 특히 법을 집행하고 수호하여야 할 사람은 어떻게 해야 하는가?

소설 레미제라블에서 자베르가 처한 상황은 우리로 하여금 이러한 문제에 대해 고찰해 볼 것을 요구하고 있다. 오늘날 우리가 반드시 지켜야 한다고 믿는 법의 정당성은 그것이 나의 권익을 최대한으로 보장해 줄 수 있을 때 확립된다.

다시 말해 법이란 법이 없을 경우 초래될 수 있는 자연 상태의 혼란과 그것에 따르는 개인의 불이익을 최소화하기 위해 서로 간에 지키기로 한 약속이다.

우리가 법을 준수하겠다고 약속했다면, 그것이 나의 권익에 도움이 되거나 나의 권익에 직접 도움은 되지 않더라도 전체의 권익에 보탬이 됨으로써 궁극적으로는 나의 권익에 도움이 된다고 믿기 때문이다. 따라서 궁극적으로 개인이 인간으로서 누려야 할 기본 권리마저 보장해 주지 않는 법은 존립하여야 할 정당성을 상실하고 만다.

그런데 존립 정당성을 상실한 법이 그대로 유지될 때 그 법은 사회 전체의 권익이 아니라 특정 기득권 계층의 권익을 보호하는 수단으로 전락하며, 이때 법이 유지하고자 하는 사회질서는 기득권 계층의 권익을 보호하는 질서일 뿐이다.

그런데도 현대 민주 사회에서 법은 일단 제정되면 구성원 전체가 지키기로 합의한 것으로 여겨진다. 구성원이 법을 지키기로 합의한 경우는 사회 계약적으로 볼 때 자신의 궁극적 권익을 보장받을 수 있다는 신념을 지닐 수 있을 때뿐인 것이다.

문제는 법 집행이 이러한 합의가 이루어지지 않은 법을 강제적으로 집행할 때 발생한다. 특히 국제간의 무역 거래 시는 무역법이 중요한 역할을 한다. 상호 국가 간의 이해관계가 걸려 있는 문제이기에 신중하여야 하며, 신의성실, 도덕적이고, 윤리적이며, 상도의 도를 지켜야 할 것이다. 이것을 법으로 규정한 것이 국제무역법이다.

법령별 무역법과 상거래법

Ⅱ

법령별 무역법과 상거래법

 대외 무역법

[일부개정 2008.12.26 법률 제9221호]

제1장 총칙

제1조 (목적) 이 법은 대외 무역을 진흥하고 공정한 거래 질서를 확립하여 국제 수지의 균형과 통상의 확대를 도모함으로써 국민 경제를 발전시키는 데 이바지함을 목적으로 한다.

제2조 (정의) 이 법에서 사용하는 용어의 뜻은 다음과 같다.
1. "무역"이란 다음 각 목의 어느 하나에 해당하는 것(이하 "물품등"이라 한다)의 수출과 수입을 말한다.
   가. 물품
   나. 대통령령으로 정하는 용역
   다. 대통령령으로 정하는 전자적 형태의 무체물(無體物)
2. "물품"이란 다음 각 목의 것을 제외한 동산(動産)을 말한다.

    가. 「외국환거래법」에서 정하는 지급수단

    나. 「외국환거래법」에서 정하는 증권

    다. 「외국환거래법」에서 정하는 채권을 화체(化體)한 서류

3. "무역거래자"란 수출 또는 수입을 하는 자, 외국의 수입자 또는 수출자에게서 위임을 받은 자 및 수출과 수입을 위임하는 자 등 물품 등의 수출행위와 수입행위의 전부 또는 일부를 위임하거나 행하는 자를 말한다.

제3조 (자유롭고 공정한 무역의 원칙 등)

① 우리나라의 무역은 헌법에 따라 체결·공포된 무역에 관한 조약과 일반적으로 승인된 국제법규에서 정하는 바에 따라 자유롭고 공정한 무역을 조장함을 원칙으로 한다.

② 정부는 이 법이나 다른 법률 또는 헌법에 따라 체결·공포된 무역에 관한 조약과 일반적으로 승인된 국제 법규에 무역을 제한하는 규정이 있는 경우에는 그 제한하는 목적을 달성하기 위하여 필요한 최소한의 범위에서 이를 운영하여야 한다.

제4조 (무역의 진흥을 위한 조치)

① 지식경제부장관은 무역의 진흥을 위하여 필요하다고 인정되면 대통령령으로 정하는 바에 따라 물품등의 수출과 수입을 지속적으로 증대하기 위한 조치를 할 수 있다. <개정 2008.2.29>

② 지식경제부장관은 제1항에 따른 무역의 진흥을 위하여 필요하다고 인정되면 대통령령으로 정하는 바에 따라 다음 각 호의 어느 하나에 해당하는 자에게 필요한 지원을 할 수 있다. <개정 2008.2.29>

1. 무역의 진흥을 위한 자문, 지도, 대외 홍보, 전시, 연수, 상담 알선 등을 업(業)으로 하는 자

2. 무역전시장이나 무역연수원 등의 무역 관련 시설을 설치·운영하는 자

3. 과학적인 무역업무 처리기반을 구축·운영하는 자

제5조 (무역에 관한 제한 등 특별 조치) 지식경제부장관은 다음 각 호의
어느 하나에 해당하는 경우에는 대통령령으로 정하는 바에 따라 물품등의
수출과 수입을 제한하거나 금지할 수 있다. <개정 2008.2.29>

    1. 우리나라 또는 우리나라의 무역 상대국(이하 "교역상대국"이라 한
      다)에 전쟁·사변 또는 천재지변이 있을 경우

    2. 교역상대국이 조약과 일반적으로 승인된 국제법규에서 정한 우리나
      라의 권익을 인정하지 아니할 경우

    3. 교역상대국이 우리나라의 무역에 대하여 부당하거나 차별적인 부담
      또는 제한을 가할 경우

    4. 헌법에 따라 체결·공포된 무역에 관한 조약과 일반적으로 승인된
      국제법규에서 정한 국제평화와 안전유지 등의 의무를 이행하기 위
      하여 필요할 경우

    5. 인간의 생명·건강 및 안전, 동물과 식물의 생명 및 건강, 환경보전
      또는 국내 자원보호를 위하여 필요할 경우

제6조 (무역에 관한 법령 등의 협의 등)

① 무역에 관하여는 이 법에서 정하는 바에 따른다.

② 관계 행정기관의 장은 물품등의 수출 또는 수입을 제한하는 법령이나
훈령·고시 등(이하 "수출·수입요령"이라 한다)을 제정하거나 개정
하려면 미리 지식경제부장관과 협의하여야 한다. 이 경우 지식경제부
장관은 관계 행정기관의 장에게 그 수출·수입요령의 조정을 요청할
수 있다. <개정 2008.2.29>

제2장 통상의 진흥

제7조 (통상진흥 시책의 수립)

① 지식경제부장관은 무역과 통상을 진흥하기 위하여 매년 다음 연도의

통상진흥 시책을 세워야 한다. <개정 2008.2.29>

② 제1항에 따른 통상진흥 시책에는 다음 각 호의 사항이 포함되어야 한다.

1. 통상진흥 시책의 기본 방향
2. 국제통상 여건의 분석과 전망
3. 무역 관련 협상 추진 방안과 대외산업 협력 추진 방안
4. 통상진흥을 위한 자문, 지도, 대외 홍보, 전시, 상담 알선, 전문인력 양성 등 해외시장 개척 지원 방안
5. 통상 관련 정보수집·분석 및 활용 방안
6. 그 밖에 대통령령으로 정하는 사항

③ 지식경제부장관은 제1항에 따른 통상진흥 시책의 수립을 위한 기초 자료를 수집하기 위하여 교역상대국의 통상 관련 제도·관행 등과 기업이 해외에서 겪는 고충 사항을 조사할 수 있다. <개정 2008.2.29>

④ 지식경제부장관은 해외에 진출한 기업에 제1항에 따른 통상진흥 시책의 수립에 필요한 자료를 요청하고, 필요한 경우 지원할 수 있다. <개정 2008.2.29>

⑤ 지식경제부장관은 제1항에 따라 통상진흥 시책을 세우는 경우에는 미리 특별시장, 광역시장, 도지사 또는 특별자치도지사(이하 "시·도지사"라 한다)의 의견을 들어야 하고, 통상진흥 시책을 수립한 때에는 이를 시·도지사에게 알려야 한다. 이를 변경한 경우에도 또한 같다. <개정 2008.2.29>

⑥ 제5항에 따라 통상진흥 시책을 통보받은 시·도지사는 그 관할 구역의 실정에 맞는 지역별 통상진흥 시책을 수립·시행하여야 한다.

⑦ 시·도지사는 제6항에 따라 지역별 통상진흥 시책을 수립한 때에는 이를 지식경제부장관에게 알려야 한다. 이를 변경한 때에도 또한 같다. <개정 2008.2.29>

제8조 (민간 협력 활동의 지원 등)

① 지식경제부장관은 무역·통상 관련 기관 또는 단체가 교역상대국의

정부, 지방정부, 기관 또는 단체와 통상, 산업, 기술, 에너지 등에서 협력활동을 추진하는 경우 대통령령으로 정하는 바에 따라 필요한 지원을 할 수 있다. <개정 2008.2.29>

② 지식경제부장관은 기업의 대외 진출을 지원하기 위하여 무역·통상 관련 기관 또는 단체로부터 정보를 체계적으로 수집하고 분석하여 지방자치단체와 기업에 필요한 정보를 제공할 수 있다. <개정 2008.2.29>

제9조 (종합무역상사 등의 지정)

① 지식경제부장관은 해외시장을 개척하고 무역 기능을 다양화하며, 중소기업과의 계열화 등을 통한 중소기업의 무역활동을 지원하기 위하여 무역거래자 중에서 종합무역상사를 지정할 수 있다. <개정 2008.-2.29>

② 지식경제부장관은 첨단산업 제품의 해외시장 진출을 지원하기 위하여 무역거래자 중에서 전문무역상사를 지정할 수 있다. <개정 2008.2.29>

③ 제1항과 제2항에 따른 지정의 기준 및 절차 등에 필요한 사항은 대통령령으로 정한다.

④ 지식경제부장관은 제1항 또는 제2항에 따라 지정을 받은 종합무역상사 또는 전문무역상사가 제3항에 따른 지정 기준에 맞지 아니하게 되면 그 지정을 취소할 수 있다. <개정 2008.2.29>

제3장 수출입 거래

제1절 수출입 거래 총칙

제10조 (수출입의 원칙)

① 물품등의 수출입과 이에 따른 대금을 받거나 지급하는 것은 이 법의 목적의 범위에서 자유롭게 이루어져야 한다.

② 무역거래자는 대외신용도 확보 등 자유무역질서를 유지하기 위하여 자

기 책임으로 그 거래를 성실히 이행하여야 한다.

제11조 (수출입의 제한 등)

① 지식경제부장관은 헌법에 따라 체결·공포된 조약과 일반적으로 승인
된 국제법규에 따른 의무의 이행, 생물자원의 보호 등을 위하여 필요
하다고 인정하면 물품등의 수출 또는 수입을 제한하거나 금지할 수
있다. <개정 2008.2.29>

② 지식경제부장관이 헌법에 따라 체결·공포된 조약과 일반적으로 승인
된 국제법규에 따른 의무의 이행, 생물자원의 보호 등을 위하여 지정
하는 물품등을 수출하거나 수입하려는 자는 지식경제부장관의 승인을
받아야 한다. 다만, 긴급히 처리하여야 하는 물품등과 그 밖에 수출
또는 수입 절차를 간소화하기 위한 물품등으로서 대통령령으로 정하
는 기준에 해당하는 물품등의 수출 또는 수입은 그러하지 아니하다.
<개정 2008.2.29>

③ 제2항에 따라 승인을 받은 자가 승인을 받은 사항 중 대통령령으로
정하는 중요한 사항을 변경하려면 지식경제부장관의 변경승인을 받아
야 하고, 그 밖의 경미한 사항을 변경하려면 지식경제부장관에게 신
고하여야 한다. <개정 2008.2.29>

④ 지식경제부장관은 필요하다고 인정하면 제1항과 제2항에 따른 승인
대상 물품등의 품목별 수량·금액·규격 및 수출 또는 수입지역 등
을 한정할 수 있다. <개정 2008.2.29>

⑤ 지식경제부장관은 제1항부터 제4항까지의 규정에 따른 제한·금지,
승인, 신고, 한정 및 그 절차 등을 정한 경우에는 이를 공고하여야 한
다. <개정 2008.2.29>

⑥ 제19조 또는 제32조에 따라 수출허가를 받거나 수출승인을 받은 자는
제2항에 따른 수출승인을 받은 것으로 본다.

제12조 (통합 공고)

① 관계 행정기관의 장은 수출·수입요령을 제정하거나 개정하는 경우에

는 그 수출·수입요령이 그 시행일 전에 제2항에 따라 공고될 수 있
도록 이를 지식경제부장관에게 제출하여야 한다. <개정 2008.2.29>
② 지식경제부장관은 제1항에 따라 제출받은 수출·수입요령을 통합하여
공고하여야 한다. <개정 2008.2.29>

제13조 (특정 거래 형태의 인정 등)
① 지식경제부장관은 물품등의 수출 또는 수입이 원활히 이루어질 수 있
도록 대통령령으로 정하는 물품등의 수출입 거래 형태를 인정할 수
있다. <개정 2008.2.29>
② 기획재정부장관이 외국환 거래 관계 법령에 따라 무역대금 결제 방법
을 정하려면 미리 지식경제부장관과 협의하여야 한다. <개정
2008.2.29>

제14조 (수출입 승인 면제의 확인) 지식경제부장관은 승인을 받지 아니하
고 수출되거나 수입되는 물품등(제11조제2항 본문에 해당하는 물품등만을
말한다)이 제11조제2항 단서에 따른 물품등에 해당하는지를 확인하여야 한
다. <개정 2008.2.29>

제15조 (과학적 무역업무의 처리기반 구축)
① 지식경제부장관은 물품등의 수출입 거래가 질서 있고 효율적으로 이
루어질 수 있도록 전자문서 교환체제 등 과학적 무역업무의 처리기반
을 구축하기 위하여 노력하여야 한다. <개정 2008.2.29>
② 지식경제부장관은 제1항에 따른 과학적 무역업무의 처리기반을 구축
하기 위하여 필요하다고 인정되면 관계 행정기관의 장에게 통관기록
등 물품등의 수출입 거래에 관한 정보를 제공하도록 요청할 수 있다.
이 경우 관계 행정기관의 장은 이에 협조하여야 한다. <개정 2008.-
2.29>
③ 관계 행정기관의 장은 이 법의 목적의 범위에서 필요하다고 인정되면
지식경제부장관에게 제1항과 제2항에 따라 구축된 물품등의 수출입

거래에 관한 정보를 제공하도록 요청할 수 있다. 이 경우 지식경제부
장관은 이에 협조하여야 한다. <개정 2008.2.29>

제2절 외화획득용 원료·기재의 수입과 구매 등

제16조 (외화획득용 원료·기재의 수입 승인 등)

① 지식경제부장관은 원료, 시설, 기재(機材) 등 외화획득을 위하여 사용
되는 물품등(이하 "원료·기재"라 한다)의 수입에 대하여는 제11조제
4항을 적용하지 아니할 수 있다. 다만, 국산 원료·기재의 사용을 촉
진하기 위하여 필요한 경우에는 그러하지 아니하다. <개정 2008.2.29>

② 지식경제부장관은 제1항에 따른 원료·기재의 범위, 품목 및 수량을
정하여 공고할 수 있다. <개정 2008.2.29>

③ 제1항에 따라 원료·기재를 수입한 자와 수입을 위탁한 자는 그 수입
에 대응하는 외화획득을 하여야 한다. 다만, 제17조에 따라 지식경제
부장관의 승인을 받은 경우에는 그러하지 아니하다. <개정 2008.2.29>

④ 제3항에 따른 외화획득의 범위, 이행기간, 확인방법, 그 밖에 필요한
사항은 대통령령으로 정한다.

제17조 (외화획득용 원료·기재의 목적을 벗어난 사용 등)

① 제16조제1항에 따라 원료·기재를 수입한 자는 그 수입한 원료·기
재 또는 그 원료·기재로 제조된 물품등을 부득이한 사유로 인하여
당초의 목적 외의 용도로 사용하려면 대통령령으로 정하는 바에 따라
지식경제부장관의 승인을 받아야 한다. 다만, 대통령령으로 정하는 원
료·기재 또는 그 원료·기재로 제조된 물품등에 대하여는 그러하지
아니하다. <개정 2008.2.29>

② 제16조제1항에 따라 수입한 원료·기재 또는 그 원료·기재로 제조
된 물품등을 당초의 목적과 같은 용도로 사용하거나 수출하려는 자에
게 양도(讓渡)하려는 때에는 양도하려는 자와 양수(讓受)하려는 자가
함께 지식경제부장관의 승인을 받아야 한다. 다만, 대통령령으로 정하

는 원료·기재 또는 그 원료·기재로 제조된 물품등에 대하여는 그
러하지 아니하다. <개정 2008.2.29>

③ 제2항에 따라 원료·기재 또는 그 원료·기재로 제조된 물품등을 양
수한 자에 관하여는 제16조제3항 및 제4항을 준용한다.

제18조 (구매확인서의 발급 등)

① 지식경제부장관은 외화획득용 원료·기재를 구매하려는 자가「부가가
치세법」 제11조제1항제4호에 따른 영(零)의 세율을 적용받기 위하여
확인을 신청하면 외화획득용 원료·기재를 구매하는 것임을 확인하는
서류(이하 "구매확인서"라 한다)를 발급할 수 있다. <개정 2008.2.29>

② 지식경제부장관은 구매확인서를 발급받은 자에 대하여는 외화획득용
원료·기재의 구매 여부를 사후관리하여야 한다. <개정 2008.2.29>

③ 제1항과 제2항에 따른 구매확인서의 신청·발급절차 및 사후관리 등
에 필요한 사항은 대통령령으로 정한다.

제3절 전략물자의 수출입

제19조 (전략물자의 고시 및 수출허가 등)

① 지식경제부장관은 대통령령으로 정하는 다자간 국제수출통제체제의
원칙에 따라 국제평화 및 안전유지와 국가안보를 위하여 수출허가
등 제한이 필요한 물품등을 지정하여 고시하여야 한다. <개정 2008.-
2.29>

② 제1항에 따라 지정·고시된 물품등(이하 "전략물자"라 한다)을 수출하
려는 자는 대통령령으로 정하는 바에 따라 지식경제부장관이나 관계
행정기관의 장의 허가(이하 "수출허가"라 한다)를 받아야 한다. <개정
2008.2.29>

③ 전략물자에는 해당되지 아니하나 대량파괴무기와 그 운반수단인 미사
일(이하 "대량파괴무기등"이라 한다)의 제조·개발·사용 또는 보관
등의 용도로 전용될 가능성이 높은 물품등을 수출하려는 자는 그 물

품등의 수입자나 최종 사용자가 그 물품등을 대량파괴무기등의 제
조·개발·사용 또는 보관 등의 용도로 전용할 의도가 있음을 알았
거나 그 수출이 다음 각 호의 어느 하나에 해당되어 그러한 의도가
있다고 의심되면 대통령령으로 정하는 바에 따라 지식경제부장관이나
관계 행정기관의 장의 허가(이하 "상황허가"라 한다)를 받아야 한다.
<개정 2008.2.29>

1. 수입자가 해당 물품등의 최종 용도에 관하여 필요한 정보 제공을
   기피하는 경우
2. 수출하려는 물품등이 최종 사용자의 사업 분야에 해당되지 아니하
   는 경우
3. 수출하려는 물품등이 수입국가의 기술수준과 현저한 격차가 있는
   경우
4. 최종 사용자가 해당 물품등이 활용될 분야의 사업경력이 없는 경우
5. 최종 사용자가 해당 물품등에 대한 전문적 지식이 없으면서도 그 물
   품등의 수출을 요구하는 경우
6. 최종 사용자가 해당 물품등에 대한 설치·보수 또는 교육훈련 서비
   스를 거부하는 경우
7. 해당 물품등의 최종 수하인(受荷人)이 운송업자인 경우
8. 해당 물품등에 대한 가격 조건이나 지불 조건이 통상적인 범위를
   벗어나는 경우
9. 특별한 이유 없이 해당 물품등의 납기일이 통상적인 기간을 벗어난
   경우
10. 해당 물품등의 수송경로가 통상적인 경로를 벗어난 경우
11. 해당 물품등의 수입국 내 사용 또는 재수출 여부가 명백하지 아니
    한 경우
12. 해당 물품등에 대한 정보나 목적지 등에 대하여 통상적인 범위를
    벗어나는 보안을 요구하는 경우
13. 그 밖에 국제정세의 변화 또는 국가안전보장을 해치는 사유의 일

시적 발생 등으로 지식경제부장관이나 관계 행정기관의 장이 한시
적으로 수출허가를 받도록 정하여 고시하는 경우

④ 지식경제부장관이나 관계 행정기관의 장은 수출허가 신청이나 상황허
가 신청을 받으면 국제평화 및 안전유지와 국가안보 등 대통령령으로
정하는 기준에 따라 수출허가나 상황허가를 할 수 있다. <개정 2008.-
2.29>

제20조 (전략물자의 제조자 및 무역거래자의 확인의무 등)

① 물품등의 제조자나 무역거래자는 사전에 그 물품등이 전략물자에 해
당하는지를 확인하여야 한다. 다만, 제19조제2항 및 제3항에 해당할
가능성이 없는 물품등으로서 대통령령으로 정하는 경우에는 그러하지
아니하다.

② 제1항의 제조자나 무역거래자는 대통령령으로 정하는 바에 따라 지식
경제부장관이나 관계 행정기관의 장에게 전략물자에 해당하는지에 대
한 판정을 신청할 수 있다. 이 경우 지식경제부장관이나 관계 행정기
관의 장은 제29조에 따른 전략물자관리원장에게 판정을 위임하거나
위탁할 수 있다. <개정 2008.2.29>

③ 제1항의 제조자나 무역거래자는 다음 각 호의 서류를 5년간 보관하여
야 한다.

 1. 제1항에 따른 확인에 관한 서류

 2. 제2항에 따른 판정을 신청한 경우에는 그 판정에 관한 서류

 3. 전략물자 또는 상황허가 대상인 물품등을 수출하거나 전략물자를 중
개한 자의 경우 그 수출허가·상황허가 또는 중개허가에 관한 서류

 4. 그 밖에 대통령령으로 정하는 서류

제21조 (전략물자의 제조자·수입자의 신고 및 통보 의무)

① 전략물자를 제조하거나 수입하는 자는 전략물자를 제조하거나 수입하
는 경우 출고일 또는 「관세법」 제248조제1항에 따른 수입신고의 수
리일부터 30일 이내에 대통령령으로 정하는 바에 따라 관계 행정기관

의 장에게 신고하여야 한다. 다만, 제22조에 따라 수입목적확인서를 발급받은 경우에는 신고하지 아니한다.

② 전략물자를 제조하거나 수입한 자가 그 전략물자를 다른 사람에게 인도할 때에는 대통령령으로 정하는 바에 따라 상대방에게 그 물품등이 전략물자라는 사실을 통보하여야 한다.

제22조 (수입목적확인서의 발급) 전략물자를 수입하려는 자는 대통령령으로 정하는 바에 따라 지식경제부장관이나 관계 행정기관의 장에게 수입목적 등의 확인을 내용으로 하는 수입목적확인서의 발급을 신청할 수 있다. 이 경우 지식경제부장관과 관계 행정기관의 장은 확인 신청 내용이 사실인지 확인한 후 수입목적확인서를 발급할 수 있다. <개정 2008.2.29>

제23조 (전략물자등에 대한 이동중지명령 등)

① 지식경제부장관과 관계 행정기관의 장은 전략물자나 상황허가 대상인 물품등(이하 이 조에서 "전략물자등"이라 한다)이 허가를 받지 아니하고 수출되거나 거짓이나 그 밖의 부정한 방법으로 허가를 받아 수출되는 것(이하 "불법수출"이라 한다)을 막기 위하여 필요하면 적법한 수출이라는 사실이 확인될 때까지 전략물자등의 이동중지명령을 할 수 있다. <개정 2008.2.29>

② 제1항에도 불구하고 지식경제부장관과 관계 행정기관의 장은 전략물자등의 불법수출을 막기 위하여 긴급하게 그 이동을 제한할 필요가 있으면 적법한 수출이라는 사실이 확인될 때까지 직접 그 이동을 중지시킬 수 있다. <개정 2008.2.29>

③ 지식경제부장관과 관계 행정기관의 장은 국제기구나 외국 정부가 국내 항만이나 공항을 경유하거나 국내에서 옮겨 싣는 외국의 전략물자등의 이동중지에 관한 협조를 요청하면 전략물자등의 이동중지명령을 할 수 있으며, 긴급하게 이동을 제한할 필요가 있으면 직접 이동을 중지시킬 수 있다. <개정 2008.2.29>

④ 지식경제부장관과 관계 행정기관의 장은 직접 제2항이나 제3항에 따

른 이동중지조치를 하기가 적절하지 아니하면 다른 행정기관에 협조
를 요청할 수 있다. 이 경우 협조를 요청받은 행정기관은 국내 또는
외국의 전략물자등의 국가 간 불법수출을 막을 수 있도록 협조하여야
한다. <개정 2008.2.29>

⑤ 제2항부터 제4항까지의 규정에 따라 이동중지조치를 하는 공무원은
그 권한을 표시하는 증표를 지니고 이를 관계인에게 내보여야 한다.

⑥ 제1항부터 제4항까지의 규정에 따른 이동중지명령 및 이동중지조치의
기간과 방법은 전략물자등의 국가 간 불법수출을 막기 위하여 필요한
최소한도에 그쳐야 한다.

제24조 (전략물자의 중개)

① 국내에 거주하는 대한민국 국민(국내법에 따라 설립된 법인을 포함한
다)이 전략물자를 제3국에서 다른 제3국으로 이전하거나 매매하기 위
한 중개를 하려면 대통령령으로 정하는 바에 따라 지식경제부장관이
나 관계 행정기관의 장의 허가를 받아야 한다. 다만, 그 전략물자의
이전·매매가 수출국으로부터 제19조제1항의 다자간 국제수출통제체
제의 원칙에 따른 수출허가를 받은 것이면 그러하지 아니하다. <개
정 2008.2.29>

② 지식경제부장관과 관계 행정기관의 장은 제1항 본문에 따라 중개허가
의 신청을 받으면 국제평화 및 안전유지와 국가안보 등 대통령령으로
정하는 기준에 따라 중개허가를 할 수 있다. <개정 2008.2.29>

제25조 (자율준수무역거래자)

① 지식경제부장관은 기업의 자율적인 전략물자 관리능력을 높이기 위하
여 전략물자 여부에 대한 판정능력, 수입자 및 최종 사용자에 대한
분석능력 등 대통령령으로 정하는 능력을 갖춘 무역거래자를 자율준
수무역거래자로 지정할 수 있다. <개정 2008.2.29>

② 지식경제부장관은 제1항에 따라 지정을 받은 자율준수무역거래자(이
하 이 조에서 "자율준수무역거래자"라 한다)에게 대통령령으로 정하

는 바에 따라 전략물자에 대한 수출통제업무의 일부를 자율적으로 관리하게 할 수 있다. <개정 2008.2.29>

③ 자율준수무역거래자는 제2항에 따라 자율적으로 관리하는 전략물자의 수출실적 등을 대통령령으로 정하는 바에 따라 지식경제부장관에게 보고하여야 한다. <개정 2008.2.29>

④ 지식경제부장관은 다음 각 호의 어느 하나에 해당하는 경우에는 자율준수무역거래자의 지정을 취소할 수 있다. <개정 2008.2.29>

1. 제1항에 따른 대통령령으로 정하는 능력을 유지하지 못하는 경우

2. 고의나 중대한 과실로 제19조제2항에 따른 수출허가를 받지 아니하고 전략물자를 수출한 경우

3. 고의나 중대한 과실로 제19조제3항에 따른 상황허가를 받지 아니하고 상황허가 대상인 물품등을 수출한 경우

4. 고의나 중대한 과실로 제20조제1항에 따른 확인의무를 이행하지 아니한 경우

5. 고의나 중대한 과실로 제20조제3항에 따른 보관의무를 이행하지 아니한 경우

6. 고의나 중대한 과실로 제21조제1항에 따른 신고의무를 이행하지 아니한 경우

7. 고의나 중대한 과실로 제21조제2항에 따른 통보의무를 이행하지 아니한 경우

8. 고의나 중대한 과실로 제24조에 따른 중개허가를 받지 아니하고 전략물자를 중개한 경우

9. 제3항에 따른 보고의무를 이행하지 아니한 경우

제26조 (전략물자·기술 수출입 통합고시) 지식경제부장관은 관계 행정기관의 장과 협의하여 제19조부터 제25조까지의 규정에 관한 요령과 「기술개발촉진법」 제13조제5항에 따른 전략기술에 관한 내용 등을 통합하여 전략물자·기술 수출입 통합고시로 고시하여야 한다. <개정 2008.2.29>

제27조 (비밀 준수 의무) 이 법에 따른 전략물자의 수출입통제업무와 관련된 공무원, 제29조에 따른 전략물자관리원의 임직원과 제29조제5항제1호의 사전확인 업무와 관련된 자는 전략물자 수출입통제업무의 수행과정에서 알게 된 영업상 비밀을 그 업체의 동의 없이 외부에 누설하여서는 아니 된다.

제28조 (전략물자 수출입관리 정보시스템의 구축·운영)

① 지식경제부장관은 다음 각 호의 업무를 수행하기 위하여 관계 행정기관의 장 및 제29조에 따른 전략물자관리원과 공동으로 전략물자 수출입관리 정보시스템을 구축·운영할 수 있다. <개정 2008.2.29>

　1. 수출허가, 상황허가, 제20조제2항에 따른 판정, 제21조제1항에 따른 신고, 제22조에 따른 수입목적확인서의 발급 등에 관한 업무

　2. 전략물자의 수출입통제에 필요한 정보의 수집·분석 및 관리 업무

② 제1항에 따른 전략물자 수출입관리 정보시스템의 구축·운영에 필요한 사항은 대통령령으로 정한다.

제29조 (전략물자관리원의 설립 등)

① 전략물자의 수출입 업무와 관리 업무를 효율적으로 지원하기 위하여 전략물자관리원을 설립한다.

② 전략물자관리원은 법인으로 한다.

③ 전략물자관리원은 정관으로 정하는 바에 따라 임원과 직원을 둔다.

④ 전략물자관리원은 그 주된 사무소의 소재지에서 설립등기를 함으로써 성립한다.

⑤ 전략물자관리원은 정부의 전략물자 관리정책에 따라 다음 각 호의 업무를 수행한다.

　1. 제20조제2항 후단에 따른 사전확인 업무

　2. 제28조제1항에 따른 전략물자 수출입관리 정보시스템의 운영 업무

　3. 전략물자의 수출입자에 대한 교육 업무

　4. 그 밖에 대통령령으로 정하는 업무

⑥ 전략물자관리원의 장은 지식경제부장관의 승인을 받아 제5항 각 호의

업무에 관하여 관리원을 이용하는 자에게 일정한 수수료를 징수할 수 있다. <개정 2008.2.29>

⑦ 전략물자관리원에 관하여 이 법에서 정한 것 외에는 「민법」 중 재단법인에 관한 규정을 준용한다.

⑧ 정부는 전략물자관리원의 설립·운영에 필요한 경비를 예산의 범위에서 출연하거나 지원할 수 있다.

제30조 (전략물자 수출입통제 협의회)

① 지식경제부장관과 관계 행정기관의 장은 전략물자의 수출입통제와 관련된 부처 간 협의를 위하여 공동으로 전략물자 수출입통제 협의회(이하 이 조에서 "협의회"라 한다)를 구성할 수 있다. <개정 2008.2.29>

② 협의회의 회의는 관계 행정기관의 소관 업무별로 그 소관 관계 행정기관의 장이 주재한다.

③ 협의회는 협의회의 안건에 관하여 필요하면 대통령령으로 정하는 정보수사기관의 장에게 조사·지원을 요청할 수 있다.

④ 협의회의 구성과 운영에 필요한 사항은 대통령령으로 정한다.

제31조 (전략물자의 수출입 제한 등)

① 지식경제부장관은 관계 행정기관의 장과 협의하여 다음 각 호의 어느 하나에 해당하는 자에게 3년 이내의 범위에서 일정 기간 동안 전략물자의 전부 또는 일부의 수출이나 수입을 제한할 수 있다. <개정 2008.2.29>

  1. 제19조제2항에 따른 수출허가를 받지 아니하고 전략물자를 수출한 자

  2. 제19조제3항에 따른 상황허가를 받지 아니하고 상황허가 대상인 물품등을 수출한 자

  3. 전략물자의 수출이나 수입에 관한 제19조제1항의 다자간 국제 수출통제체제의 원칙을 위반한 자로서 대통령령으로 정하는 자

② 관계 행정기관의 장은 제1항 각 호의 어느 하나에 해당하는 자가 있음을 알게 되면 즉시 지식경제부장관에게 통보하여야 한다. <개정

2008.2.29>

③ 지식경제부장관은 제1항에 따라 전략물자의 수출입을 제한한 자와 외
국 정부가 자국의 법령에 따라 전략물자의 수출입을 제한한 자의 명
단과 제한 내용을 공고할 수 있다. <개정 2008.2.29>

제4절 산업설비수출

제32조 (산업설비수출의 승인 등)

① 지식경제부장관은 다음 각 호의 어느 하나에 해당하는 수출(이하 "산
업설비수출"이라 한다)을 하려는 자가 신청하는 경우에는 대통령령으
로 정하는 바에 따라 그 산업설비수출을 승인할 수 있다. 승인한 사
항을 변경할 때에도 또한 같다. <개정 2008.2.29>

  1. 농업·임업·어업·광업·제조업, 전기·가스·수도사업, 운송·창
   고업 및 방송·통신업을 경영하기 위하여 설치하는 기재·장치 및
   대통령령으로 정하는 설비 중 지식경제부장관이 정하는 일정 규모
   이상의 산업설비의 수출

  2. 산업설비·기술용역 및 시공을 포괄적으로 행하는 수출(이하 "일괄
   수주방식에 의한 수출"이라 한다)

② 지식경제부장관은 제1항에 따른 승인 또는 변경승인을 하기 위하여
필요하면 산업설비수출의 타당성에 관하여 관계 행정기관의 장의 의
견을 들어야 한다. 이 경우 의견을 제시할 것을 요구받은 관계 행정
기관의 장은 정당한 사유가 없으면 지체 없이 지식경제부장관에게 의
견을 제시하여야 한다. <개정 2008.2.29>

③ 지식경제부장관이 일괄수주방식에 의한 수출에 대하여 승인 또는 변
경승인하려는 때에는 미리 노동부장관과 국토해양부장관의 동의를 받
아야 한다. 이 경우 노동부장관의 동의를 받은 때에는 「직업안정법」
에 따른 국외 취업자의 모집이 신고된 것으로 본다. <개정 2008.2.29>

④ 지식경제부장관은 일괄수주방식에 의한 수출로서 건설용역 및 시공부

문의 수출에 관하여는「해외건설촉진법」에 따른 해외건설업자에 대하여만 승인 또는 변경승인할 수 있다. <개정 2008.2.29>

⑤ 지식경제부장관은 제1항에 따른 산업설비수출의 승인 또는 변경승인을 한 경우에는 이를 관계 행정기관의 장에게 지체 없이 알려야 한다. <개정 2008.2.29>

⑥ 산업설비수출을 하려는 자는 그에 관한 시장조사, 정보교환, 수주, 협동화사업을 추진할 수 있다. 이 경우 지식경제부장관은 산업설비수출 관련 기관 또는 단체를 지정하여 이들 사업을 촉진시키기 위한 활동을 수행하게 할 수 있다. <개정 2008.2.29>

제5절 원산지의 표시 등

제33조 (수출입 물품등의 원산지의 표시)

① 지식경제부장관이 공정한 거래 질서의 확립과 소비자 보호를 위하여 원산지를 표시하여야 하는 대상으로 공고한 물품등(이하 "원산지표시대상물품"이라 한다)을 수출하거나 수입하려는 자는 그 물품등에 대하여 원산지를 표시하여야 한다. <개정 2008.2.29>

② 제1항에 따른 원산지의 표시방법·확인, 그 밖에 표시에 필요한 사항은 대통령령으로 정한다.

③ 무역거래자 또는 물품등의 판매업자는 다음 각 호의 어느 하나에 해당하는 행위를 하여서는 아니 된다. 다만, 제3호의 경우에는 무역 거래자의 경우만 해당된다.

  1. 원산지를 거짓으로 표시하거나 원산지를 오인(誤認)하게 하는 표시를 하는 행위

  2. 원산지의 표시를 손상하거나 변경하는 행위

  3. 원산지표시대상물품에 대하여 원산지 표시를 하지 아니하는 행위

④ 지식경제부장관은 제1항부터 제3항까지의 규정을 위반하였는지 확인하기 위하여 필요하다고 인정하면 수입한 물품등과 대통령령으로 정

하는 관련 서류를 검사할 수 있다. <개정 2008.2.29>

⑤ 지식경제부장관은 제2항에 따른 원산지 표시방법을 위반하거나 제3항을 위반하는 행위가 있으면 그 행위자에게 원상복구 등 대통령령으로 정하는 시정조치를 명하거나 3천만 원 이하의 과징금을 부과할 수 있다. <개정 2008.2.29>

⑥ 제5항에 따라 과징금을 부과하는 위반 행위의 종류와 정도에 따른 과징금의 금액과 그 밖에 필요한 사항은 대통령령으로 정한다.

⑦ 지식경제부장관은 제5항에 따른 과징금을 내야 하는 자가 납부기한까지 내지 아니하면 국세 체납처분의 예에 따라 징수한다. <개정 2008.-2.29>

제34조 (원산지 판정 등)

① 지식경제부장관은 필요하다고 인정하면 수출 또는 수입 물품등의 원산지 판정을 할 수 있다. <개정 2008.2.29>

② 원산지 판정의 기준은 대통령령으로 정하는 바에 따라 지식경제부장관이 정하여 공고한다. <개정 2008.2.29>

③ 무역거래자 또는 물품등의 판매업자 등은 수출 또는 수입 물품등의 원산지 판정을 지식경제부장관에게 요청할 수 있다. <개정 2008.2.29>

④ 지식경제부장관은 제3항에 따라 요청을 받은 경우에는 해당 물품등의 원산지 판정을 하여서 요청한 사람에게 알려야 한다. <개정 2008.2.29>

⑤ 제4항에 따라 통보를 받은 자가 원산지 판정에 불복하는 경우에는 통보를 받은 날부터 30일 이내에 지식경제부장관에게 이의를 제기할 수 있다. <개정 2008.2.29>

⑥ 지식경제부장관은 제5항에 따라 이의를 제기받은 경우에는 이의 제기를 받은 날부터 150일 이내에 이의 제기에 대한 결정을 알려야 한다. <개정 2008.2.29>

⑦ 원산지 판정의 요청, 이의 제기 등 원산지 판정의 절차에 필요한 사항은 대통령령으로 정한다.

제35조 (수입원료를 사용한 국내생산 물품등의 원산지 판정 기준)

① 지식경제부장관은 공정한 거래질서의 확립과 소비자 보호를 위하여 필요하다고 인정하면 수입원료를 사용하여 국내에서 생산되어 국내에서 유통되거나 판매되는 물품등(이하 이 조에서 "국내생산물품등"이라 한다)에 대한 원산지 판정에 관한 기준을 관계 중앙행정기관의 장과 협의하여 정할 수 있다. 다만, 다른 법령에서 국내생산물품등에 대하여 다른 기준을 규정하고 있는 경우에는 그러하지 아니하다. <개정 2008.2.29>

② 지식경제부장관은 제1항에 따라 국내생산물품등에 대한 원산지 판정에 관한 기준을 정하면 이를 공고하여야 한다. <개정 2008.2.29>

제36조 (수입 물품등의 원산지증명서의 제출)

① 지식경제부장관은 원산지를 확인하기 위하여 필요하다고 인정하면 물품등을 수입하려는 자에게 그 물품등의 원산지 국가 또는 물품등을 선적(船積)한 국가의 정부 등이 발행하는 원산지증명서를 제출하도록 할 수 있다. <개정 2008.2.29>

② 제1항에 따른 원산지증명서의 제출과 그 확인에 필요한 사항은 대통령령으로 정한다.

제37조 (수출 물품의 원산지증명서의 발급 등)

① 헌법에 따라 체결·공포된 조약과 일반적으로 승인된 국제법규를 이행하기 위하여 또는 교역상대국 무역거래자의 요청으로 수출 물품의 원산지증명서를 발급받으려는 자는 지식경제부장관에게 원산지증명서의 발급을 신청하여야 한다. 이 경우 수수료를 내야 한다. <개정 2008.2.29>

② 제1항에 따른 원산지증명서의 발급기준·발급절차, 유효기간, 수수료와 그 밖에 발급에 필요한 사항은 대통령령으로 정한다.

제38조 (외국산 물품등을 국산 물품등으로 가장하는 행위의 금지) 누구든

지 원산지증명서를 위조 또는 변조하거나 거짓된 내용으로 원산지증명서를 발급받거나 물품등에 원산지를 거짓으로 표시하는 등의 방법으로 외국에서 생산된 물품등(외국에서 생산되어 국내에서 대통령령으로 정하는 단순한 가공활동을 거친 물품등을 포함한다. 이하 제53조제2항제8호에서도 같다)의 원산지가 우리나라인 것처럼 가장(假裝)하여 그 물품등을 수출하거나 외국에서 판매하여서는 아니 된다.   가장

제4장 수입수량 제한조치

제39조 (수입수량 제한조치)

① 지식경제부장관은 특정 물품의 수입 증가로 인하여 같은 종류의 물품 또는 직접적인 경쟁 관계에 있는 물품을 생산하는 국내산업(이하 이 조에서 "국내산업"이라 한다)이 심각한 피해를 입고 있거나 입을 우려(이하 이 조에서 "심각한 피해등"이라 한다)가 있음이 「불공정무역행위 조사 및 산업피해구제에 관한 법률」 제27조에 따른 무역위원회(이하 "무역위원회"라 한다)의 조사를 통하여 확인되고 심각한 피해등을 구제하기 위한 조치가 건의된 경우로서 그 국내산업을 보호할 필요가 있다고 인정되면 그 물품의 국내산업에 대한 심각한 피해등을 방지하거나 치유하고 조정을 촉진하기 위하여 필요한 범위에서 물품의 수입수량을 제한하는 조치(이하 "수입수량제한조치"라 한다)를 시행할 수 있다. <개정 2008.2.29>

② 지식경제부장관은 무역위원회의 건의, 해당 국내산업 보호의 필요성, 국제통상 관계, 수입수량제한조치의 시행에 따른 보상수준 및 국민경제에 미치는 영향 등을 검토하여 수입수량제한조치의 시행 여부와 내용을 결정한다. <개정 2008.2.29>

③ 정부는 수입수량제한조치를 시행하려면 이해 당사국과 수입수량제한조치의 부정적 효과에 대한 적절한 무역보상에 관하여 협의할 수 있다.

④ 수입수량제한조치는 조치 시행일 이후 수입되는 물품에만 적용한다.

⑤ 수입수량제한조치의 적용 기간은 4년을 넘어서는 아니 된다.

⑥ 지식경제부장관은 수입수량제한조치의 대상 물품, 수량, 적용기간 등을 공고하여야 한다. <개정 2008.2.29>

⑦ 지식경제부장관은 수입수량제한조치의 시행 여부를 결정하기 위하여 필요하다고 인정하면 관계 행정기관의 장 및 이해관계인 등에게 관련 자료의 제출 등 필요한 협조를 요청할 수 있다. <개정 2008.2.29>

⑧ 지식경제부장관은 수입수량제한조치의 대상이었거나「관세법」제65조에 따른 긴급관세(이하 "긴급관세"라 한다) 또는 같은 법 제66조에 따른 잠정 긴급관세(이하 "잠정긴급관세"라 한다)의 대상이었던 물품에 대하여는 그 수입수량제한조치의 적용기간, 긴급관세의 부과기간 또는 잠정긴급관세의 부과기간이 끝난 날부터 그 적용 기간 또는 부과기간에 해당하는 기간(적용기간 또는 부과기간이 2년 미만인 경우에는 2년)이 지나기 전까지는 다시 수입수량제한조치를 시행할 수 없다. 다만, 다음 각 호의 요건을 모두 충족하는 경우에는 180일 이내의 수입수량제한조치를 시행할 수 있다. <개정 2008.2.29>

1. 해당 물품에 대한 수입수량제한조치가 시행되거나 긴급관세 또는 잠정긴급관세가 부과된 후 1년이 지날 것

2. 수입수량제한조치를 다시 시행하는 날부터 소급하여 5년 안에 그 물품에 대한 수입수량제한조치의 시행 또는 긴급관세의 부과가 2회 이내일 것

제40조 (수입수량제한조치에 대한 연장 등)

① 지식경제부장관은 무역위원회의 건의가 있고 필요하다고 인정하면 수입수량제한조치의 내용을 변경하거나 적용기간을 연장할 수 있다. 이 경우 변경되는 조치 내용 및 연장되는 적용기간 이내에 변경되는 조치 내용은 최초의 조치 내용보다 완화되어야 한다. <개정 2008.2.29>

② 제1항에 따라 수입수량제한조치의 적용기간을 연장하는 때에는 수입

수량제한조치의 적용기간과 긴급관세 또는 잠정긴급관세의 부과기간 및 그 연장기간을 전부 합산한 기간이 8년을 넘어서는 아니 된다.

제41조 (특정국 물품에 대한 특별 수입수량 제한조치의 시행 등)

① 지식경제부장관은 헌법에 따라 체결·공포된 조약 또는 일반적으로 승인된 국제법규에 따라 허용되는 한도에서 대통령령으로 정하는 국가를 원산지로 하는 물품의 수입으로 인하여 다음 각 호의 어느 하나에 해당하는 경우가 초래된다고 무역위원회의 조사를 통하여 확인되고 이를 구제하기 위한 조치가 건의되는 경우에는 피해를 구제하거나 방지하기 위하여 필요한 범위에서 특별 수입수량 제한조치(이하 이 조에서 "특별수입수량제한조치"라 한다)를 시행할 수 있다. <개정 2008.2.29>

  1. 그 물품의 수입 증가로 인하여 같은 종류의 물품 또는 직접적인 경쟁관계에 있는 물품의 국내 시장이 교란되거나 교란될 우려가 있는 경우

  2. 세계무역기구 회원국이 해당 물품의 수입 증가에 대하여 자국의 시장 교란을 구제하거나 방지하기 위하여 취한 조치로 인하여 중대한 무역전환이 발생하여 그 물품이 우리나라로 수입되거나 수입될 우려가 있는 경우

  3. 해당 물품이 「섬유 및 의류에 관한 협정」의 대상이 되는 품목인 경우에는 그 물품의 수입이 국내 시장을 교란하여 같은 품목의 교역발전을 해치거나 해칠 우려가 있는 경우

② 정부는 특별수입수량제한조치를 시행하려는 때에는 이해 당사국과 해결 방안을 모색하기 위하여 사전협의를 할 수 있다.

③ 지식경제부장관은 무역위원회가 제1항제1호에 관한 조사가 시작된 물품에 대하여 잠정적인 조치를 건의한 경우로서 그 조사기간에 발생하는 피해 등을 방지하지 아니하면 회복하기 어려운 피해 등이 초래되거나 초래될 우려가 있다고 판단되면 피해의 구제 등을 위하여 잠정

특별수입수량제한조치(이하 이 조에서 "잠정특별수입수량제한조치"라 한다)를 시행할 수 있다. 이 경우 잠정특별수입수량제한조치의 적용기간은 200일 이내로 한다. <개정 2008.2.29>

④ 지식경제부장관은 제1항제1호에 관한 무역위원회의 조사 결과 국내 시장이 교란되거나 교란될 우려가 있다고 판단되지 아니한다는 무역위원회의 통보가 있으면 잠정특별수입수량제한조치를 해제하여야 한다. <개정 2008.2.29>

⑤ 지식경제부장관은 제1항제2호에 따른 경우에 해당되어 시행한 특별수입수량제한조치의 원인이 된 다른 세계무역기구 회원국의 조치가 종료된 때에는 해당 조치의 종료일부터 30일 이내에 그 특별수입수량제한조치를 해제하여야 한다. <개정 2008.2.29>

⑥ 지식경제부장관은 특별수입수량제한조치 또는 잠정특별수입수량제한조치를 시행하는 때에는 그 대상 물품, 수량, 적용기간 등을 공고하여야 한다. <개정 2008.2.29>

⑦ 특별수입수량제한조치의 시행에 관하여는 제39조제2항·제4항·제7항 및 제40조제1항을 준용한다.

⑧ 잠정특별수입수량제한조치의 시행에 관하여는 제39조제2항·제4항 및 제7항을 준용한다.

제5장 수출입의 질서 유지

제42조 삭제 <2008.12.19>

제43조 (수출입 물품등의 가격 조작 금지) 무역거래자는 외화도피의 목적으로 물품등의 수출 또는 수입 가격을 조작(造作)하여서는 아니 된다.

제44조 (무역거래자 간 무역분쟁의 신속한 해결)
① 무역거래자는 그 상호 간이나 교역상대국의 무역거래자와 물품등의

수출·수입과 관련하여 분쟁이 발생한 경우에는 정당한 사유 없이 그 분쟁의 해결을 지연시켜서는 아니 된다.

② 지식경제부장관은 제1항에 따른 분쟁이 발생한 경우 무역거래자에게 분쟁의 해결에 관한 의견을 진술하게 하거나 그 분쟁과 관련되는 서류의 제출을 요구할 수 있다. <개정 2008.2.29>

③ 지식경제부장관은 제2항에 따라 서류를 제출받거나 의견을 들은 후에 필요하다고 인정하면 그 분쟁에 관하여 사실 조사를 할 수 있다. <개정 2008.2.29>

④ 지식경제부장관은 제1항에 따른 분쟁을 신속하고 공정하게 처리하는 것이 필요하다고 인정하거나 무역분쟁 당사자의 신청을 받으면 대통령령으로 정하는 바에 따라 분쟁을 조정하거나 분쟁의 해결을 위한 중재(仲裁) 계약의 체결을 권고할 수 있다. <개정 2008.2.29>

제45조 (선적 전 검사와 관련한 분쟁 조정 등)

① 수입국 정부와의 계약 체결 또는 수입국 정부의 위임을 받아 기업이 수출하는 물품등에 대하여 국내에서 선적 전에 검사를 실시하는 기관(이하 "선적전검사기관"이라 한다)은 「세계무역기구 선적 전 검사에 관한 협정」을 지켜야 한다. 이 경우 선적전검사기관은 선적 전 검사가 기업의 수출에 대한 무역장벽으로 작용하도록 하여서는 아니 된다.

② 지식경제부장관은 선적 전 검사와 관련하여 수출자와 선적전검사기관 간에 분쟁이 발생하였을 경우에는 그 해결을 위하여 필요한 조정(調整)을 할 수 있다. <개정 2008.2.29>

③ 제2항의 분쟁에 관한 중재(仲裁)를 담당할 수 있도록 대통령령으로 정하는 바에 따라 독립적인 중재기관을 설치할 수 있다.

제46조 (조정명령)

① 지식경제부장관은 다음 각 호의 어느 하나에 해당하는 경우에는 무역거래자에게 수출하는 물품등의 가격, 수량, 품질, 그 밖에 거래조건 또는 그 대상지역 등에 관하여 필요한 조정(調整)을 명할 수 있다.

<개정 2008.2.29>

1. 헌법에 따라 체결·공포된 조약과 일반적으로 승인된 국제법규에 따른 의무 이행을 위하여 필요한 경우

2. 우리나라 또는 교역상대국의 관련 법령에 위반되는 경우

3. 그 밖에 물품등의 수출의 공정한 경쟁을 교란할 우려가 있거나 대외 신용을 손상하는 행위를 방지하기 위한 것으로서 다음 각 목의 어느 하나에 해당하는 경우

   가. 물품등의 수출과 관련하여 부당하게 다른 무역거래자를 제외하는 경우

   나. 물품등의 수출과 관련하여 부당하게 다른 무역거래자의 상대방에 대하여 다른 무역거래자와 거래하지 아니하도록 유인하거나 강제하는 경우

   다. 물품등의 수출과 관련하여 부당하게 다른 무역거래자의 해외에서의 사업활동을 방해하는 경우

② 지식경제부장관은 제1항에 따라 조정을 명하는 경우에는 다음 각 호의 사항을 고려하여야 한다. <개정 2008.2.29>

   1. 수출기반의 안정, 새로운 상품의 개발 또는 새로운 해외시장의 개척에 기여할 것

   2. 다른 무역거래자의 권익을 부당하게 침해하거나 차별하지 아니할 것

   3. 물품등의 수출·수입의 질서 유지를 위한 목적에 필요한 정도를 넘지 아니할 것

③ 제1항에 따라 조정을 명하는 절차 등에 필요한 사항은 대통령령으로 정한다.

④ 지식경제부장관은 제1항에 따라 조정을 명하는 경우에 필요하다고 인정하면 제11조제2항에 따른 승인을 하지 아니하거나 관계 기관의 장에게 승인에 관련된 절차를 중지하게 할 수 있다. <개정 2008.2.29>

제6장 보칙

제47조 (청문) 지식경제부장관은 다음 각 호의 어느 하나에 해당하는 처분을 하려면 청문을 하여야 한다. <개정 2008.2.29>
1. 제9조제4항에 따른 종합무역상사 또는 전문무역상사의 지정취소
2. 제46조제1항에 따른 조정명령

제48조 (보고와 검사 등)
① 지식경제부장관은 제5조제4호에 따라 수출이 제한되거나 금지된 물품등, 전략물자 또는 제19조제3항에 따른 물품등에 대한 수출허가나 상황허가를 받은 자 또는 수출허가나 상황허가를 받지 아니하고 수출하거나 수출하려고 한 자에게 다음 각 호의 사항에 관한 보고 또는 자료의 제출을 명할 수 있다. <개정 2008.2.29>
1. 수입국
2. 수입자·최종사용자 또는 그의 위임을 받은 자 및 그 소재지, 사업 분야, 주요 거래자 및 사용 목적
3. 수입자와 최종사용자 또는 그의 위임을 받은 자를 확인하기 위한 수입국의 권한 있는 기관이 발급한 납세증명서 등 관련 자료 또는 대외 공표자료
4. 그 밖에 운송 수단, 환적국(換積國), 대금 결제방법 등 지식경제부장관이 정하여 고시하는 사항
② 지식경제부장관은 이 법의 시행을 위하여 필요하다고 인정하면 그 소속 공무원에게 제1항에 규정된 자의 사무소, 영업소, 공장 또는 창고 등에서 장부·서류나 그 밖의 물건을 검사하게 할 수 있다. <개정 2008.2.29>
③ 제2항에 따라 검사를 하는 공무원은 그 권한을 표시하는 증표를 지니고, 이를 관계인에게 내보여야 한다.

제49조 (교육명령 등) 지식경제부장관은 제48조에 따른 보고·자료제출 또는 검사 결과 제20조제1항에 따른 확인 의무를 위반한 자에게 대통령령으로 정하는 바에 따라 교육명령 등의 조치를 할 수 있다. <개정 2008.-2.29>

제50조 (「독점규제 및 공정거래에 관한 법률」과의 관계)
① 제46조에 따른 지식경제부장관의 조정명령의 이행에 대하여는 「독점규제 및 공정거래에 관한 법률」을 적용하지 아니한다. <개정 2008.-2.29>
② 지식경제부장관은 제46조에 따른 조정명령이 「독점규제 및 공정거래에 관한 법률」 제2조제1호에 따른 사업자 간의 국내 시장에서의 경쟁을 제한하는 것이면 공정거래위원회와 미리 협의하여야 한다. <개정 2008.2.29>

제51조 (「국가보안법」과의 관계) 이 법에 따른 물품등의 수출·수입행위에 대하여는 그 행위가 업무 수행상 정당하다고 인정되는 범위에서 「국가보안법」을 적용하지 아니한다.

제52조 (권한의 위임·위탁)
① 이 법에 따른 지식경제부장관의 권한은 대통령령으로 정하는 바에 따라 그 일부를 소속 기관의 장, 시·도지사에게 위임하거나 관계 행정기관의 장, 세관장, 한국은행 총재, 한국수출입은행장, 외국환은행의 장, 그 밖에 대통령령으로 정하는 법인 또는 단체에 위탁할 수 있다. <개정 2008.2.29>
② 지식경제부장관은 제1항에 따라 위임하거나 위탁한 사무에 관하여 그 위임 또는 위탁을 받은 자를 지휘·감독한다. <개정 2008.2.29>
③ 지식경제부장관은 제1항에 따라 위임하거나 위탁한 사무에 관하여 그 위임 또는 위탁을 받은 자에게 필요한 자료의 제출을 요청할 수 있다. <개정 2008.2.29>

제7장 벌칙

제53조 (벌칙)

① 전략물자의 국제적 확산을 꾀할 목적으로 다음 각 호의 어느 하나에 해당하는 위반행위를 한 자는 7년 이하의 징역 또는 수출·중개하는 물품등의 가격의 5배에 해당하는 금액 이하의 벌금에 처한다.

1. 제19조제2항에 따른 수출허가를 받지 아니하고 전략물자를 수출한 자
2. 제19조제3항에 따른 상황허가를 받지 아니하고 상황허가 대상인 물품등을 수출한 자
3. 제24조에 따른 중개허가를 받지 아니하고 전략물자를 중개한 자

② 다음 각 호의 어느 하나에 해당하는 자는 5년 이하의 징역 또는 수출·수입하는 물품등의 가격의 3배에 해당하는 금액 이하의 벌금에 처한다.

1. 제5조 각 호의 어느 하나에 따른 수출 또는 수입의 제한이나 금지 조치를 위반한 자
2. 제19조제2항에 따른 수출허가를 받지 아니하고 전략물자를 수출한 자
3. 거짓이나 그 밖의 부정한 방법으로 제19조제2항에 따른 수출허가를 받은 자
4. 제19조제3항에 따른 상황허가를 받지 아니하고 상황허가 대상인 물품등을 수출한 자
5. 거짓이나 그 밖의 부정한 방법으로 제19조제3항에 따른 상황허가를 받은 자
6. 제24조에 따른 중개허가를 받지 아니하고 전략물자를 중개한 자
7. 거짓이나 그 밖의 부정한 방법으로 제24조에 따른 중개허가를 받은 자
8. 제38조에 따른 외국산 물품등의 국산 물품등으로의 가장(假裝) 금지 의무를 위반한 자
9. 제43조를 위반하여 물품등의 수출과 수입의 가격을 조작한 자
10. 제46조제1항에 따른 조정명령을 위반한 자

제54조 (벌칙) 다음 각 호의 어느 하나에 해당하는 자는 3년 이하의 징역 또는 3천만 원 이하의 벌금에 처한다. <개정 2008.12.19>

1. 거짓이나 그 밖의 부정한 방법으로 제11조제2항 또는 제3항에 따른 승인 또는 변경승인을 받거나 그 승인 또는 변경승인을 면제받고 물품등을 수출하거나 수입한 자
2. 제16조제3항 본문(제17조제3항에서 준용하는 경우를 포함한다)에 따른 수입에 대응하는 외화획득을 하지 아니한 자
3. 제17조제1항 본문에 따른 승인을 받지 아니하고 목적 외의 용도로 원료·기재 또는 그 원료·기재로 제조된 물품등을 사용한 자
4. 제17조제2항에 따른 승인을 받지 아니하고 원료·기재 또는 그 원료·기재로 제조된 물품등을 양도한 자
5. 제27조에 따른 비밀 준수 의무를 위반한 자
6. 거짓이나 그 밖의 부정한 방법으로 제32조에 따른 승인 또는 변경 승인을 받은 자
7. 제33조제3항제1호 또는 제2호를 위반한 무역거래자 또는 물품등의 판매업자
8. 제33조제3항제3호를 위반하여 원산지표시대상물품에 대하여 원산지표시를 하지 아니한 무역거래자
9. 제33조제5항에 따른 시정조치 명령을 위반한 자
10. 삭제 <2008.12.19>
11. 삭제 <2008.12.19>

제55조 (미수범) 제53조제1항, 같은 조 제2항제2호·제4호·제6호 또는 제8호의 미수범은 각각 해당하는 본죄에 준하여 처벌한다. <개정 2008.12.19>

제56조 (과실범) 중대한 과실로 제54조제7호 또는 제8호에 해당하는 행위를 한 자는 2천만 원 이하의 벌금에 처한다. <개정 2008.12.19>

제57조 (양벌규정) 법인의 대표자나 법인 또는 개인의 대리인, 사용인, 그

밖의 종업원이 그 법인 또는 개인의 업무에 관하여 제53조부터 제56조까지의 어느 하나에 해당하는 위반행위를 하면 그 행위자를 벌하는 외에 그 법인 또는 개인에게도 해당 조문의 벌금형을 과(科)한다. 다만, 법인 또는 개인이 그 위반행위를 방지하기 위하여 해당 업무에 관하여 상당한 주의와 감독을 게을리하지 아니한 경우에는 그러하지 아니하다.

[전문개정 2008.12.26]

제58조 (벌칙 적용 시의 공무원 의제) 제29조제5항의 업무를 수행하는 전략물자관리원의 임직원과 지식경제부장관이 제52조에 따라 위탁한 사무에 종사하는 한국은행, 한국수출입은행, 외국환은행, 그 밖에 대통령령으로 정하는 법인 또는 단체의 임원 및 직원에게 「형법」과 그 밖의 법률에 따른 벌칙을 적용할 때에는 그 임원 및 직원을 공무원으로 본다. <개정 2008.-2.29>

제59조 (과태료)

① 다음 각 호의 어느 하나에 해당하는 자에게는 2천만 원 이하의 과태료를 부과한다.

1. 제44조제2항을 위반하여 관련되는 서류를 제출하지 아니한 자
2. 제44조제3항에 따른 사실 조사를 거부, 방해 또는 기피한 자
3. 제48조제1항에 따른 보고 또는 자료의 제출을 하지 아니하거나 거짓으로 보고 또는 자료를 제출한 자
4. 제48조제2항에 따른 검사를 거부, 방해 또는 기피한 자

② 다음 각 호의 어느 하나에 해당하는 자에게는 1천만 원 이하의 과태료를 부과한다.

1. 제20조제1항에 따른 확인의무를 위반한 자(제53조제1항제1호·제2호, 같은 조 제2항제2호부터 제5호까지의 규정 중 어느 하나에 해당하는 경우는 제외한다)
2. 제20조제3항에 따른 서류 보관의무를 위반한 자
3. 제21조제1항에 따른 신고의무를 위반한 자

4. 제21조제2항에 따른 통보의무를 위반한 자

5. 원산지의 표시를 하여야 할 물품등을 수입하여 분할·재포장 또는 단순 제조가공을 거쳐 거래하거나 낱개 또는 산물(散物)로 거래할 때 제33조제1항에 따른 원산지의 표시를 하지 아니한 상태로 판매를 목적으로 유통시킨 무역거래자 또는 판매업자

6. 제33조제4항에 따른 검사를 거부, 방해 또는 기피한 자

③ 제1항과 제2항에 따른 과태료는 대통령령으로 정하는 바에 따라 지식경제부장관이 부과·징수한다. <개정 2008.2.29>

④ 제3항에 따른 과태료 처분에 불복하는 자는 그 처분을 고지받은 날부터 30일 이내에 지식경제부장관에게 이의를 제기할 수 있다. <개정 2008.2.29>

⑤ 제3항에 따라 과태료 처분을 받은 자가 제4항에 따라 이의를 제기하면 지식경제부장관은 지체 없이 관할 법원에 그 사실을 통보하여야 하고, 그 통보를 받은 관할 법원은 「비송사건절차법」에 따른 과태료 재판을 한다. <개정 2008.2.29>

⑥ 제4항에 따른 기간에 이의를 제기하지 아니하고 과태료를 내지 아니하면 국세 체납처분의 예에 따라 징수한다.

부칙 〈제8356호, 2007.4.11〉

제1조 (시행일) 이 법은 공포한 날부터 시행한다.

제2조 (전략물자관리원의 설립 준비)

① 산업자원부장관은 제29조의 개정규정에 따른 전략물자관리원의 설립에 관한 사무를 처리하기 위하여 전략물자관리원설립위원회(이하 이 조에서 "설립위원회"라 한다)를 설치한다.

② 설립위원회는 위원장 1명을 포함한 5명 이내의 설립위원으로 구성하며, 설립위원회의 위원장과 설립위원은 산업자원부장관이 위촉한다.

③ 설립위원회는 전략물자관리원의 정관을 작성하여 산업자원부장관의 인가를 받아야 한다.

④ 설립위원회는 제3항에 따라 인가를 받으면 지체 없이 전략물자관리
원의 설립등기를 하여야 한다.

⑤ 설립위원회는 전략물자관리원의 장이 임명되면 지체 없이 사무를
인계하여야 하며, 설립위원은 인계가 끝난 때에 해촉된 것으로 본다.

제3조 (서류보관·신고·통보 및 중개허가에 관한 적용례)

① 제20조제3항의 개정규정은 법률 제8185호 대외무역법 일부개정법률
의 시행일인 2007년 4월 4일 이후 최초로 출고되거나 「관세법」 제
248조제1항에 따라 수출·수입신고가 수리되는 것부터 적용한다.

② 제21조제1항 본문의 개정규정은 법률 제8185호 대외무역법 일부개정
법률의 시행일인 2007년 4월 4일 이후 최초로 출고되거나 「관세법」
제248조제1항에 따라 수출·수입신고가 수리되는 것부터 적용한다.

③ 제21조제2항의 개정규정은 법률 제8185호 대외무역법 일부개정법률
의 시행일인 2007년 4월 4일 이후 최초로 인도 계약이 체결되는 것
부터 적용한다.

④ 제24조제1항 본문의 개정규정은 법률 제8185호 대외무역법 일부개정
법률의 시행일인 2007년 4월 4일 이후 최초로 중개되는 것부터 적용
한다.

제4조 (처분 등에 관한 일반적 경과조치) 이 법 시행 당시 종전의 규정에
따른 행정기관의 행위나 행정기관에 대한 행위는 그에 해당하는 이 법에
따른 행정기관의 행위나 행정기관에 대한 행위로 본다.

제5조 (벌칙과 과태료에 관한 경과조치) 이 법 시행 전의 행위에 대하여
벌칙이나 과태료 규정을 적용할 때에는 종전의 규정에 따른다.

제6조 (다른 법률의 개정)

① 관세법 일부개정법률 일부를 다음과 같이 개정한다.

제65조제5항 중 "「대외무역법」 제26조제1항의 규정에 의한"을 "「대
외무역법」 제39조제1항에 따른"으로 한다.

제258조제2항 중 "「대외무역법」 제14조의 규정에 의한"을 "「대외무역
법」 제11조에 따른"으로 한다.

② 기업활동 규제완화에 관한 특별조치법 일부를 다음과 같이 개정한다.

제46조제2항 중 "대외무역법 제15조의 규정에 의한"을 "「대외무역법」 제12조에 따른"으로 한다.

제55조의5제1호를 다음과 같이 한다.

1. 「대외무역법」 제42조제3항

③ 범죄수익은닉의 규제 및 처벌 등에 관한 법률 일부를 다음과 같이 개정한다.

별표 제4호를 다음과 같이 한다.

4. 「대외무역법」 제53조제2항제9호의 죄

④ 사법경찰관리의 직무를 행할 자와 그 직무 범위에 관한 법률 일부를 다음과 같이 개정한다.

제6조제27호 중 "제55조제3호 내지 제5호의 규정"을 "제54조제2호부터 제4호까지의 규정"으로 한다.

⑤ 여신전문금융업법 일부를 다음과 같이 개정한다.

제30조제2항 중 "제19조의 규정에 의한"을 "제16조에 따른"으로 한다.

⑥ 외국인투자촉진법 일부를 다음과 같이 개정한다.

제20조제2항 중 "대외무역법 제14조의 규정"을 "「대외무역법」 제11조"로 한다.

⑦ 유전자변형생물체의국가간이동등에관한법률 일부를 다음과 같이 개정한다.

제16조제1항 및 제2항 중 "대외무역법 제14조제2항의 규정에 의하여"를 각각 "「대외무역법」 제11조제2항에 따라"로 한다.

⑧ 자유무역지역의지정및운영에관한법률 일부를 다음과 같이 개정한다.

제32조제1항 전단 중 "대외무역법 제14조의 규정에 의하여"를 "「대외무역법」 제11조에 따라"로, "제43조의 규정에 의하여"를 "제46조에 따라"로 하고, 같은 조 제2항 본문 중 "대외무역법 제15조의 규정에 의하여"를 "「대외무역법」 제12조에 따라"로 하며, 같은 조 제4항 중 "대외무역법 제15조의 규정에 의한"을 "「대외무역법」 제12조에 따른"

으로 한다.

⑨ 전자무역 촉진에 관한 법률 일부를 다음과 같이 개정한다.

제12조제1항제4호 본문 중 "제15조제2항의 규정에 의한"을 "제12조
제2항에 따른"으로 하고, 같은 항 제5호 중 "제20조의2의 규정에 의
한"을 "제18조에 따른"으로 하며, 같은 항 제6호 본문 중 "제25조의2
의 규정에 의한"을 "제37조에 따른"으로 하고, 같은 호 단서 중 "제
25조의2 및 동법 제53조제1항의 규정에 의하여"를 "제37조 및 같은
법 제52조제1항에 따라"로 하며, 같은 조 제3항 중 "제25조의2 및 동
법 제53조제1항의 규정에 의하여"를 "제37조 및 같은 법 제52조제1
항에 따라"로 한다.

⑩ 화학·생물무기의 금지 및 특정화학물질·생물작용제 등의 제조·수
출입규제 등에 관한 법률 일부를 다음과 같이 개정한다.

제11조제1항 단서 중 "제21조의 규정에 의한"을 "제19조에 따른"으
로 한다.

제7조 (다른 법령과의 관계) 이 법 시행 당시 다른 법령에서 종전의 「대
외무역법」 또는 그 규정을 인용한 경우에 이 법 가운데 그에 해당하는 규
정이 있으면 종전의 규정을 갈음하여 이 법 또는 이 법의 해당 규정을 인
용한 것으로 본다.

부칙 (정부조직법) 〈제8852호, 2008.2.29〉

제1조 (시행일) 이 법은 공포한 날부터 시행한다. 다만, 제31조제1항의 개
정규정 중 "식품산업진흥"에 관한 부분은 2008년 6월 28일부터 시행하고,
부칙 제6조에 따라 개정되는 법률 중 이 법의 시행 전에 공포되었으나 시
행일이 도래하지 아니한 법률을 개정한 부분은 각각 해당 법률의 시행일부
터 시행한다.

제2조부터 제5조까지 생략

제6조 (다른 법률의 개정) ①부터 〈343〉까지 생략

〈344〉 대외무역법 일부를 다음과 같이 개정한다.

제4조제1항·제2항, 제5조, 제6조제2항, 제7조제1항·제3항·제4항·제5항·제7항, 제8조제1항·제2항, 제9조제1항·제2항·제4항, 제11조제1항부터 제5항까지, 제12조제1항·제2항, 제13조제1항, 제14조, 제15조제1항부터 제3항까지, 제16조제1항부터 제3항까지, 제17조제1항·제2항, 제18조제1항·제2항, 제19조제1항·제2항·제3항 각 호 외의 부분 및 제13호·제4항, 제20조제2항, 제22조, 제23조제1항부터 제4항까지, 제24조제1항·제2항, 제25조제1항부터 제4항까지, 제26조, 제28조제1항, 제29조제6항, 제30조제1항, 제31조제1항부터 제3항까지, 제32조제1항 각 호 외의 부분 및 같은 항 제1호, 제32조제2항부터 제6항까지, 제33조제1항·제4항·제5항·제7항, 제34조제1항부터 제6항까지, 제35조제1항·제2항, 제36조제1항, 제37조제1항, 제39조제1항·제2항·제6항·제7항·제8항, 제40조제1항, 제41조제1항·제3항·제4항·제5항·제6항, 제42조제2항·제3항·제5항, 제44조제2항부터 제4항까지, 제45조제2항, 제46조제1항·제2항·제4항, 제47조, 제48조제1항 각 호 외의 부분 및 같은 항 제4호 및 제2항, 제49조, 제50조제1항·제2항, 제52조제1항부터 제3항까지, 제58조, 제59조제3항부터 제5항까지 중 "산업자원부장관"을 각각 "지식경제부장관"으로 한다.

제13조제2항 중 "재정경제부장관"을 "기획재정부장관"으로, "산업자원부장관"을 "지식경제부장관"으로 한다.

제32조제3항 전단 중 "건설교통부장관"을 "국토해양부장관"으로 한다.

<345>부터 <760>까지 생략

제7조 생략

부칙 〈제9154호, 2008.12.19〉

① (시행일) 이 법은 공포 후 6개월이 경과한 날부터 시행한다.

② (시정조치, 과징금 및 벌칙에 관한 경과조치) 이 법 시행 전에 종전의 제42조제1항제2호를 위반한 행위에 대한 시정조치, 과징금 및 벌칙의 적용에 있어서는 종전의 규정에 따른다.

부칙 〈제9221호, 2008.12.26〉

이 법은 공포한 날부터 시행한다.

02　대한무역투자 진흥 공사법

[시행 2008.2.29] [법률 제8852호, 2008.2.29, 타법개정]

지식경제부(무역진흥과), 02 – 2110 – 5324

제1조 (목적) 이 법은 대한무역투자진흥공사(이하 "공사"라 한다)를 설립하여 무역진흥과 국내외 기업 간의 투자 및 산업기술협력의 지원 등에 관한 업무를 수행하게 함으로써 국민경제의 발전에 이바지하게 함을 목적으로 한다.

[전문개정 1995.8.4]

제2조 (법인격) 공사는 비영리사업을 수행하는 법인으로 한다.

[전문개정 1995.8.4]

제3조 (사무소)

① 공사의 주된 사무소의 소재지는 정관으로 정한다.

② 공사는 그 업무수행을 위하여 필요한 때에는 이사회의 의결을 거쳐 국내외의 필요한 곳에 지사·무역관·사무소 또는 주재원을 둘 수 있다.

제4조 (자본금)

① 공사의 자본금은 500억 원으로 한다.

② 공사의 자본금은 정부의 출자금과 제12조제3항에 따라 자본금으로 전입된 적립금으로 구성된다.

[전문개정 2007.8.3]

제5조 (등기)

① 공사는 주된 사무소의 소재지에서 설립등기를 함으로써 성립한다.

② 제1항의 규정에 의한 공사의 설립등기와 지사 또는 사무소의 설치등기, 이전등기, 변경등기 기타 공사의 등기에 관하여 필요한 사항은 대통령령으로 정한다.

③ 공사는 등기를 필요로 하는 사항에 관하여는 그 등기후가 아니면 제3자에 대항하지 못한다.

제6조 (유사명칭의 사용금지) 이 법에 의한 공사가 아닌 자는 대한무역투자진흥공사 또는 이와 유사한 명칭을 사용하지 못한다. <개정 1995.8.4>

제7조 (사장의 대표권제한) 공사의 이익과 사장의 이익이 상반되는 사항에 대하여는 사장이 공사를 대표하지 못하며, 감사가 공사를 대표한다.

제8조 (대리인의 선임) 사장은 정관이 정하는 바에 의하여 직원 중에서 공사의 업무에 관한 모든 재판상 또는 재판 외의 행위를 할 수 있는 권한을 가진 대리인을 선임할 수 있다.

제9조 (비밀누설금지등) 공사의 임원 또는 직원이나 그 직에 있었던 자는 그 직무상 알게 된 비밀을 누설하거나 도용하여서는 아니 된다.

제10조 (사업) 공사는 제1조의 목적을 달성하기 위하여 다음 각 호의 사업을 행한다. <개정 1993.3.6, 1995.8.4, 1999.5.24, 2003.9.29, 2008.2.29>

　　1. 무역진흥과 외국인투자유치를 위한 해외시장의 조사·개척 및 정보의 수집과 그 성과의 보급

　　2. 국내의 산업 및 상품과 외국인투자환경의 해외홍보

　　3. 무역거래, 국내외 기업 간 투자협력 및 산업기술교류의 알선

　　4. 무역 및 투자에 관한 박람회·전시회의 개최 또는 이에의 참가 및 참가의 알선

5. 지식경제부장관이 정하는 수출 또는 수입

6. 외국인투자의 유치 및 국내기업의 해외투자 지원

7. 시설의 운영, 전문인력의 교육·훈련 및 육성 등 제1호 내지 제6호
   의 사업에 부대되는 사업

8. 다른 법률의 규정에 의하여 공사가 시행할 수 있는 사업

9. 삭제 <2003.9.29>

제11조 (경비 및 수수료의 부담) 공사는 제10조 각 호의 사업에 소요되는
경비와 수수료를 수익자로 하여금 부담하게 할 수 있다.

제12조 (손익금의 처리)

① 공사는 매 사업연도의 결산결과 이익이 생긴 때에는 다음 각 호의 순
   으로 이를 처리한다. <개정 2003.9.29>

1. 이월결손금의 보전

2. 자본금과 동액에 달할 때까지 이익금의 100분의 50 이상의 이익준
   비금에의 적립

3. 제2호의 규정에 의한 이익준비금 외의 준비금에의 적립

4. 국고에의 납입

② 공사는 매사업연도의 결산결과 손실이 생긴 때에는 제1항제3호의 규
   정에 의한 적립금으로 이를 보전하고, 그 적립금으로도 부족할 때에
   는 제1항제2호의 규정에 의한 적립금으로 보전하되, 그 미달액은 정
   부가 이를 보전할 수 있다. <개정 2003.9.29>

③ 제1항제2호 및 제3호의 규정에 의한 적립금은 대통령령이 정하는 바
   에 의하여 자본금으로 전입할 수 있다. <개정 2003.9.29>

제13조 (보조금) 정부는 공사의 사업에 대하여 예산의 범위 안에서 보조
금을 교부할 수 있다.

제14조 (감독등)

① 지식경제부장관은 공사의 경영목표달성을 위하여 필요한 범위 안에서

공사의 업무를 지도·감독한다. 다만, 국내기업의 해외투자지원업무에 대한 감독에 있어서는 미리 기획재정부장관과 협의하여야 한다. <개정 1993.3.6, 1995.8.4, 1999.5.24, 2008.2.29>

② 지식경제부장관은 공사에 대하여 통상정책수립에 필요한 최소한의 범위 안에서 보고서 및 자료를 제출하게 할 수 있다. <개정 1993.3.6, 1995.8.4, 1999.5.24, 2008.2.29>

제15조 (다른 법률과의 관계) 이 법에 규정하지 아니한 공사의 조직 및 경영 등에 관한 사항은 정부투자기관관리기본법에 의한다.

제16조 (벌칙)

① 제9조의 규정에 위반한 자는 2년 이하의 징역 또는 200만 원 이하의 벌금에 처한다.

② 제6조의 규정에 위반한 자는 50만 원 이하의 벌금에 처한다.

부칙 〈제3830호, 1986.5.12〉

이 법은 공포한 날로부터 시행한다.

부칙 〈제4541호, 1993.3.6〉 (정부조직법)

제1조 (시행일) 이 법은 공포한 날부터 시행한다. <단서 생략>

제2조 및 제3조 생략

제4조 (상공자원부 신설에 따른 다른 법률의 개정) ① 내지 <38> 생략
<39> 대한무역진흥공사법 중 다음과 같이 개정한다.

제1조, 제10조제5호 및 제14조제1항·제2항 중 "상공부장관"을 각각 "상공자원부장관"으로 한다.

제5조 생략

부칙 〈제4968호, 1995.8.4〉

제1조 (시행일) 이 법은 공포한 날부터 시행한다.

제2조 (명칭 등의 변경에 관한 경과조치)

① 이 법 시행 당시의 대한무역진흥공사는 대한무역투자진흥공사로 본다.

② 이 법 시행 당시의 대한무역진흥공사가 행한 행위 기타 법률관계에 있어서 대한무역진흥공사는 이를 대한무역투자진흥공사로 본다.

③ 이 법 시행 당시 등기부 기타 공부상의 대한무역진흥공사의 명의는 이를 대한무역투자진흥공사의 명의로 본다.

④ 이 법 시행 당시 다른 법령에서 대한무역진흥공사법 또는 대한무역진흥공사를 인용하고 있는 경우에는 그에 갈음하여 대한무역투자진흥공사법 또는 대한무역투자진흥공사를 인용한 것으로 본다.

제3조 (정관변경등) 대한무역투자진흥공사는 지체 없이 통상산업부장관의 인가를 받아 이 법에 적합하도록 정관을 변경하고 명칭변경등에 따른 변경등기를 신청하여야 한다.

부칙 〈제5982호, 1999.5.24〉 (정부조직법)

제1조 (시행일) 이 법은 공포한 날부터 시행한다. <단서 생략>

제2조 생략

제3조 (다른 법률의 개정) ① 내지 <69> 생략

<70> 대한무역투자진흥공사법 중 다음과 같이 개정한다.

제10조제5호 중 "통상산업부장관"을 "산업자원부장관"으로 한다.

제14조제1항 본문 중 "통상산업부장관"을 "산업자원부장관"으로 하고, 동항 단서 중 "외국인투자의 유치 및 국내기업의 해외투자지원업무"를 "국내기업의 해외투자지원업무"로, "재정경제원장관"을 "재정경제부장관"으로 하며, 동 조 제2항 중 "통상산업부장관"을 "산업자원부장관"으로 한다.

<71> 내지 <78> 생략

제5조 생략

제6조 (조직폐지 및 신설에 따른 다른 법령과의 관계) 이 법 시행 당시 다른 법령에서 기획예산위원회 또는 예산청을 인용한 경우에는 기획예산처를, 기획예산위원회위원장 또는 예산청장을 인용한 경우에는 기획예산처장

관을, 기획예산위원회 또는 예산청소속공무원을 인용한 경우에는 기획예산처소속공무원을, 공보실 또는 해외홍보와 관련하여 문화관광부를 인용한 경우에는 국정홍보처를, 공보실장 또는 문화관광부장관을 인용한 경우에는 국정홍보처장을, 공보실 또는 문화관광부소속공무원을 인용한 경우에는 국정홍보처소속공무원을, 문화재와 관련하여 문화관광부 또는 문화재관리국을 인용한 경우에는 문화재청을, 문화관광부장관 또는 문화재관리국장을 인용한 경우에는 문화재청장을, 문화관광부 또는 문화재관리국소속 공무원을 인용한 경우에는 문화재청소속 공무원을 각각 인용한 것으로 본다.

부칙 〈제6978호, 2003.9.29〉
이 법은 공포한 날부터 시행한다.

부칙 〈제8600호, 2007.8.3〉
이 법은 공포한 날부터 시행한다.

부칙 〈제8852호, 2008.2.29〉 (정부조직법)
제1조 (시행일) 이 법은 공포한 날부터 시행한다. 다만, <……생략……>, 부칙 제6조에 따라 개정되는 법률 중 이 법의 시행 전에 공포되었으나 시행일이 도래하지 아니한 법률을 개정한 부분은 각각 해당 법률의 시행일부터 시행한다.

제2조부터 제5조까지 생략

제6조 (다른 법률의 개정) ①부터 <346>까지 생략

<347> 대한무역투자진흥공사법 일부를 다음과 같이 개정한다.

제10조제5호, 제14조제1항·제2항 중 "산업자원부장관"을 각각 "지식경제부장관"으로 한다.

제14조제1항 단서조항 중 "재정경제부장관"을 "기획재정부장관"으로 한다.

<348>부터 <760>까지 생략

제7조 생략

[시행 2009.9.19] [법률 제9498호, 2009.3.18, 일부개정]
지식경제부(무역정책과), 02 - 2110 - 4832

제1조 (목적) 이 법은 무역거래의 기반을 효율적·체계적으로 조성하여
균형 있는 무역거래의 확대와 국민경제의 발전에 이바지함을 목적으로 한다.
[전문개정 2007.12.27]

제2조 (정의) 이 법에서 사용하는 용어의 뜻은 다음과 같다. <개정 2008.-
3.21>

1. "무역거래기반"이란 전자무역체제, 무역정보, 무역전문인력 등 무역
   거래활동을 지원·촉진하는 시설·여건·정보·인력 등을 말한다.
2. "무역거래기반조성"이란 무역거래기반을 구축·정비·보강하여 무
   역활동을 촉진하고 국제무역에서 발생되는 거래비용을 줄여 무역활
   동의 생산성을 높이도록 하는 것을 말한다.
3. 삭제 <2008.3.21>
4. 삭제 <2008.3.21>
5. "무역거래기반시설"이란 무역거래기반조성에 필요한 시설과 그 부
   대(附帶) 시설로서 대통령령으로 정하는 것을 말한다.
   [전문개정 2007.12.27]

제3조 (무역거래기반조성계획의 수립 등)
① 정부는 효율적·체계적인 무역거래기반조성을 위하여 무역거래기반조
   성에 관한 종합적인 기본시책을 마련하여야 한다.
② 지식경제부장관은 무역거래기반조성에 관한 계획(이하 "기반조성계획"
   이라 한다)을 수립하여야 한다. <개정 2008.2.29>
③ 삭제 <2009.3.18>

④ 지식경제부장관은 제4조제2항에 따른 무역거래기반조성사업을 하는
자 및 무역거래기반조성과 관련된 기관의 장에게 기반조성계획의 효
율적인 달성을 위하여 필요한 협조를 요청할 수 있다. <개정
2008.2.29>

⑤ 기반조성계획의 수립에 필요한 사항은 대통령령으로 정한다.

[전문개정 2007.12.27]

제4조 (무역거래기반조성사업 및 시행기관)

① 지식경제부장관은 기반조성계획을 효율적으로 시행하기 위하여 관계
중앙행정기관의 장과 협의하여 무역거래기반조성에 관한 다음 각 호
의 사업(이하 "무역거래기반조성사업"이라 한다)을 추진하여야 한다.
<개정 2008.2.29, 2008.3.21>

1. 삭제 <2008.3.21>

2. 인터넷 등 정보통신망을 통하여 수행하는 무역거래(이하 "전자무역
거래"라 한다)기반의 구축

3. 무역거래에 관한 정보 및 통계(이하 "무역정보"라 한다)의 수집·분
석 및 유통 촉진

4. 무역전문인력의 양성 및 교육·훈련

5. 무역거래기반조성에 관한 국제협력의 촉진

6. 국가 및 상품 이미지의 개선을 위한 대외 홍보

7. 그 밖에 무역거래기반조성을 위하여 필요한 사업으로서 대통령령으
로 정하는 사업

② 지식경제부장관은 다음 각 호의 기관·법인 또는 단체 등(이하 "주관
기관"이라 한다)으로 하여금 무역거래기반조성사업을 하게 할 수 있
다. <개정 2008.2.29, 2008.3.28>

1. 특별시·광역시·도 및 특별자치도

2. 「고등교육법」에 따른 학교

3. 「대한무역투자진흥공사법」에 따라 설립된 대한무역투자진흥공사

4. 「중소기업진흥 및 제품구매촉진에 관한 법률」에 따라 설립된 중소
기업진흥공단
5. 그 밖에 대통령령으로 정하는 법인 또는 단체
③ 지식경제부장관은 주관기관이 무역거래기반조성사업을 하는 데에 드
는 비용의 전부 또는 일부를 예산의 범위에서 지원할 수 있다. <개
정 2008.2.29>
④ 무역거래기반조성사업의 추진과 제3항에 따른 지원금의 지급·사용
및 관리에 필요한 사항은 대통령령으로 정한다.
[전문개정 2007.12.27]

제5조 삭제 <2008.3.21>
[전문개정 2007.12.27]

제6조 (전자무역거래기반의 확충)
① 정부는 전자무역거래를 촉진하기 위하여 필요한 시책을 마련하여야
한다.
② 지식경제부장관은 전자무역거래기반의 구축을 촉진하기 위하여 주관
기관으로 하여금 다음 각 호의 사업을 하게 할 수 있다. <개정
2008.2.29, 2008.3.21>
1. 삭제 <2008.3.21>
2. 중소기업에 대한 전자무역거래의 확산 및 지원
3. 무역거래의 효율적이고 질서 있는 수행을 위한 전산관리체제의 개
발 및 운영
4. 그 밖에 전자무역거래기반의 구축을 위하여 필요하다고 인정되는
사업으로서 지식경제부령으로 정하는 사업
[전문개정 2007.12.27]

제7조 (무역정보의 유통 촉진)
① 정부는 무역정보의 원활한 공급·활용 및 유통을 촉진하기 위하여 필

요한 시책을 마련하여야 한다.

② 지식경제부장관은 무역정보의 공급·활용 및 유통을 위하여 필요하면 지식경제부령으로 정하는 바에 따라 관계 행정기관 및 무역통상과 관련되는 기관·단체에 대하여 무역정보를 제출하게 하거나 이들에게 무역정보를 제공할 수 있다. 다만,「관세법」 제241조에 따른 수출입 신고사항에 관한 무역정보의 경우에는 미리 관세청장과 협의하여야 한다. <개정 2008.2.29>

③ 지식경제부장관은 무역정보의 수집·분석·가공 및 유통을 촉진하기 위하여 주관기관으로 하여금 다음 각 호의 사업을 하게 할 수 있다. <개정 2008.2.29>

1. 무역정보의 수집·분석·가공 및 유통
2. 무역정보의 유통 촉진 등 무역정보화사업을 추진하는 기관에 대한 지원
3. 무역정보망의 구축·운영
4. 그 밖에 무역정보의 유통 촉진을 위하여 필요한 사업으로서 지식경제부령으로 정하는 사업

[전문개정 2007.12.27]

제8조 (무역전문인력의 교육·훈련 등)

① 정부는 무역업계의 수요에 부응하기 위하여 무역전문인력의 양성 및 능력향상을 위한 교육·훈련 방안을 마련하여야 한다.

② 지식경제부장관은 무역전문인력의 교육·훈련을 촉진하기 위하여 주관기관으로 하여금 다음 각 호의 사업을 하게 할 수 있다. <개정 2008.2.29>

1. 현장 적응력이 있는 무역전문인력의 양성을 위한 교육·훈련
2. 무역전문인력의 효율적인 양성을 위한 교육과정의 개발·운영
3. 전자무역 등 무역의 새로운 유형을 확산하기 위한 교육·훈련
4. 그 밖에 무역전문인력의 교육·훈련과 관련하여 필요한 사업으로서

지식경제부령으로 정하는 사업

[전문개정 2007.12.27]

제9조 (국제협력의 촉진)

① 정부는 무역거래기반의 효율적인 조성을 위하여 무역거래기반조성사업을 하는 자와 외국의 정부·기관·단체 간의 무역거래기반조성에 관한 국제협력을 촉진하기 위한 시책을 마련하여야 한다.

② 지식경제부장관은 무역거래기반조성과 관련한 국제협력을 촉진하기 위하여 주관기관으로 하여금 다음 각 호의 사업을 하게 할 수 있다. <개정 2008.2.29>

　1. 무역 관련 국제협력을 위한 조사·연구

　2. 무역전문인력과 무역정보의 국제교류

　3. 외국의 무역 관련 기관·단체의 국내유치와 국내의 무역 관련 기관·단체의 해외진출 촉진

　4. 그 밖에 무역거래기반조성에 관한 국제협력을 촉진하기 위하여 필요한 사업으로서 지식경제부령으로 정하는 사업

　[전문개정 2007.12.27]

제10조 (무역거래기반조성에 관한 자금 지원) 정부는 무역거래기반조성을 효율적으로 추진하기 위하여 무역거래기반조성사업에 필요한 자금 지원에 노력하여야 한다.

[전문개정 2007.12.27]

제11조 (부담금 등의 감면) 무역거래기반시설을 설치하는 자에 대하여는 「산지관리법」 등 관련 법률로 정하는 바에 따라 다음 각 호의 부담금 등을 감면할 수 있다.

　1. 「산지관리법」 제19조에 따른 대체산림자원조성비

　2. 「농지법」 제38조에 따른 농지보전부담금

　3. 「초지법」 제23조제6항에 따른 대체초지조성비

[전문개정 2007.12.27]

제12조 (국·공유지의 임대 및 매각)

① 국가나 지방자치단체는 무역거래기반시설을 효율적으로 조성·운영하기 위하여 필요하다고 인정하면 제4조제2항제3호의 대한무역투자진흥공사, 같은 항 제4호의 중소기업진흥공단 및 같은 항 제5호의 법인 또는 단체 중 대통령령으로 정하는 자에게「국유재산법」또는「공유재산 및 물품 관리법」에도 불구하고 수의계약에 의하여 국유재산이나 공유재산을 사용·수익허가 또는 대부(이하 "임대"라 한다)하거나 매각할 수 있다.

② 제1항에 따라 국유지나 공유지를 임대하는 경우에는「국유재산법」제18조와「공유재산 및 물품 관리법」제13조에도 불구하고 그 토지 위에 건물이나 그 밖의 영구시설물을 축조하게 할 수 있다. 이 경우 해당 시설물의 종류 등을 고려하여 그 시설물의 준공일부터 10년이 지난 때에 그 시설물을 국가나 지방자치단체에 기부하거나 원상으로 회복하여 반환하는 조건으로 토지를 임대할 수 있다. <개정 2009.1.30>

③ 제1항에 따른 국유재산이나 공유재산의 가격·임대료·임대기간 등에 관하여 필요한 사항은 대통령령으로 정한다.

④ 주관기관은 제2항에 따라 국유지나 공유지에 건물이나 그 밖의 영구시설물을 축조한 경우에는 그 시설을 담보로 제공하거나 매각할 수 없다. 다만, 무역거래기반시설의 운영을 위하여 금융기관 등에 담보를 제공할 필요가 있는 경우로서 미리 해당 토지의 관리청에서 동의를 받은 경우에는 그러하지 아니하다.

[전문개정 2007.12.27]

제12조의2 (중소기업수출지원센터의 설치·운영)

① 중소기업청장은 외국인 구매자의 발굴, 수출보험, 수출입금융, 기술·품질 및 디자인 개발지원 등 중소기업의 무역활동을 종합적으로 지원하기 위하여 중소기업수출지원센터를 설치·운영할 수 있다.

② 중소기업수출지원센터의 설치 및 운영에 관하여 필요한 사항은 대통령령으로 정한다.

[본조신설 2008.3.28]

제13조 삭제 <2009.3.18>

제14조 (무역거래기반조성사업의 수요조사 등)

① 지식경제부장관은 기반조성계획을 체계적으로 수립하고 무역거래기반조성사업을 효율적으로 시행하기 위하여 필요하면 무역거래기반조성사업에 관한 수요를 조사할 수 있다. <개정 2008.2.29>

② 지식경제부장관은 제1항에 따른 수요조사를 위하여 필요하면 관계 행정기관, 주관기관, 그 밖의 관계 기관·단체에 대하여 관련 자료를 제출하여 주도록 협조를 요청할 수 있다. <개정 2008.2.29>

[전문개정 2007.12.27]

제15조 (다른 법률과의 관계)

① 무역거래기반시설에 대하여「건축법」제11조에 따른 건축허가를 받거나 같은 법 제14조에 따른 건축신고를 한 경우 같은 법 제11조제5항 각 호의 사항 외에 다음 각 호의 허가·인가·승인·동의 또는 신고(이하 "허가등"이라 한다)에 관하여 허가등을 받은 것으로 본다. <개정 2008.3.21>

1. 「하수도법」제24조에 따른 시설 또는 공작물 설치의 허가

2. 「수도법」제52조에 따른 전용상수도 설치의 인가

3. 「전기사업법」제62조에 따른 자가용전기설비의 공사계획에 대한 인가·변경인가 또는 신고·변경신고

4. 「소방시설설치유지 및 안전관리에 관한 법률」제7조제1항에 따른 건축허가의 동의

5. 「폐기물관리법」제29조제2항에 따른 폐기물처리시설 설치의 승인 또는 신고

6. 「대기환경보전법」 제23조, 「수질 및 수생태계 보전에 관한 법률」 제33조 및 「소음·진동규제법」 제8조에 따른 배출시설 설치의 허가 또는 신고

7. 「하수도법」 제34조제2항에 따른 개인하수처리시설의 설치 신고

② 무역거래기반시설에 대하여 특별자치도지사·시장·군수 또는 구청장이 「건축법」 제22조에 따라 건축물의 사용승인을 한 경우 같은 조 제4항 각 호의 사항 외에 다음 각 호의 검사 또는 신고(이하 "검사등"이라 한다)에 관하여 그 검사등을 받은 것으로 본다. <개정 2008.3.21>

1. 「수도법」 제53조에 따라 준용되는 전용상수도의 수질검사 등

2. 「소방시설공사업법」 제14조에 따른 소방시설의 완공검사

3. 「폐기물관리법」 제29조제4항에 따른 폐기물처리시설의 사용개시 신고

4. 「수질 및 수생태계 보전에 관한 법률」 제37조와 「소음·진동규제법」 제13조에 따른 배출시설 등의 가동개시 신고

5. 「하수도법」 제37조에 따른 개인하수처리시설의 준공검사

③ 허가등과 검사등의 의제를 받으려는 자가 해당 무역거래기반시설의 건축허가 신청 또는 건축신고와 사용승인 신청을 하는 경우에는 해당 법령으로 정하는 관련 서류를 함께 제출하여야 한다.

④ 특별자치도지사·시장·군수 또는 구청장이 다음 각 호의 어느 하나에 해당하는 행위를 할 때에 제1항과 제2항에 해당하는 사항이 다른 행정기관의 권한에 속하는 경우에는 그 행정기관의 장과 협의하여야 한다. 이 경우 협의를 요청받은 행정기관의 장은 요청받은 날부터 15일 이내에 의견을 제출하여야 한다. <개정 2008.3.21>

1. 「건축법」 제11조제1항에 따른 건축허가

2. 「건축법」 제14조제1항에 따른 건축신고

3. 「건축법」 제22조제1항에 따른 사용승인

[전문개정 2007.12.27]

부칙 〈제6227호, 2000.1.28〉

이 법은 공포 후 6개월이 경과한 날부터 시행한다.

부칙 〈제6305호, 2000.12.29〉 (관세법)

제1조 (시행일) 이 법은 2001년 1월 1일부터 시행한다.

제2조 내지 제6조 생략

제7조 (다른 법률의 개정) ① 내지 <17> 생략

<18> 무역거래기반조성에관한법률 중 다음과 같이 개정한다.

제7조제2항 단서 중 "관세법 제137조"를 "관세법 제241조"로 한다.

<19> 생략

제8조 생략

부칙 〈제6841호, 2002.12.30〉 (산지관리법)

제1조 (시행일) 이 법은 공포 후 9개월이 경과한 날부터 시행한다.

제2조 내지 제10조 생략

제11조 (다른 법률의 개정) ① 내지 <27> 생략

<28> 무역거래기반조성에관한법률 중 다음과 같이 개정한다.

제11조제2호를 다음과 같이 한다.

2. 산지관리법 제19조의 규정에 의한 대체산림자원조성비

<29> 내지 <74> 생략

제12조 생략

부칙 〈제6893호, 2003.5.29〉 (소방기본법)

제1조 (시행일) 이 법은 공포 후 1년이 경과한 날부터 시행한다.

제2조 내지 제4조 생략

제5조 (다른 법률의 개정) ① 내지 ⑨ 생략

⑩ 무역거래기반조성에관한법률 중 다음과 같이 개정한다.

제15조제1항제4호 중 "소방법 제8조제1항"을 "소방시설설치유지및안전관

리에관한법률 제7조제1항”으로 하고, 동 조 제2항제2호 중 “소방법 제62조 제2항 및 제3항”을 “소방시설공사업법 제14조”로 한다.

⑪ 내지 <23> 생략

제6조 생략

부칙 〈제7459호, 2005.3.31〉 (수질환경보전법)

제1조 (시행일) 이 법은 공포 후 1년이 경과한 날부터 시행한다.

제2조 내지 제4조 생략

제5조 (다른 법률의 개정) ① 내지 ⑫ 생략

⑬ 무역거래기반조성에관한법률 일부를 다음과 같이 개정한다.

제15조제1항제6호 중 “수질환경보전법 제10조”를 “「수질환경보전법」 제33조”로 하고, 동 조 제2항제4호 중 “수질환경보전법 제14조”를 “「수질환경보전법」 제37조”로 한다.

⑭ 내지 <36> 생략

제6조 생략

부칙 〈제7604호, 2005.7.21〉 (농지법)

제1조 (시행일) 이 법은 공포 후 6개월이 경과한 날부터 시행한다. <단서 생략>

제2조 내지 제5조 생략

제6조 (다른 법률의 개정) ① 내지 ⑤ 생략

⑥ 무역거래기반조성에관한법률 일부를 다음과 같이 개정한다.

제11조제3호 중 “농지조성비”를 “농지보전부담금”으로 한다.

⑦ 내지 <19> 생략

제7조 생략

부칙 <제7995호, 2006.9.27> (초지법)

제1조 (시행일) 이 법은 공포 후 6개월이 경과한 날부터 시행한다.

제2조 내지 제5조 생략

제6조 (다른 법률의 개정) ① 내지 ③ 생략

④ 무역거래기반조성에관한법률 일부를 다음과 같이 개정한다.

제11조제4호 중 "제23조제3항 내지 제4항"을 "제23조제6항"으로 한다.

⑤ 내지 ⑨ 생략

부칙 〈제8014호, 2006.9.27〉 (하수도법)

제1조 (시행일) 이 법은 공포 후 1년이 경과한 날부터 시행한다.

제2조 내지 제9조 생략

제10조 (다른 법률의 개정) ① 내지 〈17〉 생략

〈18〉 무역거래기반조성에관한법률 일부를 다음과 같이 개정한다.

제15조제1항제1호 중 "하수도법 제20조"를 "「하수도법」 제24조"로 하고, 동 항 제7호를 다음과 같이 한다.

7. 「하수도법」 제34조제2항의 규정에 따른 개인하수처리시설의 설치신고

〈19〉 내지 〈57〉 생략

제11조 생략

부칙 〈제8352호, 2007.4.11〉 (농지법)

제1조 (시행일) 이 법은 공포한 날부터 시행한다. 〈단서 생략〉

제2조 내지 제14조 생략

제15조 (다른 법률의 개정) ① 내지 〈24〉 생략

〈24〉 무역거래기반조성에관한법률 일부를 다음과 같이 개정한다.

제11조제3호 중 "농지법 제40조"를 "「농지법」 제38조"로 한다.

〈25〉 내지 〈77〉 생략

제16조 생략

부칙 〈제8369호, 2007.4.11〉 (소음·진동규제법)

제1조 (시행일) 이 법은 공포한 날부터 시행한다. 〈단서 생략〉

제2조 내지 제14조 생략

제15조 (다른 법률의 개정) ① 내지 ⑥ 생략

⑦ 무역거래기반조성에관한법률 일부를 다음과 같이 개정한다.

제15조제1항제6호 중 "소음·진동규제법 제9조"를 "「소음·진동규제법」 제8조"로 하고, 같은 조 제2항제4호 중 "소음·진동규제법 제13조"를 "「소음·진동규제법」 제13조"로 한다.

⑧ 내지 <20> 생략

제16조 생략

부칙 〈제8370호, 2007.4.11〉 (수도법)

제1조 (시행일) 이 법은 공포한 날부터 시행한다. <단서 생략>

제2조 내지 제18조 생략

제19조 (다른 법률의 개정) ① 내지 <16> 생략

<17> 무역거래기반조성에관한법률 일부를 다음과 같이 개정한다.

제15조제1항제2호 중 "수도법 제36조"를 "「수도법」 제52조"로 하고, 같은 조 제2항제1호 중 "수도법 제37조"를 "「수도법」 제53조"로 한다.

<18> 내지 <66> 생략

제20조 생략

부칙 〈제8371호, 2007.4.11〉 (폐기물관리법)

제1조 (시행일) 이 법은 공포한 날부터 시행한다. <단서 생략>

제2조 내지 제8조 생략

제9조 (다른 법률의 개정) ① 내지 ⑪ 생략

⑫ 무역거래기반조성에관한법률 일부를 다음과 같이 개정한다.

제15조제1항제5호 중 "폐기물관리법 제30조제2항"을 "「폐기물관리법」 제29조제2항"으로 하고, 같은 조 제2항제3호 중 "폐기물관리법 제30조제4항"을 "「폐기물관리법」 제29조제4항"으로 한다.

⑬ 내지 <46> 생략

제10조 생략

부칙 〈제8404호, 2007.4.27〉 (대기환경보전법)

제1조 (시행일) 이 법은 공포한 날부터 시행한다. <단서 생략>

제2조부터 제12조 생략

제13조 (다른 법률의 개정) ①부터 ⑥ 생략

⑦ 무역거래기반조성에관한법률 일부를 다음과 같이 개정한다.

제15조제1항제6호 중 "대기환경보전법 제10조"를 "「대기환경보전법」 제23조"로 한다.

⑧부터 <30> 생략

제14조 생략

부칙 〈제8466호, 2007.5.17〉 (수질 및 수생태계 보전에 관한 법률)

제1조 (시행일) 이 법은 공포 후 6개월이 경과한 날부터 시행한다.

제2조 및 제3조 생략

제4조 (다른 법률의 개정) ①부터 ⑬까지 생략

⑭ 무역거래기반조성에관한법률 일부를 다음과 같이 개정한다.

제15조제1항제6호 및 동 조 제2항제4호 중 "「수질환경보전법」"을 각각 "「수질 및 수생태계 보전에 관한 법률」"로 한다.

⑮부터 <55>까지 생략

제5조 생략

부칙 〈제8797호, 2007.12.27〉

이 법은 공포한 날부터 시행한다.

부칙 〈제8852호, 2008.2.29〉 (정부조직법)

제1조 (시행일) 이 법은 공포한 날부터 시행한다. 다만, <……생략……>, 부칙 제6조에 따라 개정되는 법률 중 이 법의 시행 전에 공포되었으나 시

행일이 도래하지 아니한 법률을 개정한 부분은 각각 해당 법률의 시행일부터 시행한다.

제2조부터 제5조까지 생략

제6조 (다른 법률의 개정) ①부터 <350>까지 생략

<351> 무역거래기반 조성에 관한 법률 일부를 다음과 같이 개정한다.

제13조제1항 중 "산업자원부"를 "지식경제부"로 한다.

제5조제2항제4호, 제6조제2항제4호, 제7조제2항·제3항제4호, 제8조제2항제4호, 제9조제2항제4호 중 "산업자원부령"을 각각 "지식경제부령"으로 한다.

제3조제2항부터 제4항까지, 제4조제1항부터 제3항까지, 제5조제2항, 제6조제2항, 제7조제2항·제3항, 제8조제2항, 제9조제2항, 제13조제1항·제2항제3호, 제14조제1항·제2항 중 "산업자원부장관"을 각각 "지식경제부장관"으로 한다.

제16조제1항 및 제2항 중 "기획예산처"를 각각 "기획재정부"로 한다.

<352>부터 <760>까지 생략

제7조 생략

부칙 〈제8935호, 2008.3.21〉 (전시산업발전법)

제1조 (시행일) 이 법은 공포 후 6개월이 경과한 날부터 시행한다.

제2조 생략

제3조 (다른 법률의 개정) 무역거래기반 조성에 관한 법률 일부를 다음과 같이 개정한다.

제2조제1호 중 "무역전시장, 전자무역체제"를 "전자무역체제"로 한다.

제2조제5호 중 "무역전시장 등 무역거래기반조성에"를 "무역거래기반조성에"로 한다.

제2조제3호·제4호, 제4조제1항제1호, 제5조 및 제6조제2항제1호를 각각 삭제한다.

제4조 생략

부칙 〈제8974호, 2008.3.21〉 (건축법)

제1조 (시행일) 이 법은 공포한 날부터 시행한다. <단서 생략>

제2조부터 제12조까지 생략

제13조 (다른 법률의 개정) ①부터 <20>까지 생략

<21> 무역거래기반 조성에 관한 법률 일부를 다음과 같이 개정한다.

제15조제1항 각 호 외의 부분 중 "「건축법」 제8조"를 "「건축법」 제11조"로, "같은 법 제9조"를 "같은 법 제14조"로, "같은 법 제8조제6항"을 "같은 법 제11조제5항"으로 하고, 같은 조 제2항 각 호 외의 부분 중 "「건축법」 제18조"를 "「건축법」 제22조"로 하며, 같은 조 제4항제1호 중 "제8조제1항"을 "제11조제1항"으로 하고, 같은 항 제2호 중 "제9조제1항"을 "제14조제1항"으로 하며, 같은 항 제3호 중 "제18조제1항"을 "제22조제1항"으로 한다.

<22>부터 <70>까지 생략

제14조 생략

부칙 〈제9011호, 2008.3.28〉

① (시행일) 이 법은 공포한 날부터 시행한다.

② (경과조치) 이 법 시행 당시 이미 설치·운영 중인 중소기업수출지원센터는 이 법 제12조의2에 따른 중소기업수출지원센터로 본다.

부칙 〈제9401호, 2009.1.30〉 (국유재산법)

제1조 (시행일) 이 법은 공포 후 6개월이 경과한 날부터 시행한다. <단서 생략>

제2조부터 제9조까지 생략

제10조 (다른 법률의 개정) ①부터 <27>까지 생략

<28> 무역거래기반 조성에 관한 법률 일부를 다음과 같이 개정한다.

제12조제2항 전단 중 "「국유재산법」 제24조제3항"을 "「국유재산법」 제18조"로 한다.

<29>부터 <86>까지 생략

제11조 생략

부칙 〈제9498호, 2009.3.18〉

이 법은 공포 후 6개월이 경과한 날부터 시행한다.

04 불공정무역행위 조사 및 산업피해구제에 관한 법률

[시행 2009.6.20] [법률 제9155호, 2008.12.19, 일부개정]
지식경제부(불공정무역조사팀), 02 – 2110 – 5582

제1장 총칙

　제1조 (목적) 이 법은 불공정한 무역행위와 수입의 증가 등으로 인한 국내산업의 피해를 조사·구제하는 절차를 정함으로써 공정한 무역질서를 확립하고 국내산업을 보호하며, 「세계무역기구 설립을 위한 마라케쉬협정」 등 무역에 관한 국제협약을 이행하기 위하여 필요한 사항을 규정함을 목적으로 한다.

　[전문개정 2008.3.21]

　제2조 (정의) 이 법에서 사용하는 용어의 뜻은 다음과 같다.

　　1. "무역"이란 「대외무역법」 제2조제1호에 따른 무역을 말한다.

　　2. "물품등"이란 「대외무역법」 제2조제1호에 따른 물품등을 말한다.

　　3. "덤핑"이란 「관세법」 제51조에 따른 덤핑을 말한다.

　　4. "보조금등"이란 「관세법」 제57조에 따른 보조금 또는 장려금을 말한다.

[전문개정 2008.3.21]

제3조 (공정성·투명성 등의 확보)

① 제27조에 따른 무역위원회(이하 "무역위원회"라 한다)의 위원 및 그 소속 공무원과 제37조에 따라 조사업무를 수행하는 자는 이 법에 따른 조사와 판정 등의 업무를 공정하고 투명하게 수행하여야 한다.

② 제1항에 따른 업무 처리에 관한 구체적 기준은 대통령령으로 정할 수 있다.

[전문개정 2008.3.21]

제2장 불공정무역행위의 조사 등

제4조 (불공정무역행위의 금지)

① 누구든지 다음 각 호의 어느 하나에 해당하는 행위(이하 "불공정무역행위"라 한다)를 하여서는 아니 된다. <개정 2008.12.19>

　1. 대한민국의 법령이나 대한민국이 당사자인 조약에 따라 보호되는 특허권·실용신안권(實用新案權)·디자인권·상표권·저작권·저작인접권(著作隣接權)·프로그램저작권·반도체집적회로의 배치설계권이나 지리적 표시 또는 영업 비밀을 침해하는 물품등(이하 "지식재산권침해물품등"이라 한다)에 관한 다음 각 목의 어느 하나에 해당하는 행위

　　가. 지식재산권침해물품등을 수입하거나 수입된 지식재산권침해물품등을 국내에서 판매하는 행위

　　나. 지식재산권침해물품등을 수출하거나 수출을 목적으로 국내에서 제조하는 행위

　2. 다음 각 목의 어느 하나에 해당하는 물품등을 수출하거나 수입하는 행위

가. 원산지를 거짓으로 표시하거나 원산지를 오인(誤認)하게 하는 표
　　시를 한 물품등
나. 원산지 표시를 손상하거나 변경한 물품등
다. 원산지 표시를 하지 아니한 원산지 표시 대상 물품
3. 그 밖에 수출입 질서를 해칠 우려가 있는 행위로서 대통령령으로
　정하는 행위
② 무역위원회는 제1항제1호 및 제3호에 따른 위반행위의 유형 및 기준
을 정하여 공고할 수 있다. <신설 2008.12.19>
[전문개정 2008.3.21]

제5조 (불공정무역행위의 조사신청 및 조사개시 결정)
① 누구든지 불공정무역행위의 사실이 있다고 인정하면 이를 조사하여
줄 것을 무역위원회에 서면으로 신청할 수 있다.
② 제1항에 따른 조사신청은 불공정무역행위가 있었던 날부터 1년 이내
에 하여야 한다.
③ 무역위원회는 제1항에 따른 조사신청을 받으면 20일 이내에 조사의
개시 여부를 결정하여야 한다.
[전문개정 2008.3.21]

제6조 (직권 조사) 무역위원회는 불공정무역행위의 혐의가 있어 이를 조
사할 필요성이 있으면 직권(職權)으로 조사할 수 있다.
[전문개정 2008.3.21]

제7조 (잠정조치)
① 무역위원회에 조사를 신청하였거나 무역위원회가 직권으로 조사 중인
불공정무역행위로 회복할 수 없는 피해를 입고 있거나 입을 우려가
있는 자는 무역위원회에 불공정무역행위의 중지나 그 밖에 피해를 예
방할 수 있는 조치(이하 "잠정조치"라 한다)를 하여 줄 것을 신청할
수 있다.

② 무역위원회는 잠정조치의 신청을 받으면 신속하게 조사를 끝내고 잠
정조치의 시행 여부를 결정하여야 하며, 잠정조치의 시행을 결정한
경우에는 지체 없이 해당 행위자에게 불공정무역행위의 중지를 명하
거나 그 밖에 필요한 조치를 하여야 한다.

③ 무역위원회는 잠정조치를 시행하기 위하여 필요하다고 인정하면 관계
행정기관의 장에게 협조를 요청할 수 있다.

[전문개정 2008.3.21]

제8조 (담보제공)

① 잠정조치를 신청하는 자는 제7조제2항에 따른 잠정조치의 시행 여부
를 결정하기 전까지 무역위원회에 담보를 제공하여야 한다.

② 제1항에 따른 담보의 종류·평가·제공방법과 담보의 변경·보충에
관하여는 「국세기본법」 제29조부터 제32조까지의 규정을 준용한다.
이 경우 "세무서장"은 "무역위원회"로 본다.

③ 무역위원회는 잠정조치를 시행하지 아니하기로 결정하거나 제9조제1
항에 따라 불공정무역행위에 대한 조사·판정 절차를 끝낸 경우에는
담보를 되돌려 주어야 한다.

④ 제1항부터 제3항까지에 규정된 사항 외에 담보 제도의 운영에 필요한
사항은 대통령령으로 정한다.

[전문개정 2008.3.21]

제9조 (판정 및 통지 등)

① 무역위원회는 제5조제3항에 따라 조사를 개시하기로 결정하였을 때에
는 그 결정일부터 6개월 이내에 조사를 끝내고 판정하여야 한다.

② 무역위원회는 다음 각 호의 어느 하나에 해당하는 사유가 있는 경우
에는 제1항에 따른 기간을 2개월의 범위에서 2회 연장할 수 있다.

  1. 조사 중인 불공정무역행위와 관련하여 소송 또는 특허심판 등 관련
분쟁조정 절차가 진행 중인 경우

2. 신청인 또는 피신청인이 정당한 사유를 제시하여 그 기간의 연장을
   신청한 경우
3. 그 밖에 조사 내용이 복잡하거나 당사자가 자료를 제출하지 아니하
   는 등 부득이한 사정으로 기간을 연장할 수밖에 없다고 인정하는 경우
③ 무역위원회는 불공정무역행위에 대한 판정을 한 경우에는 지체 없이
   당사자와 이해관계인에게 알려주어야 한다.
[전문개정 2008.3.21]

제10조 (시정조치)
① 무역위원회는 제4조제1항에 해당하는 불공정무역행위가 있다고 판정
   하면 해당 행위자에게 다음 각 호에 규정된 사항을 명할 수 있다. 이
   경우 지식경제부장관의 의견을 들어야 한다. <개정 2008.12.19>
   1. 해당 물품등의 수출·수입·판매·제조행위의 중지
   2. 해당 물품등의 반입배제 또는 폐기처분
   3. 정정광고
   4. 법 위반으로 무역위원회로부터 시정명령을 받은 사실의 공표
   5. 그 밖에 불공정무역행위의 시정을 위하여 필요한 조치
② 무역위원회는 제1항에 따른 시정조치를 이행하기 위하여 필요하다고
   인정하면 관계 행정기관의 장에게 협조를 요청할 수 있다.
③ 삭제 <2008.12.19>
[전문개정 2008.3.21]

제11조 (과징금)
① 무역위원회는 제4조제1항제1호 또는 제3호에 해당하는 불공정무역행
   위가 있다고 판정하면 해당 행위자에게 대통령령으로 정하는 거래 금
   액에 100분의 30을 곱한 금액을 초과하지 아니하는 범위에서 과징금
   을 부과할 수 있다. 다만, 거래 금액이 없거나 거래 금액을 산정하기
   곤란한 경우로서 대통령령으로 정하는 경우에는 5억 원을 초과하지
   아니하는 범위에서 과징금을 부과할 수 있다. <개정 2008.3.21,

2008.12.19>

② 삭제 <2004.1.20>

③ 무역위원회는 제4조제1항제2호에 해당하는 불공정무역행위가 있다고
   판정하면 해당 행위자에게 3천만 원 이하의 과징금을 부과할 수 있
   다. <개정 2008.3.21, 2008.12.19>

④ 제1항 또는 제3항에 따른 과징금의 부과 기준은 대통령령으로 정한
   다. <개정 2008.3.21, 2008.12.19>

제12조 (과징금 납부기한의 연장 및 분할 납부)

① 무역위원회는 과징금의 금액이 대통령령으로 정하는 기준에 해당하는
   경우로서 다음 각 호의 어느 하나에 해당하는 사유로 과징금을 내야
   하는 자(이하 "과징금납부의무자"라 한다)가 과징금의 전액을 일시에
   내기 어렵다고 인정되면 그 납부기한을 연장하거나 분할 납부하게 할
   수 있다. 이 경우 필요하다고 인정하면 그 과징금납부의무자에게 담
   보를 제공하게 할 수 있다.

 1. 재해나 천재지변 등으로 재산에 현저한 손실을 받은 경우

 2. 무역 등 경제 여건의 악화로 사업이 중대한 위기에 처한 경우

 3. 과징금을 일시에 납부하면 자금 사정에 현저한 어려움이 예상되는
    경우

 4. 그 밖에 제1호부터 제3호까지의 규정에 준하는 사유가 있는 경우

② 납부기한 연장과 분할 납부의 신청 절차 및 방법 등에 관하여 필요한
   사항은 대통령령으로 정한다.

[전문개정 2008.3.21]

제13조 (과징금 징수 및 체납처분 등)

① 무역위원회는 과징금납부의무자가 납부기한까지 과징금을 내지 아니
   하면 납부기한의 다음 날부터 납부하는 날까지의 기간에 대하여 과징
   금 금액의 100분의 5의 범위에서 대통령령으로 정하는 가산금을 징
   수한다.

② 무역위원회는 과징금납부의무자가 납부기한까지 과징금을 내지 아니
하면 기간을 정하여 과징금과 제1항에 따른 가산금을 내도록 독촉하
고, 그 지정한 기간까지 과징금과 가산금을 내지 아니하면 국세 체납
처분의 예에 따라 징수할 수 있다.

③ 무역위원회가 제14조에 따른 이의신청에 대한 결정, 행정심판에 대한
재결 또는 법원의 판결 등의 사유로 과징금을 환급하는 경우에는 과
징금을 납부한 날부터 환급하는 날까지의 기간에 대하여 금융기관의
이자율 등을 참작하여 대통령령으로 정하는 바에 따라 환급가산금을
지급하여야 한다.

[전문개정 2008.3.21]

제14조 (이의신청)

① 제10조 또는 제11조에 따른 무역위원회의 처분에 불복하는 자는 그
처분을 통지받은 날부터 30일 이내에 무역위원회에 이의신청을 할 수
있다.

② 무역위원회는 제1항에 따른 이의신청에 대하여 60일 이내에 결정을
하여야 한다. 다만, 이의신청에 대한 조사과정에서 새로운 자료가 제
출되어 조사에 추가로 시일이 걸리는 등 부득이한 사정으로 그 기간
에 결정을 할 수 없는 경우에는 30일의 범위에서 기간을 연장할 수
있다.

③ 제1항에 따라 이의신청을 한 자는 그 이의신청과 관계없이 「행정심판
법」에 따른 행정심판이나 「행정소송법」에 따른 행정소송을 제기할 수
있다.

[전문개정 2008.3.21]

제14조의2 (지식재산권침해물품등의 확인)

① 무역위원회가 지식재산권침해물품등에 관한 불공정무역행위로 판정한
후 그 지식재산권침해물품등과 같은 종류의 물품등에 대하여 제4조제
1항제1호의 불공정무역행위를 하려는 경우나 그러한 행위가 있다고

인정하는 경우에는 누구든지 대통령령으로 정하는 바에 따라 무역위
원회에 해당 물품등이 지식재산권침해물품등에 해당하는지에 대한 확
인을 신청할 수 있다. <개정 2008.12.19>

② 무역위원회는 제1항에 따른 행위의 혐의가 있어 이를 확인할 필요성
이 있으면 직권으로 확인할 수 있다.

③ 무역위원회는 제1항이나 제2항에 따라 확인을 할 때에는 해당 물품등
이 지식재산권침해물품등과 동일한지 여부와 해당 행위자가 정당한
권리자인지 여부를 판단하는 데에 필요한 범위에 한정하여야 한다.

④ 무역위원회는 제1항이나 제2항에 따라 확인을 한 경우에는 지체 없이
당사자와 이해관계인에게 그 결과를 알려야 한다.

⑤ 무역위원회가 제1항이나 제2항에 따라 지식재산권침해물품등으로 확
인한 행위는 제9조에 따라 제4조제1항제1호에 해당하는 불공정무역
행위로 판정한 행위로 본다. <개정 2008.12.19>

[본조신설 2008.3.21]

제14조의3 (포상금의 지급)

① 무역위원회는 제4조제1항제1호에 해당하는 불공정무역행위(제14조의2
제5항에 따라 간주하는 경우를 포함한다)에 대하여 제11조에 따른 과
징금을 부과한 경우 예산의 범위에서 다음 각 호의 어느 하나에 해당
하는 자에게 과징금 부과금액의 100분의 10 이내의 금액으로서 대통
령령으로 정하는 금액을 포상금으로 지급할 수 있다. <개정 2008.-
12.19>

  1. 해당 불공정무역행위를 조사하거나 확인하여 줄 것을 신청한 자

  2. 해당 불공정무역행위에 대하여 무역위원회가 직권으로 조사하거나
     확인한 경우 그 불공정무역행위의 혐의와 관련하여 중요한 자료나
     정보를 제공한 자

② 직무상 취득한 정보를 이용하여 신청을 하거나 자료를 제공한 공무원
등 대통령령으로 정하는 자에게는 제1항에 따른 포상금을 지급하지

아니한다.

[본조신설 2008.3.21]

제3장 수입 증가로 인한 산업피해조사 등 〈개정 2008.3.21〉

제15조 (특정 물품의 수입 증가로 인한 국내산업 피해의 조사신청) 특정한 물품의 수입 증가로 같은 종류의 물품 또는 직접적인 경쟁관계에 있는 물품을 생산하는 국내산업이 심각한 피해를 입고 있거나 입을 우려가 있으면 해당 국내산업에 이해관계가 있는 자 또는 그 국내산업을 관장하는 관계 중앙행정기관의 장은 무역위원회에 해당 특정 물품의 수입이 국내산업에 미치는 피해를 조사하여 줄 것을 신청할 수 있다.

[전문개정 2008.3.21]

제16조 (국내산업 피해의 조사)

① 무역위원회는 제15조에 따른 신청을 받으면 관계 중앙행정기관의 장의 의견을 들어 신청일부터 30일 이내에 조사의 개시 여부를 결정하고, 그 결과를 신청인과 관계 중앙행정기관의 장에게 알려야 한다.

② 무역위원회는 제1항에 따라 조사의 개시를 결정한 때에는 그 결정일부터 4개월 이내에 특정 물품의 수입이 해당 국내산업에 심각한 피해를 미치는지를 판정하여야 한다. 다만, 그 조사내용이 복잡하거나 신청인이 정당한 사유를 제시하여 조사기간의 연장을 신청한 경우에는 2개월의 범위에서 그 기간을 연장할 수 있다.

[전문개정 2008.3.21]

제17조 (세이프가드조치 등의 건의)

① 무역위원회는 제16조에 따른 조사 결과 국내산업이 심각한 피해를 입고 있거나 입을 우려가 있다고 판정하면 그 판정일부터 1개월 이내에 다음 각 호의 어느 하나에 해당하는 조치(이하 "세이프가드조치"라

한다) 및 그 기간을 결정하여 관계 중앙행정기관의 장에게 시행을 건
의할 수 있다.

  1. 관세율의 조정

  2. 수입물품 수량의 제한

② 무역위원회는 세이프가드조치의 시행의 건의와 함께 관계 중앙행정기
관의 장에게 국내산업의 구조조정을 촉진하기 위한 조치(이하 "구조
조정촉진조치"라 한다)의 시행을 건의할 수 있다.

③ 세이프가드조치의 기간은 4년을 초과하여서는 아니 된다.

④ 무역위원회는 제1항에 따라 세이프가드조치 및 그 기간을 결정할 때
에는 해당 세이프가드조치가 관련 산업, 국내 물가, 소비자의 이익,
통상관계 등에 미치는 영향을 종합적으로 고려하여야 한다.

⑤ 무역위원회는 제1항에 따라 세이프가드조치 및 그 기간을 결정할 때
에는 해당 국내산업의 심각한 피해를 방지하거나 구제하고 산업구조
의 조정을 촉진하는 데에 필요한 범위로 한정하여야 한다.

[전문개정 2008.3.21]

제18조 (잠정세이프가드조치의 건의)

① 무역위원회는 제16조에 따른 조사기간 중에 조사신청인으로부터 조사
신청 물품에 대하여 잠정적인 조치를 신청받은 경우로서 그 조사기간
중에 발생하는 피해 등을 방지하지 아니하면 해당 물품의 수입 증가
로 같은 종류의 물품 또는 직접적인 경쟁관계에 있는 물품을 생산하
는 국내산업이 회복하기 어려울 정도로 심각한 피해를 입거나 입을
우려가 있다는 명백한 증거가 있다고 판정한 경우에는 관계 중앙행정
기관의 장에게 잠정적으로 제17조제1항제1호에 따른 세이프가드조치
(이하 "잠정세이프가드조치"라 한다)의 시행을 건의할 수 있다.

② 잠정세이프가드조치의 기간은 200일을 초과할 수 없다.

[전문개정 2008.3.21]

제18조의2 (국내산업피해의 조사신청 절차 등) 제15조에 따른 조사의 신청절차, 국내산업의 범위, 이해관계가 있는 자의 범위, 조사의 개시 여부 결정기간 및 잠정세이프가드조치의 신청절차 등에 관하여 필요한 사항은 대통령령으로 정한다.

[본조신설 2008.3.21]

제19조 (세이프가드조치 등의 시행 및 해제)

① 중앙행정기관의 장은 무역위원회로부터 세이프가드조치·잠정세이프가드조치 또는 구조조정촉진조치의 시행을 건의받으면 1개월 이내에 해당 조치의 시행 여부, 조치내용 및 조치기간을 결정하고 무역위원회에 통보하여야 한다. 이 경우 세이프가드조치·잠정세이프가드조치 또는 구조조정촉진조치를 시행하기 위하여 주요 이해당사국과의 협의, 법령의 개정 등의 준비가 필요하면 그 준비에 걸리는 기간은 전단의 1개월에 포함하지 아니한다.

② 중앙행정기관의 장은 그 소관에 속하는 세이프가드조치나 잠정세이프가드조치의 시행 여부를 결정할 때에는 국제통상 관계와 국민경제 및 산업 전반에 미칠 영향에 대하여 다른 관계 중앙행정기관의 장의 의견을 들어야 한다.

③ 중앙행정기관의 장은 세이프가드조치의 기간이 1년 이상이면 일정 기간을 주기로 그 조치를 점차 완화하여야 한다.

④ 중앙행정기관의 장은 세이프가드조치의 원인이 되는 사실이 소멸되면 세이프가드조치를 해제하여야 한다. 이 경우 필요하다고 인정하면 무역위원회의 의견을 들을 수 있다.

⑤ 중앙행정기관의 장은 세이프가드조치의 대상이었던 물품에 대하여 그 세이프가드조치의 기간이 끝난 날부터 그 기간에 해당하는 기간(세이프가드조치의 기간이 2년 미만인 경우에는 2년)이 지나기 전까지는 다시 세이프가드조치를 시행할 수 없다. 다만, 다음 각 호의 요건을 모두 갖춘 경우에는 180일 이내의 기간을 정하여 세이프가드조치를

시행할 수 있다.

1. 해당 물품에 대한 세이프가드조치가 시행된 후 1년이 지날 것
2. 세이프가드조치를 다시 시행하는 날부터 소급하여 5년 이내에 해당 물품에 대한 세이프가드조치가 2회 이내일 것

[전문개정 2008.3.21]

제20조 (세이프가드조치의 재검토 등)

① 무역위원회는 세이프가드조치의 기간이 3년을 초과하면 그 기간의 2분의 1이 지나기 전에 세이프가드조치에 대한 완화 또는 해제 여부를 다시 검토(이하 "중간재검토"라 한다)하여야 한다.

② 무역위원회는 중간재검토 결과 세이프가드조치를 완화 또는 해제할 필요가 있다고 판정하면 이를 관계 중앙행정기관의 장에게 건의할 수 있다.

③ 무역위원회는 중간재검토 결과 국내산업의 구조조정촉진조치가 필요하다고 판정하면 그 조치의 시행을 관계 중앙행정기관의 장에게 건의할 수 있다.

④ 중앙행정기관의 장이 제2항이나 제3항에 따른 건의를 받은 경우에는 제19조제1항 및 제2항을 준용한다.

[전문개정 2008.3.21]

제20조의2 (세이프가드조치의 연장 등 검토)

① 무역위원회는 시행 중인 세이프가드조치에 대하여 제15조에 따른 조사신청인으로부터 신청을 받으면 조치 연장 등의 건의 여부를 검토할 수 있다.

② 무역위원회는 제1항에 따른 검토 결과 국내산업이 구조조정 중에 있다는 증거가 있고, 국내산업의 심각한 피해를 방지하거나 구제하기 위하여 필요하다고 판정하면 해당 세이프가드조치의 종료일부터 1개월 전에 관계 중앙행정기관의 장에게 세이프가드조치의 내용을 변경하거나 적용기간의 연장을 건의할 수 있다.

③ 무역위원회는 제2항에 따른 건의와 함께 관계 중앙행정기관의 장에게 구조조정촉진조치의 시행을 건의할 수 있다.

④ 중앙행정기관의 장은 무역위원회로부터 제2항이나 제3항에 따른 건의를 받으면 현재 시행 중인 조치가 끝나기 전에 관계 중앙행정기관의 장의 의견을 들어 해당 조치의 시행 여부, 조치내용 및 조치기간을 결정하고 무역위원회에 통보하여야 한다. 이 경우 변경되는 조치내용 및 연장되는 적용기간 내의 조치내용은 최초의 조치보다 완화되어야 한다.

⑤ 제4항에 따라 세이프가드조치의 내용을 변경하거나 적용기간을 연장하는 경우에는 최초의 세이프가드조치의 기간(잠정세이프가드조치의 기간을 포함한다)과 그 연장기간을 더한 기간이 8년을 초과하여서는 아니 된다.

[전문개정 2008.3.21]

제21조 삭제 <2008.3.21>

제22조 (서비스에 관한 세이프가드조치)

① 외국인에 의한 서비스의 공급 증가로 같은 종류의 서비스 또는 직접적인 경쟁관계에 있는 서비스를 공급하는 국내산업이 심각한 피해를 입고 있거나 입을 우려가 있으면 해당 국내산업에 이해관계가 있는 자 또는 그 국내산업을 관장하는 관계 중앙행정기관의 장은 무역위원회에 해당 국내산업의 피해를 조사하여 줄 것을 신청할 수 있다.

② 무역위원회는 제1항에 따른 신청을 받으면 조사의 개시 여부를 결정하고 조사 결과 해당 국내산업이 심각한 피해를 입고 있거나 입을 우려가 있다고 판정한 경우에는 세이프가드조치(이하 "서비스세이프가드조치"라 한다) 및 그 기간을 결정하여 관계 중앙행정기관의 장에게 서비스세이프가드조치의 시행을 건의할 수 있다.

③ 관계 중앙행정기관의 장은 제2항에 따라 무역위원회로부터 서비스세이프가드조치의 시행을 건의받으면 해당 조치의 시행 여부, 조치내용

및 조치기간을 결정하고 무역위원회에 통보하여야 한다.

④ 제1항부터 제3항까지의 규정에 따른 서비스세이프가드조치의 조사신청 절차, 국내산업의 범위, 이해관계가 있는 자의 범위, 조사의 개시여부 결정기간 등에 관하여 필요한 사항은 대통령령으로 정한다.

[전문개정 2008.3.21]

제22조의2 (세계무역기구의 특정 회원국에 대한 특별세이프가드조치)

① 2001년 이후 세계무역기구에 가입하는 회원국 중 대통령령으로 정하는 국가를 원산지로 하는 물품이 다음 각 호의 어느 하나에 해당하면 해당 국내산업에 이해관계가 있는 자 또는 그 국내산업을 관장하는 관계 중앙행정기관의 장은 무역위원회에 세이프가드조치(이하 "특별세이프가드조치"라 한다)를 시행하기 위한 조사를 신청할 수 있다.

1. 해당 물품의 수입 증가로 같은 종류의 물품 또는 직접적인 경쟁관계에 있는 물품의 국내시장이 교란되거나 또는 교란될 우려가 있는 경우

2. 세계무역기구 회원국이 해당 물품의 수입 증가에 대하여 자국의 시장 교란을 구제하거나 방지하기 위하여 취한 조치로 중대한 무역전환이 발생하여 그 물품이 우리나라로 수입되거나 수입될 우려가 있는 경우

3. 해당 물품이 「섬유 및 의류에 관한 협정」의 대상이 되는 품목인 경우에는 그 물품의 수입이 국내시장을 교란하여 같은 품목의 교역발전을 해치거나 해칠 우려가 있는 경우

② 무역위원회는 제1항에 따른 신청을 받으면 조사의 개시 여부를 결정하여 조사를 한 후 제1항제1호 또는 제2호에 해당된다고 판정한 때에는 제17조제1항 또는 제2항에 따른 세이프가드조치등의 시행을, 제1항제3호에 해당된다고 판정한 때에는 제17조제1항제2호에 따른 세이프가드조치의 시행을 관계 중앙행정기관의 장에게 건의할 수 있다.

③ 무역위원회는 제1항제1호에 따른 조사신청 물품에 대하여 조사신청인

으로부터 잠정적인 조치를 신청받은 경우로서 그 조사기간 중에 발생하는 피해 등을 방지하지 아니하면 해당 물품의 수입 증가로 인하여 회복하기 어려울 정도로 국내시장이 교란되거나 교란될 우려가 있다고 판정한 경우에는 관계 중앙행정기관의 장에게 200일 이내의 범위에서 잠정적으로 제17조제1항에 따른 세이프가드조치(이하 "잠정특별세이프가드조치"라 한다)의 시행을 건의할 수 있다.

④ 무역위원회는 제1항제1호에 해당되어 시행 중인 특별세이프가드조치에 대하여 제1항에 따른 조사신청인으로부터 신청이 있는 경우 국내산업의 시장 교란을 방지하거나 구제하기 위하여 필요하다고 판정한 때에는 관계 중앙행정기관의 장에게 특별세이프가드조치의 연장 및 구조조정촉진조치를 건의할 수 있다.

⑤ 중앙행정기관의 장은 제2항부터 제4항까지의 규정에 따라 무역위원회로부터 특별세이프가드조치, 잠정특별세이프가드조치, 특별세이프가드조치연장 또는 구조조정촉진조치의 시행을 건의받으면 해당 조치의 시행 여부, 조치내용 및 조치기간을 결정하고 무역위원회에 통보하여야 한다.

⑥ 제1항부터 제5항까지의 규정에 따른 특별세이프가드조치와 잠정특별세이프가드조치의 대상 국가, 조사신청 절차, 국내산업의 범위, 이해관계가 있는 자의 범위, 조사의 시작 여부 결정기간 등에 관하여 필요한 사항은 대통령령으로 정한다.

[전문개정 2008.3.21]

제22조의3 (외국과의 자유무역협정에 따른 세이프가드조치)

① 우리나라가 외국과 양자간 또는 다자간으로 체결한 자유무역협정(이하 "자유무역협정"이라 한다)에서 특정 물품의 수입 증가로 인한 국내산업의 피해 등을 구제할 수 있도록 규정하고 있는 경우(자유무역협정에서 특정 품목을 별도로 정하여 해당 품목의 수입 증가로 인한 국내산업의 피해 등을 구제할 수 있도록 규정하고 있는 경우를 포함

한다)로서 해당 국가 특정 물품의 수입 증가로 같은 종류의 물품 또는 직접적인 경쟁관계에 있는 물품을 생산하는 국내산업이나 국내시장이 자유무역협정에서 정한 피해 등을 입고 있거나 입을 우려(이하 이 조에서 "산업피해등"이라 한다)가 있으면 해당 국내산업에 이해관계가 있는 자 또는 그 국내산업을 관장하는 관계 중앙행정기관의 장은 무역위원회에 자유무역협정에서 정하는 관세율의 조정 조치(이하 "자유무역협정세이프가드조치"라 한다)를 시행하기 위한 조사를 신청할 수 있다.

② 무역위원회는 제1항에 따른 신청을 받으면 조사의 개시 여부를 결정하고 조사 결과 해당 국내산업이나 국내시장에 산업피해등이 있다고 판정하면 이를 방지하거나 구제하기 위한 자유무역협정세이프가드조치 및 그 기간을 결정하여 관계 중앙행정기관의 장에게 자유무역협정세이프가드조치의 시행을 건의할 수 있다.

③ 무역위원회는 제2항에 따른 자유무역협정세이프가드조치의 시행 건의와 함께 관계 중앙행정기관의 장에게 구조조정촉진조치의 시행을 건의할 수 있다.

④ 무역위원회는 제2항에 따른 조사기간 중에 조사신청인으로부터 조사신청 물품에 대하여 잠정적인 조치를 신청받은 경우로서 그 조사기간 중에 발생하는 피해 등을 방지하지 아니하면 해당 물품의 수입 증가로 같은 종류의 물품 또는 직접적인 경쟁관계에 있는 물품을 생산하는 국내산업이나 국내시장에 회복하기 어려운 산업피해등이 있다고 판정한 경우에는 관계 중앙행정기관의 장에게 이를 구제할 수 있는 잠정적인 조치(이하 "잠정자유무역협정세이프가드조치"라 한다)의 시행을 건의할 수 있다.

⑤ 무역위원회는 시행 중인 자유무역협정세이프가드조치에 대하여 제1항에 따른 조사신청인으로부터 신청이 있는 경우 국내산업이나 국내시장의 산업피해등을 방지하거나 구제하기 위하여 필요하다고 판정한 때에는 관계 중앙행정기관의 장에게 자유무역협정세이프가드조치 및

그 기간의 연장을 건의할 수 있다.

⑥ 관계 중앙행정기관의 장은 제2항부터 제5항까지의 규정에 따라 무역위원회로부터 자유무역협정세이프가드조치, 잠정자유무역협정세이프가드조치, 자유무역협정세이프가드조치 연장의 시행 또는 구조조정촉진조치의 시행을 건의받으면 해당 조치의 시행 여부, 조치내용 및 조치기간을 결정하고 무역위원회에 통보하여야 한다.

⑦ 제1항부터 제6항까지의 규정에 따른 자유무역협정세이프가드조치와 잠정자유무역협정세이프가드조치의 대상 국가, 자유무역협정에서 별도로 정하는 특정 품목에 대한 산업피해등의 판단기준, 조사신청 절차, 국내산업의 범위, 이해관계가 있는 자의 범위, 조사의 개시 여부 결정기간 등에 관하여 필요한 사항은 대통령령으로 정한다.

[전문개정 2008.3.21]

제22조의4 (자유무역협정의 체결상대국에 대한 세이프가드조치 적용배제)

① 자유무역협정에서 자유무역협정의 체결상대국에 대하여 세이프가드조치를 적용하지 아니할 수 있도록 규정한 경우로서 무역위원회가 제16조에 따라 국내산업의 피해를 조사할 때 자유무역협정 체결상대국의 특정 물품 수입 증가로 인한 국내산업의 피해를 별도로 조사하여 국내산업이 심각한 피해를 입고 있지 아니하거나 심각한 피해를 입을 우려가 없는 것으로 판정한 경우에는 자유무역협정의 체결상대국에 대하여 제15조부터 제20조까지 및 제20조의2를 적용하지 아니할 수 있다.

② 제1항에 따른 세이프가드조치 적용배제의 대상국가, 적용배제의 요건, 조사절차 등에 관하여 필요한 사항은 대통령령으로 정한다.

[본조신설 2008.3.21]

제22조의5 (자유무역협정으로 인한 특정물품의 수입증가에 대한 무역피해지원조치)

① 자유무역협정 체결상대국으로부터 특정 물품의 수입 증가로 인하여

같은 종류의 물품 또는 직접적인 경쟁관계에 있는 물품을 생산하는 국내산업이 심각한 피해를 입고 있거나 입을 우려(이하 이 조에서 "무역피해"라 한다)가 있으면 해당 국내산업에 이해관계가 있는 자 또는 해당 국내산업을 관장하는 관계 중앙행정기관의 장은 무역위원회에 국내산업의 경쟁력 강화 또는 구조조정의 촉진을 위하여 필요한 지원조치(이하 "무역피해지원조치"라 한다)의 시행을 위한 조사를 신청할 수 있다.

② 제1항의 신청에 따른 무역피해의 조사 및 판정에 관하여는 제16조를 준용한다. 이 경우 제16조제1항 중 "제15조"를 "제22조의5제1항"으로 보고, 같은 조 제2항 중 "특정 물품의 수입이 해당 국내산업에 심각한 피해를 미치는지"를 "무역피해에 해당하는지"로 본다.

③ 무역위원회는 제2항에 따른 조사 결과 국내산업에 무역피해가 있다고 판정하면 그 판정일부터 1개월 이내에 무역피해지원조치를 결정하여 관계 중앙행정기관의 장에게 그 시행을 건의할 수 있다.

④ 무역위원회는 제3항에 따라 무역피해지원조치를 결정할 때에는 해당 국내산업의 무역피해를 방지하거나 구제하고 산업의 경쟁력 강화 또는 는 산업구조의 조정을 촉진하는 데에 필요한 범위에서만 하여야 한다.

⑤ 제3항에 따른 무역피해지원조치의 시행 및 해제에 관하여는 제19조제1항 및 제4항을 준용한다. 이 경우 제19조제1항 전단 및 후단 중 "세이프가드조치·잠정세이프가드조치 또는 구조조정촉진조치"는 각각 "무역피해지원조치"로 보고, 같은 조 제4항 전단 중 "세이프가드조치"는 "무역피해지원조치"로 본다.

⑥ 제1항부터 제5항까지의 규정에 따른 무역피해지원조치의 조사신청 절차, 국내산업의 범위, 이해관계가 있는 자의 범위, 조사 및 판정의 절차 등에 관하여 필요한 사항은 대통령령으로 정한다.

[본조신설 2008.3.21]

제22조의6 (외국과의 자유무역협정에 따른 협력) 무역위원회는 자유무역

협정세이프가드조치의 시행을 위한 산업피해의 조사 등 산업피해의 구제와 관련된 업무(「관세법」 및 「자유무역협정의 이행을 위한 관세법의 특례에 관한 법률」로 정한 것은 제외한다)를 원활히 수행하기 위하여 대통령령으로 정하는 바에 따라 자유무역협정의 체결상대국과 필요한 협력을 할 수 있다.

　[본조신설 2008.3.21]

제4장 덤핑 및 보조금등으로 인한 산업피해조사 등

　제23조 (덤핑으로 인한 산업피해조사 등) 덤핑으로 인한 산업피해의 조사 개시 결정, 덤핑사실의 조사, 덤핑으로 인한 산업피해의 조사·판정, 덤핑 방지조치의 건의, 재심사 등은 「관세법」 제51조부터 제56조까지의 규정으로 정하는 바에 따른다.

　[전문개정 2008.3.21]

　제24조 (보조금등으로 인한 산업피해조사 등) 보조금 등으로 인한 산업피해의 조사개시 결정, 보조금등의 지급 사실의 조사, 보조금등으로 인한 산업피해의 조사·판정, 상계조치의 건의, 재심사 등은 「관세법」 제57조부터 제62조까지의 규정으로 정하는 바에 따른다.

　[전문개정 2008.3.21]

제5장 산업경쟁력 영향 등 조사 〈개정 2004.1.20〉

　제25조 (산업경쟁력 영향 등 조사) 무역위원회는 외국으로부터의 물품 수입이나 서비스 공급이 국내산업의 경쟁력에 미치는 영향, 무역협정의 체결이나 국제무역제도의 변화가 국내경제에 미치는 효과 등을 조사할 수 있다.

　[전문개정 2008.3.21]

제25조의2 (교역상대국의 국제무역규범 위반으로 인한 국내산업 피해의 조사)

① 무역위원회는 국제무역규범을 위반하는 교역상대국의 제도와 관행으로 특정한 물품 및 서비스를 생산하는 국내산업이 피해를 입거나 입을 우려가 있는지를 조사할 수 있다.

② 제1항에 따른 조사에 필요한 사항은 대통령령으로 정한다.

[전문개정 2008.3.21]

제25조의3 (구제조치의 건의) 무역위원회는 제25조의2에 따른 조사 결과 국내산업이 피해를 입거나 입을 우려가 있다고 판정하면 관계 중앙행정기관의 장에게 교역상대국의 국제무역규범 위반내용의 시정을 위하여 필요한 조치의 시행을 건의할 수 있다.

[전문개정 2008.3.21]

제26조 (조사자료의 요구) 무역위원회는 제25조에 따른 조사를 위하여 필요하다고 인정하면 관계 중앙행정기관의 장 및 「산업발전법」 제38조에 따른 사업자단체 등 관련 기관·단체에 자료의 제출을 요청할 수 있다.

[전문개정 2008.3.21]

제6장 무역위원회

제27조 (무역위원회의 설치)

① 불공정무역행위에 대한 조사·판정, 수입 증가·덤핑·보조금등으로 인한 국내산업 피해의 조사·판정, 산업경쟁력 영향조사 등에 관한 업무를 수행하기 위하여 지식경제부에 무역위원회를 둔다.

② 제1항에 따른 업무 및 국제무역제도의 연구 등 무역위원회의 업무를 처리하기 위하여 무역위원회에 사무기구를 둔다.

[전문개정 2008.3.21]

제28조 (무역위원회의 소관 업무) 무역위원회의 소관 업무는 다음과 같다.
1. 불공정무역행위의 조사·판정 및 잠정조치의 결정
2. 불공정무역행위를 한 자에 대한 시정조치 및 과징금 부과
3. 수입 증가로 인한 국내산업 피해의 조사·판정
4. 다음 각 목에 해당하는 조치의 건의, 중간 재검토 또는 연장 검토
  가. 세이프가드조치 및 잠정세이프가드조치
  나. 서비스세이프가드조치
  다. 특별세이프가드조치 및 잠정특별세이프가드조치
  라. 자유무역협정세이프가드조치 및 잠정자유무역협정세이프가드조치
5. 제22조의5에 따른 무역피해의 조사, 판정 및 무역피해지원조치의 건의
6. 제25조에 따른 국내산업의 경쟁력에 미치는 영향 등의 조사
7. 제25조의2에 따른 교역상대국의 국제무역규범 위반으로 인한 국내 산업 피해의 조사
8. 「관세법」 제51조부터 제56조까지의 규정에 따른 덤핑방지관세의 부과를 위한 산업피해의 조사 개시 결정, 덤핑사실의 조사, 덤핑으로 인한 산업피해의 조사·판정, 덤핑방지조치의 건의, 재심사 등
9. 「관세법」 제57조부터 제62조까지의 규정에 따른 상계관세(相計關稅)의 부과를 위한 산업피해의 조사 개시 결정, 보조금등의 지급 사실의 조사, 보조금등으로 인한 산업피해의 조사·판정, 상계조치의 건의, 재심사 등
10. 「자유무역협정 체결에 따른 무역조정 지원에 관한 법률」 제6조제2항에 따른 무역조정지원기업 해당 여부에 대한 심의
11. 국제무역에 관한 법규·제도 및 분쟁 사례 등의 조사·연구
12. 다른 법령에 따라 무역위원회의 소관으로 규정된 사항
13. 그 밖에 공정무역의 촉진 등 무역위원회가 필요하다고 인정하는 사항의 조사 및 건의

[전문개정 2008.3.21]

제29조 (무역위원회의 구성 등)

① 무역위원회는 위원장 1명을 포함한 9명 이내의 위원으로 구성한다.

② 위원 중 대통령령으로 정하는 수의 위원은 상임으로 한다.

③ 위원장과 위원은 다음 각 호의 어느 하나에 해당하는 자 중에서 지식경제부장관의 제청으로 대통령이 임명하거나 위촉한다.

  1. 무역진흥·기업경영·회계·관세 또는 지식재산권 분야에 10년 이상 종사한 경력이 있는 자

  2. 「고등교육법」 제2조에 따른 학교에서 법률학·경제학·경영학 또는 행정학을 전공한 자로서 같은 조에 따른 학교나 공인된 연구기관에서 조교수 이상 또는 그에 상당하는 직에 10년 이상 있던 자

  3. 판사·검사 또는 변호사의 직에 10년 이상 있던 자

  4. 산업정책·무역진흥 또는 관세행정 분야 등의 고위공무원단에 속하는 공무원의 직에 있던 자

④ 위원장과 위원의 임기는 3년으로 하고, 연임할 수 있다.

[전문개정 2008.3.21]

제30조 (위원장)

① 위원장은 무역위원회를 대표한다.

② 위원장이 신체·정신상의 장애 등 부득이한 사정으로 직무를 수행할 수 없으면 임명일이 빠른 상임위원 순서로 그 직무를 대행한다.

[전문개정 2008.3.21]

제31조 (위원의 신분 보장) 위원은 다음 각 호의 어느 하나에 해당하는 경우 외에는 그 의사에 반하여 면직되거나 해촉되지 아니한다.

  1. 금고 이상의 형을 선고받은 경우

  2. 장기간의 심신쇠약으로 직무를 수행할 수 없다고 지식경제부장관이 인정한 경우

[전문개정 2008.3.21]

제32조 (회의의 의사 및 의결정족수) 무역위원회의 회의는 재적위원 과반수의 출석으로 개의하고, 출석위원 2분의 1 이상의 찬성으로 의결한다.
[전문개정 2008.3.21]

제33조 (의결의 공개)
① 무역위원회의 심리와 의결은 공개한다. 다만, 이해관계인의 영업상 비밀을 보호하거나 공익상 필요하다고 인정하는 경우에는 그러하지 아니하다.
② 무역위원회 의결을 위한 합의는 공개하지 아니한다.
[전문개정 2008.3.21]

제34조 (위원의 제척·기피 또는 회피)
① 위원은 다음 각 호의 어느 하나에 해당하는 사건에 대한 심리·의결에서 제척된다.
  1. 위원 또는 위원의 배우자나 배우자이었던 자가 당사자이거나 공동권리자 또는 공동의무자인 사건
  2. 위원이 당사자와 친족관계에 있거나 위원이 속한 법인이 당사자의 법률·경영 등에 대한 자문·고문 등으로 있는 사건
  3. 위원 또는 위원이 속한 법인이 증언이나 감정을 한 사건
  4. 위원 또는 위원이 속한 법인이 당사자의 대리인으로서 관여하거나 관여하였던 사건
② 무역위원회에서 조사 중인 사건의 당사자는 위원에게 심리·의결의 공정을 기대하기 어려운 사정이 있으면 무역위원회에 기피신청을 할 수 있으며, 무역위원회는 기피신청이 타당하다고 인정하는 경우에는 기피의 결정을 한다.
③ 위원 본인이 제1항 각 호의 어느 하나의 사유 또는 제2항의 사유에 해당하는 경우에는 스스로 그 사건의 심리·의결을 회피할 수 있다.

[전문개정 2008.3.21]

제35조 (조직 및 운영 규정) 이 법으로 정한 것 외에 무역위원회의 조직 및 운영 등에 관하여 필요한 사항은 대통령령으로 정한다.

[전문개정 2008.3.21]

제7장 보칙

제36조 (조사 및 의견청취 등)

① 무역위원회는 이 법을 시행하기 위하여 필요하다고 인정하면 대통령령으로 정하는 바에 따라 다음 각 호의 행위를 할 수 있다.

  1. 당사자·이해관계인 또는 참고인의 출석 및 의견의 청취

  2. 감정인의 지정 및 위촉

  3. 관계 중앙행정기관, 전문연구기관, 사업자단체 또는 전문가 등에 대한 의견청취·자문 및 조사의뢰

② 무역위원회는 이 법을 시행하기 위하여 필요하다고 인정하면 당사자에게 조사에 필요한 자료나 물건의 제출을 명할 수 있다.

③ 무역위원회는 이 법을 시행하기 위하여 필요하다고 인정하면 그 소속 공무원에게 당사자나 이해관계인의 사무소, 영업소, 공장, 사업장, 점포, 창고, 그 밖의 필요한 장소에 출입하여 장부·서류, 그 밖의 자료나 물건을 검사하게 하거나 질문하게 할 수 있다.

④ 제3항에 따라 출입·검사 및 질문을 하는 공무원은 그 권한을 표시하는 증표를 지니고 이를 관계인에게 내보여야 한다.

[전문개정 2008.3.21]

제37조 (조사단의 구성)

① 무역위원회는 이 법을 시행하기 위하여 필요하다고 인정하면 다음 각 호의 어느 하나에 해당하는 자로 조사단(이하 "조사단"이라 한다)을

구성할 수 있다.

1. 무역위원회의 소속 공무원
2. 해당 산업을 관장하는 관계 중앙행정기관의 소속 공무원
3. 해당 산업과 관련 있는 「정부출연연구기관 등의 설립·운영 및 육성에 관한 법률」에 따른 정부출연연구기관이나 사업자단체 등의 임직원
4. 그 밖에 산업·무역 및 국제경제에 관한 전문지식이 있는 자

② 무역위원회는 조사단을 구성하려는 경우에는 관계 중앙행정기관의 장, 정부출연연구기관 또는 사업자단체 등의 장 등에게 필요한 협조를 요청할 수 있다.

③ 조사단의 구성과 운영에 필요한 사항은 대통령령으로 정한다.

④ 무역위원회는 조사단의 구성원에게 예산의 범위에서 수당이나 여비를 지급할 수 있다.

[전문개정 2008.3.21]

제38조 (비밀 엄수의 의무) 이 법에 따른 직무에 종사하거나 종사하였던 위원·공무원 또는 조사업무를 수행하거나 수행하였던 자는 그 직무상 알게 된 비밀을 누설하거나 이 법을 시행하기 위한 조사·판정 등의 목적 외에 그 비밀을 이용하여서는 아니 된다.

[전문개정 2008.3.21]

제39조 (벌칙 적용 시의 공무원 의제) 무역위원회의 위원 중 공무원이 아닌 위원과 제37조제1항제3호 또는 제4호에 해당하는 자는 「형법」이나 그 밖의 법률에 따른 벌칙을 적용할 때에는 공무원으로 본다.

[전문개정 2008.3.21]

제8장 벌칙

제40조 (벌칙)

① 다음 각 호의 어느 하나에 해당하는 자는 3년 이하의 징역 또는 3천만 원 이하의 벌금에 처한다. <개정 2008.12.19>

1. 제4조제1항제2호 각 목의 어느 하나에 해당하는 물품등을 수출하거나 수입한 자
2. 제7조제2항에 따른 잠정조치명령을 위반한 자
3. 제10조제1항에 따른 시정조치명령을 위반한 자
4. 제38조에 따른 비밀 엄수의 의무를 위반한 자

② 제36조제1항제2호에 따라 지정 또는 위촉을 받은 감정인으로서 허위의 감정을 한 자는 2년 이하의 징역 또는 2천만 원 이하의 벌금에 처한다.

[전문개정 2008.3.21]

제40조의2 (미수범) 제40조제1항제1호의 미수범은 해당하는 본죄에 준하여 처벌한다.

[본조신설 2008.12.19]

제40조의3 (과실범) 중대한 과실로 제40조제1항제1호의 죄를 범한 자는 2천만 원 이하의 벌금에 처한다.

[본조신설 2008.12.19]

제41조 (양벌규정)

① 법인의 대표자, 대리인, 사용인, 그 밖의 종업원이 그 법인의 업무에 관하여 제40조의 위반행위를 하면 그 행위자를 벌할 뿐만 아니라 그 법인에도 해당 조문의 벌금형을 과(課)한다. 다만, 법인이 그 위반행위를 방지하기 위하여 당해 업무에 관하여 상당한 주의와 감독을 게을리하지 아니한 때에는 그러하지 아니하다.

② 개인의 대리인, 사용인, 그 밖의 종업원이 그 개인의 업무에 관하여 제40조의 위반행위를 하면 그 행위자를 벌할 뿐만 아니라 그 개인에게도 해당 조문의 벌금형을 과한다. 다만, 개인이 그 위반행위를 방지하기 위하여 당해 업무에 관하여 상당한 주의와 감독을 게을리하지 아니한 때에는 그러하지 아니하다.

[전문개정 2008.3.21]

제42조 (과태료)

① 다음 각 호의 어느 하나에 해당하는 자에게는 500만 원 이하의 과태료를 부과한다.

  1. 제36조제1항제1호에 따른 출석을 거부·방해 또는 기피한 당사자나 이해관계인

  2. 제36조제2항에 따른 필요한 자료나 물건을 제출하지 아니하거나 거짓으로 제출한 당사자

  3. 제36조제3항에 따른 검사를 거부·방해 또는 기피하거나 질문을 방해한 자

② 제1항에 따른 과태료는 대통령령으로 정하는 바에 따라 무역위원회가 부과·징수한다.

③ 제2항에 따른 과태료 처분에 불복하는 자는 그 처분을 고지받은 날부터 30일 이내에 무역위원회에 이의를 제기할 수 있다.

④ 제2항에 따른 과태료 처분을 받은 자가 제3항에 따라 이의를 제기하면 무역위원회는 지체 없이 관할 법원에 그 사실을 통보하여야 하며, 그 통보를 받은 관할 법원은 「비송사건절차법」에 따른 과태료 재판을 한다.

⑤ 제3항에 따른 기간에 이의를 제기하지 아니하고 과태료를 내지 아니하면 국세 체납처분의 예에 따라 징수한다.

[전문개정 2008.3.21]

부칙 〈제6417호, 2001.2.3〉

제1조 (시행일) 이 법은 공포 후 3개월이 경과한 날부터 시행한다.

제2조 (무역위원회 위원의 자격규정에 관한 적용례) 제29조제3항의 규정은 이 법 시행 후 임명 또는 위촉하는 위원부터 적용한다.

제3조 (산업자원부장관의 처분 등에 관한 경과조치) 이 법 시행 당시 종전의 대외무역법에 의하여 산업자원부장관이 불공정무역행위와 관련하여 부과하거나 명한 처분 또는 명령은 이 법에 의한 처분 또는 명령으로 본다.

제4조 (불공정무역행위의 조사·판정·조치 등에 관한 경과조치) 이 법 시행 당시 종전의 대외무역법 제39조제3항의 규정에 의하여 불공정무역행위의 조사절차가 진행 중인 사항에 대하여는 종전의 규정에 의한다.

제5조 (구제조치에 관한 경과조치) 이 법 시행 당시 종전의 대외무역법 제28조의 규정에 의하여 행한 구제조치는 이를 세이프가드조치로 본다.

제6조 (벌칙 등에 관한 경과조치) 이 법 시행 전의 행위에 대한 벌칙·과태료 및 과징금의 적용에 있어서는 종전의 대외무역법의 규정에 의한다.

제7조 (다른 법률의 개정) 대외무역법 중 다음과 같이 개정한다.

제4장제1절(제26조 및 제27조) 및 제2절(제28조 내지 제30조)을 각각 삭제한다.

제31조의 제목 중 "수입제한조치"를 "세이프가드조치"로 하고, 동 조 제1항 중 "수입제한조치"를 "불공정무역행위조사및산업피해구제에관한법률 제21조의 규정에 의한 세이프가드조치(이하 "세이프가드조치"라 한다)"로 하며, 동 조 제2항 중 "수입제한조치"를 "세이프가드조치"로 한다.

제4장제4절(제32조 내지 제38조)을 삭제한다.

제39조제3항 및 제4항을 각각 삭제하고, 동 조 제5항 중 "제1항 각 호"를 "제1항제2호"로, "제4항의 규정에 의하여 무역위원회로부터"를 "무역위원회로부터"로 한다.

제50조제1항을 삭제하고, 동 조 제2항 중 "산업자원부장관 또는 무역위원회는"을 "산업자원부장관은"으로 한다.

제59조 중 "무역위원회의 위원장·위원, 산업자원부장관"을 "산업자원부

장관"으로 한다.

부칙 〈제7093호, 2004.1.20〉
① (시행일) 이 법은 공포 후 9개월이 경과한 날부터 시행한다.
② (불공정무역행위조사의 판정시한에 관한 적용례) 제9조제1항의 개정규
정은 이 법 시행 후 최초로 불공정무역행위의 조사를 신청한 것부터
적용한다.
③ (과징금부과에 관한 경과조치) 이 법 시행 전의 행위에 대한 과징금의
부과에 관하여는 종전의 규정에 의한다.

부칙 〈제7796호, 2005.12.29〉 (국가공무원법)
제1조 (시행일) 이 법은 2006년 7월 1일부터 시행한다.
제2조 내지 제5조 생략
제6조 (다른 법률의 개정) ① 내지 <36> 생략
<37> 불공정무역행위조사및산업피해구제에관한법률 일부를 다음과 같
이 개정한다.
제29조제3항제4호 중 "2급 이상의 공무원"을 "2급 이상 공무원 또는 고
위공무원단에 속하는 일반직공무원"으로 한다.
<38> 내지 <68> 생략

부칙 〈제8852호, 2008.2.29〉 (정부조직법)
제1조 (시행일) 이 법은 공포한 날부터 시행한다. 다만, <……생략……>,
부칙 제6조에 따라 개정되는 법률 중 이 법의 시행 전에 공포되었으나 시
행일이 도래하지 아니한 법률을 개정한 부분은 각각 해당 법률의 시행일부
터 시행한다.
제2조부터 제5조까지 생략
제6조 (다른 법률의 개정) ①부터 <354>까지 생략
<355> 불공정무역행위 조사 및 산업피해구제에 관한 법률 일부를 다음

과 같이 개정한다.

제10조제1항·제3항, 제11조제3항, 제21조제2항부터 제4항까지, 제29조제3항, 제31조제2호 중 "산업자원부장관"을 각각 "지식경제부장관"으로 한다.

제27조제1항 중 "산업자원부"를 "지식경제부"로 한다.

<356>부터 <760>까지 생략

제7조 생략

부칙 〈제8933호, 2008.3.21〉

제1조 (시행일) 이 법은 공포 후 6개월이 경과한 날부터 시행한다.

제2조 (담보제공에 관한 적용례) 제8조제1항의 개정규정은 이 법 시행 후 최초로 잠정조치를 신청하는 자부터 적용한다.

제3조 (불공정무역행위조사의 개시 결정 및 판정에 관한 적용례) 제5조제3항, 제9조제1항 및 제2항의 개정규정은 이 법 시행 후 최초로 불공정무역행위의 조사를 신청한 것부터 적용한다.

제4조 (과징금 환급가산금에 관한 적용례) 제13조제3항의 개정규정은 이 법 시행 후 최초로 부과한 과징금을 환급하는 경우부터 적용한다.

제5조 (다른 법령과의 관계) 이 법 시행 당시 다른 법령에서 종전의 「불공정무역행위조사및산업피해구제에관한법률」의 규정을 인용한 경우에 이 법 가운데 그에 해당하는 규정이 있으면 종전의 규정을 갈음하여 이 법의 해당 규정을 인용한 것으로 본다.

부칙 〈제9155호, 2008.12.19〉

이 법은 공포 후 6개월이 경과한 날부터 시행한다.

05　세계무역기구협정 등에 의한 양허관세 규정

[시행 2009.1.1] [대통령령 제21199호, 2008.12.31, 일부개정]

기획재정부(관세협력과), 02 - 2150 - 4481

제1조 (목적) 이 영은 「세계무역기구 설립을 위한 마라케쉬 협정 부속서 중 1994년도 관세 및 무역에 관한 일반협정에 대한 마라케쉬 의정서」, 「세계무역기구협정 개발도상국 간의 무역협상에 관한 의정서」, 「아시아·태평양 무역협정」 및 「유엔무역개발회의 개발도상국 간 특혜무역제도에 관한 협정」과 「관세법」 제73조 및 제78조의 규정에 따라 우리나라의 관세를 양허함에 관하여 필요한 사항을 규정함을 목적으로 한다. <개정 2006.7.28>

[전문개정 2005.12.9]

제2조 (세계무역기구협정 일반양허관세) 「1994년도 관세 및 무역에 관한 일반협정에 대한 마라케쉬 의정서」에 의하여 세계무역기구회원국에 대하여 적용할 일반양허관세는 별표 1의 가 내지 별표 1의 다에 의한다. <개정 2005.12.9>

제3조 (세계무역기구협정개발도상국 간의 양허관세) 「세계무역기구협정 개발도상국 간의 무역협상에 관한 의정서」에 의하여 동 의정서에 서명·가입한 국가에 대하여 적용할 양허관세는 별표 2에 의한다. <개정 2005.12.9>

제4조 (「아시아·태평양 무역협정」 양허관세 <개정 2006.7.28>) 「아시아·태평양 무역협정」에 따라 동 협정에 서명·가입한 국가에 대하여 적용할 일반양허관세는 별표 3의 가 및 별표 3의 다에 의하고, 방글라데시에 대하여 적용할 양허관세는 별표 3의 라에 의하며, 라오스에 대하여 적용할 양허관세는 별표 3의 마에 의한다. <개정 1997.12.31, 2006.7.28>

제5조 (개발도상국간특혜무역제도의 양허관세) 「유엔무역개발회의 개발도

상국 간 특혜무역제도에 관한 협정」에 서명·가입한 국가에 대하여 적용할 일반양허관세는 별표 4에 의한다. <개정 2005.12.9>

제6조 (양허세율 우선적용물품) 「관세법」 제50조제3항 단서에서 "대통령령이 정하는 물품"이라 함은 별표 1의 나 및 별표 3의 다의 품명란에 규정된 물품을 말한다. <개정 2000.12.29, 2005.12.9>

제7조 (시장접근물량 증량)

① 자연재해·병충해 발생 등 예기하지 못한 사유와 생산기반 취약 등 구조적인 요인으로 농림축산물의 수급 불균형이 심화될 경우 이를 해소하고 관련 국내산업을 보호하며 외화획득용 원자재를 원활하게 공급하기 위한 목적 등을 위하여 주무부장관이 요청하는 경우에는 별표 1의 나, 별표 1의 다 및 별표 3의 다에 규정된 시장접근물량을 증량할 수 있다.

② 제1항의 규정의 적용을 받을 물품 및 수량 등 필요한 사항은 기획재정부령으로 정한다. <개정 1998.12.31, 2008.2.29>

부칙 〈제14465호, 1994.12.31〉

이 영은 세계무역기구설립을위한마라케쉬협정의 효력이 국내에서 발생하는 날부터 시행한다. 다만, 별표 3의 나에 규정된 양허세율은 파푸아뉴기니의 방콕협정 가입을 위한 비준서가 아시아·태평양경제사회위원회 사무국에 기탁된 후 재정경제원장관이 정하는 날부터 시행한다.

부칙 〈제14874호, 1995.12.30〉

이 영은 1996년 1월 1일부터 시행한다. 다만, 별표 3의 나에 규정된 양허세율은 파푸아뉴기니의 방콕협정 가입을 위한 비준서가 아시아·태평양경제사회위원회 사무국에 기탁된 후 재정경제원장관이 정하는 날부터 시행한다.

부칙 〈제15204호, 1996.12.31〉

이 영은 1997년 1월 1일부터 시행한다.

부칙 〈제15405호, 1997.6.26〉

이 영은 1997년 7월 1일부터 시행한다.

부칙 〈제15568호, 1997.12.31〉

이 영은 1998년 1월 1일부터 시행한다.

부칙 〈제15979호, 1998.12.31〉

① (시행일) 이 영은 1999년 1월 1일부터 시행한다.

② (다른 법령의 개정) 특정국가와의관세협상에따른국제협력관세의적용에 관한규정 중 다음과 같이 개정한다.

별표 1의 관세율표 8703호란(품목번호 8703.10 내지 8703.90.9000란을 포함한다)을 삭제한다.

부칙 〈제16650호, 1999.12.31〉

이 영은 2000년 1월 1일부터 시행한다.

부칙 〈제17048호, 2000.12.29〉 (관세법시행령)

제1조 (시행일) 이 영은 2001년 1월 1일부터 시행한다.

제2조 내지 제6조 생략

제7조 (다른 법령의 개정) ① 내지 ⑪ 생략

⑫ 세계무역기구협정등에의한양허관세규정 중 다음과 같이 개정한다.

제1조 중 "관세법 제43조의8 및 제43조의9"를 "관세법 제73조 및 제78조"로 한다.

제6조 중 "관세법 제7조제3항 단서"를 "관세법 제50조제3항 단서"로 한다.

⑬ 내지 <20> 생략

제8조 생략

부칙 〈제17191호, 2001.4.9〉

① (시행일) 이 영은 공포한 날부터 시행한다.

② (적용례) 이 영은 이 영 시행 후 최초로 수입신고하는 분부터 적용한다.

부칙 〈제17468호, 2001.12.31〉

이 영은 2002년 1월 1일부터 시행한다.

부칙 〈제17647호, 2002.6.29〉

이 영은 2002년 7월 1일부터 시행한다.

부칙 〈제17839호, 2002.12.30〉

① (시행일) 이 영은 2003년 1월 1일부터 시행한다.

② (적용례) 이 영은 이 영 시행 후 최초로 수입신고하는 분부터 적용한다.

부칙 〈제19177호, 2005.12.9〉

이 영은 공포한 날부터 시행한다.

부칙 〈제19630호, 2006.7.28〉

① (시행일) 이 영은 「아시아·태평양 무역협정」이 발효되는 날부터 시행한다.

② (적용례) 이 영은 이 영 시행 후 최초로 수입신고하는 물품부터 적용한다.

부칙 〈제19812호, 2006.12.30〉

① (시행일) 이 영은 2007년 1월 1일부터 시행한다.

② (적용례) 이 영은 이 영 시행 후 최초로 수입신고되는 분부터 적용한다.

부칙 〈제20495호, 2007.12.31〉

제1조 (시행일) 이 영은 2008년 1월 1일부터 시행한다.

제2조 (적용례) 이 영은 이 영 시행 후 최초로 수출 또는 수입신고하는 물품부터 적용한다.

부칙 〈제20720호, 2008.2.29〉 (기획재정부와 그 소속기관 직제)

제1조 (시행일) 이 영은 공포한 날부터 시행한다. 다만, 부칙 제8조에 따라 개정되는 대통령령 중 이 영의 시행 전에 공포되었으나 시행일이 도래하지 아니한 대통령령을 개정한 부분은 각각 해당 대통령령의 시행일부터 시행한다.

제2조부터 제7조까지 생략

제8조 (다른 법령의 개정) ①부터 <41>까지 생략

<42> 세계무역기구협정 등에 의한 양허관세 규정 일부를 다음과 같이 개정한다.

제7조제2항 중 "재정경제부령"을 "기획재정부령"으로 한다.

<43>부터 <68>까지 생략

부칙 〈제21199호, 2008.12.31〉

제1조 (시행일) 이 영은 2009년 1월 1일부터 시행한다.

제2조 (적용례) 이 영은 이 영 시행 후 최초로 수입신고하는 물품부터 적용한다.

06 자유무역지역의 지정 및 운영에 관한 법률

[시행 2009.10.2] [법률 제9587호, 2009.4.1, 일부개정]
지식경제부(입지총괄과), 02 − 2110 − 5306

제1장 총칙

제1조 (목적) 이 법은 자유로운 제조·물류·유통 및 무역활동 등이 보장

되는 자유무역지역을 지정·운영함으로써 외국인투자의 유치, 무역의 진흥, 국제물류의 원활화 및 지역개발 등을 촉진하여 국민경제의 발전에 이바지함을 목적으로 한다.

　　제2조 (정의) 이 법에서 사용하는 용어의 정의는 다음과 같다. <개정 2006.12.26, 2006.12.30, 2007.12.31>

    1. "자유무역지역"이라 함은 「관세법」·「대외무역법」 등 관계법률에 대한 특례와 지원을 통하여 자유로운 제조·물류·유통 및 무역활동 등을 보장하기 위한 지역으로서 제4조의 규정에 의하여 지정된 지역을 말한다.

    2. "입주기업체"라 함은 제10조제1항제1호 내지 제3호 및 동 조 제2항의 규정에 의한 입주자격을 갖춘 자로서 제11조의 규정에 의하여 입주허가를 받은 자를 말한다.

    3. "지원업체"라 함은 제10조제1항제4호의 규정에 의한 입주자격을 갖춘 자로서 제11조의 규정에 의하여 입주허가를 받은 자를 말한다.

    4. "외국인투자기업"이라 함은 「외국인투자촉진법」 제2조제1항제6호의 규정에 의한 기업으로서 동법 제4조제3항 또는 제4항의 규정에 의하여 외국인투자가 제한되는 업종에 해당하지 아니하는 업종을 영위하는 기업을 말한다.

    5. "공장"이라 함은 「산업집적활성화 및 공장설립에 관한 법률」 제2조제1호의 규정에 의한 공장을 말한다.

    6. "관세등"이라 함은 관세·부가가치세·임시수입부가세·주세·개별소비세·교통·에너지·환경세·농어촌특별세 또는 교육세를 말한다.

    7. "관세영역"이라 함은 자유무역지역외의 국내지역을 말한다.

    8. "수입"이라 함은 「관세법」 제2조제1호의 규정에 의한 수입을 말한다.

    9. "수출"이라 함은 「관세법」 제2조제2호의 규정에 의한 수출을 말한다.

    10. "외국물품"이라 함은 「관세법」 제2조제3호의 규정에 의한 외국물품을 말한다.

11. "내국물품"이라 함은 「관세법」 제2조제4호의 규정에 의한 내국물
    품을 말한다.

제3조 (다른 법률과의 관계)

① 자유무역지역에서는 이 법에 규정된 사항을 제외하고는 「관세법」을
    적용하지 아니한다. 다만, 자유무역지역에 제5조제3호의 규정에 의한
    통제시설이 설치되어 있지 아니한 경우에는 그러하지 아니하다. <개
    정 2006.12.26>

② 입주기업체 중 외국인투자기업에 대하여는 다음 각 호의 법률의 규정
    을 적용하지 아니한다. <개정 2006.3.3, 2006.12.26, 2007.7.27>

  1. 「고령자고용촉진법」 제12조

  2. 「국가유공자 등 예우 및 지원에 관한 법률」 제31조, 「5·18민주유
    공자 예우에 관한 법률」 제22조, 「특수임무수행자 지원 및 단체설
    립에 관한 법률」 제21조

  3. 「장애인고용촉진 및 직업재활법」 제24조

  4. 「대·중소기업 상생협력 촉진에 관한 법률」 제30조

제2장 자유무역지역의 지정 등

제4조 (자유무역지역의 지정 등)

① 중앙행정기관의 장이나 특별시장·광역시장·도지사 또는 제주특별자
    치도지사(이하 "시·도지사"라 한다)는 대통령령이 정하는 바에 따라
    관계 중앙행정기관의 장 및 관계 시·도지사와의 협의를 거쳐 지식경
    제부장관에게 자유무역지역의 지정을 요청할 수 있다. 이 경우 시·
    도지사는 제8조제1항 각 호의 구분에 따른 자유무역지역 관리권자에
    게 그 시·도지사를 대신하여 관계 중앙행정기관의 장 및 관계 시·
    도지사와 협의하여 줄 것을 요청할 수 있으며, 요청을 받은 자유무역

지역 관리권자는 특별한 사유가 없는 한 이에 응하여야 한다. <개정 2006.12.26, 2008.2.29>

② 중앙행정기관의 장 또는 시·도지사는 제1항의 규정에 의하여 자유무역지역의 지정을 요청하고자 하는 때에는 대통령령이 정하는 사항이 포함된 자유무역지역기본계획을 작성하여 이를 지식경제부장관에게 제출하여야 한다. <개정 2008.2.29>

③ 지식경제부장관은 제1항의 규정에 의하여 지정이 요청된 지역의 실정, 지정필요성 및 제5조의 규정에 의한 지정요건을 검토한 후 제50조의 규정에 의한 자유무역지역위원회(이하 이 항에서 "자유무역지역위원회"라 한다)의 심의를 거쳐 자유무역지역을 지정한다. 다만, 제7조의 규정에 의하여 자유무역지역예정지역으로 지정된 지역의 전부 또는 일부를 자유무역지역으로 지정하고자 하는 경우에는 자유무역지역위원회의 심의를 거치지 아니할 수 있다. <개정 2008.2.29>

④ 지식경제부장관은 제3항의 규정에 의하여 자유무역지역을 지정하고자 하는 경우에는 미리 기획재정부장관과 협의하여야 한다. <개정 2008.-2.29>

⑤ 지식경제부장관은 제3항의 규정에 의하여 자유무역지역을 지정한 때에는 당해 지역의 위치·경계·면적 그 밖에 대통령령이 정하는 사항을 고시하고, 그 내용을 지체 없이 관계중앙행정기관의 장 및 시·도지사에게 통지하여야 한다. <개정 2008.2.29>

⑥ 제5항의 규정에 의한 통지를 받은 시·도지사는 그 내용을 14일 이상 일반인이 열람할 수 있도록 하여야 한다.

제5조 (자유무역지역의 지정요건) 자유무역지역은 다음 각 호의 요건을 갖춘 지역에 대하여 지정한다. <개정 2006.12.26, 2007.8.3>

1. 다음 각 목의 1에 해당하는 지역으로서 화물처리능력 등 대통령령이 정하는 기준에 적합할 것

    가. 「산업입지 및 개발에 관한 법률」 제2조제5호의 규정에 의한 산

업단지

　　나. 「항공법」 제2조제5호의 규정에 의한 공항 및 배후지

　　다. 「물류시설의 개발 및 운영에 관한 법률」 제2조제2호 및 제6호에
　　　　따른 물류터미널 및 물류단지

　　라. 삭제 <2007.8.3>

　　마. 「항만법」 제2조제1호의 규정에 의한 항만 및 배후지

　2. 도로 등 사회간접자본시설이 충분히 확보되어 있거나 확보될 수 있
　　을 것

　3. 물품의 반입·반출을 효율적으로 관리하기 위하여 필요한 시설로서
　　대통령령이 정하는 시설(이하 "통제시설"이라 한다)이 설치되어 있
　　거나 통제시설의 설치계획이 확정되어 있을 것

제6조 (자유무역지역의 변경 등)

① 제4조제1항의 규정에 의하여 자유무역지역의 지정을 요청한 중앙행정
　기관의 장 또는 시·도지사는 자유무역지역의 운영을 위하여 필요한
　때에는 지식경제부장관에게 당해 자유무역지역의 위치·경계 또는 면
　적의 변경을 요청할 수 있다. <개정 2008.2.29>

② 지식경제부장관은 자유무역지역의 지정사유가 없어졌다고 인정하거나
　관계중앙행정기관의 장 또는 시·도지사로부터 지정해제요청이 있는
　경우에는 자유무역지역의 지정을 해제할 수 있다. <개정 2008.2.29>

③ 제4조제3항 본문, 동 조 제4항 내지 제6항의 규정은 제1항 또는 제2
　항의 규정에 의한 자유무역지역의 변경 또는 지정해제에 관하여 이를
　준용한다. 다만, 자유무역지역을 변경하는 경우로서 면적의 일부 변경
　등 대통령령이 정하는 경미한 사항의 변경에 관하여는 제4조제3항 본
　문 및 제4항의 규정을 준용하지 아니한다.

제7조 (자유무역지역예정지역 지정 등)

① 지식경제부장관은 중앙행정기관의 장 또는 시·도지사의 요청에 의하
　여 제5조제1호 각 목의 1에 해당하는 지역(그 예정지를 포함한다)을

자유무역지역예정지역(이하 "예정지역"이라 한다)으로 지정할 수 있다. <개정 2008.2.29>

② 제1항의 규정에 의하여 예정지역의 지정을 요청한 중앙행정기관의 장 또는 시·도지사는 필요한 경우 지식경제부장관에게 당해 예정지역의 위치·경계 또는 면적의 변경을 요청할 수 있다. <개정 2008.2.29>

③ 예정지역의 지정기간은 3년 이내로 한다. 다만, 지식경제부장관은 당해 예정지역에 대한 개발계획의 변경 등으로 인하여 지정기간의 연장이 불가피하다고 인정하는 때에는 3년의 범위 이내에서 지정기간을 연장할 수 있다. <개정 2008.2.29>

④ 지식경제부장관은 예정지역의 지정기간이 만료되기 전에 자유무역지역으로 지정할 것인지의 여부를 결정하여야 한다. <개정 2008.2.29>

⑤ 지식경제부장관은 제4항의 규정에 의하여 자유무역지역으로 지정하지 아니하기로 결정한 경우에는 그 예정지역의 지정을 즉시 해제하여야 한다. <개정 2008.2.29>

⑥ 제4조의 규정은 예정지역의 지정·변경 또는 지정해제에 관하여 이를 준용한다. 다만, 예정지역을 변경하는 경우로서 면적의 일부변경 등 대통령령이 정하는 경미한 사항의 변경에 관하여는 제4조제3항 본문 및 제4항의 규정을 준용하지 아니한다.

제3장 자유무역지역의 관리 및 입주

제8조 (관리권자)

① 자유무역지역의 구분별 관리권자(이하 "관리권자"라 한다)는 다음 각 호와 같다. <개정 2007.8.3, 2008.2.29>

  1. 제5조제1호 가목의 규정에 의한 산업단지: 지식경제부장관
  2. 제5조제1호 나목의 규정에 의한 공항 및 배후지: 국토해양부장관
  3. 제5조제1호다목의 물류터미널 및 물류단지: 국토해양부장관

4. 삭제 <2007.8.3>

5. 제5조제1호 마목의 규정에 의한 항만 및 배후지: 국토해양부장관

② 관리권자는 자유무역지역의 관리에 관한 다음 각 호의 업무를 수행한다.

1. 입주기업체 및 지원업체의 사업활동지원

2. 공공시설의 유지 및 관리

3. 각종 지원시설의 설치 및 운영

4. 그 밖에 자유무역지역의 관리 또는 운영에 관한 업무

제9조 (자유무역지역의 구분) 관리권자는 관리업무의 효율적인 운영을 위하여 자유무역지역을 그 기능 및 특성에 따라 생산시설지구·물류시설지구·지원시설지구 그 밖에 대통령령이 정하는 지구로 구분할 수 있다.

제10조 (입주자격)

① 자유무역지역에 입주할 수 있는 자는 다음 각 호의 어느 하나에 해당하는 자로 한다. <개정 2006.12.26>

1. 수출을 주목적으로 하는 제조업종의 사업을 영위하려는 자로서 수출비중 등이 대통령령이 정하는 기준에 해당하는 자

   1의2. 제조업종의 사업을 영위하려는 외국인투자기업으로서 외국인투자비중 등이 대통령령이 정하는 기준에 해당하는 자

2. 수출입거래를 주목적으로 하는 도매업종의 사업을 영위하려는 자로서 수출입거래비중 등이 대통령령이 정하는 기준에 해당하는 자

3. 물품의 하역·운송·보관·전시 그 밖에 대통령령이 정하는 사업을 영위하고자 하는 자

4. 입주기업체의 사업을 지원하는 업종으로서 대통령령이 정하는 업종의 사업을 영위하고자 하는 자

5. 대통령령이 정하는 공공기관

6. 국가기관

② 관리권자는 국제물류의 원활화, 지역개발 등을 위하여 필요하다고 인

정하는 때에는 지식경제부장관과 협의를 거쳐 제1항제1호의 요건을
갖추지 아니한 제조업종의 사업을 영위하고자 하는 자에 대하여 자유
무역지역 안에 입주하게 할 수 있다. <개정 2008.2.29>

제11조 (입주허가)

① 자유무역지역에 입주하여 사업을 영위하고자 하는 자는 관리권자의
입주허가를 받아야 한다. 허가받은 사항을 변경하고자 하는 경우에도
또한 같다.

② 제1항의 규정에 의한 입주허가를 함에 있어서 관리권자는 다음 각 호
의 1에 해당하는 자에 대하여 우선적으로 입주허가를 할 수 있다.
<개정 2006.12.26>

1. 외국인투자기업

2. 「조세특례제한법」 제121조의2제1항제1호의 규정에 의한 국내산업의
국제경쟁력강화에 긴요한 고도의 기술을 수반하는 사업을 영위하는
자

3. 수출을 주목적으로 하는 사업을 영위하고자 하는 자

③ 제1항의 규정에 의한 입주허가 및 허가의 변경에 관하여 필요한 사항
은 대통령령으로 정한다.

제12조 (결격사유) 다음 각 호의 어느 하나에 해당하는 자는 제11조제1항
의 규정에 의한 입주허가를 받을 수 없다. <개정 2006.12.26>

1. 삭제 <2006.12.26>

2. 금치산자 또는 한정치산자

3. 파산선고를 받고 복권되지 아니한 자

4. 이 법 또는 「관세법」을 위반하여 징역형의 실형을 선고받고 그 집
행이 종료(집행이 종료된 것으로 보는 경우를 포함한다)되거나 집행
이 면제된 날부터 2년이 경과되지 아니한 자

5. 이 법 또는 「관세법」을 위반하여 징역형의 집행유예의 선고를 받고
그 유예기간 중에 있는 자

6. 제56조, 제57조, 제59조 내지 제61조, 「관세법」 제269조 내지 제
   271조 또는 제274조의 규정에 의하여 벌금형 또는 통고처분을 받은
   자로서 그 벌금형 또는 통고처분을 이행한 후 2년이 경과되지 아니
   한 자. 다만, 제68조, 「관세법」 제279조 또는 제280조의 규정에 의
   하여 처벌된 법인·본인 또는 개인을 제외한다.

7. 관세 또는 내국세를 체납한 자

8. 제2호 내지 제7호에 해당하는 자를 임원(당해 법인의 자유무역지역
   의 운영업무를 직접 담당하거나 이를 감독하는 자에 한한다)으로 하
   는 법인

9. 제15조제1항 또는 제2항의 규정에 의하여 입주허가가 취소된 후 2
   년이 경과되지 아니한 자

제13조 (입주기업체의 준수사항) 제11조제1항의 규정에 의한 입주허가를
받은 자는 다음 각 호의 조치를 하여야 하며, 매매계약 또는 임대차계약이
해지된 경우에는 그 해지일부터 3개월의 범위 안에서 지식경제부령이 정하
는 기간 이내에 다시 계약을 체결하여야 한다. <개정 2008.2.29>

1. 입주허가를 받은 날부터 3개월의 범위 안에서 지식경제부령이 정하
   는 기간 이내에 당해 자유무역지역안의 토지 또는 공장·건축물 그
   밖의 시설(이하 "공장등"이라 한다)의 매매계약 또는 임대차계약을
   체결할 것

2. 국가 또는 지방자치단체가 소유하는 공장등을 임차한 자는 그 계약
   을 체결한 날부터 6개월의 범위 안에서 지식경제부령이 정하는 기
   간 이내에 사업목적에 필요한 시설의 설치를 완료할 것

3. 입주허가를 받은 날부터 6개월의 범위 안에서 지식경제부령이 정하
   는 기간 이내에 건축허가를 받거나 건축신고를 할 것

제14조 (공장신설승인의 의제 등)

① 자유무역지역 안에 입주하고자 하는 자가 제11조제1항의 규정에 의한
   입주허가를 받은 경우에는 「산업집적활성화 및 공장설립에 관한 법률」

제13조의 규정에 의한 공장의 신설·증설 또는 업종변경의 승인 및
동법 제20조의 규정에 의한 공장의 신설·증설·이전 또는 업종변경
의 승인을 얻은 것으로 본다. <개정 2006.12.26>

② 관리권자는 제11조제1항의 규정에 의하여 입주허가를 한 경우에는 지
식경제부령이 정하는 바에 따라 「산업집적활성화 및 공장설립에 관한
법률」 제16조제1항의 규정에 의한 공장등록에 관한 증서에 갈음하는
입주확인서를 발급할 수 있다. <개정 2006.12.26, 2008.2.29>

제15조 (입주허가의 취소 등)

① 관리권자는 입주기업체 또는 지원업체(이하 "입주기업체등"이라 한다)
가 부정한 방법으로 입주허가를 받았거나 제10조의 규정에 의한 입주
자격을 상실한 경우에는 입주허가를 취소하여야 한다.

② 관리권자는 입주기업체등이 다음 제1호 내지 제5호에 해당하는 경우
에는 입주허가를 취소할 수 있다. <개정 2008.2.29>

  1. 제11조제1항의 규정에 의한 입주허가를 받은 사업 외의 사업을 한
     경우

  2. 제11조제1항의 규정에 의한 입주허가에 부여된 조건을 이행하지 아
     니한 경우

  3. 제12조의 규정에 의한 결격사유에 해당하게 된 경우(법인의 임원 중
     제12조제2호 내지 제7호에 해당하는 자가 있는 경우 3개월 이내에
     개임하는 경우를 제외한다)

  4. 제13조의 규정을 위반한 경우

  5. 폐업하거나 정당한 사유 없이 지식경제부령이 정하는 기간 동안 휴
     업한 경우

③ 제1항 또는 제2항의 규정에 의하여 입주허가가 취소된 자는 그 취소
당시의 수출 또는 수입계약에 대한 이행업무 및 지식경제부령이 정하
는 잔무처리업무를 제외하고는 그 사업을 즉시 중지하여야 한다.
<개정 2008.2.29>

④ 제1항 또는 제2항의 규정에 의하여 입주허가가 취소된 자는 외국물품, 자유무역지역 안으로의 반입신고를 행한 제29조제1항제2호의 물품, 「수출용원재료에 대한 관세 등 환급에 관한 특례법」 제4조제3호의 규정에 의하여 관세영역에서 자유무역지역 안으로 공급한 물품(이하 "외국물품등"이라 한다)의 종류 및 수량 등을 고려하여 6개월의 범위 이내에서 당해 자유무역지역을 관할하는 세관장(이하 "세관장"이라 한다)이 정하는 기간 이내에 잔여 외국물품등을 자유무역지역 밖으로 반출하거나 다른 입주기업체에게 양도하여야 한다. <개정 2006.12.26>

⑤ 제1항 또는 제2항의 규정에 의하여 입주허가가 취소된 자는 자유무역지역 안에 소유하는 토지 또는 공장등을 대통령령이 정하는 바에 따라 다른 입주기업체나 입주자격이 있는 제3자에게 양도하여야 한다.

⑥ 제5항의 규정에 의하여 양도되지 아니한 토지 또는 공장등에 대하여는 제25조제1항 및 제5항의 규정을 준용한다.

제16조 (입주허가 등의 통보) 관리권자는 제11조제1항의 규정에 의하여 입주허가(변경허가를 포함한다)를 하거나 제15조제1항 또는 제2항의 규정에 의하여 입주허가를 취소한 경우에는 대통령령이 정하는 바에 따라 세관장에게 통보하여야 한다.

제17조 (국유의 토지 또는 공장등의 임대 및 매각)

① 관리권자는 자유무역지역 및 예정지역 안에 있는 국가가 소유하는 토지 또는 공장등에 대하여 그 관리청으로부터 관리전환을 받거나 기획재정부장관의 관리·처분에 관한 지정을 받아 대통령령이 정하는 바에 따라 입주기업체등에게 임대하거나 매각할 수 있다. <개정 2008.-2.29, 2009.1.30>

② 관리권자가 제1항의 규정에 의하여 입주기업체등에게 토지 또는 공장등을 임대하거나 매각하는 경우의 임대료 또는 매각가격은 「국유재산법」 제32조제1항·제44조 및 제47조의 규정에 불구하고 관리권자가

기획재정부장관과 협의하여 정한 후 공고하는 바에 의한다. 이 경우 필요한 때에는 그 가격을 외화로 표시할 수 있다. <개정 2006.12.26, 2008.2.29, 2009.1.30>

③ 관리권자는 제1항의 규정에 의하여 입주기업체에 대하여 국가가 소유하는 토지 또는 공장등을 임대하는 경우의 임대기간은 「국유재산법」 제35조제1항 및 제46조제1항의 규정에 불구하고 50년의 범위 이내로 할 수 있다. 다만, 관리권자가 필요하다고 인정하는 경우에는 50년의 범위 이내에서 그 기간을 갱신할 수 있다. <개정 2006.12.26, 2009.1.30>

④ 관리권자는 제1항의 규정에 의하여 지원업체에 대하여 국가가 소유하는 토지 또는 공장등을 임대하는 경우의 임대기간은 「국유재산법」 제35조제1항 및 제46조제1항의 규정에 불구하고 10년의 범위 이내로 할 수 있다. 다만, 관리권자가 필요하다고 인정하는 경우에는 10년의 범위 이내에서 그 기간을 갱신할 수 있다. <개정 2006.12.26, 2009.1.30>

제18조 (공유의 토지 또는 공장등의 임대 및 매각)

① 지방자치단체의 장은 자유무역지역 및 예정지역 안에 있는 지방자치단체가 소유하는 토지 또는 공장등을 관리권자와 협의를 거쳐 입주기업체등에게 임대하거나 매각할 수 있다.

② 지방자치단체의 장이 제1항의 규정에 의하여 임대하거나 매각하는 토지 또는 공장등의 임대료 또는 매각가격은 「공유재산 및 물품관리법」 제22조 내지 제24조, 동법 제30조 및 동법 제32조 내지 제34조의 규정에 불구하고 조례가 정하는 바에 의한다. 이 경우 필요한 때에는 그 가격을 외화로 표시할 수 있다. <개정 2006.12.26>

③ 지방자치단체의 장은 제1항의 규정에 의하여 입주기업체에 대하여 지방자치단체가 소유하는 토지 또는 공장등을 임대하는 경우의 임대기간은 「공유재산 및 물품관리법」 제21조 및 제31조의 규정에 불구하고 50년의 범위 이내로 할 수 있다. 다만, 지방자치단체의 장이 필요하다고 인정하는 경우에는 50년의 범위 이내에서 그 기간을 갱신할

수 있다. <개정 2006.12.26>

④ 지방자치단체의 장은 제1항의 규정에 의하여 지원업체에 대하여 지방
  자치단체가 소유하는 토지 또는 공장등을 임대하는 경우의 임대기간
  은 「공유재산 및 물품관리법」 제21조 및 제31조의 규정에 불구하고
  10년의 범위 이내로 할 수 있다. 다만, 지방자치단체의 장이 필요하다
  고 인정하는 경우에는 10년의 범위 이내에서 그 기간을 갱신할 수 있
  다. <개정 2006.12.26>

제19조 (토지 또는 공장등 매입대금의 납부연기 및 분할납부)

① 관리권자는 자유무역지역 안의 국가가 소유하는 토지 또는 공장등을
  매각함에 있어서 매입자가 매입대금을 일시불로 납부하기가 곤란하다
  고 인정되는 경우에는 「국유재산법」 제50조의 규정에 불구하고 대통
  령령이 정하는 바에 따라 납부기한을 연장하거나 분할납부하게 할 수
  있다. <개정 2006.12.26, 2009.1.30>

② 지방자치단체의 장은 자유무역지역 안의 지방자치단체가 소유하는 토
  지 또는 공장등을 매각함에 있어서 매입자가 매입대금을 일시불로 납
  부하기가 곤란하다고 인정되는 경우에는 「공유재산 및 물품관리법」
  제37조의 규정에 불구하고 조례가 정하는 바에 따라 납부기한을 연장
  하거나 분할납부하게 할 수 있다. <개정 2006.12.26>

제20조 (임대료의 감면 등)

① 관리권자 또는 지방자치단체의 장은 자유무역지역 안에 입주한 외국
  인투자기업을 「외국인투자촉진법」 제18조의 규정에 의한 외국인투자
  지역에 입주한 외국인투자기업으로 보아 동법 제13조제6항 또는 제8
  항의 규정에 의하여 임대료를 감면할 수 있다. <개정 2006.12.26>

② 관리권자 또는 지방자치단체의 장은 「조세특례제한법」 제121조의2제1
  항제1호의 규정에 의한 국내산업의 국제경쟁력강화에 긴요한 고도의
  기술을 수반하는 사업을 영위하는 외국인투자기업에 대하여는 제1항
  의 규정에 의한 감면 외에 추가로 임대료를 감면할 수 있다. <개정

2006.12.26>

제21조 (임대료 등의 독촉 및 체납처분)

① 관리권자는 제17조제1항의 규정에 의하여 토지 또는 공장등을 임차한 입주기업체등이 임대료를 기한 이내에 납부하지 아니한 때에는 대통령령이 정하는 기간을 넘지 아니하는 기한을 정하여 독촉을 하고, 독촉한 기한 이내에 임대료를 납부하지 아니한 때에는 그 임대계약을 해지하거나 국세체납처분의 예에 따라 이를 징수할 수 있다.

② 제1항의 규정은 제18조제1항의 규정에 의하여 임대한 토지 또는 공장등의 임대료의 독촉 등에 관하여 이를 준용한다. 이 경우 "국세체납처분의 예"는 "지방세체납처분의 예"로 본다.

제22조 (영구시설물등의 축조)

① 제17조제1항의 규정에 의하여 국가가 소유하는 토지를 임차한 자로서 다음 각 호의 어느 하나에 해당하는 조건으로 토지를 임차한 자는 「국유재산법」 제18조 및 제47조의 규정에 불구하고 그 토지 위에 공장 그 밖의 영구시설물(이하 이 조에서 "영구시설물등"이라 한다)을 축조할 수 있다. <개정 2006.12.26, 2009.1.30>

 1. 임대기간이 종료되는 때에 영구시설물등을 국가에 기부하는 조건으로 토지를 임차한 자

 2. 임대기간이 종료된 때에 원상으로 회복하여 반환하는 조건으로 토지를 임차한 자

② 제18조제1항의 규정에 의하여 지방자치단체가 소유하는 토지를 임차한 자로서 제1항 각 호의 어느 하나에 해당하는 조건으로 토지를 임차한 자는 「공유재산 및 물품관리법」 제13조의 규정에 불구하고 그 토지 위에 영구시설물등을 축조할 수 있다. <개정 2006.12.26>

제23조 (공장등의 건축 등에 관한 특례)

① 이 법을 적용함에 있어서 공장등을 건축하는 자는 입주기업체가 사용

할 공장등을 건축하는 계약을 체결한 경우에 그 계약의 이행에 필요
한 범위 안에서 당해 공장등을 입주기업체에게 인도할 때까지는 그
자를 입주기업체로 본다.

② 이 법을 적용함에 있어서 공장등과 기계·기구 등의 설비를 임대 또
는 분양하는 자는 이를 입주기업체에게 임대 또는 분양하는 경우에
그 임대 또는 분양이 완료될 때까지는 그 자를 입주기업체로 본다.

③ 자유무역지역 안에서 공장등을 건축하는 경우에「건축법」을 적용함에
있어서 "특별시장·광역시장·도지사·특별자치도지사" 또는 "시장(「
제주특별자치도 설치 및 국제자유도시 조성을 위한 특별법」제17조제
1항에 따른 시장은 제외한다. 이하 같다)·군수·구청장"을 각각 "관
리권자"로 본다. <개정 2006.12.26, 2009.4.1>

④ 외국인투자기업이 자유무역지역 안의 토지를 취득하고자 하는 경우에
는「외국인토지법」제4조제1항 및 제6조의 규정에 불구하고 관리권
자에게 그 사실을 신고하여야 한다. <개정 2006.12.26>

제24조 (공장등의 임대·양도의 제한) 입주기업체는 외국물품등을 사용
하여 공장등을 건축한 경우에는 설치일부터 3년 이내에 당해 공장등을 입
주기업체 외의 자에게 임대하거나 양도하여서는 아니 된다. 다만, 대통령령
이 정하는 바에 따라 세관장의 허가를 받은 경우에는 공장등의 일부를 지
원업체에게 임대할 수 있다.

제25조 (토지 또는 공장등의 처분제한)

① 입주기업체등은 공장등의 설립을 완료하기 전에 제17조제1항 또는 제
18조제1항의 규정에 의하여 취득한 토지 또는 공장등을 처분하고자
하는 때에는 이를 관리권자에게 양도하여야 한다.

② 관리권자가 제1항의 규정에 의한 토지 또는 공장등을 양수하기 곤란
하다고 인정되는 때에는 대통령령이 정하는 바에 따라 입주기업체등
으로 하여금 관리권자가 선정한 다른 입주기업체등이나 입주자격이
있는 제3자에게 이를 양도하게 할 수 있다.

③ 입주기업체등이 공장등의 설립을 완료한 후에 제17조제1항 또는 제18
　조제1항의 규정에 의하여 취득한 토지 또는 공장등을 양도 또는 임대
　(전대를 포함한다. 이하 같다)하거나 이를 타인으로 하여금 사용하게
　하는 경우에 그 계약당사자는 입주기업체등이나 입주자격이 있는 제3
　자에 한한다.

④ 제3항의 경우에 국가 또는 지방자치단체가 소유하는 토지 위에 건축
　한 공장등을 양도 또는 임대하거나 이를 타인으로 하여금 사용하게
　하는 때에는 관리권자에게 그 사실을 신고하여야 한다.

⑤ 제1항의 규정에 의한 토지의 양도가격은 그가 취득한 가격에 대통령
　령이 정하는 이자 및 비용을 합산한 금액으로 하고, 공장등의 양도가
　격은 「부동산 가격공시 및 감정평가에 관한 법률」에 의한 감정평가업
　자의 시가감정액을 참작하여 결정할 수 있다. 다만, 입주기업체등의
　요청이 있는 경우 토지의 양도가격은 그가 취득한 가격에 대통령령이
　정하는 이자 및 비용을 합산한 금액 이하로 할 수 있다. <개정
　2005.1.14, 2006.12.26>

제26조 (경매 등에 의하여 취득한 토지 또는 공장등의 사용 등)

① 자유무역지역 안의 토지 또는 공장등을 경매 그 밖에 법률의 규정에
　의하여 취득한 자는 다음 각 호에 정하는 바에 따라 이를 처분 또는
　사용하여야 한다.

　1. 대통령령이 정하는 바에 따라 제11조의 규정에 의한 입주허가를 받
　　을 것. 다만, 입주기업체를 인수 또는 합병한 자가 입주자격을 갖추
　　고 당초 허가받은 업종의 사업을 영위하는 경우에는 그러하지 아니
　　하다.

　2. 제1호의 규정에 의하여 입주허가를 받지 못한 경우에는 대통령령이
　　정하는 바에 따라 다른 입주기업체나 입주자격이 있는 제3자에게
　　양도할 것

　3. 제2호의 규정에 의하여 양도가 이루어지지 아니하는 경우에는 관리

권자에게 양도할 것

② 제1항제3호의 규정에 의하여 관리권자에게 양도하는 경우의 양도가격
에 관하여는 제25조제5항의 규정을 준용한다.

제27조 (통제시설의 설치 등)

① 관리권자는 관세청장과 협의를 거쳐 자유무역지역 안에 통제시설을
설치하고, 그 운영시기를 공고하여야 한다.

② 관리권자는 통제시설을 유지·관리하여야 한다.

③ 관세청장은 통제시설의 보수 또는 확충이 필요하다고 인정하는 때에
는 관리권자에게 통제시설의 보수 또는 확충을 요청할 수 있다. 이
경우 관리권자는 특별한 사유가 없는 한 이에 응하여야 한다.

제28조 (공동시설의 유지비)

① 관리권자는 자유무역지역 안의 공동시설 중 지식경제부령이 정하는
시설의 관리·운영에 필요한 비용(이하 이 조에서 "유지비"라 한다)
을 입주기업체등으로부터 받을 수 있다. <개정 2008.2.29>

② 유지비의 부담에 관한 기준·방법 그 밖에 필요한 사항은 대통령령으
로 정한다.

③ 제21조제1항의 규정은 유지비의 독촉 및 체납처분에 관하여 이를 준
용한다.

제4장 물품의 반입·반출 및 관리 등

제29조 (물품의 반입 또는 수입)

① 다음 각 호의 1에 해당하는 물품을 자유무역지역 안으로 반입하고자
하는 자는 관세청장이 정하는 바에 따라 세관장에게 반입신고하여야
한다. <개정 2006.12.26>

1. 외국물품. 다만, 다음 각 목의 1에 해당하는 물품으로서 관세청장이

정하는 자료를 제출하는 물품을 제외한다.

　　가. 국외에서 반입되는 물품으로서 이를 적재한 선박·항공기 그 밖의 운송수단에서 다른 선박·항공기 그 밖의 운송수단으로 이적(移積)하는 화물

　　나. 「관세법」 제241조의 규정에 의한 수출신고(이하 "수출신고"라 한다)가 수리된 물품

　2. 입주기업체가 자유무역지역 안에서 사용 또는 소비하고자 하는 내국물품 중 제45조제1항 및 제2항의 적용을 받고자 하는 물품으로서 다음 각 목의 1에 해당하는 물품

　　가. 기계·기구·설비 및 장비와 그 부분품

　　나. 원재료·윤활유·사무용컴퓨터 및 건축자재

　　다. 그 밖에 사업목적의 달성에 필요하다고 인정하여 관세청장이 정하는 물품

② 세관장은 반입신고를 하지 아니하고 자유무역지역 안으로 반입된 내국물품에 대하여 당해 물품을 반입한 자의 신청이 있는 경우 내국물품확인서를 발급할 수 있다. 이 경우 내국물품확인서의 발급절차 그 밖에 필요한 사항은 관세청장이 정하여 고시한다.

③ 제1항의 규정에 불구하고 다음 각 호의 1에 해당하는 경우 그 반입을 하고자 하는 자는 「관세법」 제241조의 규정에 의한 수입신고(이하 "수입신고"라 한다)를 하고 관세등을 납부하여야 한다. <개정 2006.12.26>

　1. 입주기업체 외의 자가 외국물품을 자유무역지역 안으로 반입하고자 하는 경우

　2. 제10조제1항제1호 및 동 조 제2항의 규정에 의한 입주자격을 갖춘 입주기업체가 자유무역지역 안에서 사용 또는 소비하기 위하여 외국물품을 자유무역지역 안으로 반입하고자 하는 경우. 다만, 다음 각 목의 1에 해당하는 외국물품을 반입하는 경우를 제외한다.

　　가. 기계·기구·설비 및 장비와 그 부분품

　　나. 원재료·윤활유·사무용컴퓨터 및 건축자재

　　다. 그 밖에 사업목적의 달성에 필요하다고 인정하여 관세청장이 정
　　　　하는 물품

　3. 제10조제1항제2호 및 제3호의 규정에 의한 입주자격을 갖춘 입주기
　　　업체가 자유무역지역 안에서 자기가 직접 사용 또는 소비하기 위하
　　　여 외국물품(제2호 각 목에 해당하는 물품 중 당해 사업목적의 달성
　　　에 필요한 물품을 제외한다)을 자유무역지역 안으로 반입하고자 하
　　　는 경우

④ 다음 각 호의 1에 해당하는 경우 그 반출을 하고자 하는 자는 수입신
　　고를 하고 관세등을 납부하여야 한다.

　1. 자유무역지역 안에서 외국물품등의 전부 또는 일부를 사용하여 제
　　　조·가공·조립·보수 등의 과정을 거친 후 그 물품을 관세영역으
　　　로 반출하고자 하는 경우

　2. 외국물품등을 자유무역지역에서 그대로 관세영역으로 반출하고자
　　　하는 경우

제30조 (국외로의 반출 및 수출)

① 외국물품등을 자유무역지역에서 국외로 반출(외국무역선 또는 외국무
　　역기에 대한 공급을 포함한다. 이하 같다)하고자 하는 자는 대통령령
　　이 정하는 바에 따라 세관장에게 신고하여야 한다. 다만, 제29조제1
　　항제1호 각 목의 1에 해당하는 물품으로서 관세청장이 정하는 자료를
　　제출하는 물품에 대하여는 그러하지 아니하다.

② 「관세법」 제226조, 제242조, 제245조, 제246조제1항·제2항, 제247조
　　제1항 단서, 제249조, 제250조제1항 본문·제2항·제3항, 제251조의
　　규정은 제1항의 규정에 의한 국외반출신고에 관하여 이를 준용한다.
　　이 경우 「관세법」 제226조제1항 중 "수출입"은 "국외반출"로, 동법
　　제226조제2항 중 "수출입물품"은 "국외반출물품"으로, 동법 제242조
　　단서 및 제251조제1항·제2항 중 "수출신고"는 "국외반출신고"로, 동

법 제242조 단서 중 "수출물품"은 "국외반출물품"으로, 동법 제245조
제1항·제2항, 제246조제1항, 제247조제1항 단서, 제249조 및 제250
조제2항·제3항 중 "수출"은 "국외반출"로 본다. <개정 2006.12.26>

③ 외국물품등이 아닌 물품을 자유무역지역에서 국외로 반출하고자 하는
자는 수출신고를 하여야 한다.

제31조 (내국물품의 반출확인) 외국물품등이 아닌 내국물품을 자유무역지
역에서 관세영역으로 반출하고자 하는 자는 내국물품확인서·세금계산서
등 내국물품으로 반입된 사실을 입증하는 서류를 세관장에게 제출하여야
한다. 다만, 출입차량, 출입자의 휴대품 등 대통령령이 정하는 물품에 대하
여는 그러하지 아니하다.

제32조 (수출입승인에 대한 특례 등)

① 「대외무역법」 제11조에 따라 수입 또는 수출이 제한된 물품(동법 제
46조에 따라 조정명령을 받은 물품을 제외한다)을 자유무역지역 안으
로 반입하거나 자유무역지역으로부터 외국으로 반출하고자 하는 자는
지식경제부장관(제5조제1호 나목 내지 마목에 해당하는 지역의 경우
는 세관장으로 한다. 이하 이 조에서 같다)의 승인을 얻어야 한다. 이
경우 지식경제부장관의 승인은 「대외무역법」에 의한 승인으로 본다.
<개정 2006.12.26, 2007.4.11, 2008.2.29>

② 「대외무역법」 제12조에 따라 통합하여 공고되는 수출·수입요령에
해당되는 품목의 물품은 관계행정기관이 정하여 고시하는 수출·수
입요령에 불구하고 자유무역지역 안으로 반입하거나 자유무역지역으
로부터 외국으로 반출할 수 있다. 다만, 마약·총기·부패한 식품 등
당해 통합공고에서 따로 정하는 수입제한품목에 해당하는 물품은 그
러하지 아니하다. <개정 2006.12.26, 2007.4.11>

③ 제1항의 규정에 의한 물품을 관세영역으로 반출하고자 하는 때에는
지식경제부장관의 승인을 얻어야 한다. 이 경우 지식경제부장관의 승인
은 「대외무역법」에 의한 승인으로 본다. <개정 2006.12.26, 2008.2.29>

④ 제2항의 규정에 의한 물품을 관세영역으로 반출하고자 하는 때에는 「대
  외무역법」 제12조에 따른 통합공고에서 정한 수출·수입요령에 따른
  다. <개정 2006.12.26, 2007.4.11>

제33조 (외국물품등의 일시반출) 입주기업체는 자유무역지역 안에 반입된
외국물품등을 물품의 수리, 견본품의 전시, 시험검사 등의 목적으로 관세영
역으로 일시 반출하고자 하는 경우에는 반출허용기간 등 대통령령이 정하
는 바에 따라 세관장의 허가를 받아야 한다.

제34조 (역외작업)

① 입주기업체는 외국물품등(외국으로부터 직접 반출장소에 반입하고자
  하는 물품을 포함한다)을 가공 또는 보수하기 위하여 관세영역으로
  반출하고자 하는 경우에는 그 가공 또는 보수작업(이하 "역외작업"이
  라 한다)의 범위, 반출기간, 대상물품, 반출장소를 정하여 세관장에게
  신고하여야 한다.
② 세관장은 제1항의 규정에 의한 신고가 이 법의 규정에 적합하게 이루
  어진 때에는 이를 지체 없이 수리하여야 한다.
③ 역외작업의 범위, 반출기간, 대상물품 등에 관한 사항은 대통령령으로
  정한다.
④ 「관세법」 제187조제2항·제4항 및 제6항의 규정은 역외작업의 신고
  수리에 관하여 이를 준용한다. 이 경우 「관세법」 제187조제2항·제4
  항 및 제6항 중 "허가"는 "신고수리"로, "보세공장"은 "자유무역지
  역"으로, "운영인"은 "입주기업체"로 본다. <개정 2006.12.26>
⑤ 제4항의 규정에 의하여 준용되는 「관세법」 제187조제6항의 규정에
  의하여 관세등을 징수하는 물품에 대한 과세물건확정의 시기는 제2
  항의 규정에 의한 신고수리가 있은 때로 한다. <개정 2006.12.26>

제35조 (역외작업물품의 반출신고 등)

① 입주기업체가 역외작업에 의하여 가공 또는 보수된 물품을 반출장소

에서 반출장소 외의 관세영역으로 반출하고자 하는 경우에는 제29조
제4항의 규정을 준용한다.

② 입주기업체가 역외작업에 의하여 가공 또는 보수된 물품을 반출장소
에서 국외로 직접 반출하고자 하는 경우에는 제30조제1항 및 제2항
의 규정을 준용한다.

③ 입주기업체가 역외작업의 공정에서 발생한 폐품을 처분하고자 하는
경우에는 세관장에게 신고하여야 한다.

제36조 (보세운송)

① 외국물품등은 자유무역지역과 다른 자유무역지역 또는 「관세법」 제
213조제1항 각 호의 장소 간에 한하여 보세운송할 수 있다. <개정
2006.12.26>

② 「관세법」 제213조제2항 내지 제5항 및 제214조 내지 제220조의 규정
은 제1항의 규정에 의한 보세운송에 관하여 이를 준용한다. 이 경우
「관세법」 제213조제5항의 규정에 의하여 준용되는 「관세법」 제247조
제2항의 "보세구역"은 "자유무역지역"으로 본다. <개정 2006.12.26>

제37조 (물품의 반출 등)

「관세법」 제157조의2·제177조제1항제1호 및 제208조 내지 제212조의
규정은 자유무역지역 중 공항 또는 항만으로서 관세청장이 지정하는 지역
에 반입되어 수입신고되거나 장치된 물품(제29조제3항제2호 각 목의 1에
해당하는 물품으로서 입주기업체가 직접 사용·소비하는 것을 제외한다)의
반출, 장치기간, 매각 등에 관하여 이를 준용한다. 이 경우 「관세법」 제157
조의2 중 "보세구역"은 "자유무역지역"으로, 동법 제177조제1항 중 "특허
보세구역" 또는 "보세창고"는 "자유무역지역"으로 본다. <개정 2006.12.26>

제38조 (재고기록 등)

① 입주기업체는 다음 각 호의 물품에 대하여 관세청장이 정하여 고시하
는 바에 따라 그 품명·규격·수량·가격 등 재고관리에 필요한 사

항을 기록·관리하여야 한다. 다만, 관세청장이 정하여 고시하는 금액 이하의 물품 등 대통령령이 정하는 물품에 대하여는 그러하지 아니하다.

1. 자유무역지역 안으로 반입한 물품
2. 자유무역지역 안에서 사용·소비하거나 생산한 물품
3. 자유무역지역으로부터 반출한 물품

② 입주기업체는 제1항 각 호의 규정에 의한 물품이 제29조제1항제2호의 규정에 의한 내국물품에 해당하는 경우에는 그 물품에 대한 재고관리에 필요한 사항을 다른 물품과 구분하여 기록·관리하여야 한다.

③ 입주기업체는 외국물품등을 멸실·분실한 경우 또는 폐기하고자 하는 경우에는 대통령령이 정하는 바에 따라 세관장에게 신고하여야 한다.

④ 입주기업체는 제1항 또는 제2항의 규정에 의하여 기록한 자료를 대통령령이 정하는 기간 동안 보존하여야 한다.

제39조 (입주기업체의 재고관리상황의 조사 등)

① 세관장은 제38조의 규정에 의한 재고관리의 이행 여부를 확인하기 위하여 소속공무원으로 하여금 입주기업체에 대하여 조사를 하게 할 수 있다. 이 경우 조사를 하는 공무원은 그 권한을 표시하는 증표를 지니고 이를 관계인에게 내보여야 한다.

② 세관장은 입주기업체에 대하여 제1항의 규정에 의한 조사에 필요한 회계장부, 원재료 및 제품의 관리대장 그 밖에 필요한 자료의 제출을 요구할 수 있다.

③ 입주기업체는 정당한 사유 없이 제1항의 규정에 의한 조사를 거부·방해 또는 기피하거나 제2항의 규정에 의한 자료제출을 거부하여서는 아니 된다.

④ 세관장은 제1항의 규정에 의하여 조사를 한 결과 외국물품등의 재고가 부족한 경우에는 대통령령이 정하는 바에 따라 입주기업체로부터 그에 해당하는 관세등을 지체 없이 징수하여야 한다. 다만, 제38조제3항의 규정에 의한 분실신고를 한 물품이 자유무역지역 안에 있는 것

이 확인되는 경우 또는 재해 그 밖에 부득이한 사유로 물품이 멸실된 경우에는 그러하지 아니하다.

제40조 (물품의 폐기)

① 세관장은 자유무역지역 안에 있는 물품 중 다음 각 호의 1에 해당하는 물품에 대하여는 화주 및 반입자와 그 위임을 받은 자(이하 "화주등"이라 한다)에게 국외반출 또는 폐기를 명하거나 화주등에게 미리 통보한 후 직접 이를 폐기할 수 있다. 다만, 화주등에게 통보할 시간적 여유가 없는 특별한 사정이 있는 때에는 당해 물품을 폐기한 후 지체 없이 화주등에게 통보하여야 한다.

 1. 사람의 생명이나 재산을 해할 우려가 있는 물품

 2. 부패 또는 변질된 물품

 3. 유효기간이 경과된 물품

 4. 제1호 내지 제3호에 준하는 물품으로서 관세청장이 정하여 고시하는 물품

② 세관장은 제1항의 규정에 의한 통보를 함에 있어서 화주등의 주소 또는 거소를 알 수 없거나 그 밖의 부득이한 사유로 인하여 통보를 할 수 없는 때에는 대통령령이 정하는 바에 따라 공고로써 통보에 갈음할 수 있다.

③ 제1항의 규정에 의하여 화주등이 물품을 국외로 반출하거나 폐기한 경우 또는 세관장이 폐기한 경우에 그 비용은 화주등이 부담한다.

제41조 (물품의 반입·반출의 금지 등)

① 누구든지 「관세법」 제234조 각 호의 1에 해당하는 물품을 자유무역지역 안으로 반입하거나 자유무역지역 밖으로 반출할 수 없다. <개정 2006.12.26>

② 세관장은 국민보건 또는 환경보전에 지장을 초래하는 물품 그 밖에 대통령령이 정하는 물품에 대하여는 자유무역지역 안으로의 반입과 자유무역지역 밖으로의 반출을 제한할 수 있다.

제42조 (물품의 검사 등)

① 자유무역지역에서 반출·반입·수출·수입되는 물품에 대하여는 세
   관장이 검사 또는 확인할 수 있다.

② 제1항의 규정에 의한 물품의 검사 또는 확인은 당해 물품이 장치되어
   있는 장소에서 행한다. 다만, 공항 또는 항만지역으로서 관세청장이
   지정하는 지역에 장치되어 있는 물품 또는 정밀한 검사가 필요한 물
   품에 대하여는 그러하지 아니하다.

③ 세관장은 자유무역지역을 출입하는 자가 휴대하거나 운송하는 물품
   또는 운송수단에 대하여 관세청장이 정하여 고시하는 바에 따라 이를
   검사할 수 있다.

④ 「관세법」 제246조제2항 또는 제3항의 규정은 제1항의 규정에 의한
   검사 또는 확인에 관하여 이를 준용한다. <개정 2006.12.26>

제43조 (「관세법」의 적용 <개정 2006.12.26>) 자유무역지역 안의 외국
물품등을 관세영역으로 반출하는 경우에는 이 법에서 정한 경우를 제외하
고는 「관세법」을 적용한다. <개정 2006.12.26>

제5장 관세 등의 부과 및 감면 등

제44조 (자유무역지역 안의 생산물품에 대한 관세등의 부과기준) 제29조
제4항제1호의 경우 그 반출되는 물품은 이를 외국으로부터 우리나라에 도
착된 외국물품으로 보아 관세등을 부과한다. 이 경우 제29조제1항제2호의
규정에 따른 반입신고를 하지 아니한 내국물품을 대통령령이 정하는 바에
따라 세관장의 승인을 얻어 원재료로 사용한 때에는 당해 내국물품의 수량
또는 가격을 제조·가공·조립·보수한 물품의 과세표준에서 공제한다.

제45조 (관세등의 면제 또는 환급 등)

① 입주기업체가 제29조제1항의 규정에 의하여 반입신고를 한 내국물품

에 대하여는 「주세법」 제31조제1항제1호, 「개별소비세법」 제15조제1
항제1호 또는 「교통·에너지·환경세법」 제13조제1항제1호의 규정에
의하여 수출하거나 「수출용원재료에 대한 관세 등 환급에 관한 특례
법」 제4조제1호 또는 제3호의 규정에 의하여 수출 또는 공급하는 것
으로 보아 관세등을 면제하거나 환급한다. <개정 2006.12.26, 2006.-
12.30, 2007.12.31>

② 제1항의 규정에 의한 내국물품에 대하여는 「부가가치세법」 제11조제1
항제1호의 규정에 의하여 수출하는 재화로 보아 부가가치세의 영세율
을 적용한다. <개정 2006.12.26>

③ 자유무역지역 안에서 입주기업체 간에 공급하거나 제공하는 외국물품
등과 용역에 대하여는 부가가치세의 영세율을 적용한다.

제46조 (예정지역에서의 관세등의 면제)

① 예정지역 또는 제3조제1항 단서의 규정에 의하여 「관세법」을 적용받
는 자유무역지역 안에서 제10조제1항제1호 내지 제3호의 규정에 해
당하는 입주기업체가 건물 및 공장을 건축하기 위하여 외국에서 반입
하는 대통령령이 정하는 시설재에 대하여는 관세등을 면제한다. <개
정 2006.12.26>

② 제1항의 규정에 의하여 관세등이 면제된 물품의 사후관리 등에 관하
여는 「관세법」 제102조 및 제103조의 규정을 적용한다. <개정 2006.-
12.26>

제47조 (법인세 등 조세감면) 외국인투자기업인 입주기업체에 대하여는 「조
세특례제한법」이 정하는 바에 따라 법인세·소득세·취득세·등록세·재
산세·종합토지세 등의 조세를 감면할 수 있다. <개정 2006.12.26>

제48조 (교통유발부담금의 면제) 입주기업체의 공장등에 대하여는 「도시
교통정비 촉진법」 제36조에 따른 교통유발부담금을 면제한다. <개정 2006.-
12.26, 2008.3.28>

제49조 (입주기업체의 기술개발활동 지원 등)

① 국가 또는 지방자치단체는 자유무역지역 안의 입주기업체의 기술개발
  활동 및 인력양성을 촉진하기 위하여 필요한 자금을 지원할 수 있다.

② 국가 또는 지방자치단체는 자유무역지역 안의 입주기업체의 사업을
  지원하기 위하여 입주기업체에 임대하는 공장등의 유지·보수와 의
  료시설·교육시설·주택 등 각종 기반시설의 확충에 노력하여야 하
  며 그 소요 자금을 지원할 수 있다.

제6장 보칙

제50조 (자유무역지역위원회의 구성 및 운영)

① 다음 각 호의 사항을 심의하기 위하여 지식경제부에 자유무역지역위
  원회(이하 "위원회"라 한다)를 둔다. <개정 2008.2.29>
  1. 자유무역지역의 기본정책과 제도에 관한 사항
  2. 자유무역지역 및 예정지역의 지정, 지정변경 및 지정해제에 관한 사항
  3. 자유무역지역 입주기업체의 지원에 관한 사항
  4. 자유무역지역과 관련하여 중앙행정기관의 장과 시·도지사와의 협
    조 및 의견조정에 관한 사항
  5. 자유무역지역이 소재하는 지방자치단체에 대한 지원에 관한 사항
  6. 그 밖에 자유무역지역의 지정·운영에 관하여 필요한 사항으로서
    대통령령이 정하는 사항

② 위원회는 위원장 1인을 포함한 20인 이내의 위원으로 구성한다.

③ 위원회의 위원장은 지식경제부장관이 된다. <개정 2008.2.29>

④ 위원회의 구성 및 운영 등에 관하여 필요한 사항은 대통령령으로 정
  한다.

제51조 (출장소의 설치 등) 입주기업체의 기업활동에 필요한 업무를 관장

하는 기관은 그 업무의 신속한 처리를 위하여 자유무역지역 안에 출장소를
설치하거나 그 직원을 상주시킬 수 있다.

제52조 (자유무역지역의 출입) 자유무역지역 안으로 출입하고자 하는 자
및 자동차는 지식경제부령이 정하는 바에 따라 관리권자가 발급하는 출입
증을 소지하거나 통행증을 부착하여야 한다. 이 경우 관리권자는 출입증 또
는 통행증을 발급한 내역을 세관장에게 통보하여야 한다. <개정 2008.2.29>

제53조 (자유무역지역의 출입제한) 세관장은 자유무역지역에 반입·반출
되는 외국물품에 대한 효율적인 관리를 위하여 필요하다고 인정하는 경우
에는 관리권자에게 제52조의 규정에 의한 출입증 또는 통행증의 발급을 제
한할 것을 요청할 수 있다.

제54조 (청문) 관리권자는 제15조제1항 또는 제2항의 규정에 의하여 입
주허가를 취소하고자 하는 경우에는 청문을 실시하여야 한다.

제55조 (권한의 위임·위탁)
① 중앙행정기관의 장은 대통령령이 정하는 바에 따라 그 권한의 일부를
  관리권자에게 위탁할 수 있다.
② 지식경제부장관 또는 주무부장관은 입주기업체가 도입하는 외자에 관
  하여 「외국인투자촉진법」에 따른 권한의 일부를 대통령령이 정하는
  바에 따라 관리권자에게 위탁할 수 있다. <개정 2006.12.26, 2008.-
  2.29, 2009.1.30>
③ 관리권자는 이 법에 의한 권한 중 일부를 대통령령이 정하는 바에 따
  라 그 소속기관의 장, 시·도지사, 시장·군수 또는 구청장(자치구의
  구청장에 한한다)에게 위임하거나 관세청장 또는 그 소속기관의 장이
  나 그 밖에 대통령령이 정하는 법인에게 위탁할 수 있다.

제7장 벌칙

제56조 (벌칙) 제41조제1항의 규정을 위반하여 물품을 반입 또는 반출한 자는 10년 이하의 징역 또는 2천만 원 이하의 벌금에 처한다.

제57조 (벌칙)

① 제29조제3항 및 제35조제1항의 규정을 위반하여 수입신고 및 관세등의 납부를 하지 아니하고 외국물품을 사용·소비하거나 자유무역지역 안으로 반입한 자 또는 역외작업에 의하여 가공 또는 보수된 물품을 관세영역으로 반출한 자는 5년 이하의 징역 또는 관세액의 10배와 물품의 원가 중 높은 금액에 상당하는 금액 이하의 벌금에 처한다.

② 제29조제4항의 규정에 의한 수입신고 및 관세등의 납부를 하지 아니하고 외국물품등을 자유무역지역에서 관세영역으로 반출한 자는 「관세법」 제269조·제270조 및 「특정범죄가중처벌 등에 관한 법률」 제6조의 규정에 의하여 처벌한다. <개정 2006.12.26>

제58조 (벌칙) 다음 각 호의 1에 해당하는 자는 3년 이하의 징역 또는 3천만 원 이하의 벌금에 처한다.

1. 제11조제1항의 규정에 의한 입주허가 또는 변경허가를 받지 아니하거나 부정한 방법으로 입주허가 또는 변경허가를 받아 자유무역지역 안에서 사업을 영위한 자

2. 제15조제1항 또는 제2항의 규정에 의하여 입주허가가 취소된 후 동조 제3항의 업무 외에 그 사업을 영위한 자

제59조 (벌칙) 제30조의 규정에 의한 국외반출신고를 한 자 중 법령에 의하여 국외반출에 필요한 허가·승인·추천·증명 그 밖의 조건을 구비하지 아니하거나 부정한 방법으로 이를 구비하여 국외반출한 자는 1년 이하의 징역 또는 2천만 원 이하의 벌금에 처한다.

제60조 (벌칙) 다음 각 호의 어느 하나에 해당하는 자는 2천만 원 이하의 벌금에 처한다. <개정 2009.4.1>

1. 제25조제1항 내지 제3항의 규정을 위반하여 토지 또는 공장등을 양도한 자
2. 삭제 <2009.4.1>
3. 삭제 <2009.4.1>
4. 제30조제1항 또는 제35조제2항의 규정을 위반하여 국외반출신고를 하지 아니하거나 허위로 국외반출신고를 하고 자유무역지역 밖으로 반출한 자
5. 삭제 <2009.4.1>
6. 제38조제1항 또는 제2항의 규정을 위반하여 재고기록을 기록·관리하지 아니하거나 허위로 재고를 기록·관리한 자
7. 제38조제4항의 규정에 의한 재고기록을 보존하지 아니한 자
8. 제39조제3항의 규정을 위반하여 정당한 사유 없이 조사를 거부·방해 또는 기피하거나 자료제출을 거부한 자

제61조 (벌칙) 다음 각 호의 어느 하나에 해당하는 자는 1천만 원 이하의 벌금에 처한다. <개정 2006.12.26, 2009.4.1>

1. 허위 그 밖의 부정한 방법으로 제29조제2항의 규정에 의한 내국물품확인서를 발급받은 자
2. 제33조의 규정을 위반하여 허가를 받지 아니하고 외국물품등을 일시반출하거나 반출허용기간 경과 후에도 이를 반입하지 아니한 자
3. 제34조제1항 또는 제35조제3항의 규정을 위반하여 신고를 하지 아니하고 역외작업을 하거나 역외작업의 공정에서 발생한 폐품을 처분한 자
4. 제36조제2항의 규정에 의하여 준용되는 「관세법」 제213조제2항 또는 제219조제2항의 규정을 위반하여 신고하지 아니하거나 승인을 얻지 아니하고 보세운송을 한 자
5. 제38조제3항의 규정을 위반하여 멸실 또는 분실의 신고를 하지 아

니하거나 폐기신고 없이 외국물품등을 폐기한 자

6. 제41조제2항의 규정을 위반하여 물품을 반입 또는 반출한 자

7. 제42조의 규정을 위반하여 검사 또는 확인을 거부·방해 또는 기피한 자

8. 삭제 <2009.4.1>

제62조 (교사범 등)

① 그 정을 알고 제56조·제57조 및 제59조의 규정에 의한 행위를 교사하거나 방조한 자는 정범에 준하여 처벌한다.

② 제56조·제57조 및 제59조의 죄를 범할 목적으로 예비한 자와 그 미수범은 본죄에 준하여 처벌한다.

제63조 (밀수전용운반기구의 몰수) 제56조의 죄에 전용되는 선박·자동차 그 밖의 운반기구는 소유자가 범죄에 사용되는 정을 알았던 경우로서 다음 각 호의 1에 해당하는 경우에는 이를 몰수한다.

1. 범죄물품을 적재하거나 적재하고자 한 경우 또는 적재하였던 사실이 있는 경우

2. 검거를 기피할 목적으로 권한 있는 공무원의 정지명령을 받고 정지하지 아니하거나 적재된 범죄물품을 해상에서 투기·파괴 또는 훼손한 경우

3. 범죄물품을 해상에서 인취(引取)하거나 인취하고자 한 경우

4. 범죄물품을 운반한 경우

제64조 (범죄에 사용된 물품의 몰수 등)

① 제56조의 죄에 사용하기 위하여 특수한 가공을 한 물품은 누구의 소유이든지 이를 몰수하거나 그 효용을 제거한다.

② 제56조의 죄의 대상에 해당하는 물품이 다른 물품 중에 포함되어 있는 경우 그 물품이 범인의 소유인 때에는 그 다른 물품도 몰수할 수 있다.

제65조 (밀수품의 취득죄 등)

① 제56조·제57조 및 제59조에 해당하는 물품을 취득·양여·운반·보
   관 또는 알선하거나 감정한 자는 3년 이하의 징역 또는 물품의 원가
   이하에 상당하는 벌금에 처한다.
② 제1항의 죄를 범할 목적으로 예비한 자와 그 미수범은 본죄에 준하여
   처벌한다.

제66조 (징역과 벌금의 병과) 제56조·제57조 및 제59조의 죄를 범한 자
는 정상(情狀)에 따라 징역과 벌금을 병과할 수 있다.

제67조 (몰수·추징)
① 제56조의 경우에는 그 물품을 몰수한다.
② 제57조의 경우에는 범인이 소유 또는 점유하는 그 물품을 몰수한다.
③ 제1항 또는 제2항의 규정에 의하여 몰수할 물품의 전부 또는 일부를
   몰수할 수 없는 때에는 그 몰수할 수 없는 물품의 범칙 당시의 국내
   도매가격에 상당하는 금액을 범인으로부터 추징한다.
④ 제68조제1항의 법인 또는 개인은 제1항 내지 제3항의 규정의 적용에
   있어서 이를 범인으로 본다.

제68조 (양벌규정 및 「형법」 규정의 배제 <개정 2009.4.1>)
① 법인의 대표자나 법인 또는 개인의 대리인, 사용인, 그 밖의 종업원이
   그 법인 또는 개인의 업무에 관하여 제56조부터 제62조까지의 어느
   하나에 해당하는 위반행위를 하면 그 행위자를 벌하는 외에 그 법인
   또는 개인에게도 해당 조문의 벌금형을 과(科)한다. 다만, 법인 또는
   개인이 그 위반행위를 방지하기 위하여 해당 업무에 관하여 상당한
   주의와 감독을 게을리하지 아니한 경우에는 그러하지 아니하다. <개
   정 2008.12.26>
② 이 법에 규정한 벌칙에 위반되는 행위를 한 자에 대하여는 「관세법」
   제278조의 규정을 준용한다. <개정 2006.12.26>

제69조 (조사 및 처분) 제56조, 제57조, 제59조, 제60조제4호, 같은 조 제6호부터 제8호까지 및 제61조부터 제68조까지에서 규정한 벌칙에 위반되는 행위를 한 자는 이를 「관세법」 제283조제1항에 따른 관세법으로 보아 같은 법 제12장(제283조부터 제319조까지)을 적용한다.

[전문개정 2009.4.1]

제70조 (과태료)

① 제15조제5항·제6항 또는 제26조의 규정을 위반하여 토지 또는 공장 등을 양도하지 아니한 자는 500만 원 이하의 과태료에 처한다.

② 다음 각 호의 어느 하나에 해당하는 자에게는 200만 원 이하의 과태료를 부과한다. <개정 2006.12.26, 2009.4.1>

  1. 제15조제4항의 규정을 위반하여 잔여 외국물품등을 자유무역지역 밖으로 반출하지 아니하거나 다른 입주기업체에게 양도하지 아니한 자

  2. 제24조의 규정을 위반하여 입주기업체 외의 자에게 공장등을 임대하거나 양도한 자

    2의2. 제29조제1항을 위반하여 같은 항 제1호의 외국물품에 대하여 반입신고를 하지 아니하거나 거짓으로 반입신고를 하고 자유무역지역 안으로 반입한 자

    2의3. 제29조제1항을 위반하여 같은 항 제2호의 내국물품에 대하여 반입신고를 거짓으로 하여 자유무역지역 안으로 반입한 자

  3. 제30조제2항의 규정에 의하여 준용되는 「관세법」 제251조제1항의 규정을 위반하여 물품을 적재한 자

    3의2. 제31조를 위반하여 입증서류를 제출하지 아니하거나 거짓 입증서류를 제출하여 내국물품을 관세영역으로 반출한 자

  4. 제36조제2항의 규정에 의하여 준용되는 「관세법」 제214조·제215조 또는 제216조의 규정을 위반하여 보세운송을 한 자

③ 다음 각 호의 어느 하나에 해당하는 자에게는 100만 원 이하의 과태료를 부과한다. <개정 2006.12.26, 2009.4.1>

1. 제25조제4항의 규정에 의한 공장등의 양도·임대 또는 사용에 대하여 신고를 하지 아니한 자
2. 제30조제2항의 규정에 의하여 준용되는 「관세법」 제245조제3항 또는 제249조의 규정을 위반하여 관계자료를 제출하지 아니하거나 신고사항을 보완하지 아니한 자
3. 제37조의 규정에 의하여 준용되는 「관세법」 제157조의2의 규정에 위반하여 물품을 자유무역지역 밖으로 반출하지 아니한 자
4. 정당한 사유 없이 제40조제1항의 규정을 위반하여 세관장의 국외반출명령 또는 폐기명령을 이행하지 아니한 자
5. 제52조를 위반하여 정당한 사유 없이 출입증 또는 통행증을 발급받지 아니하고 자유무역지역을 출입한 자

④ 제1항부터 제3항까지의 규정에 따른 과태료는 대통령령으로 정하는 바에 따라 세관장(제1항 및 제3항제1호의 경우에는 관리권자를 말한다)이 부과·징수한다. <개정 2009.4.1>
⑤ 삭제 <2009.4.1>
⑥ 삭제 <2009.4.1>
⑦ 삭제 <2009.4.1>

부칙 〈제7210호, 2004.3.22〉

제1조 (시행일) 이 법은 공포 후 3개월이 경과한 날부터 시행한다.

제2조 (다른 법률의 폐지) 國際物流基地育成을위한關稅自由地域의지정및운영에관한法律은 이를 폐지한다.

제3조 (수입신고수리물품의 반출에 관한 적용례) 제37조의 개정규정에 의하여 준용되는 관세법 제157조의2의 규정은 이 법 시행 후 수입신고가 수리되는 분부터 적용한다.

제4조 (관세자유지역에 관한 경과조치) 이 법 시행 당시 종전의 國際物流基地育成을위한關稅自由地域의지정및운영에관한法律에 의하여 지정된 관세자유지역은 제4조의 개정규정에 의한 자유무역지역으로, 관세자유지역

예정지역은 제7조의 개정규정에 의한 예정지역으로 각각 지정된 것으로 본다.

　제5조 (관세자유지역의 등록업체 등에 관한 경과조치)

　① 이 법 시행 당시 종전의 國際物流基地育成을위한關稅自由地域의지
　　정및운영에관한法律 제11조의 규정에 의하여 세관장에게 등록업체로
　　등록을 한 자와 지원업체로서 입주계약을 체결한 자는 제11조의 개정
　　규정에 의하여 각각 입주기업체 또는 지원업체의 입주허가를 받은 것
　　으로 본다.

　② 이 법 시행 당시 종전의 國際物流基地育成을위한關稅自由地域의지
　　정및운영에관한法律의 규정에 의하여 등록을 받은 세관장은 이 법
　　시행 후 3개월 이내에 등록업체현황 등에 관한 사항을 제8조제1항제2
　　호 내지 제4호의 규정에 의한 관리권자에게 각각 통보하여야 한다.

　제6조 (자유무역지역의 입주허가기업체에 관한 경과조치) 이 법 시행 당
시 종전의 自由貿易地域의지정등에관한法律 제9조의 규정에 의한 입주허
가를 행한 관리권자는 세관장에게 그 입주기업체에 대한 허가사항을 통보
하여야 한다.

　제7조 (입주허가의 결격사유에 관한 경과조치) 이 법 시행 당시 종전의
自由貿易地域의지정등에관한法律 제9조의 규정에 의하여 입주허가를 받은
자(부칙 제5조제1항의 규정에 의하여 입주허가를 받은 것으로 보는 자를
포함한다) 또는 그 임원인 자가 이 법 시행 전에 발생한 사유로 인하여 제
12조제2호 내지 제7호의 개정규정에 의한 결격사유에 해당하게 된 경우에
는 동 조의 개정규정에 불구하고 종전의 규정에 의한다.

　제8조 (외국물품등의 사용·소비에 관한 경과조치) 이 법 시행 당시 종전
의 國際物流基地育成을위한關稅自由地域의지정및운영에관한法律에 의한
관세자유지역 안으로 반입된 동법 제28조제1항 각 호의 1에 해당하는 외국
물품등을 이 법 시행 후 사용·소비하고자 하는 자는 관세법 제241조의 규
정에 의한 수입신고를 하고 관세등을 납부하여야 한다.

　제9조 (견품의 반출에 관한 경과조치) 이 법 시행 당시 종전의 國際物流
基地育成을위한關稅自由地域의지정및운영에관한法律 제21조의 규정에 의

한 견품의 반출허가 또는 종전의 自由貿易地域의지정등에관한法律 제28조
의 규정에 의한 물품의 일시반출·반입승인은 제33조의 개정규정에 의한
일시반출의 허가로 본다.

　제10조 (역외작업의 신고 등에 관한 경과조치) 이 법 시행 당시 종전의
國際物流基地育成을위한關稅自由地域의지정및운영에관한法律　제22조의
규정에 의한 역외작업의 신고 또는 종전의 自由貿易地域의지정등에관한法
律 제27조의 규정에 의한 역외가공의 승인은 제34조의 개정규정에 의한 세
관장의 역외작업의 신고수리로 본다.

　제11조 (외국물품등의 멸실신고 등에 관한 경과조치) 이 법 시행 당시 종
전의　國際物流基地育成을위한關稅自由地域의지정및운영에관한法律　제24
조제2항의 규정에 의한 외국물품등의 멸실·분실 또는 폐기에 관한 신고
또는 종전의 自由貿易地域의지정등에관한法律 제23조제2항의 규정에 의한
외국물품과 공급물품의 멸실 또는 분실에 관한 신고는 제38조제3항의 개정
규정에 의한 외국물품등의 멸실·분실 또는 폐기신고로 본다.

　제12조 (관세등의 면제·환급 등에 관한 경과조치) 이 법 시행 당시 종전
의　國際物流基地育成을위한關稅自由地域의지정및운영에관한法律　제30조
의 규정에 의한 관세등의 면제 또는 환급과 동법 제31조의 규정에 의한 부
가가치세의 영세율적용은 제45조의 개정규정에 의한 관세등의 면제 또는
환급과 부가가치세의 영세율의 적용으로 본다.

　제13조 (임대료의 감면에 관한 경과조치) 이 법 시행 당시 종전의 國際
物流基地育成을위한關稅自由地域의지정및운영에관한法律　제33조의 규정
에 의한 임대료의 감면 또는 종전의 自由貿易地域의지정등에관한法律 제
31조제2항 및 제3항의 규정에 의한 임대료의 감면은 제20조의 개정규정에
의한 임대료의 감면으로 본다.

　제14조 (벌칙에 관한 경과조치) 이 법 시행 전의 행위에 대한 벌칙의 적
용에 있어서는 종전의 國際物流基地育成을위한關稅自由地域의지정및운영
에관한法律과 自由貿易地域의지정등에관한法律의 규정에 의한다.

　제15조 (다른 법률의 개정)

① 輸出用原材料에대한關稅등還給에관한特例法 중 다음과 같이 개정한다.

제4조제3호 중 "輸出自由地域設置法에 의한 輸出自由地域안"을 "자유무역지역의지정및운영에관한법률에 의한 자유무역지역안"으로 한다.

② 電氣通信基本法 중 다음과 같이 개정한다.

제30조의2제1항제5호 중 "자유무역지역의지정등에관한법률"을 "자유무역지역의지정및운영에관한법률"로 한다.

③ 제주국제자유도시특별법 중 다음과 같이 개정한다.

제44조제1항 중 "자유무역지역의지정등에관한법률"을 "자유무역지역의지정및운영에관한법률"로 한다.

④ 租稅特例制限法 중 다음과 같이 개정한다.

제3조제1항제23호를 다음과 같이 한다.

23. 자유무역지역의지정및운영에관한법률

제16조 (다른 법률과의 관계) 이 법 시행 당시 다른 법률에서 종전의 國際物流基地育成을위한關稅自由地域의지정및운영에관한法律과 自由貿易地域의지정등에관한法律 또는 그 규정을 인용하고 있는 경우 이 법 중 그에 해당하는 규정이 있는 때에는 이 법 또는 이 법의 해당 규정을 인용한 것으로 본다.

부칙 〈제7335호, 2005.1.14〉 (부동산가격공시및감정평가에관한법률)

제1조 (시행일) 이 법은 공포한 날부터 시행한다.

제2조 내지 제10조 생략

제11조 (다른 법률의 개정) ① 내지 〈19〉 생략

〈20〉 자유무역지역의지정및운영에관한법률 중 다음과 같이 개정한다.

제25조제5항 본문 중 "지가공시및토지등의평가에관한법률"을 "부동산가격공시및감정평가에관한법률"로 한다.

〈21〉 내지 〈24〉 생략

제12조 생략

부칙 〈제7864호, 2006.3.3〉 (대·중소기업 상생협력 촉진에 관한 법률)

제1조 (시행일) 이 법은 공포 후 3개월이 경과한 날부터 시행한다.

제2조 내지 제10조 생략

제11조 (다른 법률의 개정) ① 내지 ④ 생략

⑤ 자유무역지역의지정및운영에관한법률 일부를 다음과 같이 개정한다.

제3조제2항제4호 중 "「중소기업의 사업영역 보호 및 기업간 협력증진에 관한 법률」 제4조 및 제12조"를 "「대·중소기업 상생협력 촉진에 관한 법률」 제30조"로 한다.

⑥ 생략

부칙 〈제8085호, 2006.12.26〉

① (시행일) 이 법은 공포 후 6개월이 경과한 날부터 시행한다.

② (자유무역지역 입주자격에 관한 경과조치) 이 법 시행 당시 종전의 규정에 따라 자유무역지역 입주허가를 받은 자의 입주자격 유지 여부에 관하여는 제10조제1항의 개정규정에 불구하고 종전의 규정에 따라 입주허가를 받은 것으로 본다.

부칙 〈제8138호, 2006.12.30〉 (교통세법)

제1조 (시행일) 이 법은 2007년 1월 1일부터 시행한다. <단서 생략>

제2조 내지 제4조 생략

제5조 (다른 법률의 개정) ① 및 ② 생략

③ 자유무역지역의지정및운영에관한법률 일부를 다음과 같이 개정한다.

제2조제6호 중 "교통세"를 "교통·에너지·환경세"로 한다.

제45조제1항 중 "교통세법"을 "「교통·에너지·환경세법」"으로 한다.

④ 내지 ⑨ 생략

제6조 생략

부칙 〈제8356호, 2007.4.11〉 (대외무역법)

제1조 (시행일) 이 법은 공포한 날부터 시행한다.

제2조 내지 제5조 생략

제6조 (다른 법률의 개정) ① 내지 ⑦ 생략

⑧ 자유무역지역의지정및운영에관한법률 일부를 다음과 같이 개정한다.

제32조제1항 전단 중 "대외무역법 제14조의 규정에 의하여"를 "「대외무역법」 제11조에 따라"로, "제43조의 규정에 의하여"를 "제46조에 따라"로 하고, 같은 조 제2항 본문 중 "대외무역법 제15조의 규정에 의하여"를 "「대외무역법」 제12조에 따라"로 하며, 같은 조 제4항 중 "대외무역법 제15조의 규정에 의한"을 "「대외무역법」 제12조에 따른"으로 한다.

⑨ 및 ⑩ 생략

제7조 생략

부칙 〈제8566호, 2007.7.27〉 (특수임무수행자 지원 및 단체설립에 관한 법률)

제1조 (시행일) 이 법은 공포 후 6개월이 경과한 날부터 시행한다. <단서 생략>

제2조 생략

제3조 (다른 법률의 개정) ①부터 ④까지 생략

⑤ 자유무역지역의 지정 및 운영에 관한 법률 일부를 다음과 같이 개정한다.

제3조제2항제2호 중 "「특수임무수행자 지원에 관한 법률」"을 "「특수임무수행자 지원 및 단체설립에 관한 법률」"로 한다.

⑥부터 ⑨까지 생략

부칙 〈제8616호, 2007.8.3〉 (물류시설의 개발 및 운영에 관한 법률)

제1조 (시행일) 이 법은 공포 후 6개월이 경과한 날부터 시행한다.

제2조부터 제10조까지 생략

제11조 (다른 법률의 개정) ①부터 ⑥까지 생략

⑦ 자유무역지역의 지정 및 운영에 관한 법률 일부를 다음과 같이 개정한다.

제5조제1호다목을 다음과 같이 하고, 같은 호 라목을 삭제한다.

다. 「물류시설의 개발 및 운영에 관한 법률」 제2조제2호 및 제6호에 따른 물류터미널 및 물류단지

제8조제1항제3호를 다음과 같이 하고, 같은 항 제4호를 삭제한다.

3. 제5조제1호다목의 물류터미널 및 물류단지: 건설교통부장관

⑧부터 ⑩까지 생략

제12조 생략

부칙 〈제8829호, 2007.12.31〉 (개별소비세법)

제1조 (시행일) 이 법은 2008년 1월 1일부터 시행한다.

제2조부터 제10조까지 생략

제11조 (다른 법률의 개정) ①부터 ⑧까지 생략

⑨ 자유무역지역의 지정 및 운영에 관한 법률 일부를 다음과 같이 개정한다.

제2조제6호 중 "특별소비세"를 "개별소비세"로 한다.

제45조제1항 중 "「특별소비세법」"을 "「개별소비세법」"으로 한다.

⑩부터 ⑬까지 생략

제12조 생략

부칙 〈제8852호, 2008.2.29〉 (정부조직법)

제1조 (시행일) 이 법은 공포한 날부터 시행한다. 다만, <……생략……>, 부칙 제6조에 따라 개정되는 법률 중 이 법의 시행 전에 공포되었으나 시행일이 도래하지 아니한 법률을 개정한 부분은 각각 해당 법률의 시행일부터 시행한다.

제2조부터 제5조까지 생략

제6조 (다른 법률의 개정) ①부터 <388>까지 생략

<389> 자유무역지역의 지정 및 운영에 관한 법률 일부를 다음과 같이 개정한다.

제4조제1항부터 제5항까지, 제6조제1항·제2항, 제7조제1항·제2항·제3항 단서·제4항·제5항, 제8조제1항제1호, 제10조제2항, 제32조제1항·제3항, 제50조제3항 중 "산업자원부장관"을 각각 "지식경제부장관"으로 한다.

제8조제1항제2호 및 제3호 중 "건설교통부장관"을 각각 "국토해양부장관"으로 하며, 같은 항 제5호 중 "해양수산부장관"을 "국토해양부장관"으로 한다.

제13조 본문 및 제1호부터 제3호까지, 제14조제2항, 제15조제2항제5호·제3항, 제28조제1항, 제52조 중 "산업자원부령"을 각각 "지식경제부령"으로 한다.

제50조제1항 중 "산업자원부"를 "지식경제부"로 한다.

제4조제4항, 제17조제1항·제2항 및 제55조제2항 중 "재정경제부장관"을 각각 "기획재정부장관"으로 한다.

<390>부터 <760>까지 생략

제7조 생략

부칙 〈제9071호, 2008.3.28〉 (도시교통정비 촉진법)

제1조 (시행일) 이 법은 2009년 1월 1일부터 시행한다. <단서 생략>

제2조부터 제9조까지 생략

제10조 (다른 법률의 개정) ①부터 <19>까지 생략

<20> 자유무역지역의 지정 및 운영에 관한 법률 일부를 다음과 같이 개정한다.

제48조 중 "「도시교통정비 촉진법」 제18조의 규정에 의한"을 "「도시교통정비 촉진법」 제36조에 따른"으로 한다.

<21>부터 <23>까지 생략

제11조 생략

부칙 〈제9243호, 2008.12.26〉

이 법은 공포한 날부터 시행한다.

부칙 〈제9374호, 2009.1.30〉 (외국인투자 촉진법)

제1조 (시행일) 이 법은 공포 후 6개월이 경과한 날부터 시행한다. <단서 생략>

제2조 (다른 법률의 개정) ① 및 ② 생략

③ 자유무역지역의 지정 및 운영에 관한 법률 일부를 다음과 같이 개정한다.

제55조제2항 중 "기획재정부장관"을 "지식경제부장관"으로 한다.

④ 생략

부칙 〈제9401호, 2009.1.30〉 (국유재산법)

제1조 (시행일) 이 법은 공포 후 6개월이 경과한 날부터 시행한다. <단서 생략>

제2조부터 제9조까지 생략

제10조 (다른 법률의 개정) ①부터 <58>까지 생략

<59> 자유무역지역의 지정 및 운영에 관한 법률 일부를 다음과 같이 개정한다.

제17조제1항 중 "관리환"을 "관리전환"으로 하고, 같은 조 제2항 전단 중 "「국유재산법」 제25조제1항·제34조 및 제38조제1항"을 "「국유재산법」 제32조제1항·제44조 및 제47조"로 하며, 같은 조 제3항 본문 및 제4항 본문 중 "「국유재산법」 제27조제1항 및 제36조제1항"을 각각 "「국유재산법」 제35조제1항 및 제46조제1항"으로 한다.

제19조제1항 중 "「국유재산법」 제40조"를 "「국유재산법」 제50조"로 한다.

제22조제1항 각 호 외의 부분 중 "「국유재산법」 제24조제3항 및 제38조제1항"을 "「국유재산법」 제18조 및 제47조"로 한다.

<60>부터 <86>까지 생략

제11조 생략

부칙 〈제9587호, 2009.4.1〉
① (시행일) 이 법은 공포 후 6개월이 경과한 날부터 시행한다.
② (경과조치) 이 법 시행 전의 행위에 대하여 벌칙을 적용할 때에는 종
   전의 규정에 따른다.

07 자유무역협정 체결에 따른 농어업인 등의 지원에 관한 특별법

[시행 2009.10.2] [법률 제9620호, 2009.4.1, 타법개정]
농림수산식품부(농업정책국 농업정책과), 02 – 500 – 1706

제1조 (목적) 이 법은 자유무역협정을 이행함에 있어 농어업등의 경쟁력
을 제고하고 피해를 입거나 입을 우려가 있는 농어업인등에 대한 효과적인
지원대책을 강구함으로써 농어업인등의 경영 및 생활안정에 기여함을 목적
으로 한다.

제2조 (정의) 이 법에서 사용하는 용어의 정의는 다음과 같다. <개정 2007.-
4.11, 2007.12.27, 2009.4.1>
  1. "자유무역협정"이라 함은 대한민국이 타국 또는 지역무역연합체와
     체결한 무역자유화를 내용으로 하는 국제협정으로서 농수산물 등에
     대한 관세의 감축 및 철폐, 시장접근의 확대 등에 관한 사항을 포
     함하는 것을 말한다.
  2. "농업등"이라 함은 농업·농촌기본법 제3조제1호의 규정에 의한 농
     업 및 「식품산업진흥법」 제2조제2호에 따른 식품산업을 말한다.

3. "어업등"이라 함은 수산업법 제2조제1호의 규정에 의한 수산업을 말한다.

4. "농어업등"이라 함은 농업등과 어업등을 말한다.

5. "농업인등"이라 함은 「농업·농촌 및 식품산업 기본법」 제3조제2호에 따른 농업인, 「농어업경영체 육성 및 지원에 관한 법률」 제16조에 따른 영농조합법인 및 같은 법 제19조에 따른 농업회사법인을 말한다.

6. "어업인등"이라 함은 「수산업법」 제2조제12호의 규정에 의한 어업자와 「농어업경영체 육성 및 지원에 관한 법률」 제16조에 따른 영어조합법인 및 같은 법 제19조에 따른 어업회사법인을 말한다.

7. "농어업인등"이라 함은 농업인등과 어업인등을 말한다.

8. "생산자단체"라 함은 농업·농촌기본법 제3조제4호의 규정에 의한 생산자단체 및 수산업협동조합법 제2조의 규정에 의한 수산업협동조합을 말한다.

제3조 (농어업인등 지원의 기본원칙) 정부는 자유무역협정(이하 "협정"이라 한다)의 이행으로 발생하는 농어업인등의 피해를 최소화하기 위하여 농어업등의 경쟁력을 제고함과 아울러 원활한 구조조정과 경영안정을 도모하는 등 세계무역기구설립을위한마라케쉬협정이 허용하는 범위 안에서 필요한 조치를 하여야 한다.

제4조 (농어업등의 경쟁력 제고) 정부는 협정의 이행으로 피해를 입는 농어업등의 경쟁력 제고를 위하여 다음 각 호의 사항에 대하여 보조 또는 융자로 특별지원할 수 있다. <개정 2007.8.3, 2008.2.29>

1. 농지구입·임차 등 영농·영어규모의 확대

2. 용수공급·배수로·경작로 등 생산기반시설의 정비

3. 우량종자의 공급 등 고품질 농수산물의 생산촉진

4. 친환경 농수산물의 생산·유통촉진

5. 농수산물 유통시설의 설치 및 운영

6. 품종개발·품질향상 등을 위한 연구·개발 및 보급

7. 그 밖에 농어업등의 경쟁력 제고를 위하여 농림수산식품부장관이 필요하다고 인정하는 사업

제5조 (경영안정을 위한 소득보전)

① 정부는 협정의 이행으로 인하여 수입량이 급격히 증가하여 피해를 입은 품목에 대하여 당해 품목을 생산한 농어업인등에게 경영안정을 위한 소득보전직접지불금을 지원하는 시책을 일정기간 시행할 수 있다.

② 제1항의 규정에 의한 대상품목의 선정기준, 소득보전직접지불금의 지급기준·산출방법·지급절차 및 시행기간 등에 관하여 필요한 사항은 대통령령으로 정한다.

제6조 (폐업지원)

① 정부는 협정의 이행으로 인하여 과수·시설원예·축산·수산 등의 품목을 재배·사육 또는 포획·채취·양식하는 사업을 계속하는 것이 곤란하다고 인정하는 품목에 대하여 농어업인등이 폐업하는 경우 폐업지원금을 지급하는 시책을 일정기간 시행할 수 있다.

② 제1항의 규정에 의한 대상품목의 선정기준, 폐업지원금의 지급기준·산출방법·지급절차 및 시행기간 등에 관하여 필요한 사항은 대통령령으로 정한다.

제7조 (생산자단체에 대한 지원) 정부는 협정의 이행으로 인하여 가격이 급격히 하락하거나 하락할 우려가 있는 품목에 대하여 생산자단체의 수매·비축 및 가공을 지원할 수 있다.

제8조 (농수산물가공업의 지원) 정부는 농수산물의 가공업이 협정의 이행으로 인하여 매출이 급격히 감소하는 등 피해를 입는 경우 경영정상화에 필요한 자금을 지원할 수 있다.

제9조 (지방자치단체의 지원) 지방자치단체는 협정의 이행으로 인하여 관

할구역 안에 생산이 집중되어 있는 품목의 가격이 하락하는 등 피해가 발생하여 지역경제의 안정을 해할 우려가 있다고 판단하는 경우 해당 품목에 대한 지원계획을 수립하여 제4조 내지 제8조의 규정에 따른 지원을 할 수 있다.

제10조 (기금의 설치)

① 정부는 협정의 이행으로 인하여 피해를 입거나 피해가 예상되는 농업인등에 대한 지원대책에 필요한 재원을 확보하기 위하여 자유무역협정이행지원기금(이하 "기금"이라 한다)을 설치하고, 어업인등에 대하여는 어업협정체결에따른어업인등의지원및수산업발전특별법 제22조의 규정에 의하여 설치된 수산발전기금으로 지원한다.

② 농림수산식품부장관은 제1항의 규정에 의한 기금의 수입과 지출을 명확히 하기 위하여 한국은행에 기금계정을 설치하여야 한다. <개정 2008.-2.29>

제11조 (기금의 조성)

① 정부는 대한민국정부와칠레공화국정부간의자유무역협정을 이행함에 있어 이 법 시행 후 7년간 총 1조2천억 원의 기금지원계획을 수립하여야 하며, 그 시행에 필요한 기금을 조성하여야 한다.

② 대한민국정부와칠레공화국정부간의자유무역협정의 발효 이후 새로운 협정이 체결되는 경우에는 제1항의 기금지원계획을 수정하여야 한다.

③ 기금은 다음 각 호의 재원으로 조성한다.

 1. 정부의 출연금

 2. 정부 외의 자의 출연금 또는 기부금

 3. 한국마사회법 제42조제4항의 규정에 의한 특별적립금으로부터의 출연금

 4. 제4항의 규정에 의한 차입금

 5. 제19조제1항의 규정에 의한 공매납입금 또는 수입이익금

 6. 기금의 운용수익금

④ 농림수산식품부장관은 기금운용상 필요하다고 인정하는 때에는 기금
의 부담으로 한국은행, 금융기관, 다른 기금 또는 다른 회계로부터 자
금을 차입할 수 있다. <개정 2008.2.29>

제12조 (기금의 용도) 기금은 다음 각 호의 용도에 사용한다. <개정
2008.2.29>
  1. 제4조의 규정에 의한 농업등의 경쟁력 제고 지원
  2. 제5조의 규정에 의한 농업인등의 경영안정 지원
  3. 제6조의 규정에 의한 농업인등의 폐업지원
  4. 제7조의 규정에 의한 생산자단체에 대한 지원
  5. 제8조의 규정에 의한 농산물가공업의 지원
  6. 제11조의 규정에 의한 차입금의 원리금 상환
  7. 제19조의 규정에 의한 농산물 수입이익금 등의 부과·징수에 필요
한 지출
  8. 기금의 관리·운용에 필요한 경비의 지출
  9. 그 밖에 협정의 이행에 따른 농업인등에 대한 지원을 위하여 필요
한 사업으로서 농림수산식품부장관이 정하는 사업

제13조 (기금의 운용·관리)
① 기금은 농림수산식품부장관이 운용·관리한다. <개정 2008.2.29>
② 농림수산식품부장관은 기금의 운용·관리에 관한 사무를 대통령령이
정하는 자에게 위탁할 수 있다. <개정 2008.2.29>
③ 그 밖에 기금의 운용·관리 및 그 사무의 위탁에 관하여 필요한 사항
은 대통령령으로 정한다.

제14조 (기금운용계획안)
① 농림수산식품부장관은 회계연도마다 「국가재정법」 제66조의 규정에
의하여 기금운용계획안을 수립하여야 한다. <개정 2006.10.4, 2008.-
2.29>

② 제1항의 기금운용계획안에는 다음 각 호의 사항이 포함되어야 한다.

  1. 기금의 수입·지출에 관한 사항

  2. 그 밖에 기금운용상 필요한 사항

제15조 (기금의 회계기관)

① 농림수산식품부장관은 기금의 수입과 지출에 관한 사무를 행하기 위하여 소속공무원 중에서 기금수입징수관·기금재무관·기금지출관 및 기금출납공무원을 임명한다. <개정 2008.2.29>

② 농림수산식품부장관은 제13조제2항의 규정에 의하여 기금의 운용·관리에 관한 사무를 위탁한 경우에는 위탁받은 기관의 임원 중에서 기금수입담당임원과 기금지출원인행위담당임원을, 그 직원 중에서 기금지출원과 기금출납원을 각각 임명하여야 한다. 이 경우 기금수입담당임원은 기금수입징수관의 업무를, 기금지출원인행위담당임원은 기금재무관의 업무를, 기금지출원은 기금지출관의 업무를, 기금출납원은 기금출납공무원의 업무를 행한다. <개정 2008.2.29>

제16조 (자유무역협정이행지원위원회)

① 협정의 이행으로 인한 농어업등의 경쟁력 제고 및 피해 최소화에 필요한 사항 등을 심의하기 위하여 농림수산식품부장관소속하에 자유무역협정이행지원위원회(이하 "위원회"라 한다)를 둔다. <개정 2008.-2.29>

② 위원장은 농림수산식품부장관으로 한다. <개정 2008.2.29>

③ 위원회는 위원장 1인을 포함하여 기획재정부차관, 외교통상부차관, 농림수산식품부차관, 농림수산식품부장관이 위촉하는 농어업인단체·소비자단체의 대표 및 학계전문가 등 15인 이내의 위원으로 구성한다. <개정 2008.2.29>

④ 위원회는 다음 각 호의 사항을 심의한다.

  1. 농어업인등의 지원에 대한 기본방침

  2. 농어업인등의 지원을 위한 재원대책

3. 농어업등 분야 협정이행상황의 점검에 관한 사항

4. 제4조의 규정에 의한 농어업등의 경쟁력 제고지원에 관한 사항

5. 제5조의 규정에 의한 농어업인등의 경영안정지원에 관한 사항

6. 제6조의 규정에 의한 농어업인등의 폐업지원에 관한 사항

7. 제7조의 규정에 의한 생산자단체에 대한 지원에 관한 사항

8. 제8조의 규정에 의한 농수산물가공업의 지원에 관한 사항

⑤ 위원회의 조직 및 운영에 관하여 필요한 사항은 대통령령으로 정한다.

제17조 (자유무역협정이행지원실무위원회)

① 위원회의 효율적 운영 및 제14조의 규정에 의한 기금운용계획안 그 밖에 기금의 운용·관리에 관한 중요한 사항을 심의하기 위하여 자유무역협정이행지원실무위원회(이하 "실무위원회"라 한다)를 둔다. 이 경우 실무위원회는 「국가재정법」 제74조의 규정에 의한 기금운용심의회로 본다. <개정 2006.10.4>

② 실무위원회는 다음 사항을 심의한다.

1. 위원회로부터 위임받은 사항

2. 위원회의 심의에 앞서 관계부처협의 등 사전에 검토할 필요가 있는 사항

3. 기금운용계획안, 자금의 차입, 기금의 결산 등 기금의 운용·관리에 관한 사항

4. 그 밖에 실무위원회의 운영에 관하여 필요한 사항

③ 실무위원회의 조직 및 운영에 관하여 필요한 사항은 대통령령으로 정한다.

제18조 (지원금의 환수)

① 농림수산식품부장관 또는 지방자치단체의 장은 제4조 내지 제9조의 규정에 의한 지원금을 받은 자가 다음 각 호의 1에 해당하는 경우 그가 받은 지원금의 전부 또는 일부를 환수할 수 있다. <개정 2007.8.3, 2008.2.29>

1. 거짓 그 밖의 부정한 방법으로 지급을 받은 경우

2. 과오지급된 경우

3. 폐업을 한 농어업인등이 제6조의 규정에 의한 폐업지원 대상품목을
   다시 재배·사육·포획·채취 또는 양식하는 경우로서 대통령령이
   정하는 경우

② 농림수산식품부장관 또는 지방자치단체의 장은 제1항의 규정에 의하
   여 지원금을 환수하는 때에는 국세징수 또는 지방세징수의 예에 의한
   다. <개정 2007.8.3, 2008.2.29>

제19조 (수입이익금 등의 징수)

① 농림수산식품부장관은 협정에 의한 관세할당물량이 적용되는 농산물
   또는 수산물을 협정에 정한 양허관세로 수입하는 자(이하 "수입자"라
   한다)에 대하여 농림수산식품부장관이 정하는 바에 따라 공매납입금
   (당해 농산물 또는 수산물의 수입자로 결정된 자가 납입하기로 한 금
   액을 말한다. 이하 같다)을 납부하게 하거나 국내가격과 수입가격 간
   의 차액의 범위 안에서 수입이익금을 부과·징수할 수 있다. <개정
   2007.8.3, 2008.2.29>

② 제1항의 규정에 의한 공매납입금 또는 수입이익금은 농림수산식품부
   장관이 정하는 바에 따라 기금 또는 제10조에 따른 수산발전기금에
   각각 납입하여야 하며, 소정의 기한 이내에 이를 납부하지 아니한 때
   에는 국세체납처분의 예에 따라 징수할 수 있다. <개정 2007.8.3,
   2008.2.29>

③ 제1항의 규정에 의한 농산물 또는 수산물의 품목별 수입자 결정 등
   수입관리에 관하여 필요한 사항은 협정 및 관세법 등 관계법령이 정
   하는 바에 따라 농림수산식품부장관이 각각 정하여 고시한다. <개정
   2007.8.3, 2008.2.29>

제20조 (권한의 위임 등)

① 농림수산식품부장관은 제4조 내지 제8조의 규정에 의한 농어업인등

및 생산자단체에 대한 지원업무와 제18조제1항의 규정에 의한 지원
금을 환수하기 위한 권한 또는 업무의 일부를 대통령령이 정하는 바
에 의하여 특별시장·광역시장·도지사, 시장·군수 또는 자치구구청
장에게 위임할 수 있다. <개정 2007.8.3, 2008.2.29>

② 농림수산식품부장관은 대통령령이 정하는 바에 의하여 제19조의 규정
에 의한 수입이익금 등의 징수에 관한 수납업무를 대통령령이 정하는
자에게 대행하게 할 수 있다. <개정 2007.8.3, 2008.2.29>

③ 농림수산식품부장관은 제2항의 규정에 의하여 수입이익금 등의 징수
에 관한 수납업무를 대행하게 한 경우에는 그에 소요되는 경비를 기
금 또는 제10조에 따른 수산발전기금에서 각각 지급하여야 한다.

부칙 〈제7207호, 2004.3.22〉

제1조 (시행일) 이 법은 대한민국정부와칠레공화국정부간의자유무역협정
의 발효일부터 시행한다.

제2조 (2004년도기금운용계획안에 관한 특례)

① 농림부장관은 기금이 설치된 때에는 지체 없이 2004년도기금운용계획
안을 수립하여 실무위원회의 심의를 거쳐 기획예산처장관에게 제출하
여야 하며, 정부는 그 기금운용계획을 확정한 후 지체 없이 국회에
제출하여야 한다.

② 제1항의 규정에 의한 기금운용계획안에 대하여는 기금관리기본법 제5
조제2항·제7조제1항 전단 및 국회법 제84조의2의 규정을 적용하지
아니한다. 다만, 국회법 제84조의2제2항의 규정 중 기금운용계획의
변경 및 기금의 결산에 관한 규정은 그러하지 아니하다.

제3조 (다른 법률의 개정)

① 기금관리기본법 중 다음과 같이 개정한다.
별표 2에 제136호를 다음과 같이 신설한다.
136. 자유무역협정체결에따른농어업인등의지원에관한특별법

② 부담금관리기본법 중 다음과 같이 개정한다.

별표에 제111호를 다음과 같이 신설한다.

111. 자유무역협정체결에따른농어업인등의지원에관한특별법 제19조의 규정에 의한 농산물수입이익금

③ 어업협정체결에따른어업인등의지원및수산업발전특별법 중 다음과 같이 개정한다.

제25조제1항에 제7호의2를 다음과 같이 신설한다.

7의2. 자유무역협정체결에따른농어업인등의지원에관한특별법 제4조 내지 제9조의 규정에 의한 어업인등의 지원

제25조에 제4항을 다음과 같이 신설한다.

④ 제1항제7호의2의 지원사업의 수행에 관하여는 자유무역협정체결에따른농어업인등의지원에관한특별법 제4조 내지 제9조·제16조·제17조·제18조 및 제20조를 준용한다.

⑤ 한국마사회법 중 다음과 같이 개정한다.

제42조제4항을 다음과 같이 한다.

⑥ 제1항제4호의 특별적립금은 대통령령이 정하는 바에 따라 축산발전, 농어업인 자녀장학사업, 자유무역협정의 이행에 따른 농어업인등에 대한 지원 그 밖에 농어촌사회 복지증진을 위하여 필요한 경비에 충당한다.

부칙 〈제8050호, 2006.10.4〉 (국가재정법)

제1조 (시행일) 이 법은 2007년 1월 1일부터 시행한다. <단서 생략>

제2조 내지 제10조 생략

제11조 (다른 법률의 개정) ① 내지 <44> 생략

<45> 자유무역협정체결에따른농어업인등의지원에관한특별법 일부를 다음과 같이 개정한다.

제14조제1항 중 "기금관리기본법 제5조"를 "「국가재정법」 제66조"로 한다.

제17조제1항 후단 중 "기금관리기본법 제11조"를 "「국가재정법」 제74조"로 한다.

<46> 내지 <59> 생략

제12조 생략

부칙 〈제8377호, 2007.4.11〉 (수산업법)

제1조 (시행일) 이 법은 공포한 날부터 시행한다. <단서 생략>

제2조 내지 제14조 생략

제15조 (다른 법률의 개정) ① 내지 <20> 생략

<21> 자유무역협정체결에따른농어업인등의지원에관한특별법 일부를 다음과 같이 개정한다.

제2조제6호 중 "「수산업법」 제2조제8호"를 "「수산업법」 제2조제12호"로, "동법 제9조의2"를 "같은 법 제10조"로 한다.

<22> 내지 <24> 생략

제16조 생략

부칙 〈제8596호, 2007.8.3〉

① (시행일) 이 법은 공포한 날부터 시행한다.

② (다른 법률의 개정) 부담금관리기본법 일부를 다음과 같이 개정한다.

별표 제111호 중 "농산물수입이익금"을 "농산물 공매납입금 또는 수입이익금"으로 한다.

별표에 제123호를 다음과 같이 신설한다.

123. 「자유무역협정 체결에 따른 농어업인 등의 지원에 관한 특별법」 제19조에 따른 수산물 공매납입금 또는 수입이익금

부칙 〈제8796호, 2007.12.27〉 (식품산업진흥법)

제1조 (시행일) 이 법은 공포 후 6개월이 경과한 날부터 시행한다.

제2조 및 제3조 생략

제4조 (다른 법률의 개정) 자유무역협정 체결에 따른 농어업인 등의 지원에 관한 특별법 일부를 다음과 같이 개정한다.

제2조제2호 중 "농산물가공산업육성법 제2조제5호의 규정에 의한 농산물가공산업"을 "「식품산업진흥법」제2조제2호에 따른 식품산업"으로 한다.

부칙 〈제8852호, 2008.2.29〉 (정부조직법)

제1조 (시행일) 이 법은 공포한 날부터 시행한다. 다만, <……생략……>, 부칙 제6조에 따라 개정되는 법률 중 이 법의 시행 전에 공포되었으나 시행일이 도래하지 아니한 법률을 개정한 부분은 각각 해당 법률의 시행일부터 시행한다.

제2조부터 제5조까지 생략

제6조 (다른 법률의 개정) ①부터 <319>까지 생략

<320> 자유무역협정 체결에 따른 농어업인 등의 지원에 관한 특별법 일부를 다음과 같이 개정한다.

제4조제7호 중 "농림부장관 또는 해양수산부장관"을 "농림수산식품부장관"으로 한다.

제16조제1항 중 "농림부장관(어업등 분야의 경우에는 해양수산부장관을 말한다. 이하 이조에서 같다)"를 "농림수산식품부장관"으로 하고, 같은 조 제3항 중 "재정경제부차관, 외교통상부차관, 기획예산처차관, 농림부차관(어업등 분야의 경우에는 해양수산부차관을 말한다), 농림부장관"을 "기획재정부차관, 외교통상부차관, 농림수산식품부차관, 농림수산식품부장관"으로 한다.

제10조제2항, 제11조제4항, 제12조제9호, 제13조제1항·제2항, 제14조제1항, 제15조제1항·제2항 전단 및 제16조제2항 중 "농림부장관"을 각각 "농림수산식품부장관"으로 한다.

제18조제1항 각 호 외의 부분 및 제2항 중 "농림부장관·해양수산부장관"을 각각 "농림수산식품부장관"으로 한다.

제19조제1항부터 제3항까지 및 제20조제1항부터 제3항까지 중 "농림부장관 또는 해양수산부장관"을 각각 "농림수산식품부장관"으로 한다.

<321>부터 <760>까지 생략

제7조 생략

부칙 〈제9620호, 2009.4.1〉 (농어업경영체 육성 및 지원에 관한 법률)

제1조 (시행일) 이 법은 공포 후 6개월이 경과한 날부터 시행한다.

제2조부터 제4조까지 생략

제5조 (다른 법률의 개정) ①부터 ⑨까지 생략

⑩ 자유무역협정 체결에 따른 농어업인 등의 지원에 관한 특별법 일부를 다음과 같이 개정한다.

제2조제5호 중 "농업·농촌기본법 제3조제2호의 규정에 의한 농업인, 동법 제15조의 규정에 의한 영농조합법인 및 동법 제16조의 규정에 의한 농업회사법인"을 "「농업·농촌 및 식품산업 기본법」 제3조제2호에 따른 농업인, 「농어업경영체 육성 및 지원에 관한 법률」 제16조에 따른 영농조합법인 및 같은 법 제19조에 따른 농업회사법인"으로 한다.

제2조제6호 중 "같은 법 제10조의 규정에 의한 영어조합법인"을 "「농어업경영체 육성 및 지원에 관한 법률」 제16조에 따른 영어조합법인 및 같은 법 제19조에 따른 어업회사법인"으로 한다.

⑪부터 ⑭까지 생략

제6조 생략

08　자유무역협정 체결에 따른 무역조정 지원에 관한 법률

[시행 2009.5.8] [법률 제9584호, 2009.4.1, 타법개정]
지식경제부(무역투자정책본부(무역정책팀)), 02 – 2110 – 5316

제1조 (목적) 이 법은 정부가 체결한 자유무역협정의 이행으로 인하여 피해를 입었거나 입을 것이 확실한 제조업이나 서비스업을 경영하는 기업과 그 소속 근로자 등에 대한 효과적인 지원대책을 마련함으로써 국민경제의 균형 있는 발전에 이바지함을 목적으로 한다.

[전문개정 2007.12.21]

제2조 (정의) 이 법에서 사용하는 용어의 뜻은 다음과 같다.

  1. "자유무역협정"이란 대한민국이 타국 또는 지역무역연합체와 체결한 무역자유화를 내용으로 하는 국제협정으로서 상품과 서비스 등에 대한 관세의 감축 및 철폐, 시장접근의 확대 등에 관한 사항을 포함하는 것을 말한다.

  2. "무역조정(貿易調整)"이란 제조업이나 대통령령으로 정하는 서비스업(이하 "무역조정지원대상업종"이라 한다)을 경영하는 기업 또는 그 소속 근로자 등이 자유무역협정의 이행으로 인하여 입었거나 입을 것이 확실한 피해를 최소화하거나 그 피해를 극복하는 데에 필요한 활동을 말한다.

[전문개정 2007.12.21]

제3조 (지원의 기본원칙) 정부는 이 법에 따라 원활한 무역조정에 필요한 지원을 하는 경우에는 「세계무역기구 설립을 위한 마라케쉬협정」이 허용하는 범위에서 하여야 한다.

[전문개정 2007.12.21]

제4조 (무역조정지원종합대책의 수립)

① 지식경제부장관과 노동부장관은 무역조정을 효과적으로 지원하기 위하여 무역조정지원종합대책(이하 "종합대책"이라 한다)을 공동으로 수립하여야 한다. <개정 2008.2.29>

② 종합대책에는 다음 각 호의 사항이 포함되어야 한다.

  1. 무역조정의 지원을 위한 대책

  2. 무역조정과 관련된 제도의 개선

  3. 그 밖에 무역조정의 지원을 원활하게 추진하기 위하여 필요한 사항

③ 지식경제부장관과 노동부장관은 종합대책을 수립한 경우에는 제14조에 따른 무역조정지원위원회의 심의를 거쳐 확정한다. 종합대책을 변

경하는 경우에도 또한 같다. <개정 2008.2.29>

④ 지식경제부장관과 노동부장관은 종합대책을 수립하기 위하여 필요하면 자유무역협정의 이행으로 인하여 입었거나 입을 것이 확실한 피해(이하 "무역피해"라 한다)와 무역조정의 실태에 대한 조사(이하 이 조에서 "실태조사"라 한다)를 할 수 있다. <개정 2008.2.29>

⑤ 종합대책의 수립방법과 실태조사의 시기 및 방법 등에 관하여 필요한 사항은 대통령령으로 정한다.

[전문개정 2007.12.21]

제5조 (무역조정지원제도 관련 조사·연구 등) 지식경제부장관과 노동부장관은 무역조정의 지원에 관한 정책의 수립 및 제도의 개선에 필요한 조사·연구 등의 사업을 할 수 있다. <개정 2008.2.29>

[전문개정 2007.12.21]

제6조 (무역조정지원기업의 지정 등)

① 무역조정지원대상업종을 대통령령으로 정하는 기간 이상 경영한 기업이 무역피해를 입은 경우 해당 기업은 제7조부터 제10조까지의 규정(제9조의2는 제외한다)에 따른 무역조정의 지원을 받는 기업(이하 "무역조정지원기업"이라 한다)으로 지정하여 줄 것을 지식경제부장관에게 신청할 수 있다. <개정 2008.2.29>

② 지식경제부장관은 제1항에 따른 신청을 받은 경우 해당 기업이 다음 각 호의 요건에 모두 해당하면 무역조정지원기업으로 지정할 수 있다. 이 경우 제1호와 제2호에 해당하는지에 대하여는 「불공정무역행위 조사 및 산업피해구제에 관한 법률」 제27조에 따른 무역위원회(이하 이 조에서 "무역위원회"라 한다)의 심의를 거쳐야 하고, 제3호에 해당하는지에 대하여는 제15조에 따른 무역조정계획평가위원회의 심의를 거쳐야 한다. <개정 2008.2.29>

1. 기업이 심각한 피해(6개월 이상의 기간으로서 대통령령으로 정하는 기간에 해당 기업의 전체 매출액 또는 생산량이 100분의 25 이상

감소하거나 해당 기업의 영업이익, 고용인원, 가동률, 재고 등을 종
합적으로 고려한 피해가 전체 매출액 또는 생산량의 100분의 25 이
상 감소된 것에 해당하여야 한다)를 입었거나 입을 것이 확실할 것

2. 기업이 생산하는 상품 및 서비스와 같은 종류의 상품 및 서비스의
수입이나 그와 직접적으로 경쟁하는 상품 및 서비스의 수입(자유무
역협정의 상대국으로부터의 수입으로 한정한다)의 증가가 제1호에
따른 피해의 주된 원인일 것

3. 해당 기업이 수립한 무역조정을 위한 계획(이하 "무역조정계획"이라
한다)이 기업의 경쟁력 확보에 적합한 것일 것

③ 지식경제부장관은 제1항에 따른 무역조정지원기업의 지정 신청을 한
기업이 제출한 무역조정계획 중 근로자와 관련된 부분이 포함된 경우
에는 노동부장관에게 통보하여야 한다. <개정 2008.2.29>

④ 지식경제부장관이나 무역위원회는 제2항의 심의를 위하여 필요하다고
인정하면 관계 행정기관 또는 기업 등에 관계 자료의 제출 등 필요한
협조를 요청할 수 있다. 이 경우 요청을 받은 관계 행정기관의 장은
정당한 사유가 없으면 요청에 따라야 한다. <개정 2008.2.29>

⑤ 제1항에 따른 지정 신청의 절차, 제2항에 따른 지정의 절차, 제2항제1
호에 따른 심각한 피해의 기준, 제2항제2호에 따른 서비스 수입의 범
위, 제3항에 따른 통보의 절차 및 제4항에 따른 협조 요청 등에 관하
여 필요한 사항은 대통령령으로 정한다.

[전문개정 2007.12.21]

제7조 (무역조정에 필요한 정보제공)

① 지식경제부장관은 무역조정지원기업에 대하여 무역조정에 필요한 자
금·인력·기술·판로(販路) 및 입지(立地) 등에 관한 정보를 제공하
여야 한다. <개정 2008.2.29>

② 지식경제부장관은 제1항에 따른 정보의 제공에 필요한 시책을 마련하
여야 한다. <개정 2008.2.29>

③ 지식경제부장관은 관계 중앙행정기관·지방자치단체 및 「공공기관의 운영에 관한 법률」에 따른 공공기관(이하 "관계행정기관등"이라 한다)의 장에게 제1항에 따른 정보제공에 필요한 자료의 제출을 요청할 수 있다. <개정 2008.2.29>

[전문개정 2007.12.21]

제8조 (단기 경영 안정 및 경쟁력 확보를 위한 융자지원)

① 정부는 무역조정지원기업에 대하여 「중소기업진흥 및 제품구매촉진에 관한 법률」 제63조에 따른 중소기업진흥 및 산업기반기금에서 다음 각 호의 자금을 융자할 수 있다.

  1. 생산시설의 가동·유지에 필요한 원자재 및 부자재(副資材)의 구입 자금
  2. 사업전환 등 무역조정계획의 이행에 필요한 기술개발, 설비투자, 입지확보 및 인력훈련 등에 드는 자금
  3. 그 밖에 단기 경영 안정 또는 경쟁력 확보를 위하여 필요한 자금으로서 대통령령으로 정하는 자금

② 제1항에 따른 융자의 기준·대상·규모·방법 및 절차 등에 관하여 필요한 사항은 대통령령으로 정한다.

[전문개정 2007.12.21]

제9조 (무역조정계획의 이행에 필요한 상담 지원)

① 지식경제부장관은 무역조정지원기업이 해당 기업의 사업전환 등 무역조정계획을 이행하는 데에 필요한 경영·회계·법률·기술 및 생산 등의 상담에 관한 지원을 할 수 있다. <개정 2008.2.29>

② 제1항에 따른 지원의 방법과 절차 등에 관하여 필요한 사항은 대통령령으로 정한다.

[전문개정 2007.12.21]

제9조의2 (무역조정지원기업 지정 전 상담 지원)

① 지식경제부장관은 제6조제1항에 따라 무역조정지원기업으로 지정하여
줄 것을 신청한 기업이 다음 각 호의 요건을 모두 갖춘 경우에는 제9
조에도 불구하고 해당 기업이 무역조정지원기업으로 지정되기 전에
경영·회계·법률·기술 및 생산 등의 상담에 관한 지원을 할 수 있
다. <개정 2008.2.29>

  1. 제6조제2항 후단에 따른 무역위원회의 심의 결과, 해당 기업이 제6
    조제2항제1호 및 제2호에 모두 해당하는 경우
  2. 해당 기업이 제6조제2항제3호에 해당하는지에 대하여 제6조제2항
    후단에 따른 무역조정계획평가위원회의 심의가 끝나기 전에 해당
    기업의 경영 상태가 회복하기 곤란한 수준으로 악화될 것이 예상되
    는 경우
② 제1항에 따른 지원의 방법과 절차 등에 관하여 필요한 사항은 대통령
령으로 정한다.
[본조신설 2007.12.21]

제10조 (기업구조조정조합에의 출자)

① 정부는 「산업발전법」(법률 제9584호 산업발전법 전부개정법률로 개정
되기 전의 것을 말한다) 제15조에 따라 등록된 기업구조조정조합 및
「산업발전법」 제20조에 따른 기업구조개선 사모투자전문회사가 무역
조정지원기업에 투자하려는 경우에는 기업구조조정조합 및 기업구조
개선 사모투자전문회사 출자금의 100분의 50 이내에서 대통령령으로
정하는 비율의 자금을 출자할 수 있다. <개정 2009.4.1>
② 제1항에 따른 출자의 방법과 절차 등에 필요한 사항은 대통령령으로
정한다.
[전문개정 2007.12.21]

제11조 (무역조정지원근로자의 지정 등)

① 무역피해를 입은 무역조정지원대상업종을 경영하는 기업의 근로자 대
표나 사업주는 제2항의 요건을 갖춘 근로자를 제12조와 제13조에 따

른 무역조정의 지원을 받는 근로자(이하 "무역조정지원근로자"라 한
다)로 지정하여 줄 것을 노동부장관에게 신청할 수 있다.
② 노동부장관은 근로자가 다음 각 호의 요건에 모두 해당하는 경우에는
직권으로 또는 제1항에 따른 신청에 따라 그를 무역조정지원근로자로
지정할 수 있다.
1. 실직하거나 실직할 가능성이 높은 경우 또는 근로시간이 대통령령
으로 정하는 시간 이상 단축되거나 단축될 가능성이 높은 경우
2. 다음 각 목의 어느 하나에 해당되는 기업의 소속 근로자(실직 중인
자를 포함한다)인 경우
가. 무역조정지원기업
나. 무역조정지원기업에 납품을 하는 기업
다. 자유무역협정의 체결에 따른 수입상품의 증가로 인하여 해당 수
입상품과 같은 종류이거나 직접적으로 경쟁하는 상품의 제조시
설을 해외로 이전한 기업
라. 제6조제2항제1호 및 제2호의 요건에 모두 해당함에도 불구하고
무역조정지원기업의 지정신청을 하지 아니하거나 제출한 무역조
정계획이 적합하지 아니하여 무역조정지원기업으로 지정되지 아
니한 기업
③ 제1항과 제2항에 따른 신청권자, 신청 및 지정의 방법·절차, 무역조
정지원기업에 납품을 하는 기업의 범위 등에 관하여 필요한 사항은
대통령령으로 정한다.
[전문개정 2007.12.21]

제12조 (전직 등에 필요한 정보제공 등)
① 노동부장관은 무역조정지원근로자에게 전직이나 재취업에 필요한 산
업동향·인력수요·직업교육·창업 등에 관한 정보를 제공하여야 하
며, 무역조정지원근로자가 전직이나 재취업에 필요한 상담을 받을 수
있도록 하여야 한다.

② 노동부장관은 제1항에 따른 정보제공과 상담에 필요한 시책을 마련하
여야 한다.

③ 노동부장관은 관계행정기관등의 장에게 전직이나 재취업 관련 자료의
제출을 요청할 수 있다.

[전문개정 2007.12.21]

제13조 (전직 등에 대한 지원시책)

① 노동부장관은 「고용정책기본법」 또는 「고용보험법」에 따른 각종 지원
시책을 활용하여 무역조정지원근로자가 신속하게 전직하거나 재취업
을 하도록 지원할 수 있다.

② 노동부장관은 무역조정지원근로자의 신속한 전직이나 재취업과 관련
된 사업을 시행하는 자에게 예산의 범위에서 필요한 비용을 지원할
수 있다.

[전문개정 2007.12.21]

제14조 (무역조정지원위원회)

① 무역조정지원에 관한 다음 각 호의 사항을 심의하기 위하여 재정경제
부에 무역조정지원위원회(이하 "지원위원회"라 한다)를 둔다.

  1. 종합대책 등 무역조정의 지원에 관한 기본정책과 제도

  2. 무역조정과 관련된 지원시책의 조정

  3. 관계 중앙행정기관 사이의 무역조정 지원시책과 관련된 협조 사항

  4. 그 밖에 무역조정의 지원시책에 필요한 사항으로서 대통령령으로
     정하는 사항

② 지원위원회는 위원장 1명을 포함하여 15명 이내의 위원으로 구성한다.

③ 지원위원회의 위원장은 기획재정부장관으로 하고, 위원은 다음 각 호
의 자로 한다. <개정 2008.2.29>

  1. 지식경제부장관, 노동부장관, 그 밖에 대통령령으로 정하는 관계 행
     정기관의 장

  2. 산업 또는 노동 관련 단체가 추천하는 자 및 학계 전문가 중에서

기획재정부장관이 위촉하는 자

④ 지원위원회의 업무를 효율적으로 수행하기 위하여 지원위원회에 실무
위원회를 둔다.

⑤ 지원위원회와 실무위원회의 구성과 운영 등에 필요한 사항은 대통령
령으로 정한다.

[전문개정 2007.12.21]

제15조 (무역조정계획평가위원회)

① 무역조정계획의 적합성 등을 심의하기 위하여 산업자원부에 무역조정
계획평가위원회(이하 이 조에서 "평가위원회"라 한다)를 둔다.

② 평가위원회는 위원장 1명을 포함하여 30명 이내의 위원으로 구성한다.

③ 평가위원회의 위원장은 위원 중에서 호선(互選)하고, 위원은 관계 공
무원 및 산업에 관한 학식과 경험이 풍부한 자 중에서 지식경제부장
관이 임명하거나 위촉하는 자로 한다. <개정 2008.2.29>

④ 평가위원회의 구성과 운영 등에 필요한 사항은 대통령령으로 정한다.

[전문개정 2007.12.21]

제16조 (무역조정지원센터의 설치)

① 지식경제부장관은 무역조정의 지원과 관련된 상담, 안내, 홍보, 조사
와 그 밖에 무역조정지원기업에 대한 지원업무를 종합적으로 수행하
기 위하여 「중소기업진흥 및 제품구매촉진에 관한 법률」 제68조제1
항에 따른 중소기업진흥공단에 무역조정지원센터를 둔다. <개정
2008.2.29>

② 제1항에 따른 무역조정지원센터의 구성·운영 및 감독 등에 필요한
사항은 대통령령으로 정한다.

[전문개정 2007.12.21]

제17조 (지정취소 등)

① 지식경제부장관은 무역조정지원기업이 다음 각 호의 어느 하나에 해

당하면 제6조에 따른 지정을 취소하거나 제7조부터 제10조까지의 규정(제9조의2는 제외한다)에 따른 지원을 중단할 수 있다. 다만, 제1호나 제2호에 해당하는 경우에는 지정을 취소하여야 한다. <개정 2008.-2.29>

1. 거짓이나 그 밖의 부정한 방법으로 무역조정지원기업으로 지정을 받은 경우
2. 제6조제2항에 따른 요건에 적합하지 아니하게 된 경우
3. 무역조정지원기업으로 지정받은 후 6개월의 범위에서 대통령령으로 정하는 기간에 무역조정계획을 실행하지 아니하는 경우
4. 6개월의 범위에서 대통령령으로 정하는 기간 이상 영업을 하지 아니하는 경우
5. 정당한 사유 없이 제19조제1항에 따른 보고서를 제출하지 아니하거나 같은 조 제2항에 따른 보고를 이행하지 아니하는 경우

② 노동부장관은 무역조정지원근로자가 다음 각 호의 어느 하나에 해당하면 지정을 취소하여야 한다.

1. 거짓이나 그 밖의 부정한 방법으로 무역조정지원근로자로 지정을 받은 경우
2. 제11조제2항에 따른 요건에 적합하지 아니하게 된 경우

[전문개정 2007.12.21]

제18조 (지원금의 환수 등)

① 지식경제부장관과 노동부장관은 거짓이나 그 밖의 부정한 방법으로 이 법에 따른 지원을 받은 자에게 이미 지원된 금액의 전부 또는 일부의 반환을 명할 수 있고, 이에 추가하여 대통령령으로 정하는 기준에 따라 그 거짓이나 그 밖의 부정한 방법으로 지원받은 금액에 상당하는 금액 이하의 금액을 징수할 수 있다. <개정 2008.2.29>

② 제1항에 따른 반환 또는 추가징수의 명령을 받은 자가 정하여진 기간에 그 반환금이나 추가징수금을 내지 아니하면 국세 체납처분의 예에

따라 징수한다.

[전문개정 2007.12.21]

제19조 (보고)

① 무역조정지원기업은 무역조정지원기업으로 지정을 받은 날부터 1년이 지난 후부터 3개월 이내에 지식경제부장관에게 무역조정계획의 착수보고서를 제출하여야 하고, 무역조정계획의 이행기간이 끝난 후 3개월 이내에 무역조정계획의 완료보고서를 제출하여야 한다. <개정 2008.2.29>

② 지식경제부장관은 무역조정지원에 관한 시책을 수행하기 위하여 필요하면 무역조정지원기업 및 제10조에 따른 기업구조조정조합에 그 사업에 관한 사항을 보고하게 할 수 있다. <개정 2008.2.29>

③ 노동부장관은 제13조제2항에 따라 지원을 받아 무역조정지원근로자의 신속한 전직 또는 재취업과 관련된 사업을 시행하는 자에게 그 사업에 관한 사항을 보고하게 할 수 있다.

④ 제1항에 따른 착수보고서 및 완료보고서의 제출과 제2항 및 제3항에 따른 보고에 필요한 사항은 대통령령으로 정한다.

[전문개정 2007.12.21]

제20조 (출입·검사 등)

① 지식경제부장관은 무역조정계획의 이행상황을 확인하기 위하여 필요하면 소속 공무원으로 하여금 무역조정지원기업의 사무소, 영업소, 사업장, 공장, 창고, 그 밖에 필요한 장소에 출입하여 무역조정에 관한 서류, 장부, 그 밖의 물건을 검사하게 하거나 관계인에게 질문을 하게 할 수 있다. <개정 2008.2.29>

② 노동부장관은 필요한 경우에는 소속 공무원으로 하여금 제13조제2항에 따라 지원을 받은 자의 사무소에 출입하여 지원과 관련된 서류, 장부, 그 밖의 물건을 검사하게 하거나 관계인에게 질문을 하게 할 수 있다.

③ 제1항이나 제2항에 따라 출입·검사 등을 할 때에는 검사일 7일 전
까지 검사일시·검사이유 및 검사내용 등을 포함한 검사계획서를 검
사대상자에게 알려야 한다. 다만, 사전통지를 할 경우 그 목적을 달성
할 수 없거나 긴급한 사정이 있다고 인정되는 경우에는 그러하지 아
니하다.

④ 제1항에 따라 출입·검사 또는 질문을 하는 공무원은 관계인에게 자
신의 권한을 나타내는 증표를 내보이고 성명과 출입·검사·질문의
시간 및 목적 등이 적힌 문서를 내주어야 한다.

[전문개정 2007.12.21]

제21조 (청문) 지식경제부장관이나 노동부장관은 제17조에 따라 무역조정
지원기업이나 무역조정지원근로자의 지정을 취소하려는 경우에는 청문을
하여야 한다. <개정 2008.2.29>

[전문개정 2007.12.21]

제22조 (권한의 위임)

① 이 법에 따른 지식경제부장관의 권한은 대통령령으로 정하는 바에 따
라 그 일부를 소속 기관의 장, 특별시장·광역시장·도지사 또는 특
별자치도지사에게 위임할 수 있다. <개정 2008.2.29>

② 이 법에 따른 노동부장관의 권한은 대통령령으로 정하는 바에 따라
그 일부를 지방 노동관서의 장에게 위임할 수 있다.

[전문개정 2007.12.21]

제23조 (업무의 위탁)

① 이 법에 따른 지식경제부장관의 업무는 대통령령으로 정하는 바에 따
라 그 일부를 다음 각 호의 자에게 위탁할 수 있다. <개정 2008.2.29>

  1. 다른 행정기관의 장

  2. 「산업집적활성화 및 공장설립에 관한 법률」에 따른 한국산업단지공단

  3. 「중소기업진흥 및 제품구매촉진에 관한 법률」에 따른 중소기업진흥

공단

  4. 그 밖에 대통령령으로 정하는 산업 관련 기관 또는 단체

② 이 법에 따른 노동부장관의 업무는 대통령령으로 정하는 바에 따라 그 일부를 다음 각 호의 자에게 위탁할 수 있다.

  1. 「정부출연연구기관 등의 설립·운영 및 육성에 관한 법률」에 따른 한국노동연구원

  2. 「한국산업인력공단법」에 따른 한국산업인력공단

  3. 그 밖에 대통령령으로 정하는 노동 관련 기관 또는 단체

[전문개정 2007.12.21]

제24조 (과태료)

① 다음 각 호의 어느 하나에 해당하는 자에게는 300만 원 이하의 과태료를 부과한다.

  1. 제19조에 따른 보고를 하지 아니하거나 거짓으로 보고를 한 자

  2. 제20조에 따른 검사를 거부·방해 또는 기피한 자

② 제1항에 따른 과태료는 대통령령으로 정하는 바에 따라 지식경제부장관 또는 노동부장관이 부과·징수한다. <개정 2008.2.29>

③ 제2항에 따른 과태료 처분에 불복하는 자는 그 처분을 고지받은 날부터 30일 이내에 지식경제부장관이나 노동부장관에게 이의를 제기할 수 있다. <개정 2008.2.29>

④ 제2항에 따른 과태료 처분을 받은 자가 제3항에 따라 이의를 제기하면 지식경제부장관이나 노동부장관은 지체 없이 관할 법원에 그 사실을 통보하여야 하며, 그 통보를 받은 관할 법원은 「비송사건절차법」에 따른 과태료 재판을 한다. <개정 2008.2.29>

⑤ 제3항에 따른 기간에 이의를 제기하지 아니하고 과태료를 내지 아니하면 국세 체납처분의 예에 따라 징수한다.

[전문개정 2007.12.21]

부칙 〈제7947호, 2006.4.28〉

이 법은 공포 후 1년이 경과한 날부터 시행한다.

부칙 〈제8361호, 2007.4.11〉 (중소기업진흥 및 제품구매촉진에 관한 법률)

제1조 (시행일) 이 법은 공포한 날부터 시행한다. <단서 생략>

제2조 내지 제8조 생략

제9조 (다른 법률의 개정) ① 내지 ⑩ 생략

⑪ 제조업 등의 무역조정 지원에 관한 법률 일부를 다음과 같이 개정한다.

제8조제1항 각 호 외의 부분 중 "「중소기업진흥 및 제품구매촉진에 관한 법률」 제41조"를 "「중소기업진흥 및 제품구매촉진에 관한 법률」 제63조"로 하고, 같은 법 제16조제1항 중 "「중소기업진흥 및 제품구매촉진에 관한 법률」 제47조제1항"을 "「중소기업진흥 및 제품구매촉진에 관한 법률」 제68조제1항"으로 한다.

⑫ 내지 <17> 생략

제10조 생략

부칙 〈제8771호, 2007.12.21〉

① (시행일) 이 법은 공포 후 6개월이 경과한 날부터 시행한다.

② (다른 법령과의 관계) 이 법 시행 당시 다른 법령에서 종전의 「제조업 등의 무역조정 지원에 관한 법률」 또는 그 규정을 인용한 경우에 이 법 가운데 그에 해당하는 규정이 있으면 종전의 규정을 갈음하여 이 법 또는 이 법의 해당 규정을 인용한 것으로 본다.

부칙 〈제8852호, 2008.2.29〉 (정부조직법)

제1조 (시행일) 이 법은 공포한 날부터 시행한다. 다만, <……생략……>, 부칙 제6조에 따라 개정되는 법률 중 이 법의 시행 전에 공포되었으나 시행일이 도래하지 아니한 법률을 개정한 부분은 각각 해당 법률의 시행일부터 시행한다.

제2조부터 제5조까지 생략

제6조 (다른 법률의 개정) ①부터 <400>까지 생략

<401> 자유무역협정 체결에 따른 무역조정 지원에 관한 법률 일부개정법률 일부를 다음과 같이 개정한다.

제9조의2제1항 각 호 외의 부분 중 "산업자원부장관"을 "지식경제부장관"으로 한다.

<402>부터 <760>까지 생략

제7조 생략

부칙 〈제9584호, 2009.4.1〉 (산업발전법)

제1조 (시행일) 이 법은 2009년 5월 8일부터 시행한다.

제2조부터 제4조까지 생략

제5조 (다른 법률의 개정) ①부터 ⑥까지 생략

⑦ 자유무역협정 체결에 따른 무역조정 지원에 관한 법률 일부를 다음과 같이 개정한다.

제10조제1항 중 "「산업발전법」 제14조에 따른 기업구조조정전문회사가 같은 법 제15조에 따른 기업구조조정조합을 결성하여"를 "「산업발전법」(법률 제9584호 산업발전법 전부개정법률로 개정되기 전의 것을 말한다) 제15조에 따라 등록된 기업구조조정조합 및 「산업발전법」 제20조에 따른 기업구조개선 사모투자전문회사가"로, "기업구조조정조합 출자금"을 "기업구조조정조합 및 기업구조개선 사모투자전문회사 출자금"으로 한다.

⑧부터 ⑪까지 생략

제6조 생략

09 전자무역 촉진에 관한 법률

[시행 2009.7.31] [법률 제9377호, 2009.1.30, 일부개정]
지식경제부(무역정책과), 02 – 2110 – 5314

제1장 총칙

제1조 (목적) 이 법은 전자무역의 기반을 조성하고 그 활용을 촉진하여 무역절차의 간소화와 무역정보의 신속한 유통을 실현하고 무역업무의 처리 시간 및 비용을 절감함으로써 산업의 국제경쟁력을 높이고 국민경제의 발전에 이바지함을 목적으로 한다.

제2조 (정의) 이 법에서 사용하는 용어의 정의는 다음과 같다.
1. "전자무역"이라 함은 「대외무역법」 제2조제1호의 규정에 의한 무역의 일부 또는 전부가 전자무역문서에 의하여 처리되는 거래를 말한다.
2. "무역업자"라 함은 「대외무역법」 제2조제3호의 규정에 의한 무역거래자로서 무역유관기관에게 대외무역 법령, 외국환거래 법령 그 밖에 대통령령이 정하는 법령과 운송·보험 등 당사자 간의 계약(이하 "무역관련법령등"이라 한다)에 따라 신청·신고·보고 등(이하 "신청등"이라 한다)을 하는 자를 말한다.
3. "무역유관기관"이라 함은 무역업자에게 무역관련법령등이 정하는 무역 관련 역무를 제공하거나 승인·면허·인증·신고의 수리 등(이하 "승인등"이라 한다)을 하는 기관을 말한다.
4. "전자무역문서"라 함은 전자무역에 사용되는 「전자거래기본법」 제2조제1호의 규정에 의한 전자문서를 말한다.
5. "전자무역기반시설"이라 함은 정보통신망을 통하여 무역업자와 무역유관기관을 체계적으로 연계하여 전자무역문서의 중계·보관 및

증명 등의 업무를 수행하는 정보시스템을 말한다.

제3조 (적용범위) 이 법은 다른 법률에 특별한 규정이 있는 경우를 제외하고 모든 전자무역에 적용한다.

제2장 전자무역촉진 추진체계

제4조 (전자무역의 촉진을 위한 시책의 수립·시행)

① 지식경제부장관은 전자무역을 촉진하기 위하여 다음 각 호의 사항이 포함된 전자무역촉진시책(이하 "촉진시책"이라 한다)을 수립·시행하여야 한다. <개정 2008.2.29>

1. 촉진시책의 기본 방향에 관한 사항

2. 전자무역기반시설의 구축과 운영에 관한 사항

3. 전자무역의 환경조성에 관한 사항

4. 전자무역과 관련된 국제협력에 관한 사항

5. 전자무역과 관련된 통계자료의 수집·분석 및 활용방안에 관한 사항

6. 전자무역에 관한 거래자 간의 분쟁해결을 위한 중재 등에 관한 사항

7. 전자무역 촉진을 위한 재원 확보 및 배분에 관한 사항

8. 그 밖에 전자무역의 촉진을 위하여 필요한 사항

② 지식경제부장관이 촉진시책을 수립함에 있어 「정보화촉진기본법」 제2조의2의 규정에 의한 정보화촉진등에 관한 사항은 동법 제8조제1항의 규정에 의한 정보화추진위원회의 심의를 거친 후 확정하여야 한다. 변경하고자 하는 경우에도 또한 같다. <개정 2008.2.29>

③ 지식경제부장관은 촉진시책을 시행하기 위하여 대통령령이 정하는 바에 의하여 전자무역에 관한 업무를 수행하는 기관 또는 단체에 대하여 필요한 지원을 할 수 있다. <개정 2008.2.29>

제5조 (국가전자무역위원회의 설치)

① 전자무역의 촉진에 관한 다음 각 호의 사항을 협의·조정하기 위하여 지식경제부장관 소속하에 국가전자무역위원회(이하 "위원회"라 한다)를 둔다. <개정 2009.1.30>

  1. 촉진시책에 관한 사항

  2. 전자무역 추진과 관련된 각 부처 간 업무의 협조에 관한 사항

  3. 전자무역 관련 법령·제도의 정비·개선에 관한 사항

  4. 그 밖에 전자무역 추진에 관한 주요사항

② 위원회는 위원장을 포함하여 20인 이내로 구성하되, 위원은 당연직 위원과 위촉위원으로 구성한다.

③ 위원장은 지식경제부장관이 되고, 당연직 위원은 대통령령으로 정하는 관계 중앙행정기관의 차관급 이상의 공무원과 유관기관의 장이 되며, 위촉 위원은 전자무역에 관한 학식과 경험이 풍부한 자 중에서 위원장이 위촉한 자가 된다. <개정 2009.1.30>

④ 위원회의 효율적인 운영을 위하여 실무위원회를 둔다.

⑤ 위원회 및 실무위원회의 구성·운영 등에 관하여 필요한 사항은 대통령령으로 정한다.

제3장 전자무역기반사업자

제6조 (전자무역기반사업자의 지정 등)

① 지식경제부장관은 대통령령이 정하는 바에 의하여 「전기통신사업법」 제2조제1항제1호의 규정에 의한 전기통신사업자로서 자본금·인력·기술력 등 대통령령이 정하는 기준에 적합한 자를 전자무역기반업무를 수행할 자로 지정할 수 있다. <개정 2008.2.29>

② 제1항의 규정에 의한 지정을 받은 자(이하 "전자무역기반사업자"라 한다)는 다음 각 호의 사업을 수행할 수 있다.

1. 전자무역기반시설의 운영업무

2. 전자무역기반시설과 외국의 전자무역망간의 연계업무

3. 제12조제1항 각 호의 규정에 의한 무역 관련 업무의 전자무역기반
   시설을 통한 중계·보관 및 증명 등의 업무

4. 전자무역문서의 중계사업

5. 제2호의 규정에 의한 연계를 활용한 사업

6. 전자무역기반시설을 활용한 전자무역서비스 관련 사업

7. 전자무역문서의 표준화에 관한 연구사업

8. 전자무역문서 및 무역화물유통정보 등 무역관련정보(이하 "무역정
   보"라 한다)를 체계적으로 처리·보관하여 검색 등에 활용할 수 있
   는 집합체(이하 "데이터베이스"라 한다)의 제작·보급과 이를 활용
   한 사업

9. 무역업자 및 무역유관기관에 대한 전자무역문서 중계 등에 관련된
   기술의 보급 및 보급한 기술에 대한 사후관리사업

10. 그 밖에 전자무역의 촉진을 위한 교육·홍보 등 대통령령이 정하
    는 사업

③ 전자무역기반사업자 외의 자는 제2항제1호 내지 제3호의 업무를 수행
   할 수 없다.

제7조 (전자무역기반사업자의 결격사유)

① 다음 각 호의 어느 하나에 해당하는 자는 전자무역기반사업자로 지정
   을 받을 수 없다. 전자무역기반사업자가 법인인 경우 그 임원 중 다
   음 각 호의 어느 하나에 해당하는 자가 있는 때에도 또한 같다.

1. 금치산자 또는 한정치산자

2. 파산선고를 받고 복권되지 아니한 자

3. 이 법을 위반하여 징역 이상의 실형의 선고를 받고 그 집행이 종료
   (집행이 종료된 것으로 보는 경우를 포함한다)되거나 집행이 면제된
   날부터 1년이 경과되지 아니한 자

　　4. 이 법을 위반하여 징역 이상의 형의 집행유예의 선고를 받고 그 유
　　　예기간 중에 있는 자
　　5. 제11조제1항의 규정에 의하여 지정이 취소된 날부터 2년이 경과되
　　　지 아니한 자
　② 전자무역기반사업자가 제1항 각 호의 어느 하나에 해당하게 된 때에
　　는 그 지정은 그 때부터 효력을 잃는다. 다만, 법인의 임원 중 그 사
　　유에 해당하는 자가 있는 경우 3개월 이내에 그 임원을 개임한 때에
　　는 그러하지 아니하다.

제8조 (이용요금의 신고) 전자무역기반사업자는 전자무역기반시설의 운영
에 필요한 비용을 조달하기 위하여 제6조제2항제3호에 따른 업무의 이용요
금을 정하거나 이를 변경하려는 경우에는 지식경제부장관이 정하여 고시하
는 바에 따라 그 금액과 세부 명세를 기재한 서류 등의 관련 자료를 첨부
하여 지식경제부장관에게 신고하여야 한다.
　[전문개정 2009.1.30]

제9조 삭제 <2009.1.30>

제10조 (시정명령) 지식경제부장관은 전자무역기반사업자가 다음 각 호의
어느 하나에 해당하는 경우에는 6개월 이내의 기간을 정하여 시정을 명할
수 있다. <개정 2008.2.29, 2009.1.30>
　　1. 제6조제1항의 규정에 의한 전자무역기반사업자의 지정기준에 적합
　　　하지 아니하게 된 경우
　　2. 전자무역문서의 중계·보관 및 증명 등 업무의 안전성과 정확성이
　　　확보되고 있지 아니하다고 판단되는 경우
　　3. 제8조에 따른 신고를 하지 아니하는 경우
　　4. 삭제 <2009.1.30>
　　5. 삭제 <2009.1.30>

제11조 (지정의 취소 등)

① 지식경제부장관은 전자무역기반사업자가 다음 각 호의 어느 하나에
해당하는 경우에는 지식경제부령이 정하는 바에 따라 그 지정을 취소
하거나 1년 이내의 기간을 정하여 제6조제2항의 규정에 의한 사업의
전부 또는 일부의 정지를 명할 수 있다. 다만, 제1호 또는 제2호에
해당하는 경우에는 그 지정을 취소하여야 한다. <개정 2008.2.29>

  1. 거짓 그 밖에 부정한 방법으로 제6조제1항의 규정에 의한 지정을
받은 경우

  2. 제1항 본문의 규정에 따른 사업정지기간 중 사업을 계속하여 수행
한 경우

  3. 제10조의 규정에 의한 시정명령을 정하여진 기간 이내에 이행하지
아니한 경우

  4. 제21조제1항 본문의 규정을 위반하여 전자무역문서 및 무역정보를
공개한 경우

  5. 삭제 <2009.1.30>

  6. 제26조제1항의 규정을 위반하여 관계 공무원의 출입·검사를 거
부·방해 또는 기피한 경우

② 지식경제부장관은 제1항제3호 내지 제6호의 규정에 해당하여 사업정
지처분을 하여야 하는 경우로서 그 사업정지가 전자무역기반사업자가
제공하는 역무를 이용하는 자에게 심한 불편을 주거나 공익을 해할
우려가 있다고 인정하는 경우에는 사업정지에 갈음하여 5억 원 이하
의 과징금을 부과할 수 있다. <개정 2008.2.29>

③ 제2항의 규정에 의하여 과징금이 부과되는 위반행위의 종별·내용 및
정도에 따른 과징금의 금액 그 밖의 필요한 사항은 대통령령으로 정
한다.

④ 지식경제부장관은 제2항의 규정에 의한 과징금을 납부하여야 할 자가
납부기한까지 이를 납부하지 아니한 때에는 국세체납처분의 예에 따
라 징수한다. <개정 2008.2.29>

제4장 전자무역기반시설의 이용 등

제12조 (전자무역기반시설의 이용 등)

① 무역업자와 무역유관기관은 전자무역문서를 사용하여 무역업무를 하고자 하는 경우에는 전자무역기반시설을 이용할 수 있다. 다만, 전자문서의 방식으로 다음 각 호의 어느 하나에 해당하는 업무를 하는 경우에는 전자무역기반시설을 통하여야 한다. <개정 2007.4.11>

1. 외국환업무취급기관의 신용장 통지업무
2. 외국환업무취급기관의 수입화물선취보증서 발급업무
3. 외국환업무취급기관의 내국신용장 개설업무
4. 「대외무역법」 제12조제2항에 따른 통합공고상의 수출입요건확인기관의 요건확인서 발급업무. 다만, 「관세법」 제226조의 규정에 의하여 세관장이 확인하는 경우를 제외한다.
5. 「대외무역법」 제18조에 따른 구매확인서 발급업무
6. 「대외무역법」 제37조에 따른 원산지증명서 발급업무. 다만, 「대외무역법」 제37조 및 같은 법 제52조제1항에 따라 세관장이 발급한 원산지증명서를 제외한다.
7. 「상법」 제695조제2호의 규정에 의한 해상적하보험증권 발급업무
8. 「해운법」 제24조제2항의 규정에 의한 외항화물운송사업자와 같은 법 제26조의 규정에 의한 국내지사 설치신고를 한 자의 수하인에 대한 화물인도지시서 발급업무

② 무역업자와 무역유관기관은 전자무역기반시설을 이용하여 무역업무를 행하고자 하는 경우에는 제13조의 규정에 의한 표준화된 전자무역문서를 사용하여야 한다.

③ 관세청은 「관세법」 제248조제1항의 규정에 의한 신고필증, 「대외무역법」 제37조 및 같은 법 제52조제1항에 따라 세관장이 발급하는 원산지증명서와 제1항제4호 단서의 규정에 의하여 확인하는 문서를 전자

문서의 방식으로 전자무역기반시설에 전송하여 전자무역기반사업자의 업무와 연계될 수 있도록 하여야 한다. <개정 2007.4.11>

④ 전자무역기반사업자는 무역업자의 위탁을 받아 전자무역문서의 송·수신을 하고자 하는 자에 대하여 전자무역기반시설의 접속을 제공할 수 있다.

제13조 (전자무역문서의 표준화)

① 지식경제부장관은 전자무역의 촉진을 위하여 관계 중앙행정기관의 장과 협의하여 대통령령이 정하는 바에 따라 전자무역문서의 표준을 정하여 고시하여야 한다. 이 경우 고시한 사항을 변경하는 때에도 또한 같다. <개정 2008.2.29>

② 제1항의 규정에 의한 전자무역문서 표준화의 내용·대상 및 절차 등에 관한 사항은 대통령령으로 정한다.

제14조 (신청등 또는 승인등의 효력) 무역업자 또는 무역유관기관이 신청등 또는 승인등을 전자무역기반시설을 통하여 전자무역문서로 처리한 경우에는 무역관련법령 등이 정한 절차에 따라 처리된 것으로 본다.

제15조 (전자무역문서의 효력) 무역업자 또는 무역유관기관이 전자무역기반시설을 통하여 신청등 또는 승인등을 한 전자무역문서는 무역관련법령등이 정한 절차에 의하여 처리된 문서로 본다.

제5장 전자무역문서의 보관 및 증명

제16조 (전자무역기반사업자가 보관하는 전자무역문서의 효력)

① 전자무역기반사업자가 전자무역문서를 보관하는 경우에는 「전자거래기본법」 제5조제1항의 규정에 의한 전자문서의 보관이 행하여진 것으로 본다.

② 전자무역기반사업자는 전자무역문서의 보관을 위하여 전자서명을 사용하는 경우 「전자서명법」 제2조제3호의 규정에 의한 공인전자서명을 이용하여야 한다.

제17조 (전자무역문서의 증명)

① 전자무역기반사업자가 전자무역문서의 송·수신 일시 및 그 당사자 등에 관한 증명서를 발급하는 경우 그 증명서에 기재된 사항은 진정한 것으로 추정한다.

② 전자무역기반사업자가 제1항의 증명서를 발급함에 있어서 준수하여야 할 표준서식·방법 및 절차 등에 대하여는 대통령령으로 정한다.

③ 전자무역기반사업자가 전자무역문서의 증명을 위하여 전자서명을 사용하는 경우에는 「전자서명법」 제2조제3호의 규정에 의한 공인전자서명을 이용하여야 하고, 전자무역문서의 송·수신 시점을 확인하는 경우에는 동법 제20조의 규정에 따라 전자서명을 하여야 한다.

제6장 전자무역문서의 이용 촉진

제18조 (전자무역문서의 이용 촉진) 정부는 전자무역문서의 이용을 촉진하기 위하여 각종 법령의 정비 등 필요한 시책을 수립·시행하여야 한다.

제19조 (신청등에 필요한 첨부서류에 관한 특례)

① 지식경제부장관은 무역관련법령등에서 정한 신청등에 필요한 첨부서류가 전자무역기반시설에 보관되어 있는 경우 첨부서류의 제출을 면제할 수 있으며, 전자무역기반시설에 보관되어 있지 아니한 경우에는 다음 각 호의 방법으로 첨부서류를 제출하게 할 수 있다. <개정 2008.2.29>

1. 첨부서류가 제13조의 규정에 의하여 표준화된 전자무역문서로 작성된 경우에는 「전자서명법」 제2조제3호의 규정에 의한 신청인의 공

인전자서명을 하여 제출하는 방법

2. 첨부서류가 종이문서로 작성된 경우에는 당해 서류의 전자사본(대통
   령령이 정하는 바에 따라 전자무역문서로 제작한 사본을 말한다)에
   「전자서명법」 제2조제3호의 규정에 의한 신청인의 공인전자서명을
   하여 제출하는 방법

② 지식경제부장관이 제1항의 규정에 의하여 첨부서류의 제출을 면제하
   는 때에는 먼저 관계 중앙행정기관의 장과 협의한 후 그 범위를 고시
   (인터넷 게재를 포함한다)하여야 한다. <개정 2008.2.29>

제7장 전자무역문서의 보안 및 관리

제20조 (전자무역문서 및 무역정보에 관한 보안)

① 누구든지 전자무역기반사업자, 제22조의 규정에 의한 전자무역전문서
   비스업자, 무역업자와 무역유관기관의 컴퓨터파일에 기록된 전자무역
   문서 또는 데이터베이스에 입력된 무역정보를 위조 또는 변조하거나
   위조 또는 변조된 전자무역문서 또는 무역정보를 행사하여서는 아니
   된다.

② 누구든지 전자무역기반사업자의 컴퓨터 등 정보처리장치에 거짓정보
   또는 부정한 명령을 입력하여 정보처리가 되게 하는 등의 방법으로
   제17조제1항의 증명서를 발급되게 하여서는 아니 된다.

③ 누구든지 전자무역기반사업자, 제22조의 규정에 의한 전자무역전문서
   비스업자, 무역업자와 무역유관기관의 컴퓨터파일에 기록된 전자무역
   문서 또는 데이터베이스에 입력된 무역정보를 훼손하거나 그 비밀을
   침해하여서는 아니 된다.

④ 전자무역기반사업자의 임원 또는 직원이거나 임원 또는 직원이었던
   자는 업무상 알게 된 전자무역문서 또는 무역정보에 관한 비밀을 누
   설하거나 도용하여서는 아니 된다.

⑤ 전자무역기반사업자는 전자무역문서 및 데이터베이스를 3년 동안 보
관하여야 한다.

제21조 (전자무역문서 및 무역정보의 공개)
① 전자무역기반사업자는 컴퓨터파일에 기록된 전자무역문서 및 데이터
베이스에 입력된 무역정보를 공개하여서는 아니 된다. 다만, 국가의
안전보장에 위해가 없고 기업의 영업비밀을 침해하지 아니하는 경우
로서 대통령령이 정하는 경우에는 공개할 수 있다.
② 전자무역기반사업자가 제1항 단서의 규정에 의하여 전자무역문서 및
무역정보를 공개하고자 하는 때에는 이해관계인의 의견을 들어야 한다.

제8장 전자무역전문서비스업자

제22조 (전자무역전문서비스업자에 대한 지원 등)
① 지식경제부장관은 무역업자의 전자무역을 효율적으로 지원하고 이를
확산시키기 위하여 다음 각 호의 사업을 하는 자로서 자본금·인력
등 대통령령이 정하는 등록요건을 갖추어 지식경제부장관에게 전자무
역전문서비스업자로 등록한 자(이하 "전자무역전문서비스업자"라고
한다)에게 필요한 지원을 할 수 있다. <개정 2008.2.29>
1. 정보통신망을 통한 무역거래의 알선 및 대행사업
2. 정보통신망을 통한 무역업자의 해외마케팅 지원사업
3. 전자무역문서의 중계사업
4. 제6조제2항제2호의 규정에 의한 연계를 활용한 사업
5. 전자무역기반시설을 활용한 전자무역서비스 관련 사업
6. 전자무역문서 및 무역정보의 데이터베이스 제작·보급 및 이를 활
용한 사업
7. 그 밖에 전자무역의 촉진을 위한 사업으로서 대통령령이 정하는 사업

② 제1항의 규정에 의한 전자무역전문서비스업자의 등록절차 그 밖에 필요한 사항은 대통령령으로 정한다.

제23조 (전자무역전문서비스업자 등록의 취소) 지식경제부장관은 전자무역전문서비스업자가 제1호에 해당하는 경우에는 그 등록을 취소하여야 하고, 제2호에 해당하는 경우에는 그 등록을 취소할 수 있다. <개정 2008.-2.29>

  1. 거짓 그 밖에 부정한 방법으로 제22조의 규정에 의하여 등록한 경우
  2. 제22조제1항의 규정에 의한 등록의 요건에 적합하지 아니하게 된 경우

제9장 전자무역 기술개발의 추진 등

제24조 (전자무역 기술개발의 추진) 정부는 전자무역의 촉진에 필요한 기술의 개발과 기술수준의 향상을 위하여 다음 각 호의 사항을 추진하여야 한다.

  1. 전자무역에 관한 기술의 조사·연구개발 및 개발된 기술의 활용에 관한 사항
  2. 전자무역에 관한 기술협력·기술지도 및 기술이전에 관한 사항
  3. 전자무역에 관한 기술정보의 원활한 유통과 산업계·학계·연구기관 등과의 협력에 관한 사항
  4. 그 밖에 전자무역에 관한 기술개발과 관련하여 필요한 사항

제25조 (전자무역 전문인력의 양성)
① 정부는 전자무역의 촉진을 위하여 필요한 전자무역 분야의 전문인력을 양성하는 데 노력하여야 한다.
② 정부는 제1항에 따른 전문인력의 양성을 위하여 「정부출연연구기관 등의 설립·운영 및 육성에 관한 법률」에 따른 정부출연연구기관, 「

과학기술분야 정부출연연구기관 등의 설립·운영 및 육성에 관한 법률」에 따른 과학기술분야 정부출연연구기관,「고등교육법」에 따른 학교,「평생교육법」에 따른 원격대학 형태의 평생교육시설, 민간 교육기관 그 밖의 관련 기관에 대하여 그 사업 수행에 필요한 경비의 전부 또는 일부를 지원할 수 있다. <개정 2009.1.30>

③ 제2항의 규정에 의한 경비의 지원에 관하여 필요한 사항은 대통령령으로 정한다.

제10장 보칙

제26조 (출입·검사 등 <개정 2009.1.30>)

① 지식경제부장관은 전자무역기반시설의 안정성 및 효율적 운영 확보 등을 위하여 필요한 경우에는 관계 공무원으로 하여금 전자무역기반사업자의 사무실·사업장, 그 밖에 필요한 장소에 출입하여 전자무역문서 중계·보관 및 증명 등의 업무에 관한 시설·장비·서류, 그 밖의 물건을 검사하게 하거나 관계인에게 질문하게 할 수 있다. <개정 2009.1.30>

② 제1항에 따른 출입·검사를 하는 경우에는 검사일부터 14일 전까지 검사일시·검사이유 및 검사내용 등을 포함한 검사계획을 전자무역기반사업자에게 통지하여야 한다. 다만, 증거인멸 등으로 검사의 목적을 달성할 수 없거나 긴급을 요하는 사정이 있는 경우에는 그러하지 아니하다. <개정 2009.1.30>

③ 제1항의 규정에 의하여 출입·검사를 하는 공무원은 그 권한을 표시하는 증표를 지니고 이를 관계인에게 내보여야 하며, 출입·검사 시 당해 공무원의 성명, 출입·검사의 시간 및 목적 등이 기재된 문서를 관계인에게 교부하여야 한다.

제27조 (청문) 지식경제부장관은 제11조제1항의 규정에 의하여 전자무역기반사업자의 지정을 취소하고자 하는 경우에는 청문을 실시하여야 한다. <개정 2008.2.29>

제28조 (권한의 위임) 지식경제부장관은 이 법에 의한 권한의 일부를 대통령령이 정하는 바에 따라 소속기관의 장, 특별시장·광역시장 또는 도지사에게 위임할 수 있다. <개정 2008.2.29>

제29조 (벌칙 적용에서의 공무원 의제) 제6조제2항제1호 내지 제3호의 업무에 종사하는 전자무역기반사업자의 임원 또는 직원은 「형법」 제129조 내지 제132조의 적용에 있어서는 이를 공무원으로 본다.

제11장 벌칙

제30조 (벌칙)
① 다음 각 호의 어느 하나에 해당하는 자는 1년 이상 10년 이하의 징역 또는 1억 원 이하의 벌금에 처한다.
  1. 제20조제1항의 규정을 위반하여 전자무역기반사업자·전자무역전문서비스업자·무역업자·무역유관기관의 컴퓨터파일에 기록된 전자무역문서 또는 데이터베이스에 입력된 무역정보를 위조 또는 변조하거나 위조 또는 변조된 전자무역문서 또는 무역정보를 행사한 자
  2. 제20조제2항의 규정을 위반하여 전자무역기반사업자의 컴퓨터 등 정보처리장치에 거짓 정보 또는 부정한 명령을 입력하여 정보처리가 되게 하는 등의 방법으로 제17조제1항의 증명서가 발급되게 한 자
② 제1항의 미수범은 처벌한다.

제31조 (벌칙) 다음 각 호의 어느 하나에 해당하는 자는 5년 이하의 징역 또는 5천만 원 이하의 벌금에 처한다.

1. 제6조제3항의 규정을 위반하여 전자무역기반사업자로 지정을 받지
   아니하고 제6조제2항제1호 내지 제3호의 규정에 의한 업무를 행한 자

2. 제20조제3항의 규정을 위반하여 전자무역기반사업자·전자무역전문
   서비스업자·무역업자·무역유관기관의 컴퓨터파일에 기록된 전자
   무역문서 또는 데이터베이스에 입력된 무역정보를 훼손하거나 그
   비밀을 침해한 자

3. 제20조제4항의 규정을 위반하여 업무상 알게 된 전자무역문서 또는
   무역정보에 관한 비밀을 누설하거나 도용한 자

4. 제20조제5항의 규정을 위반하여 전자무역문서 또는 데이터베이스를
   3년 동안 보관하지 아니한 전자무역기반사업자

제32조 (벌칙) 제12조제1항 단서의 규정을 위반하여 전자무역기반시설을 통하지 아니하고 전자문서의 방식으로 제12조제1항 각 호의 어느 하나에 해당하는 업무를 행한 자는 2천만 원 이하의 벌금에 처한다.

제33조 (양벌규정) 법인의 대표자나 법인 또는 개인의 대리인, 사용인, 그 밖의 종업원이 그 법인 또는 개인의 업무에 관하여 제30조부터 제32조까지의 어느 하나에 해당하는 위반행위를 하면 그 행위자를 벌하는 외에 그 법인 또는 개인에게도 해당 조문의 벌금형을 과(課)한다. 다만, 법인 또는 는 개인이 그 위반행위를 방지하기 위하여 해당 업무에 관하여 상당한 주의와 감독을 게을리하지 아니한 경우에는 그러하지 아니하다.
[전문개정 2008.12.26]

부칙 〈제07751호, 2005.12.23〉

제1조 (시행일) 이 법은 공포 후 6개월이 경과한 날부터 시행한다. 다만, 제12조제1항제2호·제7호 및 제8호의 개정규정은 공포 후 1년이 경과한 날부터 시행한다.

제2조 (지정사업자에 관한 경과조치) 이 법 시행 당시 종전의 「무역업무 자동화 촉진에 관한 법률」 제5조의 규정에 의하여 지정을 받아 무역자동화

사업을 행하고 있는 지정사업자에 대하여는 이 법 제6조제1항의 규정에 의하여 전자무역기반사업자가 최초로 지정되기 전까지는 종전의 규정을 적용한다.

제3조 (벌칙에 관한 경과조치) 이 법 시행 전의 행위에 대한 벌칙의 적용에 있어서는 종전의 규정에 의한다.

제4조 (다른 법률의 개정) 대외무역법 일부를 다음과 같이 개정한다.

제2조제6호·제2장의2(제9조의3 내지 제9조의5) 및 제49조제2호를 각각 삭제한다.

제5조 (다른 법률과의 관계) 이 법 시행 당시 다른 법률에서 종전의 「무역업무자동화 촉진에 관한 법률」 또는 그 규정을 인용한 경우 이 법 중 그에 해당하는 규정이 있는 때에는 종전의 규정에 갈음하여 이 법 또는 이 법의 해당 규정을 인용한 것으로 본다.

부칙 〈제8356호, 2007.4.11〉 (대외무역법)

제1조 (시행일) 이 법은 공포한 날부터 시행한다.

제2조 내지 제5조 생략

제6조 (다른 법률의 개정) ① 내지 ⑧ 생략

⑨ 전자무역 촉진에 관한 법률 일부를 다음과 같이 개정한다.

제12조제1항제4호 본문 중 "제15조제2항의 규정에 의한"을 "제12조제2항에 따른"으로 하고, 같은 항 제5호 중 "제20조의2의 규정에 의한"을 "제18조에 따른"으로 하며, 같은 항 제6호 본문 중 "제25조의2의 규정에 의한"을 "제37조에 따른"으로 하고, 같은 호 단서 중 "제25조의2 및 동법 제53조제1항의 규정에 의하여"를 "제37조 및 같은 법 제52조제1항에 따라"로 하며, 같은 조 제3항 중 "제25조의2 및 동법 제53조제1항의 규정에 의하여"를 "제37조 및 같은 법 제52조제1항에 따라"로 한다.

⑩ 생략

제7조 생략

부칙 〈제8381호, 2007.4.11〉 (해운법)

제1조 (시행일) 이 법은 공포한 날부터 시행한다. <단서 생략>

제2조 내지 제16조 생략

제17조 (다른 법률의 개정) ① 내지 ④ 생략

⑤ 전자무역 촉진에 관한 법률 일부를 다음과 같이 개정한다.

제12조제1항제8호 중 "「해운법」 제26조제2항"을 "「해운법」 제24조제2항"으로, "동법 제26조의3"을 "같은 법 제26조"로 한다.

제18조 생략

부칙 〈제8852호, 2008.2.29〉 (정부조직법)

제1조 (시행일) 이 법은 공포한 날부터 시행한다. 다만, <……생략……>, 부칙 제6조에 따라 개정되는 법률 중 이 법의 시행 전에 공포되었으나 시행일이 도래하지 아니한 법률을 개정한 부분은 각각 해당 법률의 시행일부터 시행한다.

제2조부터 제5조까지 생략

제6조 (다른 법률의 개정) ①부터 <398>까지 생략

<399> 전자무역 촉진에 관한 법률 일부를 다음과 같이 개정한다.

제4조제1항부터 제3항까지, 제6조제1항, 제8조제1항 및 같은 항 제5호·제2항, 제10조, 제11조제1항·제2항·제4항, 제13조제1항, 제19조제1항·제2항, 제22조제1항, 제23조, 제26조제1항, 제27조, 제28조 중 "산업자원부장관"을 각각 "지식경제부장관"으로 한다.

제8조제2항, 제11조제1항 중 "산업자원부령"을 각각 "지식경제부령"으로 한다.

<400>부터 <760>까지 생략

제7조 생략

부칙 〈제9247호, 2008.12.26〉

이 법은 공포한 날부터 시행한다.

부칙 〈제9377호, 2009.1.30〉

이 법은 공포 후 6개월이 경과한 날부터 시행한다.

10 무역위원회직제

[시행 2007.11.30] [대통령령 제20418호, 2007.11.30, 일부개정]

지식경제부(규제개혁법무담당관), 02 – 2110 – 5226

제1조 (목적) 이 영은 불공정무역행위조사및산업피해구제에관한법률(이하 "법"이라 한다) 제35조의 규정에 의하여 무역위원회(이하 "위원회"라 한다)의 조직에 관하여 필요한 사항을 규정함을 목적으로 한다. <개정 1997.2.28, 2001.5.10>

제2조 (직무) 위원회는 법 제28조 각 호의 업무를 수행한다. <개정 1997.-2.28, 2001.5.10>

제3조 (위원회의 구성)

① 위원회는 위원장 1인과 위원 8인으로 구성하되, 위원 1인은 상임으로 한다.

② 상임위원은 고위공무원단에 속하는 별정직국가공무원으로 보한다. <개정 2006.6.30>

제4조 (위원장 및 상임위원의 직무)

① 위원장은 비상임으로 하고, 위원회를 대표하며 회무를 통할한다.

② 상임위원은 다음 각 호의 사항을 관장한다.

   1. 위원장이 사고로 인하여 직무를 수행할 수 없을 때 그 직무의 대행

   2. 위원회의 안건에 대한 예비검토

제5조 (하부조직)

① 위원회에 법 제28조의 규정에 의한 불공정무역행위, 세이프가드 등 조사업무 처리 및 위원회의 업무를 처리하기 위하여 무역조사실을 둔다. <개정 2001.5.10, 2006.6.12>

② 무역조사실에 무역구제정책팀·산업피해조사팀·덤핑조사팀 및 불공정무역조사팀을 둔다. <개정 1994.3.14, 1997.4.11, 1999.5.24, 2006.-6.12, 2007.3.9>

③ 무역조사실장은 고위공무원단에 속하는 일반직공무원으로, 무역구제정책팀장은 부이사관·서기관 또는 기술서기관으로, 산업피해조사팀장·덤핑조사팀장 및 불공정무역조사팀장은 서기관 또는 기술서기관으로 보한다. <개정 2006.6.12, 2006.6.30, 2007.3.9>

제6조 (무역구제정책팀) 무역구제정책팀은 다음 사항을 분장한다. <개정 2007.3.9>

　1. 무역구제제도의 운영 및 발전에 관한 기본정책의 수립 및 조정

　2. 무역구제제도에 관한 양자·다자간 국제협력정책의 수립·조정 및 총괄

　3. 세계무역기구(WTO)규범 위반사건 및 외국의 대외무역장벽 조사

　4. 무역구제제도에 관한 직권조사제도의 수립·조정 및 유관기관 간 협력

　5. 국외 무역구제기관과의 협력사업

　6. 국제무역에 관한 법규·제도 및 분쟁사례에 대한 조사 및 연구

　7. 무역구제제도 유관·지원기관 간의 업무 협조 및 지원

　8. 수입증가품목 및 그로 인하여 피해가 우려되는 산업에 대한 수입·생산동향 등의 조사 및 분석

　9. 무역구제제도 관련 종합 포털사이트의 구축 및 운영

　10. 무역구제제도의 교육 및 홍보

　11. 무역위원회의 운영

12. 관인관수 및 문서수발

13. 그 밖에 실내 다른 부서의 소관에 속하지 아니하는 사항

[전문개정 2006.6.12]

제7조 (산업피해조사팀) 산업피해조사팀은 다음 사항을 분장한다.

1. 덤핑방지관세 부과신청에 따른 국내산업피해의 조사에 관한 사항

2. 상계관세 부과신청에 따른 국내산업피해의 조사에 관한 사항

3. 덤핑방지관세 및 상계관세의 재심사에 따른 국내산업피해의 조사에 관한 사항

4. 외국의 조선업자가 선박을 정상가격 이하로 판매함으로써 발생한 국내산업피해의 조사에 관한 사항

5. 제1호 내지 제4호와 관련된 대외협력

6. 산업피해조사 제도의 운영에 관한 사항

[전문개정 2007.3.9]

제8조 (덤핑조사팀 <개정 2007.3.9>) 덤핑조사팀은 다음 사항을 분장한다. <개정 2006.6.12, 2007.3.9>

1. 덤핑방지관세 부과신청에 따른 덤핑사실 및 덤핑률의 조사에 관한 사항

2. 상계관세 부과신청에 따른 보조금지급물품 수입사실 및 보조금률의 조사에 관한 사항

3. 덤핑방지관세 및 상계관세의 재심사에 따른 덤핑률 및 보조금률의 조사에 관한 사항

4. 외국의 조선업자가 선박을 정상가격 이하로 판매한 사실 및 정상가격과 판매가격과의 차액 등의 조사에 관한 사항

5. 제1호 내지 제4호와 관련된 대외협력

6. 제1호 내지 제4호에 따른 덤핑방지관세 및 상계관세 조사제도의 운영에 관한 사항

7. 국외에서 소송이 제기된 국내기업의 덤핑조사에 대한 상담 등 지원
   에 관한 사항
8. 덤핑조사 관련 상대국의 시장경제체제로의 전환상황에 관한 검토
[본조신설 1997.4.11]
[제8조의2에서 이동 <2007.3.9>]

제8조의2

[종전 제8조의2는 제8조로 이동 <2007.3.9>]

제9조 (불공정무역조사팀) 불공정무역조사팀은 다음 사항을 분장한다.
   1. 특허권, 실용신안권, 디자인권, 상표권, 저작권, 저작인접권, 프로그
      램저작권, 반도체집적회로의 배치설계권 또는 지리적 표시 및 영업
      비밀 등 지적재산권을 침해하는 물품의 수출입 등에 대한 불공정무
      역행위의 조사·판정 및 구제조치에 관한 사항
   2. 원산지표시 위반 물품의 수출입에 대한 불공정무역행위의 조사·판
      정 및 구제조치에 관한 사항
   3. 그 밖에 수출입질서를 해칠 우려가 있는 행위에 대한 불공정무역행
      위의 조사·판정 및 구제조치에 관한 사항
   4. 특정물품의 수입증가로 인한 국내 산업피해의 조사·판정 및 구제
      조치에 관한 사항
   5. 대한민국과 자유무역협정을 체결한 국가로부터의 특정물품의 수입
      증가로 인한 국내 산업피해의 조사·판정 및 구제조치에 관한 사항
   6. 제1호 내지 제5호와 관련된 대외협력에 관한 사항
   7. 대한민국과 자유무역협정을 체결한 국가로부터의 특정물품 및 관련
      서비스의 수입증가로 피해를 입은 개별 기업에 대한 무역조정의 지
      원을 위한 무역피해 조사 및 심의에 관한 사항
   8. 특정물품의 수입 등이 국내산업의 경쟁력에 미치는 영향의 조사에
      관한 사항
   9. 제1호 내지 제3호에 따른 불공정무역행위 및 제4호·제5호에 따른

세이프가드 조사제도의 운영에 관한 사항

[전문개정 2007.3.9]

제10조 (공무원의 정원)

① 위원회에 두는 공무원의 정원은 별표 1과 같다. 다만, 「행정기관의 조직과 정원에 관한 통칙」 제29조제2항에 따라 별표 1에 따른 총정원의 3퍼센트를 넘지 아니하는 범위에서 따로 정하는 공무원의 직급별 정원은 별표 2와 같다. <개정 2007.11.30>

② 별표 1의 규정에 의하여 위원회에 두는 공무원의 정원 중 5급 5인의 범위 안에서 필요한 인원은 국가공무원법 제2조제3항제3호의 규정에 의한 계약직공무원으로 이를 대체할 수 있다. <개정 2007.11.30>

[전문개정 2000.9.6]

제10조의2 (개방형직위에 대한 특례) 제5조제3항 및 별표 1의 규정에 불구하고 무역조사실장 및 덤핑조사팀장은 계약직공무원으로도 보할 수 있다. <개정 2006.6.12, 2006.8.24, 2007.3.9, 2007.11.30>

[본조신설 2002.8.21]

제11조 (소관사무의 일시조정) 무역조사실장은 특정산업분야의 품목에 대한 산업피해조사신청이 급증하는 등 특히 필요하다고 인정하는 때에는 일시적으로 각 팀에서 분장하는 사무의 일부를 다른 팀으로 하여금 처리하게 할 수 있다. <개정 2006.6.12>

[본조신설 1997.4.11]

부칙 〈제12976호, 1990.4.9〉

① (시행일) 이 영은 공포한 날부터 시행한다.

② (정원이관에 관한 경과조치) 이 영 시행으로 증원되는 공무원정원 중 8인(4급1, 5급3, 6급3, 기능직1)은 상공부 정원 중에서 이관받아 활용한다.

③ (다른 법령의 개정) 상공부직제 중 다음과 같이 개정한다.

제2조제4항 중 "국제협력관 및 무역조사관"을 "국제협력관"으로 하고, 제9조를 삭제한다.

[별표] 상공부공무원정원표 중 총계 "565"를 "557"로, 일반직 계 "447"을 "440"으로, 서기관 "29"를 서기관 "28"로, 행정사무관 "117"을 "114"로, 행정주사 "103"을 "100"으로, 기능직 계 "108"을 "107"로, 10등급 사무보조원 "94"를 "93"으로 한다.

부칙 〈제14135호, 1994.1.17〉

이 영은 공포한 날부터 시행한다.

부칙 〈제14191호, 1994.3.14〉

① (시행일) 이 영은 공포한 날부터 시행한다.

② (감축정원에 관한 경과조치) 이 영은 시행으로 감축되는 공무원의 정원에 해당하는 현원이 있는 경우에는 그에 상응하는 현원을 상공자원부에 이체한다.

부칙 〈제15052호, 1996.6.29〉

이 영은 공포한 날부터 시행한다.

부칙 〈제15296호, 1997.2.28〉 (대외무역법시행령)

제1조 (시행일) 이 영은 1997년 3월 1일부터 시행한다.

제2조 내지 제6조 생략

제7조 (다른 법령의 개정) ① 내지 ⑤ 생략

⑥ 무역위원회직제 중 다음과 같이 개정한다.

제1조 중 "대외무역법 제43조"를 "대외무역법 제38조"로 하고, 제2조 중 "법 제40조"를 "법 제35조"로 하며, 제5조제1항 중 "법 제33조"를 "법 제27조"로 한다.

⑦ 내지 ⑩ 생략

부칙 〈제15339호, 1997.4.11〉
이 영은 공포한 날부터 시행한다.

부칙 〈제15427호, 1997.7.9〉 (실무인력조정등을위한경제부처직제의일부개정령)
① (시행일) 이 영은 공포한 날부터 시행한다.
② (정원감축에 따른 경과조치) 이 영 시행 당시 이 영의 규정에 의하여 감축되는 정원에 해당하는 초과현원이 있는 경우에는 현원이 이 영에 의한 정원과 일치될 때까지 그 초과현원에 상응하는 정원이 당해 기관에 각각 따로 있는 것으로 본다.

부칙 〈제16354호, 1999.5.24〉
① (시행일) 이 영은 공포한 날부터 시행한다.
② (정원에 관한 경과조치) 이 영의 시행으로 감축되는 정원 1인(서기관 또는 공업서기관 1인)에 해당하는 초과현원이 있는 경우에는 2000년 6월 30일까지 그 초과현원에 상응하는 정원이 따로 있는 것으로 본다.

부칙 〈제16963호, 2000.9.6〉
이 영은 공포한 날부터 시행한다.

부칙 〈제17048호, 2000.12.29〉 (관세법시행령)
제1조 (시행일) 이 영은 2001년 1월 1일부터 시행한다.
제2조 내지 제6조 생략
제7조 (다른 법령의 개정) ① 내지 ⑦ 생략
⑧ 무역위원회직제 중 다음과 같이 개정한다.
제5조제1항 중 "관세법 제10조·제13조"를 "관세법 제51조 및 제57조"로 한다.

⑨ 내지 <20> 생략

제8조 생략

부칙 〈제17222호, 2001.5.10〉 (불공정무역행위조사및산업피해구제에관한법률시행령)

제1조 (시행일) 이 영은 공포한 날부터 시행한다.

제2조 (다른 법령의 개정) ① 생략

② 무역위원회직제 중 다음과 같이 개정한다.

제1조 중 "대외무역법(이하 "법"이라 한다) 제38조"를 "불공정무역행위조사및산업피해구제에관한법률(이하 "법"이라 한다) 제35조"로 한다.

제2조 중 "법 제35조 각 호의 기능을"을 "법 제28조 각 호의 업무를"으로 한다.

제5조제1항을 다음과 같이 한다.

① 위원회에 법 제28조의 규정에 의한 위원회의 업무를 처리하기 위하여 무역조사실을 둔다.

부칙 〈제17721호, 2002.8.21〉

이 영은 공포한 날부터 시행한다.

부칙 〈제18903호, 2005.6.30〉 (디자인보호법 시행령)

제1조 (시행일) 이 영은 2005년 7월 1일부터 시행한다.

제2조 (다른 법령의 개정) ① 내지 ⑥ 생략

⑦ 무역위원회직제 일부를 다음과 같이 개정한다.

제9조제1호 중 "의장권"을 "디자인권"으로 한다.

⑧ 내지 <20> 생략

부칙 〈제19510호, 2006.6.12〉

이 영은 공포한 날부터 시행한다.

부칙 〈제19596호, 2006.6.30〉 (고위공무원단제도의 도입 등에 따른 재정경제부와 그 소속기관 직제 등 일부개정령)

제1조 (시행일) 이 영은 2006년 7월 1일부터 시행한다.

제2조 (다른 법령의 개정) 책임운영기관의 설치·운영에 관한 법률시행령 일부를 다음과 같이 개정한다.

별표 1의2 중 국립과학수사연구소 총정원의 한도란 중 "281인"을 "286인"으로 한다.

부칙 〈제19661호, 2006.8.24〉

이 영은 공포한 날부터 시행한다.

부칙 〈제19926호, 2007.3.9〉

이 영은 공포한 날부터 시행한다. 다만, 제9조제7호의 개정규정은 2007년 4월 29일부터 시행한다.

부칙 〈제20418호, 2007.11.30〉

이 영은 공포한 날부터 시행한다.

11   국제상거래에 있어서 외국공무원에 대한 뇌물방지법

[시행 1999.2.15] [법률 제5588호, 1998.12.28, 제정]
법무부(국제형사과), 02 - 503 - 7058

제1조 (목적) 이 법은 국제상거래와 관련하여 외국공무원등에게 뇌물을 제공하는 행위를 처벌함으로써 건전한 국제상거래질서 확립에 기여하고 경제협력개발기구의 국제상거래에 있어서 외국공무원에 대한 뇌물제공행위방지를 위한 협약의 이행을 위하여 필요한 사항을 규정함을 목적으로 한다.

제2조 (외국공무원등의 범위) 이 법에서 "외국공무원등"이라 함은 다음 각 호의 1에 해당하는 자를 말한다.

　　1. 임명직 또는 선출직을 불문하고 외국정부(중앙으로부터 지방에 이르는 모든 단계의 정부를 포함한다. 이하 같다)의 입법·행정 또는 사법업무에 종사하는 자

　　2. 다음 각 목의 1에 해당하는 자로서 외국의 공공기능수행자

　　　가. 외국정부로부터 공적 업무를 위임받아 수행하는 자

　　　나. 특정한 공적 업무를 수행하기 위하여 법령에 의하여 설립된 공공단체 또는 공공기관의 업무에 종사하는 자

　　　다. 외국정부가 납입자본금의 5할을 초과하여 출자하였거나 중요사업의 결정 및 임원의 임면 등 운영전반에 관하여 실질적인 지배력을 행사하고 있는 기업체의임·직원. 다만, 차별적 보조금 기타 특혜를 받지 아니하고 일반 사경제주체와 동등한 경쟁관계에서 사업을 영위하는 기업체의 경우는 제외한다.

　　3. 공적국제기구의 업무를 수행하는 자

제3조 (뇌물공여자등의 형사책임)

① 국제상거래와 관련하여 부정한 이익을 얻을 목적으로 외국공무원등에게 그 업무와 관련하여 뇌물을 약속·공여하거나 공여의 의사를 표시한 때에는 5년 이하의 징역 또는 2천만 원 이하의 벌금에 처한다. 이 경우 범죄행위로 얻은 이익이 1천만 원을 초과하는 때에는 5년 이하의 징역 또는 그 이익의 2배에 상당하는 금액 이하의 벌금에 처한다.

② 제1항의 경우 다음 각 호의 1에 해당하는 경우에는 예외로 한다.

　　1. 외국공무원등이 속한 국가의 법령에 의하여 그 지급이 허용되거나 요구되는 경우

　　2. 일상적·반복적 업무에 종사하는 외국공무원등에게 동인의 정당한 업무수행을 촉진할 목적으로 소액의 금전 기타 이익을 약속·공여하거나 공여의 의사를 표시하는 경우

③ 제1항의 죄를 범하여 징역에 처하는 경우에는 그 소정의 벌금을 병과
한다.

제4조 (법인의 형사책임) 법인의 대표자나 대리인·사용인 기타 종업원이
그 법인의 업무에 관하여 제3조제1항의 죄를 범한 때에는 행위자를 벌하는
외에 그 법인에 대하여도 10억 원 이하의 벌금에 처한다. 이 경우 범죄행
위로 얻은 이익이 5억 원을 초과하는 때에는 그 이익의 2배에 상당하는 금
액 이하의 벌금에 처한다. 다만, 범죄행위의 방지를 위하여 상당한 주의나
감독을 한 경우에는 그러하지 아니하다.

제5조 (몰수) 이 법에 규정된 범죄행위에 제공된 뇌물로서 범인(제4조의
규정에 의하여 처벌되는 법인을 포함한다)이 소유하거나 범인 이외의 자가
정을 알면서 취득한 것은 몰수한다.

부칙 〈제5588호, 1998.12.28〉
이 법은 경제협력개발기구의 국제상거래에있어서외국공무원에대한뇌물제
공행위방지를위한협약이 우리나라에 대하여 그 효력을 발생하는 날부터 시
행한다.

12 ## 전자상거래 등에서의 소비자보호에 관한 법률

[시행 2009.2.4] [법률 제8635호, 2007.8.3, 타법개정]
공정거래위원회(전자거래팀), 02 - 2023 - 4361

제1장 총칙

제1조 (목적) 이 법은 전자상거래 및 통신판매 등에 의한 재화 또는 용역의 공정한 거래에 관한 사항을 규정함으로써 소비자의 권익을 보호하고 시장의 신뢰도 제고를 통하여 국민경제의 건전한 발전에 이바지함을 목적으로 한다.

제2조 (정의) 이 법에서 사용하는 용어의 정의는 다음과 같다. <개정 2005.3.31>

1. "전자상거래"라 함은 전자거래(전자거래기본법 제2조제5호의 규정에 의한 전자거래를 말한다. 이하 같다)의 방법으로 상행위를 하는 것을 말한다.

2. "통신판매"라 함은 우편·전기통신 그 밖에 총리령이 정하는 방법에 따라 재화 또는 용역(일정한 시설을 이용하거나 용역의 제공을 받을 수 있는 권리를 포함한다. 이하 같다)의 판매에 관한 정보를 제공하고 소비자의 청약에 의하여 재화 또는 용역(이하 "재화등"이라 한다)을 판매하는 것을 말한다. 다만, 방문판매등에관한법률 제2조제3호의 규정에 의한 전화권유판매를 제외한다.

3. "통신판매업자"라 함은 통신판매를 업으로 하는 자 또는 그와의 약정에 따라 통신판매업무를 수행하는 자를 말한다.

4. "통신판매중개"라 함은 사이버몰(컴퓨터 등과 정보통신설비를 이용하여 재화등을 거래할 수 있도록 설정된 가상의 영업장을 말한다. 이하 같다)의 이용을 허락하거나 그 밖에 총리령이 정하는 방법에 의하여 거래 당사자 간의 통신판매를 알선하는 행위를 말한다.

5. "소비자"라 함은 다음 각 목의 어느 하나에 해당하는 자를 말한다.

    가. 사업자가 제공하는 재화등을 소비생활을 위하여 사용(이용을 포함한다. 이하 같다)하는 자

    나. 가목 외의 자로서 사실상 가목의 자와 동일한 지위 및 거래조건

으로 거래하는 자 등 대통령령이 정하는 자

6. "사업자"라 함은 물품을 제조(가공 또는 포장을 포함한다. 이하 같다)·수입·판매하거나 용역을 제공하는 자를 말한다.

제3조 (적용제외)

① 이 법의 규정은 사업자(방문판매등에관한법률 제2조제6호의 다단계판매원을 제외한다. 이하 이 항에서 같다)가 상행위를 목적으로 구입하는 거래에 대하여는 이를 적용하지 아니한다. 다만, 사업자라 하더라도 사실상 소비자와 같은 지위에서 다른 소비자와 같은 거래조건으로 거래하는 경우에는 그러하지 아니하다.

② 제13조제2항의 규정에 따른 계약내용에 관한 서면(전자문서를 포함한다. 이하 같다)의 송부의무에 관한 규정은 다음 각 호의 거래에는 적용하지 아니한다. 다만, 제1호의 경우에는 총리령이 정하는 바에 따라 계약내용에 관한 서면의 내용이나 교부의 방법을 다르게 할 수 있다. <개정 2005.3.31>

1. 소비자가 사전에 숙지된 약관 또는 정형화된 거래방법에 따라 수시 거래하는 경우로서 총리령이 정하는 거래

2. 다른 법률(민법 및 방문판매등에관한법률을 제외한다)에 이 법의 규정과 다른 방법에 의한 계약서 교부의무 등이 규정되어 있는 거래

③ 통신판매업자가 아닌 자 사이의 통신판매중개를 하는 통신판매업자에 대하여는 제13조 내지 제19조의 규정을 적용하지 아니한다.

④ 「자본시장과 금융투자업에 관한 법률」의 투자매매업자·투자중개업자에 의한 증권의 거래, 대통령령이 정하는 금융기관에 의한 금융상품의 거래 및 일상 생활용품, 음식료 등의 인접지역에의 판매를 위한 거래에 대하여는 제12조 내지 제20조의 규정을 적용하지 아니한다. <개정 2007.8.3>

제4조 (다른 법률과의 관계) 전자상거래 또는 통신판매에서의 소비자보호에 관하여 이 법과 다른 법률의 규정이 경합하는 경우에는 이 법을 우선

적용하되 다른 법률을 적용하는 것이 소비자에게 유리한 경우에는 그 법을 적용한다.

제2장 전자상거래 및 통신판매

제5조 (전자문서의 활용)

① 전자거래기본법 제6조제2항제2호의 규정에 불구하고 사업자가 소비자와 사전에 전자문서로 거래할 것을 약정하여 지정한 주소(전자거래기본법 제2조제2호의 정보처리시스템을 말한다)로 전자문서(전자거래기본법 제2조제1호의 규정에 의한 전자문서를 말한다. 이하 같다)를 송신하지 아니한 경우에는 당해 전자문서에 의한 권리를 주장할 수 없다. 다만, 긴급성을 요하는 경우, 소비자도 이미 전자문서로 거래할 것을 예정하고 있는 경우, 소비자가 전자문서를 출력한 경우 등 대통령령이 정하는 경우에는 그러하지 아니하다.

② 사업자는 전자서명(전자서명법 제2조제2호의 규정에 의한 전자서명을 말한다. 이하 같다)을 한 전자문서를 사용하고자 하는 경우에는 대통령령이 정하는 바에 따라 당해 전자문서의 효력 및 수령에 필요한 절차와 방법 등에 관하여 소비자에게 고지하여야 한다.

③ 사업자는 전자문서를 사용함에 있어 소비자에게 특정한 전자서명 방법의 이용을 강요(특수한 표준 등의 이용으로 사실상 강제되는 경우를 포함한다)하여서는 아니 되고, 소비자가 선택한 전자서명 방법의 사용을 부당하게 제한하여서는 아니 된다.

제6조 (거래기록의 보존 등)

① 사업자는 전자상거래 및 통신판매에서의 표시·광고, 계약내용 및 그 이행 등 거래에 관한 기록을 상당한 기간 보존하여야 한다. 이 경우 소비자가 쉽게 거래기록을 열람·보존할 수 있는 방법을 제공하여야

한다.

② 제1항의 규정에 의하여 사업자가 보존하여야 할 거래의 기록 및 그와 관련된 개인정보(성명·주소·주민등록번호 등 거래의 주체를 식별할 수 있는 정보에 한한다)는 소비자가 개인정보의 이용에 관한 동의를 철회하는 경우에도 정보통신망이용촉진및정보보호등에관한법률 제30조제3항의 규정에 불구하고 이를 보존할 수 있다.

③ 제1항의 규정에 의하여 사업자가 보존하는 거래기록의 대상·범위·기간 및 소비자에게 제공하는 열람·보존의 방법 등에 관하여 필요한 사항은 대통령령으로 정한다.

제7조 (조작실수 등의 방지) 사업자는 전자상거래에서 소비자의 조작실수 등으로 인한 의사표시의 착오 등으로 발생하는 피해를 예방할 수 있도록 거래 대금이 부과되는 시점 또는 청약에 앞서 그 내용의 확인 및 정정에 필요한 절차를 마련하여야 한다.

제8조 (전자적 대금지급의 신뢰확보)

① 사업자가 대통령령이 정하는 전자적 수단에 의한 거래대금의 지급(이하 "전자적 대금지급"이라 한다)방법을 이용하는 경우 사업자와 전자결제수단 발행자·전자결제서비스 제공자 등 대통령령이 정하는 전자적 대금지급 관련자(이하 "전자결제업자등"이라 한다)는 관련 정보의 보안 유지에 필요한 조치를 취하여야 한다.

② 사업자와 전자결제업자등은 전자적 대금지급이 이루어지는 경우 소비자가 입력한 정보가 소비자의 진정 의사 표시에 의한 것인지를 확인함에 있어 주의를 다하여야 한다.

③ 사업자와 전자결제업자등은 전자적 대금지급이 이루어진 경우 전자문서의 송신 등 총리령이 정하는 방법에 따라 소비자에게 그 사실을 통지하고, 언제든지 소비자가 전자적 대금지급과 관련한 자료를 열람할 수 있도록 하여야 한다.

④ 다수의 사이버몰에서 사용되는 결제수단으로서 대통령령이 정하는 결

제수단의 발행자는 총리령이 정하는 바에 따라 당해 결제수단의 신뢰
도의 확인과 관련된 사항, 사용상의 제한이나 그 밖의 주의 사항 등
을 표시 또는 고지하여야 한다.
⑤ 사업자와 소비자 사이에 전자적 대금지급과 관련하여 다툼이 있는 경
우 전자결제업자등은 대금지급 관련 정보의 열람을 허용하는 등 대통
령령이 정하는 바에 따라 당해 분쟁의 해결에 협조하여야 한다.

제9조 (배송사업자 등의 협력) 전자상거래나 통신판매에 따른 재화 등의
배송[정보통신망이용촉진및정보보호등에관한법률 제2조제1항제1호의 정보
통신망(이하 "정보통신망"이라 한다)을 통한 전송을 포함한다]을 행하는 사
업자는 배송 과정의 사고·장애 등으로 인하여 분쟁이 발생하는 경우에는
대통령령이 정하는 바에 따라 당해 분쟁의 해결에 협조하여야 한다.

제10조 (사이버몰의 운영)
① 전자상거래를 행하는 사이버몰의 운영자는 소비자가 사업자의 신원
등에 관하여 쉽게 알 수 있도록 다음 각 호의 사항을 총리령이 정하
는 바에 따라 표시하여야 한다. <개정 2005.3.31>
 1. 상호 및 대표자 성명
 2. 영업소 소재지 주소(소비자의 불만을 처리할 수 있는 곳의 주소를
    포함한다)
 3. 전화번호·전자우편주소
 4. 사업자등록번호
 5. 사이버몰의 이용약관
 6. 그 밖에 소비자 보호를 위하여 필요한 사항으로 대통령령이 정하는
    사항
② 제1항의 규정에 의한 사이버몰의 운영자는 당해 사이버몰에서 이 법
의 규정에 위반한 행위가 이루어지는 경우 운영자가 조치하여야 할
부분에 대하여는 시정에 필요한 조치에 협력하여야 한다.

제11조 (소비자에 관한 정보의 이용 등)

① 사업자는 전자상거래 또는 통신판매를 위하여 소비자에 관한 정보를 수집 또는 이용(제3자에게 제공하는 경우를 포함한다. 이하 같다)하고자 하는 경우에는 정보통신망이용촉진및정보보호등에관한법률 등 관련 규정에 따라 이를 공정하게 수집 또는 이용하여야 한다.

② 사업자는 재화등을 거래함에 있어서 소비자에 관한 정보가 도용되어 당해 소비자가 재산상의 손해가 발생하였거나 발생할 우려가 있는 특별한 사유가 있는 경우에는 본인 확인이나 피해의 회복 등 대통령령이 정하는 필요한 조치를 취하여야 한다.

제12조 (통신판매업자의 신고 등)

① 통신판매업자는 대통령령이 정하는 바에 따라 다음 각 호의 사항을 공정거래위원회나 특별시장·광역시장 또는 도지사(이하 "시·도지사"라 한다)에게 신고하여야 한다. 다만, 소규모 통신판매업자 등 대통령령이 정하는 통신판매업자의 경우에는 그러하지 아니하다.

  1. 상호(법인인 경우에는 대표자의 성명 및 주민등록번호를 포함한다)·주소·전화번호

  2. 전자우편주소·인터넷도메인 이름·호스트서버의 소재지

  3. 그 밖에 사업자의 신원확인을 위하여 필요한 사항으로서 대통령령이 정하는 사항

② 통신판매업자가 제1항의 규정에 의하여 신고한 사항을 변경하고자 하는 경우에는 대통령령이 정하는 바에 따라 이를 신고하여야 한다.

③ 제1항의 규정에 의하여 신고한 통신판매업자는 그 영업을 휴지 또는 폐지하거나 휴업한 후 영업을 재개하는 때에는 대통령령이 정하는 바에 따라 이를 신고하여야 한다.

④ 공정거래위원회는 제1항의 규정에 의하여 신고한 통신판매업자의 정보를 대통령령이 정하는 바에 따라 공개할 수 있다.

제13조 (신원 및 거래조건에 대한 정보의 제공)

① 통신판매업자가 재화등의 거래에 관한 청약을 받을 목적으로 표시·광고를 행하는 경우에는 다음 각 호의 사항이 포함되도록 하여야 한다. <개정 2005.3.31>

1. 상호 및 대표자 성명

2. 주소·전화번호·전자우편주소

3. 제12조의 규정에 따라 공정거래위원회나 시·도지사에게 한 신고번호·신고기관 등 신고를 확인할 수 있는 사항

② 통신판매업자는 소비자가 계약체결 전에 재화등에 대한 거래조건을 정확하게 이해하고 실수 또는 착오 없이 거래할 수 있도록 다음 각 호의 사항을 적절한 방법으로 표시·광고 또는 고지하고, 계약이 체결된 경우에는 계약자에게 다음 각 호의 사항이 기재된 계약내용에 관한 서면을 재화등을 공급할 때까지 교부하여야 한다. <개정 2005.-3.31>

1. 재화등의 공급자 및 판매자에 관한 사항

2. 재화등의 명칭·종류 및 내용

3. 재화등의 가격(가격이 결정되어 있지 아니한 경우에는 그 결정의 구체적인 방법)과 그 지급 방법 및 시기

4. 재화등의 공급 방법 및 시기

5. 청약의 철회 및 계약의 해제(이하 "청약철회등"이라 한다)의 기한·행사방법 및 효과에 관한 사항(청약철회등의 권리를 행사함에 필요한 서식을 포함한다)

6. 재화등의 교환·반품·보증과 그 대금 환불의 조건 및 절차

7. 전자매체로 공급이 가능한 재화등의 전송·설치 등과 관련하여 요구되는 기술적 사항

8. 소비자피해보상, 재화등에 대한 불만 및 소비자와 사업자 간 분쟁처리에 관한 사항

9. 거래에 관한 약관(그 약관의 내용을 확인할 수 있는 방법을 포함한다)

10. 소비자가 구매의 안전을 위하여 원하는 경우에는 재화등을 공급받을 때까지 대통령령이 정하는 제3자에게 그 재화등의 결제대금을 예치하는 것(이하 "결제대금예치"라 한다)의 이용을 선택할 수 있다는 사항 또는 통신판매업자의 제24조제1항의 규정에 따른 소비자피해보상보험계약등의 체결을 선택할 수 있다는 사항(제15조제1항의 규정에 따른 선불식 통신판매에 한하며, 제24조제3항의 규정에 따른 거래를 하는 경우를 제외한다)

11. 그 밖에 소비자의 구매 여부 판단에 영향을 주는 거래조건 또는 소비자의 피해 구제에 필요한 사항으로서 대통령령이 정하는 사항

③ 통신판매업자는 미성년자와 재화등의 거래에 관한 계약을 체결하고자 하는 경우에는 법정대리인이 그 계약에 대하여 동의를 하지 아니하면 미성년자 본인 또는 법정대리인이 그 계약을 취소할 수 있다는 내용을 미성년자에게 고지하여야 한다. <신설 2005.3.31>

④ 공정거래위원회는 제1항 및 제2항의 규정에 의한 통신판매업자의 상호 등에 관한 사항 및 거래조건에 대한 표시·광고 및 고지의 방법을 정하여 고시할 수 있다. 이 경우 거래방법이나 재화등의 특성을 고려하여 그 표시·광고 및 고지의 방법을 다르게 정할 수 있다.

⑤ 통신판매업자는 제2항의 규정에 의하여 소비자에게 표시·광고 또는 고지한 거래조건을 신의에 좇아 성실하게 이행하여야 한다.

제14조 (청약확인 등)

① 통신판매업자는 소비자로부터 재화등의 거래에 관한 청약을 받은 경우 청약의 의사표시의 수신 확인 및 판매 가능 여부에 관한 정보를 소비자에게 신속하게 통지하여야 한다.

② 통신판매업자는 계약 체결 전에 소비자가 청약의 내용을 확인하고, 정정 또는 취소할 수 있도록 적절한 절차를 갖추어야 한다.

제15조 (재화등의 공급 등)

① 통신판매업자는 소비자가 청약을 한 날부터 7일 이내에 재화등의 공

급에 필요한 조치를 하여야 하고, 소비자가 재화등을 공급받기 전에 미리 재화등의 대금의 전부 또는 일부를 지급하는 경우(이하 "선불식 통신판매"라 한다)에는 소비자가 그 대금의 전부 또는 일부를 지급한 날부터 3영업일 이내에 재화등의 공급을 위하여 필요한 조치를 하여야 한다. 다만, 소비자와 통신판매업자 간에 재화등의 공급시기에 관하여 별도의 약정이 있는 경우에는 그러하지 아니하다. <개정 2005.-3.31>

② 통신판매업자는 청약을 받은 재화등을 공급하기 곤란하다는 것을 알았을 때에는 그 사유를 소비자에게 지체 없이 알려야 하고, 선불식 통신판매의 경우에는 소비자가 그 대금의 전부 또는 일부를 지급한 날부터 3영업일 이내에 환급하거나 환급에 필요한 조치를 하여야 한다. <개정 2005.3.31>

③ 통신판매업자는 소비자가 재화등의 공급 절차 및 진행 상황을 확인할 수 있도록 적절한 조치를 하여야 한다. 이 경우 공정거래위원회는 그 조치에 필요한 사항을 정하여 고시할 수 있다.

④ 제18조제1항 내지 제5항의 규정은 제2항의 선불식 통신판매에 있어서 환급하거나 환급에 필요한 조치를 하여야 하는 경우에 이를 준용한다.

제16조 삭제 <2005.3.31>

제17조 (청약철회등)

① 통신판매업자와 재화등의 구매에 관한 계약을 체결한 소비자는 다음 각 호의 기간(거래당사자가 다음 각 호의 기간보다 긴 기간으로 약정한 경우에는 그 기간을 말한다) 이내에 당해 계약에 관한 청약철회등을 할 수 있다.

　1. 제13조제2항의 규정에 의한 계약내용에 관한 서면을 교부받은 날부터 7일. 단, 그 서면을 교부받은 때보다 재화등의 공급이 늦게 이루어진 경우에는 재화등의 공급을 받거나 공급이 개시된 날부터 7일

　2. 제13조제2항의 규정에 의한 계약내용에 관한 서면을 교부받지 아니

한 경우, 통신판매업자의 주소 등이 기재되지 아니한 서면을 교부받은 경우 또는 통신판매업자의 주소 변경 등의 사유로 제1호의 기간 이내에 청약철회등을 할 수 없는 경우에는 그 주소를 안 날 또는 알 수 있었던 날부터 7일

② 소비자는 다음 각 호의 1에 해당하는 경우에는 통신판매업자의 의사에 반하여 제1항의 규정에 의한 청약철회등을 할 수 없다. 다만, 통신판매업자가 제6항의 규정에 따른 조치를 하지 아니하는 때에는 제2호 내지 제4호에 해당하는 경우에도 청약철회등을 할 수 있다. <개정 2005.3.31>

1. 소비자에게 책임 있는 사유로 재화등이 멸실 또는 훼손된 경우. 다만, 재화등의 내용을 확인하기 위하여 포장 등을 훼손한 경우를 제외한다.

2. 소비자의 사용 또는 일부 소비에 의하여 재화등의 가치가 현저히 감소한 경우

3. 시간의 경과에 의하여 재판매가 곤란할 정도로 재화등의 가치가 현저히 감소한 경우

4. 복제가 가능한 재화등의 포장을 훼손한 경우

5. 그 밖에 거래의 안전을 위하여 대통령령이 정하는 경우

③ 소비자는 제1항 및 제2항의 규정에 불구하고 재화등의 내용이 표시·광고 내용과 다르거나 계약내용과 다르게 이행된 경우에는 당해 재화등을 공급받은 날부터 3개월 이내, 그 사실을 안 날 또는 알 수 있었던 날부터 30일 이내에 청약철회등을 할 수 있다.

④ 제1항 또는 제3항의 규정에 의한 청약철회등을 서면으로 하는 경우에는 그 의사표시가 기재된 서면을 발송한 날에 그 효력이 발생한다.

⑤ 제1항 내지 제3항의 규정을 적용함에 있어서 재화등의 훼손에 대하여 소비자의 책임이 있는지의 여부, 재화등의 구매에 관한 계약이 체결된 사실 및 그 시기, 재화등의 공급사실 및 그 시기 등에 관하여 다툼이 있는 경우에는 통신판매업자가 이를 입증하여야 한다. <개정

2005.3.31>

⑥ 통신판매업자는 제2항제2호 내지 제4호의 규정에 의하여 청약철회등
이 불가능한 재화등의 경우에는 그 사실을 재화등의 포장 기타 소비
자가 쉽게 알 수 있는 곳에 명기하거나 시용(試用)상품을 제공하는
등의 방법으로 청약철회등의 권리 행사가 방해받지 아니하도록 조치
하여야 한다. <개정 2005.3.31>

제18조 (청약철회등의 효과)

① 소비자는 제17조제1항 또는 제3항의 규정에 의하여 청약철회등을 행
한 경우에는 이미 공급받은 재화등을 반환하여야 한다.

② 통신판매업자(소비자로부터 재화등의 대금을 지급받은 자 또는 소비
자와 통신판매에 관한 계약을 체결한 자를 포함한다. 이하 제2항 내
지 제10항에서 같다)는 재화등을 반환받은 날부터 3영업일 이내에 이
미 지급받은 재화등의 대금을 환급하여야 한다. 이 경우 통신판매업
자가 소비자에게 재화등의 대금의 환급을 지연한 때에는 그 지연기간
에 대하여 연 100분의 40 이내의 범위에서 「은행법」에 따른 금융기
관이 적용하는 연체금리 등 경제사정을 고려하여 대통령령으로 정하
는 이율을 곱하여 산정한 지연이자(이하 "지연배상금"이라 한다)를 지
급하여야 한다. <개정 2007.7.19>

③ 통신판매업자는 제1항 및 제2항의 규정에 의하여 재화등의 대금을 환
급함에 있어 소비자가 여신전문금융업법 제2조제3호의 규정에 의한
신용카드 그 밖에 대통령령이 정하는 결제수단으로 재화등의 대금을
지급한 때에는 지체 없이 당해 결제수단을 제공한 사업자(이하 "결제
업자"라 한다)로 하여금 재화등의 대금의 청구를 정지 또는 취소하도
록 요청하여야 한다. 다만, 통신판매업자가 결제업자로부터 해당 재화
등의 대금을 이미 지급받은 때에는 지체 없이 이를 결제업자에게 환
급하고, 그 사실을 소비자에게 통지하여야 한다.

④ 제3항 단서의 규정에 의하여 통신판매업자로부터 재화등의 대금을 환

급받은 결제업자는 지체 없이 소비자에게 이를 환급하거나 환급에 필요한 조치를 취하여야 한다.

⑤ 제3항 단서의 규정에 해당되는 통신판매업자 중 환급의 지연으로 소비자로 하여금 대금을 결제하게 한 통신판매업자는 그 지연기간에 대한 지연배상금을 소비자에게 지급하여야 한다.

⑥ 소비자는 통신판매업자가 제3항 단서의 규정에 불구하고 정당한 사유 없이 결제업자에게 대금을 환급하지 아니하는 경우에는 환급받을 금액에 대하여 결제업자에게 당해 통신판매업자에 대한 다른 채무와 상계할 것을 요청할 수 있다. 이 경우 결제업자는 대통령령이 정하는 바에 따라 당해 통신판매업자에 대한 다른 채무와 상계할 수 있다.

⑦ 소비자는 결제업자가 제6항의 규정에 의한 상계를 정당한 사유 없이 게을리한 경우 결제업자에 대하여 대금의 결제를 거부할 수 있다. 이 경우 통신판매업자와 결제업자는 그 결제의 거부를 이유로 당해 소비자를 약정한 기일 이내에 채무를 변제하지 아니한 자로 처리하는 등 소비자에게 불이익을 주는 행위를 하여서는 아니 된다. <개정 2005.-1.27>

⑧ 제1항의 경우 통신판매업자는 이미 재화등이 일부 사용 또는 일부 소비된 경우에는 그 재화등의 사용 또는 일부 소비에 의하여 소비자가 얻은 이익 또는 그 재화등의 공급에 소요된 비용에 상당하는 금액으로서 대통령령이 정하는 범위의 금액의 지급을 소비자에게 청구할 수 있다.

⑨ 제17조제1항의 규정에 의한 청약철회등의 경우 공급받은 재화등의 반환에 필요한 비용은 소비자가 이를 부담하며 통신판매업자는 소비자에게 청약철회등을 이유로 위약금 또는 손해배상을 청구할 수 없다.

⑩ 제17조제3항의 규정에 의한 청약철회등의 경우 재화등의 반환에 필요한 비용은 통신판매업자가 이를 부담한다.

⑪ 통신판매업자, 재화등의 대금을 지급받은 자 또는 소비자와 통신판매에 관한 계약을 체결한 자가 동일인이 아닌 경우에 각자는 제17조제1

항 및 제3항의 규정에 의한 청약철회등에 따른 제1항 내지 제7항의
규정에 의한 재화등의 대금 환급과 관련한 의무의 이행에 있어서 연
대하여 책임을 진다.

제19조 (손해배상청구금액의 제한 등)

① 소비자에게 책임 있는 사유로 인하여 재화등의 판매에 관한 계약이
해제된 경우 통신판매업자가 소비자에게 청구하는 손해배상액은 다음
각 호에서 정한 금액에 대금미납에 따른 지연배상금을 더한 금액을
초과할 수 없다.

  1. 공급받은 재화등이 반환된 경우에는 다음 각 목의 1에 해당하는 금
    액 중 큰 금액

    가. 반환된 재화등의 통상 사용료액 또는 그 사용에 의하여 통상 얻
      어지는 이익에 상당하는 금액

    나. 반환된 재화등의 판매가액에서 그 재화등이 반환된 당시의 가액
      을 공제한 금액

  2. 공급받은 재화등이 반환되지 아니한 경우에는 그 재화등의 판매가
    액에 상당하는 금액

② 공정거래위원회는 통신판매업자와 소비자 간의 손해배상청구에 따른
분쟁의 원활한 해결을 위하여 필요한 경우 제1항의 규정에 의한 손해
배상액을 산정하기 위한 기준을 정하여 고시할 수 있다.

제20조 (통신판매중개자의 책임)

① 통신판매중개자가 재화등을 판매함에 있어서 책임이 없다는 사실을
약정하지 아니하거나 미리 고지하지 아니하고 통신판매의 중개를 한
경우에는 당해 통신판매와 관련하여 통신판매의 중개를 의뢰한 자의
고의 또는 과실로 소비자에게 발생한 재산상의 손해에 대하여 그 통
신판매중개자는 중개를 의뢰한 자와 연대하여 배상할 책임을 진다.

② 제1항의 규정에 의한 고지에도 불구하고 통신판매업자인 통신판매중
개자는 제12조 내지 제18조의 규정에 의한 통신판매업자의 책임을

면하지 못한다. 다만, 통신판매업자의 의뢰를 받아 통신판매의 중개를 함에 있어서 의뢰자가 책임을 지는 것으로 약정하여 소비자에게 고지한 부분에 대하여는 의뢰자가 책임을 진다.

③ 통신판매중개자에게 통신판매의 중개를 의뢰한 사업자는 통신판매중개자의 고의 또는 과실로 인하여 소비자에게 발생한 재산상 손해에 대하여 중개자의 행위라는 이유로 면책되지 아니한다. 다만, 소비자에게 피해가 가지 아니하도록 상당한 주의를 기울인 경우에는 그러하지 아니하다.

④ 통신판매중개자는 통신판매의 중개를 의뢰한 사업자의 신원에 관한 정보를 열람할 수 있는 방법을 소비자에게 제공하여야 하고 통신판매의 중개를 의뢰한 자가 사업자가 아닌 경우에는 주소·전화번호 등 대통령령이 정하는 사항에 관하여 통신판매의 중개 대상이 되는 거래의 당사자들에게 거래상대방에 관한 정보를 열람할 수 있는 방법을 제공하여야 한다.

제21조 (금지행위)

① 전자상거래를 행하는 사업자 또는 통신판매업자는 다음 각 호의 1에 해당하는 행위를 하여서는 아니 된다. <개정 2005.3.31>

　1. 허위 또는 과장된 사실을 알리거나 기만적 방법을 사용하여 소비자를 유인 또는 거래하거나 청약철회등 또는 계약의 해지를 방해하는 행위

　2. 청약철회등을 방해할 목적으로 주소·전화번호·인터넷도메인 이름 등을 변경 또는 폐지하는 행위

　3. 분쟁이나 불만처리에 필요한 인력 또는 설비의 부족을 상당기간 방치하여 소비자에게 피해를 주는 행위

　4. 소비자의 청약이 없음에도 불구하고 일방적으로 재화등을 공급하고 그 대금을 청구하거나 재화등의 대금만을 청구하는 행위

　5. 소비자가 재화를 구매하거나 용역을 제공받을 의사가 없음을 밝혔

음에도 불구하고 전화, 모사전송, 컴퓨터통신 등을 통하여 재화를 구매하거나 용역을 제공받도록 강요하는 행위

6. 본인의 허락을 받지 아니하거나 허락받은 범위를 넘어 소비자에 관한 정보를 이용하는 행위. 다만, 다음 각 목의 1에 해당하는 경우를 제외한다.

가. 재화등의 배송 등 소비자와의 계약의 이행에 불가피한 경우로서 대통령령이 정하는 경우

나. 재화등의 거래에 따른 대금정산을 위하여 필요한 경우

다. 도용방지를 위하여 본인확인에 필요한 경우로서 대통령령이 정하는 경우

라. 법률의 규정 또는 법률에 의하여 필요한 불가피한 사유가 있는 경우

② 공정거래위원회는 이 법 위반행위의 방지 및 소비자피해의 예방을 위하여 전자상거래를 행하는 사업자 또는 통신판매업자가 준수하여야 할 기준을 정하여 고시할 수 있다.

제22조 (휴업기간 등에서의 청약철회등의 업무처리 등)

① 통신판매업자는 그 휴업기간 또는 영업정지기간 중에도 제17조제1항 및 제3항의 규정에 의한 청약철회등의 업무와 제18조제1항 내지 제5항의 규정에 의한 청약철회등에 따른 대금의 환급과 관련된 업무를 계속하여야 한다.

② 통신판매업자가 폐업신고를 하지 아니한 상태에서 파산선고를 받는 등 실질적으로 영업을 할 수 없는 것으로 판단되는 경우에는 제12조 제1항의 규정에 의한 신고를 받은 공정거래위원회 또는 시·도지사는 직권으로 신고사항을 말소할 수 있다.

제3장 소비자 권익의 보호

제23조 (전자상거래 등에서의 소비자보호지침의 제정 등)

① 공정거래위원회는 전자상거래 또는 통신판매를 행함에 있어서 건전한 거래질서의 확립 및 소비자의 보호를 위하여 사업자의 자율적 준수를 유도하기 위한 지침(이하 "소비자보호지침"이라 한다)을 관련분야의 거래당사자, 기관 및 단체의 의견을 들어 정할 수 있다.

② 사업자는 그가 사용하는 약관이 소비자보호지침의 내용보다 소비자에게 불리한 경우 소비자보호지침과 다르게 정한 약관의 내용을 소비자가 알기 쉽게 표시 또는 고지하여야 한다.

제24조 (소비자피해보상보험계약등)

① 공정거래위원회는 전자상거래 또는 통신판매에서의 소비자 보호를 위하여 관련 사업자에게 다음 각 호의 1에 해당하는 계약(이하 "소비자피해보상보험계약등"이라 한다)을 체결하도록 권장할 수 있다. 다만, 제8조제4항의 규정에 의한 결제수단의 발행자는 소비자피해보상보험계약등을 체결하여야 한다. <개정 2005.3.31>

  1. 보험업법에 의한 보험계약

  2. 소비자피해보상금의 지급을 확보하기 위한 「금융감독기구의 설치 등에 관한 법률」 제38조의 규정에 따른 기관과의 채무지급보증계약

  3. 제10항의 규정에 따라 설립된 공제조합과의 공제계약

② 통신판매업자는 제1항의 규정에 불구하고 선불식 통신판매에 있어서 소비자가 제13조제2항제10호의 규정에 따른 결제대금예치의 이용 또는 통신판매업자의 소비자피해보상보험계약등의 체결을 선택한 경우에는 소비자가 결제대금예치를 이용하도록 하거나 제1항의 규정에 따른 소비자피해보상보험계약등을 체결하여야 한다. <신설 2005.3.31>

③ 제2항의 규정은 소비자가 다음 각 호의 어느 하나에 해당하는 거래를 하는 경우에는 이를 적용하지 아니한다. <신설 2005.3.31>

1. 10만 원 이하의 범위 안에서 대통령령이 정하는 금액 이하인 재화
   등을 구매하는 거래

2. 「여신전문금융업법」 제2조제3호의 규정에 따른 신용카드로 재화등
   의 대금을 지급하는 거래

3. 정보통신망에 의하여 전송되거나 제13조제2항제10호의 규정에 따른
   제3자가 배송을 확인할 수 없는 재화등을 구매하는 거래

4. 일정기간에 걸쳐 분할되어 공급되는 재화등을 구매하는 거래

5. 다른 법률에 따라 소비자의 구매안전이 충분히 갖추어진 경우 또는
   제1호 내지 제4호와 유사한 사유로 결제대금예치 또는 소비자피해
   보상보험계약등의 체결이 필요하지 아니하거나 곤란하다고 공정거
   래위원회가 정하여 고시하는 거래

④ 제2항의 규정에 따른 결제대금예치의 이용 또는 소비자피해보상보험
   계약등의 체결에 관하여 필요한 사항은 대통령령으로 정한다. <신설
   2005.3.31>

⑤ 소비자피해보상보험계약등은 이 법 위반행위로 인한 소비자 피해의
   보상이나 제8조제4항의 규정에 의한 결제수단 발행자의 신뢰성 확보
   에 적절한 수준이어야 한다. 이 경우 그 구체적인 기준은 대통령령으
   로 정한다.

⑥ 소비자피해보상보험계약등에 의하여 소비자 피해보상금을 지급할 의
   무가 있는 자는 그 지급사유가 발생한 경우 지체 없이 이를 지급하여
   야 한다. 이를 지연한 경우에는 지연배상금을 지급하여야 한다.

⑦ 소비자피해보상보험계약등을 체결하고자 하는 사업자는 소비자피해보
   상보험계약등을 체결하기 위하여 매출액 등의 자료를 제출함에 있어
   허위의 자료를 제출하여서는 아니 된다.

⑧ 제1항의 규정에 따른 소비자피해보상보험계약등을 체결하는 사업자는
   그 사실을 나타내는 표지를 사용할 수 있으나, 소비자피해보상보험계
   약등을 체결하지 아니하는 사업자는 전단의 규정에 따른 표지를 사용
   하거나 이와 유사한 표지를 제작 또는 사용하여서는 아니 된다. <개

정 2005.3.31>

⑨ 제8항의 규정은 제2항의 규정에 따른 결제대금예치의 이용에 관하여 이를 준용한다. <신설 2005.3.31>

⑩ 전자상거래를 행하는 사업자 또는 통신판매업자는 제1항의 규정에 따른 소비자보호를 위하여 공제조합을 설립할 수 있다. 이 경우 공제조합의 설립 및 운영에 관하여는 「방문판매 등에 관한 법률」 제35조의 규정을 준용하되, 「방문판매 등에 관한 법률」 제35조제1항 중 "제5조의 규정에 의하여 신고 또는 제13조의 규정에 의하여 등록한 사업자"는 "전자상거래를 행하는 사업자 또는 통신판매업자"로, "제34조제1항제3호"는 "「전자상거래 등에서의 소비자보호에 관한 법률」 제24조제1항제3호"로 보고, 동 조 제9항 및 제10항 중 "이 법"은 각각 "「전자상거래 등에서의 소비자보호에 관한 법률」"로 본다. <신설 2005.3.31>

제24조의2 (구매권유광고 수신거부의사 등록시스템 등)

① 공정거래위원회는 통신판매업자가 전화, 모사전송 또는 전자우편 등을 이용하여 재화를 구매하거나 용역을 제공받도록 권유(이하 "구매권유광고"라 한다)하는 행위로부터 소비자를 보호하기 위하여 소비자가 구매권유광고행위에 대하여 수신거부의사를 명시적으로 표시하여 등록할 수 있는 구매권유광고 수신거부의사 등록시스템(이하 "광고수신거부의사 등록시스템"이라 한다)을 구축할 수 있다.

② 통신판매업자는 구매권유광고를 하고자 하는 경우 대통령령이 정하는 바에 따라 광고수신거부의사 등록시스템에서 소비자의 구매권유광고 수신거부의사 등록 여부를 확인하여 구매권유광고 수신거부의사를 등록한 소비자에 대하여는 구매권유광고를 송신하여서는 아니 된다. 다만, 통신판매업자가 대통령령이 정하는 바에 따라 소비자로부터 개별적인 동의를 얻은 경우에는 그러하지 아니하다.

③ 공정거래위원회는 광고수신거부의사 등록시스템의 운용을 다음 각 호

의 어느 하나에 해당하는 기관 또는 단체에 위탁할 수 있으며, 광고
수신거부의사 등록시스템의 원활한 운용을 위하여 해당 기관 또는 단
체에 대하여 그 운용에 필요한 비용의 전부 또는 일부를 지원할 수
있다.

1. 「소비자보호법」에 따라 설립된 기관 또는 등록된 소비자단체
2. 그 밖에 제37조 또는 다른 법률에 따라 설립된 기관 또는 등록된
   사업자단체

④ 제3항의 규정에 따른 광고수신거부의사 등록시스템의 운용을 위탁받
   을 수 있는 대상기관 또는 단체의 선정절차 및 기준은 대통령령으로
   정한다.

[본조신설 2005.3.31]

제25조 (전자상거래소비자단체 등의 지원) 공정거래위원회는 전자상거래
및 통신판매에 있어서 공정거래질서를 확립하고 소비자의 권익을 보호하기
위한 사업을 시행하는 기관 또는 단체에 대하여 예산의 범위 안에서 필요
한 지원 등을 할 수 있다.

제4장 조사 및 감독

제26조 (위반행위의 조사 등)

① 공정거래위원회 또는 시·도지사는 이 법의 규정에 위반한 사실이 있
   다고 인정할 때에는 직권으로 필요한 조사를 할 수 있다.
② 시·도지사가 제1항의 규정에 의한 조사를 하고자 하는 경우에는 미
   리 공정거래위원회에 통보하여야 하며, 공정거래위원회는 조사 등이
   중복될 우려가 있는 경우에는 시·도지사에게 조사의 중지를 요청할
   수 있다. 이 경우 중지의 요청을 받은 시·도지사는 상당한 이유가
   없는 한 그 조사를 중지하여야 한다.

③ 공정거래위원회 또는 시·도지사는 제1항 또는 제2항의 규정에 의하여 조사를 한 경우에는 그 결과(조사결과 시정조치명령 등의 처분을 하고자 하는 경우에는 그 처분의 내용을 포함한다)를 당해 사건의 당사자에게 서면으로 통지하여야 한다.

④ 누구든지 이 법의 규정에 위반되는 사실이 있다고 인정할 때에는 그 사실을 공정거래위원회 또는 시·도지사에게 신고할 수 있다.

⑤ 공정거래위원회는 이 법의 규정에 위반하는 행위가 종료한 날부터 5년을 경과한 경우에는 당해 위반행위에 대하여 제32조의 규정에 의한 시정조치를 명하지 아니하거나 제34조의 규정에 의한 과징금 등을 부과하지 아니한다. 다만, 제33조제1항의 규정에 따른 소비자피해분쟁조정기구의 권고안 또는 조정안에 대하여 당사자가 수락하고도 이를 이행하지 아니하는 경우에는 그러하지 아니하다. <개정 2005.3.31>

제27조 (공개정보 검색 등)

① 공정거래위원회는 전자상거래 및 통신판매의 공정거래질서확립 및 소비자피해예방을 위하여 필요한 경우 전자적인 방법 등을 이용하여 사업자나 전자상거래 또는 통신판매에서의 소비자보호 관련 단체가 정보통신망에 공개한 공개정보를 검색할 수 있다.

② 사업자 또는 관련단체는 제1항의 규정에 의한 공정거래위원회의 정보검색에 대하여 정당한 사유 없이 이를 거부하거나 방해하는 행위를 하여서는 아니 된다.

③ 공정거래위원회는 소비자피해정보의 효율적인 수집 및 이용을 위하여 필요한 경우 대통령령이 정하는 바에 따라 전자상거래나 통신판매에서의 소비자보호관련 업무를 수행하는 기관이나 단체에 관련 자료를 제출하거나 공유하도록 요구할 수 있다.

④ 제3항의 규정에 의하여 공정거래위원회의 자료요청을 받은 기관 또는 단체는 정당한 사유가 없는 한 자료의 제출이나 자료의 공유를 거부하여서는 아니 된다.

제28조 (위법행위 등에 대한 정보공개 등) 공정거래위원회는 전자상거래 및 통신판매의 공정거래질서확립과 소비자피해예방을 위하여 제27조제1항의 규정에 의하여 검색된 정보 중 사업자가 이 법을 위반한 행위 그 밖에 소비자 피해 예방을 위하여 필요한 관련 정보를 대통령령이 정하는 바에 따라 공개할 수 있다.

제29조 (평가·인증사업의 공정화)

① 전자상거래 및 통신판매의 공정화와 소비자 보호를 위하여 관련 사업자의 평가·인증 등의 업무를 수행하는 자(이하 "평가·인증 사업자"라 한다)는 그 명칭 여하를 불문하고 대통령령이 정하는 바에 따라 그 평가·인증에 관한 기준, 방법 등을 공시하고, 그에 따라 공정하게 평가·인증하여야 한다.

② 제1항의 규정에 의한 평가·인증의 기준 및 방법은 사업자가 거래의 공정화 및 소비자 보호를 위하여 행한 노력과 성과에 관한 정보를 전달하는 데 적절한 것이어야 한다.

③ 공정거래위원회는 평가·인증사업자에 대하여 운용상황 등에 관한 자료를 제출하게 할 수 있다.

제30조 (보고 및 감독)

① 시·도지사는 제31조의 규정에 의한 시정권고 또는 제32조의 규정에 의한 처분을 하는 경우에는 대통령령이 정하는 바에 따라 공정거래위원회에 보고하여야 한다.

② 공정거래위원회는 이 법의 효율적인 시행을 위하여 필요하다고 인정할 때에는 그 소관사항에 관하여 시·도지사로 하여금 조사·확인 또는 자료의 제출을 요구하거나 그 밖에 시정에 필요한 조치를 요구할 수 있다. 이 경우 해당 시·도지사는 특별한 사유가 없는 한 이에 응하여야 한다.

제5장 시정조치 및 과징금 부과

제31조 (위반행위의 시정권고)

① 공정거래위원회 또는 시·도지사는 사업자가 이 법의 규정에 위반하는 행위를 하거나 이 법의 규정에 의한 의무를 이행하지 아니하는 경우 제32조의 시정조치에 앞서 당해 행위를 중지하거나 이 법에 규정된 의무 또는 제32조의 규정에 따른 시정을 위하여 필요한 조치를 이행하도록 당해 사업자에 대하여 시정방안을 정하여 이에 따를 것을 권고할 수 있다. 이 경우 당해 권고를 수락한 때에는 제3항의 규정에 의하여 시정조치가 명하여 진 것으로 본다는 뜻을 함께 통지하여야 한다. <개정 2005.3.31>

② 제1항의 규정에 의하여 시정권고를 받은 사업자는 그 통지를 받은 날부터 10일 이내에 해당 권고를 수락하는지의 여부에 관하여 이를 행한 행정청에 통지하여야 한다.

③ 제1항의 규정에 의하여 시정권고를 받은 자가 당해 권고를 수락한 때에는 제32조의 규정에 의한 시정조치가 명하여진 것으로 본다.

제32조 (시정조치 등)

① 공정거래위원회는 사업자가 다음 각 호의 1에 해당하는 행위를 하거나 이 법의 규정에 의한 의무를 이행하지 아니하는 경우 해당 사업자에 대하여 그 시정을 위한 조치를 명할 수 있다. <개정 2005.3.31>

  1. 제5조제2항 및 제3항, 제6조제1항, 제7조, 제8조제1항·제3항 내지 제5항, 제9조, 제10조, 제11조, 제12조제1항 내지 제3항, 제13조제1항 내지 제3항 및 제5항, 제14조, 제15조, 제17조제1항 내지 제3항 및 제5항, 제18조, 제19조제1항, 제20조, 제22조제1항, 제23조제2항, 제24조제1항·제2항·제5항 내지 제9항, 제24조의2제2항, 제27조제2항 및 제4항, 제29조제1항 및 제2항의 규정에 위반하는 행위

  2. 제21조제1항 각 호에 해당하는 행위

② 제1항의 규정에 의한 시정조치는 다음 각 호의 1의 조치를 말한다.

  1. 당해 위반행위의 중지

  2. 이 법에 규정된 의무의 이행

  3. 시정조치를 받은 사실의 공표

  4. 그 밖에 시정을 위하여 필요한 조치

③ 제2항제3호의 규정에 의한 시정조치를 받은 사실의 공표에 관하여 필요한 사항은 대통령령으로 정한다.

④ 공정거래위원회는 제1항의 규정에 의한 시정조치에도 불구하고 위반행위가 반복되거나 시정조치에 따른 이행을 하지 아니한 경우에는 대통령령이 정하는 바에 따라 1년 이내의 기간을 정하여 그 영업의 전부 또는 일부의 정지를 명할 수 있다.

제33조 (소비자피해분쟁조정의 요청)

① 공정거래위원회 또는 시·도지사는 전자상거래 또는 통신판매를 함에 있어서 이 법 위반행위와 관련하여 소비자의 피해구제신청이 있는 경우에는 제31조의 규정에 의한 시정권고 또는 제32조의 규정에 의한 시정조치 등을 행하기 전에 전자상거래 또는 통신판매에서 소비자보호 관련 업무를 수행하는 기관 또는 단체 등 대통령령이 정하는 소비자피해분쟁 조정기구에 그 조정을 의뢰할 수 있다.

② 공정거래위원회 또는 시·도지사는 제1항의 규정에 의하여 의뢰된 권고안 또는 조정안을 당사자가 수락하고 이를 이행한 경우에는 제32조의 규정에 의한 시정조치를 하지 아니한다는 뜻을 당사자에게 통지하여야 한다.

③ 제1항의 규정에 의한 소비자피해분쟁조정기구의 권고안 또는 조정안에 대하여 당사자가 수락하고 이행한 경우에는 대통령령이 정하는 바에 따라 제32조의 규정에 의한 시정조치를 하지 아니한다. <개정 2005.3.31>

④ 공정거래위원회는 제1항의 규정에 의하여 분쟁의 조정을 요청하는 경

우 예산의 범위 안에서 당해분쟁의 조정에 필요한 예산을 지원할 수 있다.

제34조 (과징금)

① 공정거래위원회는 제32조제2항의 시정조치에도 불구하고 이 법 위반행위가 반복되거나 시정조치만으로는 소비자피해의 방지가 곤란하다고 판단되는 경우에는 제32조제4항의 규정에 따른 영업의 전부 또는 일부의 정지에 갈음하여 해당사업자에 대하여 대통령령이 정하는 위반행위관련 매출액을 초과하지 아니하는 범위 안에서 과징금을 부과할 수 있다. 이 경우 관련 매출액이 없거나 산정할 수 없는 경우 등에는 5천만 원을 초과하지 아니하는 범위 안에서 이를 부과할 수 있다. <개정 2005.3.31>

② 공정거래위원회는 제1항의 규정에 의한 과징금을 부과함에 있어서 다음 각 호의 사항을 참작하여야 한다.

  1. 위반행위로 인한 소비자 피해 정도

  2. 소비자 피해에 대한 사업자의 보상노력 정도

  3. 위반행위로 인하여 취득한 이익의 규모

  4. 위반행위의 내용·기간 및 횟수 등

③ 공정거래위원회는 이 법의 규정을 위반한 사업자인 회사의 합병이 있는 경우에는 해당 회사가 행한 위반행위는 합병 후 존속하거나 합병에 의하여 설립된 회사가 행한 행위로 보아 과징금을 부과·징수할 수 있다.

④ 「독점규제 및 공정거래에 관한 법률」 제55조의4 내지 제55조의6의 규정은 제1항의 규정에 따른 과징금의 납부기한의 연장·분할납부 및 과징금의 징수·체납·환급처분에 관하여 이를 준용한다. <개정 2005.3.31>

제6장 보칙

제35조 (소비자 등에 불리한 계약의 금지) 제17조 내지 제19조의 규정에 위반한 약정으로서 소비자에게 불리한 것은 그 효력이 없다.

제36조 (전속관할) 통신판매업자와의 거래에 관련된 소의 관할은 제소 당시의 소비자의 주소에 의하고, 주소가 없는 경우에는 거소를 관할하는 지방법원의 전속관할로 한다. 다만, 제소 당시 소비자의 주소 또는 거소가 분명하지 아니한 경우에는 그러하지 아니하다.

제37조 (사업자단체의 등록)

① 전자상거래와 통신판매업의 건전한 발전과 소비자에 대한 신뢰도의 제고 기타 공동의 이익을 증진하기 위한 목적으로 설립된 사업자단체는 대통령령이 정하는 바에 따라 공정거래위원회에 등록할 수 있다.

② 제1항의 규정에 의한 등록의 요건·방법 및 절차 등에 관하여 필요한 사항은 대통령령으로 정한다.

제38조 (권한의 위임·위탁)

① 이 법의 규정에 의한 공정거래위원회의 권한은 그 일부를 대통령령이 정하는 바에 의하여 소속기관의 장 또는 시·도지사에게 위임하거나 다른 행정기관의 장에게 위탁할 수 있다.

② 이 법의 규정에 의한 시·도지사의 권한은 그 일부를 대통령령이 정하는 바에 따라 시장·군수·구청장(자치구의 구청장을 말한다. 이하 같다)에게 위임할 수 있다.

③ 공정거래위원회는 이 법의 효율적인 집행을 위하여 필요한 경우 사무의 일부를 제37조제1항의 규정에 의하여 등록된 사업자단체에 위탁할 수 있다.

④ 공정거래위원회는 제3항의 규정에 따라 사무의 일부를 사업자단체에게 위탁하는 경우에는 예산의 범위 안에서 그 위탁사무의 수행에 필

요한 비용의 전부 또는 일부를 지원할 수 있다. <신설 2005.3.31>

⑤ 제3항의 규정에 의하여 사무를 위탁받은 사업자 단체의 임원 및 직원
은 형법 제129조 내지 제132조의 규정에 의한 벌칙의 적용에 있어서
는 이를 공무원으로 본다.

제39조 (독점규제및공정거래에관한법률의 준용)

① 독점규제및공정거래에관한법률 제42조 내지 제45조 및 제52조의 규
정은 이 법에 의한 공정거래위원회의 심의·의결에 관하여 준용한다.

② 독점규제및공정거래에관한법률 제50조제1항 내지 제4항의 규정은 이
법 위반행위에 대한 공정거래위원회 또는 시·도지사의 조사 등에 관
하여 이를 준용한다.

③ 독점규제및공정거래에관한법률 제53조·제53조의2·제54조·제55조
및 제55조의2의 규정은 이 법에 의한 공정거래위원회의 처분 및 제
38조의 규정에 의하여 위임된 시·도지사의 처분에 대한 이의신청·
시정조치명령의 집행정지·소의 제기 및 불복의 소의 전속관할에 관
하여 이를 준용한다.

④ 독점규제및공정거래에관한법률 제62조의 규정은 이 법에 의한 직무에
종사하거나 종사하였던 공정거래위원회의 위원 또는 공무원에 대하여
준용한다.

제7장 벌칙

제40조 (벌칙) 제32조제1항의 규정에 위반하여 시정조치명령에 응하지
아니한 자는 3년 이하의 징역 또는 1억 원 이하의 벌금에 처한다.

제41조 (벌칙) 제32조제4항의 규정에 의한 영업정지 명령에 위반하여 영
업을 한 자는 2년 이하의 징역 또는 5천만 원 이하의 벌금에 처한다.

제42조 (벌칙) 다음 각 호의 1에 해당하는 자는 3천만 원 이하의 벌금에 처한다. <개정 2005.3.31>

  1. 제12조제1항의 규정에 의한 신고를 하지 아니하거나 허위로 신고한 자

  2. 제24조제8항 및 제9항의 규정을 위반하여 소비자피해보상보험계약 등을 체결하는 사실 또는 결제대금예치를 이용하도록 하는 사실을 나타내는 표지를 사용하거나 이와 유사한 표지를 제작 또는 사용한 자

제43조 (벌칙) 다음 각 호의 1에 해당하는 자는 1천만 원 이하의 벌금에 처한다.

  1. 제13조제1항의 규정에 의한 상호 등에 관한 정보에 관하여 허위의 정보를 제공한 자

  2. 제13조제2항의 규정에 의한 거래조건에 관하여 허위의 정보를 제공한 자

제44조 (양벌규정) 법인의 대표자, 법인 또는 개인의 대리인·사용인 그 밖의 종업원이 그 법인 또는 개인의 업무에 관하여 제40조 내지 제43조의 위반행위를 한 때에는 행위자를 벌하는 외에 그 법인 또는 개인에 대하여도 각 해당조의 벌금형을 과한다.

제45조 (과태료)

① 다음 각 호의 1에 해당하는 자는 1천만 원 이하의 과태료에 처한다. <개정 2005.3.31>

  1. 제8조제4항의 규정에 따른 결제수단의 발행자로서 제24조제1항 단서의 규정에 위반하여 소비자피해보상보험계약등을 체결하지 아니한 자

  2. 제21조제1항제1호 내지 제5호의 1의 규정에 해당하는 행위를 한 자

  3. 제15조제1항의 규정에 따른 선불식 통신판매업자로서 제24조제2항의 규정을 위반한 자

  4. 제8조제4항의 규정에 따른 결제수단의 발행자로서 제24조제7항의

규정을 위반하여 허위자료를 제출하고 소비자피해보상보험계약등을
체결한 자

5. 제15조제1항의 규정에 따른 선불식 통신판매업자로서 제24조제7항
의 규정을 위반하여 허위자료를 제출하고 소비자피해보상보험계약
등을 체결한 자

6. 제24조의2제2항의 규정을 위반하여 소비자에게 구매권유광고를 송
신한 자

7. 제39조제2항의 규정에 의하여 준용되는 독점규제및공정거래에관한
법률 제50조제1항제1호의 규정에 의한 출석처분을 받은 당사자 중
정당한 사유 없이 2회 이상 응하지 아니한 자로서 이 법의 규정을
위반한 자

8. 제39조제2항의 규정에 의하여 준용되는 독점규제및공정거래에관한
법률 제50조제1항제3호 또는 제3항의 규정에 의한 보고 또는 필요
한 자료나 물건의 제출을 하지 아니하거나 허위의 보고 또는 자료
나 물건을 제출한 자

9. 제39조제2항의 규정에 의하여 준용되는 독점규제및공정거래에관한
법률 제50조제2항의 규정에 의한 조사를 거부·방해 또는 기피한 자

② 다음 각 호의 1에 해당하는 자는 500만 원 이하의 과태료에 처한다.
＜개정 2005.3.31＞

1. 제6조의 규정에 위반하여 거래기록을 보존하지 아니하거나 소비자
에게 기록보존 및 열람의 방법을 제공하지 아니한 자

2. 제10조제1항 또는 제13조제1항의 규정에 의한 사업자의 신원정보를
표시하지 아니한 자

3. 제12조제2항 및 제3항의 규정에 의한 신고를 하지 아니한 자

4. 제13조제2항의 규정을 위반하여 표시·광고 또는 고지하지 아니하
거나 계약내용에 관한 서면을 교부하지 아니한 자

5. 삭제 ＜2005.3.31＞

6. 제13조제3항의 규정을 위반하여 재화등의 거래에 관한 계약을 취소

　　할 수 있다는 내용을 고지하지 아니한 자

③ 제1항 및 제2항의 규정에 의한 과태료는 대통령령이 정하는 바에 따라 공정거래위원회 또는 시·도지사가 부과·징수한다.

④ 제1항 및 제2항의 규정에 의한 과태료의 부과기준은 대통령령으로 정한다.

⑤ 제1항 및 제2항의 규정에 의한 과태료 처분에 불복이 있는 자는 그 처분의 고지를 받은 날부터 30일 이내에 공정거래위원회 또는 시·도지사에게 이의를 제기할 수 있다.

⑥ 제1항 및 제2항의 규정에 의한 과태료 처분을 받은 자가 제5항의 규정에 의하여 이의를 제기한 때에는 공정거래위원회 또는 시·도지사는 지체 없이 관할법원에 그 사실을 통보하여야 하며, 그 통보를 받은 관할법원은 비송사건절차법에 의한 과태료의 재판을 한다.

⑦ 제5항의 규정에 의한 기간 이내에 이의를 제기하지 아니하고 과태료를 납부하지 아니한 경우, 공정거래위원회가 부과한 경우에는 국세체납처분의 예에 의하여, 시·도지사가 부과한 경우에는 지방세 체납처분의 예에 의하여 이를 징수한다.

부칙 〈제6687호, 2002.3.30〉

제1조 (시행일) 이 법은 2002년 7월 1일부터 시행한다.

제2조 (통신판매업자의 신고 등에 관한 경과조치)

① 이 법 시행 당시 종전의 방문판매등에관한법률 제17조의 규정에 의하여 통신판매업의 신고를 한 자는 제12조의 규정에 의하여 시·도지사에게 신고를 한 것으로 본다. 다만, 이 법 시행 후 2개월 이내에 제12조의 규정에 의한 신고사항을 보완하여야 한다.

② 이 법 시행 당시 종전의 방문판매등에관한법률 제24조의 규정에 의하여 영업의 휴지·폐지 또는 휴업 후의 영업재개 등에 관하여 신고한 통신판매업자는 이 법에 의한 신고를 한 것으로 보며, 휴업 후 다시 영업을 재개하고자 하는 경우에는 이 법의 규정에 의하여 신고하여야

한다.

　제3조 (청약철회에 관한 경과조치) 이 법 시행 당시 종전의 방문판매등에
관한법률의 규정에 의하여 이루어진 청약의 철회 및 그 효과 등에 관하여
는 종전의 규정에 의한다.

　제4조 (영업의 정지에 관한 경과조치) 이 법 시행 전의 행위에 대한 영업
정지처분에 관하여는 종전의 방문판매등에관한법률의 규정에 의한다.

　제5조 (벌칙 및 과태료에 관한 경과조치) 이 법 시행 전의 행위에 대한
벌칙 및 과태료의 적용에 있어서는 종전의 방문판매등에관한법률의 규정에
의한다.

　제6조 (다른 법령과의 관계) 이 법 시행 당시 다른 법령에서 종전의 방문
판매등에관한법률 또는 그 규정을 인용하고 있는 경우, 이 법 중 그에 해당
하는 규정이 있는 때에는 종전의 규정에 갈음하여 이 법 또는 이 법의 해
당 규정을 인용한 것으로 본다.

부칙 〈제7344호, 2005.1.27〉 (신용정보의이용및보호에관한법률)

　제1조 (시행일) 이 법은 공포 후 3개월이 경과한 날부터 시행한다.

　제2조 (다른 법률의 개정) ① 및 ② 생략

　③ 전자상거래등에서의소비자보호에관한법률 중 다음과 같이 개정한다.

　제18조제7항 중 "신용정보의이용및보호에관한법률 제2조제7호의 규정에
의한 신용불량자"를 "약정한 기일 이내에 채무를 변제하지 아니한 자"로
한다.

　④ 및 ⑤ 생략

부칙 〈제7487호, 2005.3.31〉

　제1조 (시행일) 이 법은 공포한 날부터 시행한다. 다만, 제13조제2항제10
호, 제24조제2항 내지 제4항 및 제24조의2제2항의 개정규정은 공포 후 1년
이 경과한 날부터, 제13조제3항, 제17조제2항, 제17조제6항 및 제32조제1항
의 개정규정은 공포 후 3개월이 경과한 날부터 각각 시행한다.

제2조 (통신판매업자의 신원 및 거래조건에 대한 정보의 제공에 관한 적용례) 제13조제1항제3호, 동 조 제2항 및 제32조제1항의 개정규정은 이 법 시행 후 통신판매업자가 최초로 재화등의 거래에 관한 청약을 받을 목적으로 표시·광고를 행하거나, 소비자와의 계약체결 전에 제13조제2항의 규정에 따른 거래조건에 관한 사항을 표시·광고 또는 고지하고 그 거래조건에 관한 사항이 기재된 계약내용에 관한 서면을 교부하는 것부터 적용한다.

제3조 (통신판매업자의 미성년자에 대한 고지의무에 관한 적용례) 제13조제3항 및 제32조제1항의 개정규정은 이 법 시행 후 통신판매업자가 최초로 미성년자와 체결하고자 하는 재화등의 거래에 관하여 계약하는 것부터 적용한다.

제4조 (통신판매업자의 재화등의 공급 및 환급을 위한 조치에 관한 적용례) 제15조제1항 및 제2항의 개정규정은 이 법 시행 후 소비자가 최초로 재화등을 공급받기 전에 미리 재화등의 대금의 전부 또는 일부를 통신판매사업자에게 지급한 재화등의 거래에 관한 계약분부터 적용한다.

제5조 (통신판매업자의 공급서의 송부 등에 관한 적용례) 제16조의 개정규정은 이 법 시행 후 통신판매업자가 소비자의 청약에 따라 재화등을 최초로 공급하는 것부터 적용한다.

제6조 (소비자가 통신판매업자와 체결한 계약의 청약철회등에 관한 적용례) 제17조제2항 및 제6항의 개정규정은 이 법 시행 후 소비자가 통신판매업자와 최초로 체결한 재화등의 구매에 관한 계약의 청약철회등을 하는 것부터 적용한다.

제7조 (전자상거래 또는 통신판매에서의 관련사업자가 체결하는 소비자피해보상보험계약등에 관한 적용례) 제24조제1항 및 제10항의 개정규정은 이 법 시행 후 최초로 공정거래위원회가 전자상거래 또는 통신판매의 관련사업자에게 소비자피해보상보험계약등을 체결하도록 권장하거나 제8조제4항의 규정에 따른 결제수단의 발행자가 소비자피해보상보험계약등을 체결하는 것부터 적용한다.

제8조 (선불식 통신판매에 있어서 소비자의 결제대금예치의 이용 또는

통신판매업자의 소비자피해보상보험계약등의 체결에 관한 적용례) 제24조제2항 내지 제4항의 개정규정은 이 법 시행 후 소비자가 최초로 재화등에 대한 거래조건 가운데 결제대금예치의 이용 또는 통신판매업자의 소비자피해보상보험계약등의 체결을 선택한 재화등의 거래에 관한 계약분부터 적용한다.

제9조 (통신판매업자의 결제대금예치의 이용을 나타내는 표지사용 등에 관한 적용례) 제24조제9항의 개정규정은 이 법 시행 후 통신판매업자가 최초로 결제대금예치의 이용을 나타내는 표지사용을 하는 것부터 적용한다.

제10조 (구매권유광고 송신에 관한 적용례) 제24조의2제2항 및 제32조제1항의 개정규정은 이 법 시행 후 통신판매업자가 최초로 소비자에게 구매권유광고를 송신한 것부터 적용한다.

제11조 (위반행위의 시정권고에 관한 적용례) 제31조제1항의 개정규정은 이 법 시행 후 사업자가 최초로 이 법의 규정을 위반하는 행위를 하거나 이 법의 규정에 따른 의무를 이행하지 아니하는 경우부터 적용한다.

제12조 (과징금의 환급가산금에 관한 적용례) 제34조제4항의 개정규정은 이 법 시행 후 최초로 환급되는 과징금부터 적용한다.

부칙 〈제8538호, 2007.7.19〉
이 법은 공포 후 3개월이 경과한 날부터 시행한다.

부칙 〈제8635호, 2007.8.3〉 (자본시장과 금융투자업에 관한 법률)
제1조 (시행일) 이 법은 공포 후 1년 6개월이 경과한 날부터 시행한다. 〈단서 생략〉

제2조부터 제41조까지 생략

제42조 (다른 법률의 개정) ①부터 〈45〉까지 생략

〈46〉 전자상거래 등에서의 소비자보호에 관한 법률 일부를 다음과 같이 개정한다.

제3조제4항 중 "증권거래법 제2조제9항의 증권회사에 의한 유가증권"을

"「자본시장과 금융투자업에 관한 법률」의 투자매매업자·투자중개업자에
의한 증권"으로 한다.
　　<47>부터 <67>까지 생략
　　제43조 및 제44조 생략

13　부정경쟁행위 금지에 대한 판례

사건명: 부정경쟁행위금지등
서울중앙지법, 2008.11.20, 2006가합46488

【판시사항】

[1] "　" 표장이 등산용품 등에 관하여 특정업체의 상품표지로서 주지성과
　　식별력을 취득하였다고 보아, 그와 유사한 "　", "　", "　", "　", "　",
　　"K-2 Matsin", "　" 등의 표지를 등산용품 등에 사용하는 행위가 부
　　정경쟁행위에 해당한다고 본 사례

[2] 인터넷 오픈마켓 운영자에게 판매자의 부정경쟁행위 등을 방지할 일
　　반적인 주의의무가 있는지 여부(소극)

[3] 인터넷 오픈마켓 운영자가 오픈마켓에서의 부정경쟁행위 등에 대하여
　　과실에 의한 방조책임을 부담하는 경우 및 그 판단 방법

[4] 인터넷 오픈마켓에서 다수의 판매자들에 의하여 "　" 표장과 유사한
　　표장을 사용하여 상품출처의 혼동을 가져오는 부정경쟁행위가 이루
　　어진 사안에서, 오픈마켓 운영자의 불법행위책임을 부정한 사례

【판결요지】

[1] "　" 표장이 등산용품 등에 관하여 특정업체의 상품표지로서 주지성과
　　식별력을 취득하였다고 보아, 그와 유사한 "　", "　", "　", "　", "　",

“K-2 Matsin”, “ ” 등의 표지를 등산용품 등에 사용하는 행위는 일
반 수요자들로 하여금 그 상품의 출처에 관하여 혼동을 일으키게 할
염려가 있으므로 부정경쟁행위에 해당한다고 본 사례.

[2] 오픈마켓에서는 오픈마켓이 제공하는 약관에 동의하는 사람은 누구든
지 그 회원으로 가입할 수 있고, 상품의 등록, 가격, 판매, 상품정보
의 등록 등은 모두 사이버상점의 판매자가 결정하며, 오픈마켓의 운
영자는 전자상점가(사이버공간)를 제공함에 따른 수수료를 받을 뿐이
므로 오픈마켓을 이용하여 상품을 구매한 소비자에 대하여도 원칙적
으로는 판매자가 등록·판매한 상품으로 인해 생기는 손해에 관해
판매자가 책임을 부담하고, 오픈마켓 운영자는 판매자에 관한 소비자
의 혼동을 막기 위해 상품의 판매에 관해 오픈마켓 운영자가 책임이
없다는 사실을 미리 고지하면 판매한 상품으로 인해 생기는 손해에
관해 책임을 부담하지 않는다(전자상거래 등에서의 소비자보호에 관
한 법률 제20조). 또한, 오픈마켓의 특성상 오픈마켓에서는 수많은 상
품이 등록·판매되고, 그 판매상품에 대해 오픈마켓 운영자는 품질보
증 등 판매되는 상품에 관해 신용을 제공하지 않으며 판매자의 신용
으로 상품이 판매되는 것이므로, 판매되는 상품이 타인의 특허권, 상
표권, 저작권 등 지적재산권을 침해하거나 판매자의 상품판매가 부정
경쟁행위에 해당할 가능성도 항상 존재하고 있지만, 오픈마켓 운영자
가 그러한 권리침해행위의 직접 주체도 아니고, 그 침해 여부를 판단
하기도 용이하지 않다. 따라서 오픈마켓에서 판매되는 상품이 타인의
권리를 침해할 수 있다는 일반적인 권리침해 가능성 내지는 개연성만
을 들어 오픈마켓 운영자에 대해 판매자의 상품의 등록·판매행위가
부정경쟁행위 등 타인의 권리를 침해하는지를 일일이 검색하여 미리
삭제하는 등과 같이 판매자의 부정경쟁행위 등을 방지할 일반적인 주
의의무를 부담시킬 수는 없다.

[3] 오픈마켓 운영자가 운영하는 오픈마켓에서 부정경쟁행위 등 타인의
권리를 침해하는 행위가 실제로 발생하고, 오픈마켓 운영자가 그 권

리침해행위의 발생사실을 알았거나 알 수 있었다고 인정할 상당한 이유가 있으며, 오픈마켓 운영자가 그 침해행위의 발생 내지 위험성을 방지하거나 제거할 수 있는 구체적인 수단을 가지고 있는 경우에만 오픈마켓 운영자에게 그 침해행위를 방지할 구체적인 방지의무가 발생한다고 볼 수 있으므로 이를 위반한 때에는 과실에 의한 방조책임을 부담한다고 보아야 한다. 이 경우에 오픈마켓 운영자가 그 침해행위의 발생 내지 위험성을 알았거나 알 수 있었다고 볼 상당한 이유가 있는지 여부는 권리침해행위라고 주장되는 해당 상품의 등록과 판매의 행태, 기간, 횟수, 오픈마켓 운영자가 권리자에 의해 권리침해행위라고 주장되는 해당 상품의 등록과 판매 등을 알고 있었는지 여부, 피해자의 오픈마켓 운영자에 대한 판매중지요청 등 구체적인 권리침해방지의 노력과 그와 관련해 오픈마켓 운영자가 취한 조치의 내용, 피해자와 침해자 이외의 제3자가 볼 때에 해당 상품의 등록과 판매 등이 부정경쟁행위 등 권리침해행위에 해당함을 알 수 있는지 여부 등을 종합적으로 고려하여 판단하여야 한다.

[4] 인터넷 오픈마켓에서 다수의 판매자들에 의하여 " " 표장과 유사한 표장을 사용하여 상품출처의 혼동을 가져오는 부정경쟁행위가 이루어진 사안에서, 오픈마켓 운영자가 그러한 상품판매행위 등이 부정경쟁행위임을 알았거나 알 수 있었다고 볼 만한 상당한 이유가 없으므로 판매중지조치 등 부정경쟁행위의 방지조치를 취하여야 할 주의의무를 부담하지 않는다고 본 사례.

【참조조문】

[1] 부정경쟁방지 및 영업비밀보호에 관한 법률 제2조 제1호 (가)목/[2] 부정경쟁방지 및 영업비밀보호에 관한 법률 제2조 제1호, 민법 제760조 제3항, 전자상거래 등에서의 소비자보호에 관한 법률 제20조/[3] 부정경쟁방지 및 영업비밀보호에 관한 법률 제2조 제1호, 민법 제760조 제3항/[4] 부정경쟁방지 및 영업비밀보호에 관한 법률 제2조

제1호 (가)목, 민법 제760조 제3항

【전문】

【원고】

【피고】

【변론종결】 2008. 10. 30.

【주문】

원고들의 피고에 대한 청구를 모두 기각한다.

소송비용은 원고들이 부담한다.

【청구취지】

피고는 전자상점가(사이버쇼핑몰, 오픈마켓, www.○○○○.com)에서 “K－2 Matsin”을 비롯한 별지 목록 기재 표장(이하 ‘이 사건 표장들’이라 한다)을 사용하거나 그 표장을 사용한 등산화, 등산의류 등의 등산용품을 판매, 전시하거나 제3자로 하여금 판매, 전시하도록 하여서는 아니 된다. 피고는 원고들에게 1억 원 및 이에 대한 소장부본이 송달된 다음 날부터 다 갚는 날까지 연 20%의 비율에 따른 금원을 지급하라는 판결.

【이유】

1. 사안의 개요와 전제된 사실관계

가. 사안의 개요

이 사건은 원고들이 전자상점가(사이버쇼핑몰, 오픈마켓, www.○○○○.com)를 운영하고 있는 피고에 대하여 피고 운영의 오픈마켓에서 국내에 널리 알려진 원고의 상품표지인 “ ” 표장과 동일하거나 유사한 상품표지를 사용한 등산용품을 판매하는 사이버상점(판매자)의 부정경쟁행위를 방치하면서 그에 따른 수수료 수입을 얻는 등 피고가 판매자와 공동으로 부정경쟁방지 및 영업비밀보호에 관한 법률(이하 ‘부정경쟁방지법’이라 한다) 제2조 제1

호 (가)목에 정해진 부정경쟁행위(상품주체 혼동행위)를 하고 있거나, 또는 피고가 판매자의 부정경쟁행위(상품주체 혼동행위)를 방조하였다고 주장하면서 부정경쟁방지법 제4조에 기초하여 그 침해행위의 금지와 아울러 민법 제760조에 기초한 손해배상을 구하는 사안이다.

나. 전제된 사실관계

[증거] 갑2의 1 내지 4, 3, 18, 21, 43의 1 내지 4, 58의 1 내지 4, 60, 61, 62의 1 내지 8, 63의 1 내지 36, 65, 66의 1 내지 7, 71의 1 내지 4, 을1, 변론 전체의 취지

(1) 당사자

원고 1 주식회사는 신발의 제조·판매업, 등산장비의 제조와 도·소매업 등을 목적으로 하는 회사이고, 원고 2는 원고 1 주식회사의 대표이사이다. 피고는 전자상거래에 의한 도·소매와 수출입업, 통신판매와 점포판매를 겸한 종합 도·소매업 등을 목적으로 하는 회사로서 전자상점가(www.○○○○.com, 이하 '오픈마켓'이라 한다)를 운영하고 있는 운영자이다.

(2) 원고 1 주식회사의 " " 상품표지

  (가) 원고 2는 다음과 같은 상표에 관해 상표권을 가지고 있고, 원고 1 주식회사는 2003. 11. 무렵 원고 2로부터 그 상표들에 관한 전용 사용권을 설정받았다.

  (나) 그런데 원고 1 주식회사는 1996. 5. 7. 설립되어 등산용품을 생산, 판매하면서 원고 2의 등록상표와 함께 그 외관이나 호칭이 유사한 "K2", "케이투" 등의 표장을 등산화 등의 상품과 그 광고에 사용하기 시작하여 2001년 무렵부터 "K2" 표장을 전면에 내세운 텔레비전 광고를 전국적으로 방송한 것을 비롯하여 라디오 방송, 지하철역 광고판과 버스 외벽 등의 다양한 광고수단을 이용하여 "K2" 표장을 중점적으로 광고하였고, 2002년부터는 고딕체로 표현한 "

” 표장을 본격적으로 사용하고 있다.

(3) 피고의 행위

　(가) 피고는 1996년 무렵부터 웹사이트(www.○○○○.com)를 통하여
　　　판매자와 구매자 사이에 전자상거래의 방법으로 상품매매 등이
　　　이루어질 수 있는 사이버 거래공간인 “○○○○”라는 영업표지의
　　　오픈마켓을 운영하면서 판매자와 구매자에게 상품매매 등 거래가
　　　이루어질 수 있는 공간과 시스템을 제공하고 그 대가로 상품의
　　　등록과 거래의 성립 등에 따른 수수료(상품등록수수료, 상품판매
　　　수수료, 부가서비스수수료, 기타수수료)를 받는 영업을 하고 있다.

　(나) 피고의 오픈마켓을 통해 상품을 판매하고자 하는 개별 판매자(사
　　　이버상점)는 피고가 미리 마련한 약관에 동의한 이후 피고의 회원
　　　으로 가입하고, 피고의 오픈마켓에 판매하고자 하는 상품을 등록,
　　　광고하여 독자적인 개별의 사이버상점이 되어 소비자들에게 상품
　　　을 판매한 다음 피고로부터 구매자(소비자)가 피고에 대해 입금한
　　　대금을 정산받고 있는데, 피고의 오픈마켓을 통한 구체적인 상품
　　　판매구조는 다음과 같다.

　　① 판매자가 상품판매가격을 정하고(을1, 오픈마켓 판매자약관 제12
　　　조 제1항), 판매자는 스스로 상품의 명칭, 사양, 특성, 가격, 재고,
　　　배송 등 상품에 관한 정보를 피고의 판매자매니저시스템을 통해
　　　피고의 오픈마켓에 등록하고, 그 내용이 사실과 부합하도록 상시
　　　적으로 이를 관리하여야 한다. 피고는 약관상 정해진 사유를 제
　　　외하고는 그 내용을 자의적으로 변경, 삭제할 수 없다(제11조 제
　　　1항).

　　② 구매자(소비자)가 판매자의 상품정보 등을 보고 상품구매를 결정
　　　하고, 피고에 대해 대금을 입금하면, 피고는 판매자매니저시스템
　　　에 판매현황, 대금결제내역 등을 입력하고, 판매자는 판매자매니
　　　저시스템을 통해 이를 확인한다(제13조). 판매자는 구매자가 구매

금액을 입금한 때로부터 48시간 이내에 상품을 발송하고, 택배운
송장번호, 수화물번호 등을 판매자매니저시스템에 입력하여 피고
가 이를 확인할 수 있도록 하며, 구매자가 상품을 수령하면 피고
에게 이를 통보하여야 한다(제14조 제2, 7항). 판매자는 구매자가
상품을 수령하기까지의 위험을 부담하고, 피고의 오픈마켓을 통
해 거래된 물품의 운송과 관련하여 판매자와 구매자, 운송업체
등 사이에 분쟁이 발생한 경우에는 관련 당사자가 이를 해결하여
야 하고, 피고는 이에 관여하지 않고 어떠한 책임도 부담하지 않
는다(제14조 제4, 8항).

③ 피고는 원칙적으로 판매자에 대해 지급하여야 할 금액을 일일단
위로 정산하여 1영업일 이후에 "s-money"(판매자가 피고의 오
픈마켓 서비스를 이용할 때에 사용할 수 있는 오픈마켓 전용의
사이버 화폐)로 지급하고, 판매자가 지급된 "s-money"에 대해
출금신청을 하면 3영업일 이후에 판매자가 지정한 계좌로 입금
한다(제16조 제1항).

(다) 피고는 오픈마켓의 웹사이트(www.○○○○.com) 아래에 "○○○
○에 등록된 오픈마켓 상품은 판매자가 시스템을 이용하여 직접
등록하였으며, (주) ○○○○는 등록된 상품과 그 내용에 대하여
일체의 책임을 지지 않습니다."라는 경고 문구를 항상 게시하고
있다(갑58의 1·2·3, 60).

(라) 한편, 소외 1은 2003년 무렵부터 2006년 무렵까지 다음과 같이
"K-2" 표지에 도형과 다른 문자를 부가하는 방식으로 상표를 고
안하여 다수의 상표를 출원·등록하거나 상표권을 양수하였고,
2006. 7. 무렵 소외 1이 대표이사로 있던 소외 2 주식회사에 대해
그 상표권을 이전하였다(이 사건 표장들 중 K-2 Matsin 제외).

(마) 그런데 피고 운영의 오픈마켓에서 △△△통상, □□□, ◎◎◎
◎, ◆◆홈, ■■몰 등의 이름을 사용하는 판매자를 포함하여 다
수의 판매자들이 2006년 무렵부터 상품광고에 "K2 등산화", "K2

정품", "K－2 Matsin", "K－2 pinatubo", "PRO－K2", "K2 맷
신", "PRO K－2 MOUNTAIN" 등 "K2"나 "K－2"를 포함한 표
지를 주로 사용하면서 상품과 라벨, 포장지, 포장상자 등에 이 사
건 표장들이 붙은 원고 1 주식회사의 제품이 아닌 등산화 등의
등산용품을 판매하고 있다.

2. 이 사건의 쟁점

가. 개별 판매자가 이 사건 표장들이나 "K2"나 "K－2"를 포함한 표장을
    사용하는 행위가 부정경쟁행위에 해당하는지 여부
  (1) 원고 1 주식회사의 " " 표장이 국내에서 주지한 상품표지인지 여부
  (2) 원고 1 주식회사의 " " 표장과 이 사건 표장들이나 "K2"나 "K－
      2"를 포함한 표지가 동일하거나 유사한지 여부와 상품 출처의 혼
      동 여부
나. 피고가 적극적으로 판매자의 부정경쟁행위에 가담하여 판매자와 공동
    으로 부정경쟁행위를 하였는지 여부
다. 피고가 판매자의 부정경쟁행위를 알았거나 알 수 있었음에도 판매중
    단 등의 조치를 취하지 않고 이를 방치하여 부정경쟁행위를 방조하
    였는지 여부(오픈마켓 운영자인 피고가 판매자의 부정경쟁행위를 방
    지할 주의의무가 있는지 여부)
라. 피고가 판매자의 부정경쟁행위에 관해 사용자책임을 지는지 여부

3. 쟁점에 대한 이 법원의 판단

가. 개별 판매자가 이 사건 표장들이나 "K2" ' 나 "K－2" 를 포함한 표장을
    사용하는 행위가 부정경쟁행위에 해당하는지 여부

(1) 원고 1 주식회사의 " " 표장이 국내에서 주지한 상품표지인지 여부

[원고들의 주장]

원고들은 원고 1 주식회사가 등산화, 등산의류 등의 등산용품을 제조, 판매하면서 원고 2의 등록상표를 상품이나 그 광고에 사용하기도 하였으나 " " 표장이나 그와 유사한 영문 대문자 K와 숫자 2를 결합한 "K2, , K2" 표장 등을 주로 사용함으로써 " " 표장은 국내에 널리 인식된 주지표지가 되었고, 원고 1 주식회사의 상품을 나타내는 상품표지로서 자타 상품의 식별력을 취득하였으므로 판매자들이 식별력 있는 부분인 "K2"가 포함된 이 사건 표장들을 사용하고, 또한 이 사건 표장들을 변형시켜 K2를 부각시켜 사용하거나 "K2 맷신", "K-2 Matsin" 등으로 표시하여 판매하는 행위는 부정경쟁방지법 제2조 제1항 (가)목에 정해진 상품출처의 혼동행위로서 부정경쟁행위에 해당한다고 주장한다.

[피고의 반론]

피고는 " " 표장이 국내에 널리 알려진 주지표지에 해당하지 않고, 간단하고 흔히 있는 표장에 해당하거나 세계에서 2번째로 높은 산을 지칭하는 현저한 지리적 명칭에 해당하므로 자타 상품의 식별력이 없으므로 상품표지로 될 수 없다고 다툰다.

[판단]

(1) 증거(갑1, 3, 4의 1 내지 5, 5의 1·2·3, 6, 7, 8, 9의 1 내지 4, 10, 21, 22의 1 내지 8, 23의 1·2, 24의 1 내지 5, 25의 1·2, 26의 1 내지 4, 27의 1 내지 22, 28의 1 내지 44, 29, 30, 31의 1 내지 19, 32의 1 내지 13, 33의 1 내지 47, 34의 1 내지 46, 35의 1 내지 49, 36의 1 내지 28, 37 내지 40, 77의 1 내지 49, 78의 1 내지 76, 79의 1 내지 81, 80, 81, 82의 1 내지 18, 83, 84의 1·2, 85의 1 내지 13, 86, 87의 1 내지 11, 88의 1·2, 89의 1 내지 12, 90, 91, 92의 1 내지 9, 93의 1 내지 62, 94의 1 내지 12, 95의 1 내지 15, 96의 1 내

지 19, 97의 1 내지 78, 98의 1 내지 49, 99의 1 내지 36, 100의 1
내지 23, 101의 1 내지 41, 102의 1 내지 41, 103의 1·2, 104, 105
의 1 내지 6, 106의 1 내지 70, 107의 1 내지 14, 108, 109의 1 내지
153, 110의 1 내지 46, 111 내지 126, 127의 1·2, 128의 1 내지 12,
129, 130의 1 내지 17, 131, 132의 1 내지 20, 133, 134의 1 내지
14, 135, 136, 137, 138의 1·2, 139·140의 1 내지 7, 141, 142,
143, 144의 1·2, 145 내지 150)에 변론 전체의 취지를 종합하면, 다
음과 같은 사실을 인정할 수 있다.

(가) 원고 2의 아버지인 소외 3은 1972년 무렵 '●●●●제화'라는 상
   호로 등산화를 생산·판매하기 시작하여 1981년 무렵 상호를 "▷
   ▷▷상사"로 변경하였고, 1996. 5. 7. 원고 1 주식회사를 설립하였
   다. 원고 2는 소외 3이 2002. 6. 무렵 사망하자 원고 1 주식회사
   의 대표이사에 취임하였다.

(나) 원고 1 주식회사와 소외 3은 등산화를 생산·판매하다가 1995년
   무렵부터 등산레저용 점퍼, 바지 등 등산용 의류와 안전화, 배낭
   등을 생산·판매하기 시작하는 등 그 사업영역을 확장하였는데,
   2000년 무렵까지는 "K2, , K2" 등 " " 표장과 유사한 표장들을
   등산화 등의 상품과 그에 관한 신문, 잡지 등의 광고에 사용하였
   고, 원고 1 주식회사는 2001년 무렵부터 "K2" 표장을 전면에 내
   세운 텔레비전 광고를 전국적으로 방송한 것을 비롯하여 라디오,
   지하철역 광고판과 버스 외벽 등의 다양한 광고수단을 이용하여
   원고 1 주식회사의 상품표지로서 "K2" 표장을 중점적으로 광고하
   였으며, 2002년부터는 "K2" 표장을 고딕체로 만든 " " 표장을 본
   격적으로 사용하여 신문, 잡지, 텔레비전 등에 상품광고를 하였다.

(다) 원고 1 주식회사는 2002년 무렵 국내 등산화 시장에 관해 40%
   정도의 시장점유율을 차지하였고, 2003년 무렵에는 국내 등산화
   시장에 관해 약 40%, 국내 안전화 시장에 관해 약 80% 정도의
   시장점유율을 차지하게 되었으며, 현재까지도 (주) 코오롱스포츠,

노스페이스(NORTH FACE) 등과 함께 등산용품 시장에 대한 과점(寡占)사업자로서의 지위를 유지하고 있다. 원고 1 주식회사는 2005. 12. 무렵 전국 각지에 직영점 9개, 대리점 102개, 백화점 매장 42개 등 다수의 매장을 개설하였고, 현재까지도 그와 같은 수의 매장을 유지하고 있다. 원고 1 주식회사의 매출액과 광고비는 다음과 같다.

년도 매출액(원)광고비(원)

1997년 5,644,897,353154,973,800	1998년 5,494,881,073175,630,145
1999년 10,841,447,293494,704,085	2000년 18,398,341,452728,699,902
2001년 25,711,522,345933,478,577	2002년 33,017,455,690634,715,887
2003년 53,405,632,9031,128,290,848	2004년 74,378,816,0084,026,429,108
2005년 94,947,053,5215,061,995,787	2006년(1분기) 26,949,218,439661,301,740

(라) 신문 등은 각종 언론매체에서는 2003년 무렵부터 'K2'를 원고 1 주식회사나 원고 1 주식회사의 등산화 등 제품을 지칭하는 것으로 사용하면서 원고 1 주식회사가 등산화, 안전화 시장에서 높은 시장점유율을 유지하면서 소비자들에게 좋은 품질의 국산 등산화 등을 제조, 판매하고 있고 소비자들의 만족도가 높다는 취지의 기사를 보도하였고, 소비자들이 '짝퉁 K2 등산화'를 구입하고서 원고 1 주식회사에 대해 품질에 관해 항의하는 등 피해사례가 늘고 있다는 취지의 기사를 보도하였다.

(마) 여론조사기관인 현대리서치연구소가 2005년과 2006년 무렵에 서울지역 만 30세 내지 49세의 남녀 소비자들을 대상으로 등산용품에 대한 인지도와 선호도를 조사한 결과 " " 표장이 "코오롱스포츠", "노스페이스" 등의 상품표지 등과 더불어 인지도와 선호도에서 1위 내지 2위를 차지하였고, 재단법인 한국생산성본부는 2006. 4. 무렵 등산용품에 대한 브랜드 경쟁력 공동 1위로 "K2"와 "코오롱스포츠"를 선정하였다.

(2) 그런데 다른 사람의 상품 또는 영업임을 표시한 표장 등이 국내에 널리 인식된 주지표지가 되기 위해서는 국내 전역에 걸쳐 모든 사람에게 주지되어 있어야 하는 것이 아니고, 국내의 일정한 지역범위 안에서 수요자 또는 거래자들 사이에 알려진 정도로 충분하며, 그 표장 등이 국내에 널리 인식되었는지 여부는 그 사용기간, 방법, 태양, 사용량, 영업범위 등과 그 영업의 실정 및 사회통념상 객관적으로 널리 알려졌는지 여부가 기준이 된다(대법원 1995. 7. 14. 선고 94도399 판결, 대법원 1997. 2. 5.자 96마364 결정, 대법원 2005. 11. 25. 선고 2005도6834 판결 등 참조). 또한, 간단하고 흔히 있는 표장이나 현저한 지리적 명칭에 불과하여 원칙적으로 식별력이 없는 표지라고 하더라도 그것이 오랫동안 사용됨으로써 거래자나 일반 수요자들에게 어떤 특정인의 상품을 표시하는 것으로 자타 상품의 식별력을 가지게 된 경우에는 부정경쟁방지법이 보호하는 상품표지에 해당하고, 그 식별력을 갖추었는지 여부는 당해 상표의 사용기간, 사용횟수와 사용의 계속성, 그 상표가 부착된 상품의 생산·판매량 및 시장점유율, 광고·선전의 방법, 횟수, 내용, 기간 및 그 액수, 상품품질의 우수성, 상표 사용자의 명성과 신용, 상표의 경합적 사용의 정도 및 태양 등을 종합하여 결정하여야 한다. 한편, 사용에 의하여 식별력을 취득하는 표장은 실제로 사용한 표장 그 자체에 한하는 것이고, 그와 유사한 표장에까지 사용에 의한 식별력 취득을 인정할 수 없지만, 그와 동일성이 인정되는 표장의 사용은 위 식별력 취득에 도움이 되는 요소가 된다(대법원 1999. 4. 23. 선고 97도322 판결, 대법원 2006. 5. 12. 선고 2005후339 판결, 대법원 2007. 6. 14. 선고 2006도8958 판결, 대법원 2008. 9. 11. 선고 2006도7870 판결 등 참조).

앞서 본 전제 사실과 위 인정 사실과 같이 원고 1 주식회사가 " " 표장과 그와 동일성이 인정되는 "K2, , K2" 등 표장을 상당한 기간 계속적으로 사용하여 왔고, 원고 1 주식회사의 매출액, 시장점유율, 매장의 수, 광고비, 원고 1 주식회사 제품과 " " 표장에 대한 소비자의 인지도와 선호도 및 언론매체의 보도내용 등에 비추어 보면, 원고 1 주식회사의 " " 표장은 2006년 무렵부터는 이미 국내의 수요자 또는 거래자들 사이에 특정업체의 상품표지로서 널리 인식되어 주지성과 식별력을 취득하였다고 봄이 상당하다.

(3) 원고 1 주식회사의 " " 표장과 이 사건 표장들이나 "K2"나 "K-2"를 포함한 표지가 동일하거나 유사한지 여부와 상품 출처의 혼동 여부

앞서 본 전제 사실과 위 (1)항의 인정 사실에 따르면, " " 표장과 대비되는 이 사건 표장들에서의 "K-2" 부분은 다른 구성부분과 쉽게 분리하여 인식할 수 있고, " " 표장이 식별력을 취득한 거래실정상 자연스럽게 자타 상품 식별력을 가지는 요부가 되었다고 할 것이므로 " " 표장과 외관, 호칭, 관념이 유사한 "K-2", "K2" 부분을 포함한 이 사건 표장들이나 "K2 맷신", "K-2 Matsin" 등의 표지는 서로 유사하다. 또한, 원고 1 주식회사가 " " 표장을 등산화 등의 등산용품에 사용하고 있으므로 판매자들이 " " 표장과 유사한 이 사건 표장들이나 "K2 맷신", "K-2 Matsin" 등의 표지를 원고 1 주식회사의 상품과 동일하거나 유사한 등산화 등 등산용품과 그 라벨, 포장지, 포장상자, 광고 등에 사용하는 행위는 특별한 사정이 없으면 일반 수요자들로 하여금 그 상품의 출처에 관하여 혼동을 일으키게 할 염려가 있으므로 부정경쟁방지법 제2조 제1호 (가)목에 정해진 부정경쟁행위에 해당한다.

나. 피고가 적극적으로 판매자의 부정경쟁행위에 가담하여 판매자와 공동으로 부정경쟁행위를 하였는지 여부

[원고들의 주장]

피고는 판매자들에게 피고 운영의 오픈마켓을 통해 상품을 판매하도록 하여 판매의 장소와 기회를 제공하고, 피고 운영의 오픈마켓에서 부정경쟁행위를 위한 광고와 부정경쟁행위에 의한 상품판매에 따른 대금결제가 이

루어져 피고가 판매자들에게 부정경쟁행위가 이루어질 수 있도록 시설을
제공하며, 피고가 부정경쟁행위가 용이하게 이루어질 수 있도록 상품의 검
색기능도 제공하고 있고, 피고가 부정경쟁행위자에 대해 피고가 평가한 "스
타셀러샵", "서비스우수샵", "인기우수샵" 등과 같은 신용등급을 부여하여
부정경쟁의 판매행위를 촉진하고 있으며, 수요자들이 대형업체인 피고의 신
용을 신뢰하여 피고의 ○○○○에서 물품을 구매하도록 하여 판매자의 부
정경쟁행위를 촉진하고, 부정경쟁행위를 하는 판매자의 신원을 공개하지 않
고 있으며, 부정경쟁행위로 인한 판매자의 불법적인 수익 일부를 수수료 명
목으로 받고 있으므로 피고가 판매자의 부정경쟁행위에 적극적으로 가담하
여 판매자와 함께 부정경쟁행위를 하고 있다고 주장한다.

[판단]

(1) 증거(을1)에 변론의 전체 취지를 종합하면, 다음과 같은 사실을 인정
할 수 있다.

피고는 판매자와의 사이에 피고의 오픈마켓을 통한 상품판매에 관하
여 다음과 같이 약정하였다.

(가) 피고의 오픈마켓 서비스는 피고가 판매자와 구매자 사이에 물품거
래가 이루어질 수 있도록 사이버거래장소를 온라인으로 제공하는
것이다. 피고는 구매자에게 물품을 판매하거나 구매하지 않고, 판
매자와 구매자 사이에 성립된 거래와 관련한 책임은 판매자와 구
매자가 부담한다(을1, 오픈마켓 판매자약관 제4조, 제35조 제1항).

(나) 판매자는 상품의 명칭, 사양, 성분, 용량, 제조사 등 상품의 가치에
영향을 미치는 일체의 정보에 대해 그 진실성을 보장하고, 허위정
보로 인해 발생한 손해에 대해 손해배상책임을 진다. 피고가 판매
자로부터 미리 상품정보를 받고, 상품등록을 동의한 경우에도 상
품정보의 정확성이나 합법성 등에 대한 모든 책임은 판매자가 지
고, 피고는 이에 대해 책임이 없다(제11조 제2항). 다만, 피고는 상
품정보의 진실성이 의심되거나 그 정보의 진실성이 상품가치에 상

당한 영향을 미친다고 판단되는 경우에는 상품의 전시와 판매의 중단 및 연기, 상품정보의 변경과 삭제, 상품정보의 진실성을 입증할 서류의 제출 등을 판매자에 대해 요구할 수 있고, 피고가 직접 그 조치를 취할 수 있다(제11조 제3항).

(다) 타인의 지적재산권을 침해하는 물품, 허위·과장 광고한 물품 등은 매매부적합물품으로 피고의 오픈마켓을 통해 등록·판매할 수 없고, 매매부적합물품의 등록·판매로 인해 발생하는 민사상, 형사상 책임은 판매자가 부담한다(제32조 제1, 6항). 피고는 판매자의 고의 또는 과실로 매매부적합물품이 등록된 경우에는 즉시 해당 상품의 판매를 중지하고, 이를 판매자에 대해 통보하며, 매매부적합물건이 판매된 경우에는 해당 상품의 판매를 중지하고, 판매자에 대해 계약을 해지할 수 있다(제32조 제2, 3항).

(라) 피고는 판매자가 허위 또는 과장된 상품정보를 게재하거나 매매부적합물품을 등록 또는 판매한 경우 등에는 판매자에 대해 계약을 해지할 수 있다(제9조 제1항). 피고는 판매자가 게재하는 물품설명 등의 정보를 통제하거나 제한하지 않지만 판매자가 게재한 정보의 내용이 타인의 명예, 권리를 침해하거나 법규정을 위반한다고 판단하는 경우에는 이를 삭제할 수 있고, 판매취소, 판매중지, 기타 필요한 조치를 취할 수 있다(제33조 제3항).

(마) 피고의 오픈마켓 서비스를 이용하는 판매자 가운데 판매활동과 구매자의 구매만족도를 심사하여 우수한 판매자를 '스타셀러(판매활동, 구매만족도 등 피고가 정한 자격기준에 달하는 우수판매자)'로 선정하여 우대한다(제17조).

(2) 그런데 민법 제760조 제1항에 정해진 공동불법행위가 성립하기 위해서는 행위자 사이에 의사의 공통이나 행위 공동의 인식까지 필요하지는 않지만, 객관적으로 보아 행위자 각자의 고의 또는 과실에 기한 불법행위로 인한 피해자에 대한 권리침해가 공동으로 행하여지고, 그 행위가 손해발생에 공통의 원인이 되었다고 인정되는 경우라야 한다

(대법원 1989. 5. 23. 선고 87다카2723 판결, 대법원 1998. 2. 13. 선고 96다7854 판결, 대법원 2008. 4. 24. 선고 2007다44774 판결 등 참조).

앞서 본 전제 사실과 위 인정 사실에 따르면, 판매자들의 부정경쟁행위가 피고 운영의 오픈마켓(○○○○)을 통해 이루어지고 있기는 하지만, 판매자의 상품광고행위를 비롯하여 상품가격과 인도방법, 상품과 대금의 인도시기와 방법 등의 상품판매에 관련한 모든 내용은 판매자와 소비자 사이에 결정되고, 피고는 판매자와 구매자 사이의 거래행위가 이루어질 수 있는 장소만을 제공하고, 그 대가로 수수료를 지급받을 뿐이다. 그런데 피고가 부정경쟁행위를 하는 판매자의 신원을 공개하지 않고 있다고 인정할 증거가 없고, 원고들이 주장하는 피고의 부정경쟁행위에 대한 가담행위는 피고가 오픈마켓을 운영함에 있어 필요한 본질적인 시설제공행위 내지는 영업행위여서 부정경쟁행위를 하는 판매자에 대해서뿐만 아니라 피고의 오픈마켓(○○○○)을 통해 상품을 판매하는 모든 판매자에 대해 공통적으로 제공되는 행위이므로 피고가 이러한 행위를 하였다는 사정만으로 피고가 원고 1 주식회사의 " " 표장과 유사한 표지를 사용하는 판매자들의 부정경쟁행위에 가담하였다거나 판매자들의 부정경쟁행위에 적극적으로 기여하는 등 판매자들과 공동으로 부정경쟁행위를 하였다고 볼 수는 없다(또한, 다음에서 보는 바와 같이 피고가 판매자들의 부정경쟁행위를 방지할 주의의무가 있다거나 이를 위반하였다고 볼 수도 없다.). 따라서 원고들의 위 주장은 이유 없다.

다. 피고가 판매자의 부정경쟁행위를 알았거나 알 수 있었음에도 판매중단 등의 조치를 취하지 않고 이를 방치하여 부정경쟁행위를 방조하였는지 여부(오픈마켓 운영자인 피고가 판매자의 부정경쟁행위를 방지할 주의의무가 있는지 여부)

[원고들의 주장]

원고들은 피고에 대해 수차례에 걸쳐 피고 운영의 오픈마켓에서 국내에 널리 알려진 상품표지인 원고의 " " 표장과 동일하거나 유사한 이 사건 표장들이나 "K2 맷신", "K－2 Matsin" 등 "K2"나 "K－2"를 포함한 표지를 사용한 등산화를 판매하여 수요자로 하여금 상품출처에 관해 혼동을 일으키는 판매자들의 행위가 부정경쟁행위에 해당하므로 이에 대해 판매중단조치 등을 취하여 줄 것을 요청하였고, 이 사건 소송을 통해 원고들이 그 행위가 부정경쟁행위에 해당함을 충분히 설명하였으므로 피고도 판매자들의 행위가 부정경쟁행위라는 것을 알았다. 그럼에도 불구하고, 피고는 부정경쟁행위로 인한 판매자의 불법적인 수익 일부를 수수료 명목으로 받아 이익을 얻기 위해 판매중단조치 등 아무런 조치를 취하지 않고서 여전히 부정경쟁행위를 하는 판매자들에게 피고의 ○○○○를 통해 판매의 장소와 기회를 제공하고, 피고의 ○○○○를 통해 광고와 대금결제가 이루어지도록 하며, 부정경쟁행위를 하는 판매자의 상품을 믿고 구매할 수 있도록 신용등급을 부여하고, 부정경쟁행위를 하는 판매자의 신원을 적극적으로 은폐하면서 판매자의 부정경쟁행위를 방치함으로써 이를 방조하였다고 주장한다.

[피고의 반론]

피고 운영의 오픈마켓에서는 피고가 상품을 파는 것이 아니라 판매자들이 스스로 상품에 대한 정보를 등록하여 상품을 판매하는 것이고, 피고 운영의 오픈마켓에는 수없이 많은 상품들이 판매되고 있으므로 피고가 스스로 일일이 판매자의 상품판매가 부정경쟁행위에 해당한다고 판단하여 판매중지조치를 취한다는 것은 불가능하며, 권리자가 부정경쟁행위임을 합리적으로 증명한 경우에는 피고가 그에 따라 필요한 조치를 하면 충분하다. 그런데 원고 1 주식회사의 " " 표장이 본래 '현저한 지리적 명칭' 내지 '간단하고 흔히 있는 표장'에 해당하는 것으로서 자타 상품을 구분시키는 식별력이 없고, " " 표장이 사용에 의한 식별력을 취득하였는지, 주지의 상품표지인지 등에 관해 피고가 판단하기 어려우며, 원고 1 주식회사와 " " 표장과 유사한 표지를 사용하는 판매자 등과 사이에 발생한 분쟁과 관련한 판결에서도 " " 표장의 상품표지성과 주지성에 관하여 판단이 서로 상반되고 있었고, 판매자의 상품에 부착되어 사용되었고 원고들이 사용금지를 구하는 이 사건 표장들도 등록상표이어서 그 상표를 사용하는 것은 본래 부정경쟁행위에 해당하지 않는다. 이에 피고로서는 판매자가 이 사건 표장들이나 "K2 맷신", "K-2 Matsin" 등 "K2"나 "K-2"를 포함한 표지를 사용하는 것이 부정경쟁행위임을 알지 못하였고, 알 수도 없으며, 그러한 상황에서 피고가 판매중지조치를 취하는 경우에는 판매자들로부터 소송을 당할 위험도 있었으므로 피고로서는 판매자의 이 사건 표장들이나 "K2"나 "K-2"를 포함한 표지를 사용하는 부정경쟁행위를 방지할 주의의무가 없다. 더구나 그러한 주의의무가 있다고 하더라도 원고 1 주식회사로부터 개별적인 판매중단요청이 있는 경우에는 판매중단조치도 취하였으므로 주의의무를 다하였다는 취지로 다툰다.

[판단]

(1) 증거(갑11 내지 17, 19, 20, 41, 42, 44의 1·2, 46, 151 내지 156, 을 2, 3, 4)에 변론 전체의 취지를 종합하면, 다음과 같은 사실을 인정할 수 있다.

   (가) " " 표장의 주지성과 식별력에 관한 관련사건

   ① 원고들은 2004년 무렵부터 소외 1, 4, 5 등 "K2"를 변형하여 도안한 표지나 "K2"에 다른 문자를 병행하는 표지 등을 사용하면서 상품을 판매한 사람이나 회사를 상대로 그 표지가 원고들의 주지 상품표지인 "K2" 표지나 "케이-투" 표지 혹은 " " 표장과 동일하거나 유사하여 소외 4 등의 표지사용행위가 상품출처의 혼동을 야기하는 부정경쟁행위라고 주장하면서 그 행위의 금지를 구하는 가처분을 신청하여 "K2" 표지나 "케이-투" 표지 혹은 " " 표장 등이 주지의 상품표지임을 인정하여 원고들의 신청을 받아들이는 여러 건의 가처분결정을 받았고(대구지방법원 2004. 6. 14.자 2004카합82

결정, 서울중앙지방법원 2004. 12. 22.자 2004카합3396 결정, 대구지방법원 2005. 7. 18.자 2005카합645 결정, 서울중앙지방법원 2006. 3. 23.자 2006카합304 결정), 원고들은 소외 4를 상대로 위와 같은 주장을 하면서 부정행위의 금지청구를 하여 원고들의 청구를 받아들이는 판결이 선고되기도 하였다(대구지방법원 2005. 8. 16. 선고 2004가합7082 판결). 또한, 원고들은 소외 6, 7 등 "K2"를 변형하여 도안한 표지나 "K2"에 다른 문자를 병행하는 표지 등을 사용하면서 상품을 판매한 사람이나 회사를 상대로 부정경쟁방지법 위반 혐의로 고소를 제기하였고, 법원은 " " 표장이 주지의 상품표지임을 인정하여 소외 6, 7 등에게 유죄판결을 선고하였다(부산지방법원 2006. 1. 17. 선고 2004고단7336, 2005고단4(병합) 판결, 부산지방법원 2006. 7. 20. 선고 2006노223 판결, 서울동부지방법원 2006. 6. 20. 선고 2005고단2887, 2005고정2442(병합) 판결, 서울동부지방법원 2006. 10. 19. 선고 2006노683 판결).

② 그런데 원고 2의 아버지인 소외 3의 등록상표에 관한 상표불사용에 따른 등록취소심결에 대한 취소소송(특허법원 1998. 12. 3. 선고 98허7370 판결, 대법원 2000. 5. 30. 선고 98후2955 판결)과 소외 2 주식회사의 등록상표가 소외 3의 선출원에 의한 등록상표 ,와 유사하는 이유의 등록무효심결에 대한 취소소송(특허법원 2000. 4. 27. 선고 99허9557 판결, 대법원 2002. 6. 14. 선고 2000후1078 판결, 특허법원 2002. 11. 1. 선고 2002허5265 판결, 대법원 2003. 5. 30. 선고 2002후2853 판결) 과정에서 "K2" 또는 "K-2"는 외국어 문자 1개와 아라비아 숫자 1개만으로 이루어진 간단하고 흔히 있는 표장에 불과하거나 세계에서 두 번째로 높은 산의 이름으로서 현저한 지리적 명칭에 해당하므로 그 식별력이 없다는 내용의 판결도 여러 차례 선고되었다.

또한, 원고들이 소외 1을 상대로 소외 1의 등록상표 " "가 원고 1 주식회사의 주지표장인 " " 표장과 동일·유사하므로 그 등록이 무효라고 주장하여 특허심판원에 등록무효심판을 청구하였으나, “ ” 표장은 간단하고 흔히 있는 표장에 불과하거나 현저한 지리적 명칭에 해당하여 식별력이 없고, 사용에 의해 식별력을 취득하였거나 주지·저명한 표장이라고 볼 수 없다는 이유로 기각심결이 내려졌다(특허심판원 2005. 10. 31.자 2005당432 심결). 이에 원고들이 특허법원에 그 심결의 취소를 구하는 소송을 제기하였으나, 특허법원은 “ ” 표장이 소외 1의 등록상표의 출원일인 2003. 1. 9. 당시나 등록 당시인 2004. 10. 16.까지 사용에 의해 식별력을 취득하였거나 주지·저명한 표장이라고 볼 수 없다는 이유로 위 특허심판원의 심결과 같은 이유와 원고들의 청구를 기각하였다(특허법원 2006. 7. 7. 선고 2005허9930 판결).

③ 원고들은 과를 제외한 이 사건 표장들을 포함하여 “K2”나 “K-2”를 포함한 표장을 사용한 소외 2 주식회사 등을 상대로 소외 2 주식회사 등의 표지사용이 부정경쟁행위에 해당한다고 주장하면서 그 사용행위의 금지를 구하는 가처분을 신청하였으나, 원고들이 사용금지를 구하는 표지와 동일·유사한 표장을 소외 1이 상표등록을 하였고, 그 상표등록이 무효라고 단정하기 어렵다는 이유로 원고들의 가처분신청이 기각되었다(서울중앙지방법원 2006. 7. 19.자 2006카합1226 결정). 원고들이 그 결정에 항고하였고, 서울고등법원은 “ ” 표장이 가처분결정일을 기준으로 주지의 상품표지임을 인정하여 원고들의 가처분신청을 일부 받아들이는 결정을 하였다(서울고등법원 2007. 11. 7.자 2006라1067 결정).

④ 원고 1 주식회사는 2004. 8. 28. 특허청에 “ ” 표장과 동일한 “ ” 상표를 출원하였으나, 특허청은 2006. 7. 14. 그 구성이 간단하고 흔히 있는 표장만으로 된 상표로서 상표법 제6조 제1항 제6호에 해당한다는 이유로 그 등록을 거절하였다. 이에 불복하여 원고 1 주식회사가 특허심판원에 등록거절결정의 취소를 구하는 심판을 청구하였고, 특허심판원은 2007. 11. 29. “ ”가 간단하고 흔히 있는

표장이지만, 원고 1 주식회사의 상표사용에 의해 식별력을 취득하
였다고 인정하여 특허청의 등록거절결정을 취소하는 심결을 내렸고
(특허심판원 2006원7219), " " 표장이 2008. 6. 2. 상표등록되었다
(등록번호 제748685호).

⑤ 대법원은 2008. 9. 무렵 위와 같은 하급심 판결에 대한 상고사건에
서 " " 표장이 2004년 무렵 이미 국내에 원고 1 주식회사의 상품
표지로서 널리 알려서 주지성과 식별력을 취득하였다고 판단하였다
(대법원 2008. 9. 11.자 2007마1569 결정, 대법원 2008. 9. 11. 선
고 2006도7870 판결, 대법원 2008. 9. 25. 선고 2006도5357 판결,
대법원 2008. 9. 25. 선고 2006후2288 판결).

(나) 원고 1 주식회사의 피고에 대한 부정경쟁행위의 금지통지와 피고의
조치

① 원고 1 주식회사는 2006. 5. 16. 피고에 대해 " " 표장이 원고 1
주식회사의 주지 상품표지에 해당하고, 피고 운영의 오픈마켓에서
K－2 Matsin, K2MAN, K－2 PINATUBO 등의 상표가 붙은 등산
화를 원고 1 주식회사의 정품 K2 등산화로 오인시켜 판매하는 부
정경쟁행위를 하고 있다면서 ㉮ ○○○○에서 , 등 상표가 붙은
등산화를 판매하지 말고, ㉯ ○○○○에서 , 등 상표가 부착된 등
산화를 K2 등산화로 오인시켜 판매한 판매자의 아이디를 차단시키
며, ③ 원고 1 주식회사에 대해 ○○○○에서 부정경쟁행위를 통
해 판매된 등산화의 판매액에 관한 자료를 제공하고 손해배상을 하
라는 내용의 통지를 하였다. 이에 따라 피고는 2006. 5. 19. 원고 1
주식회사에 대해 피고는 오픈마켓을 운영하고 있을 뿐이고, 상품판
매에 관련한 모든 내용은 판매자와 소비자 사이에 결정되고, 피고
는 판매자와 구매자 사이의 거래행위가 이루어질 수 있는 사이버공
간을 제공하는 데 불과하며, 피고가 ○○○○에서 이루어지는 권
리침해행위를 일일이 파악할 수도 없으므로 원고 1 주식회사의 정
당한 권리침해신고가 있으면 이에 협조하겠다고 회답하였다(갑20).

② 피고는 2007. 1. 무렵부터 2008. 6. 무렵까지 원고 1 주식회사로부
터 여러 차례 "K2"나 "K-2"를 포함한 표지를 사용한 상품의 판
매를 요청받고 그 상품에 관해 판매중단조치를 취하였다.

③ 그러나 피고는 이 사건 표장들이나 "K2"나 "K-2"를 포함한 표지
를 등산화, 안전화 등 상품 자체나 그 상품의 광고에 사용한 상품
전부에 관해서는 스스로 판매중지조치를 취하지 않고 있다가 원고
1 주식회사로부터 위와 같은 하급심 판결에 대한 상고사건에서 " "
표장이 국내에 원고 1 주식회사의 상품표지로서 널리 알려서 주지
성과 식별력을 취득하였다고 판단한 대법원의 판결이 선고되었음을
통지받은 2008. 10. 중순 무렵부터는 피고의 ○○○○에서 판매되
는 "K2"나 "K-2"를 포함한 표지를 사용하는 등산화 등 상품을
검색하여 판매금지조치를 취하고 있다. 그러나 이 사건 표장들이나
"K2"나 "K-2"를 포함한 표지를 사용하는 상품이 새로이 피고 운
영의 오픈마켓에 등록되어 판매되는 것을 사전에 막을 특별한 방법
은 없다.

(2) 그런데 민법 제760조 제3항은 교사자나 방조자는 공동행위자로 본다
고 규정하여 교사자나 방조자에게 공동불법행위자로서 책임을 부담시
키고 있다. 여기에서 방조는 불법행위를 용이하게 하는 직접, 간접의
모든 행위를 가리키는 것으로서 작위에 의한 경우뿐만 아니라 작위의
무가 있는 자가 그것을 방지하여야 할 제반 조치를 취하지 아니하는
부작위로 인하여 불법행위자의 실행행위를 용이하게 하는 경우도 포
함하는 것이고, 형법과 달리 손해의 전보를 목적으로 하여 과실을 원
칙적으로 고의와 동일시하는 민법의 해석으로서는 과실에 의한 방조
도 가능하다. 이 경우 과실의 내용은 불법행위에 도움을 주지 않아야
할 주의의무가 있음을 전제로 하여 이 의무에 위반하는 것을 말한다
(대법원 1998. 12. 23. 선고 98다31264 판결, 대법원 2000. 4. 11. 선
고 99다41749 판결, 대법원 2003. 1. 10. 선고 2002다35850 판결, 대
법원 2007. 6. 14. 선고 2006다78336 판결 등 참조). 한편, 오픈마켓

에서는 오픈마켓이 제공하는 약관에 동의하는 사람은 누구든지 그 회원으로 가입할 수 있고, 상품의 등록, 가격, 판매, 상품정보의 등록 등은 모두 사이버상점의 판매자가 결정하며, 오픈마켓의 운영자는 전자상점가(사이버공간)를 제공함에 따른 수수료를 받을 뿐이므로 오픈마켓을 이용하여 상품을 구매한 소비자에 대하여도 원칙적으로는 판매자가 등록, 판매한 상품으로 인해 생기는 손해에 관해 책임을 부담하고, 오픈마켓 운영자는 판매자에 관한 소비자의 혼동을 막기 위해 상품의 판매로 인한 재화 등을 판매에 관해 오픈마켓 운영자가 책임이 없다는 사실을 미리 고지하면 판매한 상품으로 인해 생기는 손해에 관해 책임을 부담하지 않는다(전자상거래 등에서의 소비자보호에 관한 법률 제20조). 또한, 오픈마켓의 특성상 오픈마켓에서는 수많은 상품이 등록되어 판매되고, 그 판매상품에 대해 오픈마켓 운영자는 품질보증 등 오픈마켓에서 판매되는 상품에 관해 신용을 제공하지 않으며, 판매자의 신용으로 상품이 판매되는 것이므로 판매되는 상품이 타인의 특허권, 상표권, 저작권 등 지적재산권을 침해하거나 판매자의 상품판매가 부정경쟁행위에 해당할 가능성도 항상 존재하고 있지만, 오픈마켓 운영자가 그러한 권리침해행위의 직접 주체도 아니고, 그 침해 여부를 판단하기도 용이하지 않다. 따라서 오픈마켓에서 판매되는 상품이 타인의 권리를 침해할 수 있다는 일반적인 권리침해 가능성 내지는 개연성만을 들어 오픈마켓 운영자에 대해 판매자의 상품의 등록·판매행위가 부정경쟁행위 등 타인의 권리를 침해하는지를 일일이 검색하여 미리 삭제하는 등과 같이 판매자의 부정경쟁행위 등을 방지할 일반적인 주의의무를 부담시킬 수는 없다(오픈마켓 운영자에 대해 이와 같은 일반적인 주의의무를 부담시키는 것은 원칙적으로 타인의 행위로 인해 권리를 침해받은 자가 행해야 할 권리를 스스로 방어할 책임을 오픈마켓 운영자에게 전가시키는 것이다.). 그러므로 오픈마켓 운영자가 운영하는 오픈마켓에서 부정경쟁행위 등 타인의 권리를 침해하는 행위가 실제로 발생하고, 오픈마켓 운영자가 그 권리침해행위의 발생사실을 알았거나 알 수 있었다고 인정할 상당한 이유가 있으며, 오픈마켓 운영자가 그 침해행위의 발생 내지 위험성을 방지하거나 제거할 수 있는 구체적인 수단을 가지고 있는 경우에만 오픈마켓 운영자가 그 침해행위를 방지할 구체적인 방지의무가 발생한다고 볼 수 있으므로 이를 위반한 때에는 과실에 의한 방조책임을 부담한다고 보아야 한다. 이 경우에 오픈마켓 운영자가 그 침해행위의 발생 내지 위험성을 알았거나 알 수 있었다고 볼 상당한 이유가 있는지 여부는 권리침해행위라고 주장되는 해당 상품의 등록과 판매의 행태, 기간, 횟수, 오픈마켓 운영자가 권리자에 의해 권리침해행위라고 주장되는 해당 상품의 등록과 판매 등을 알고 있었는지 여부, 피해자의 오픈마켓 운영자에 대한 판매중지요청 등 구체적인 권리침해방지의 노력과 그와 관련해 오픈마켓 운영자가 취한 조치의 내용, 피해자와 침해자 이외의 제3자가 볼 때에 해당 상품의 등록과 판매 등이 부정경쟁행위 등 권리침해행위에 해당함을 알 수 있는지 여부 등을 종합적으로 고려하여 판단하여야 한다.

앞서 본 전제 사실과 위 인정 사실에 따르면, 피고 운영의 오픈마켓에서 다수의 판매자들에 의하여 " " 표장과 유사한 이 사건 표장들과 "K2"나 "K - 2"를 포함한 표장들을 사용하여 상품출처의 혼동을 가져오는 부정경쟁행위가 2006년 무렵부터 계속해서 이루어지고 있었다. 그러나 ① 판매자가 피고의 ○○○○에서 상품을 판매하려면 피고가 미리 마련한 약관에 동의한 이후 피고의 회원에 가입하는 것으로 충분하고, 그 후에 판매자에 의한 상품정보의 등록과 상품판매가 이루어지는 것이고, 피고로서는 판매자의 이 사건 표장들과 "K2"나 "K - 2"를 포함한 표장들을 사용한 상품정보의 입력을 미리 차단할 구체적인 수단을 가지고 있지 않으므로 피고가 판매자의 이 사건 표장들과 "K2"나 "K - 2"를 포함한 표장을 사용한 상품의 등록을 미리 방지할 주의의무는 없다. ② 한편, 이 사건 표장들과 "K2"나 "K - 2"를 포함한 표장을 사용하는 부정경쟁행위가 피고 운영의 오픈마켓에서 실제로 이루어지고 있고, 피고는 상품판매행위가 부정경쟁행위에 해당할 경우에는 그 상품에 관한 광고를 삭제하고, 그 상품에 관한 판매를 중지시키는 등의 구체적인 조치를 취할 수는 있다. 따라서 피고가 판매자들이 피고의 오픈마켓에서 이 사건 표장들과 "K2"나 "K－2"를 포함한 표장을 사용한 상품을 등록·판매하여 부정경쟁행위를 하였음을 알았거나 알 수 있었다고 인정할 상당한 이유가 있다면 피고는 그 행위를 방지할 주의의무를 부담한다. 또 이와 관련하여 원고 1 주식회사가 피고에 대해 " " 표장과 유사한 이 사건 표장들과 "K2"나 "K－2"를 포함한 표장을 사용하는 부정경쟁행위에 해당한다면서 판매중지 등의 조치를 취해 달라고 요청한 적도 있다. 그러나 " " 표장 자체가 원래는 간단하고 흔히 있는 표장 내지는 현저한 지리적 명칭에 해당하여 사용에 의해 식별력을 취득하지 않는 한 상품표지로서 기능할 수 없는 것이고, 나아가 부정경쟁방지법에 의해 보호받는 상품표지는 국내에 널리 알려진 주지표지여야 한다. 또 주지 상품표지와 대비되어 상품출처의 혼동을 야기하는 침해표지는 등록상표와 같이 고정된 외관을 가지고 상표공보에 게재되어 주지의 상품표지와 용이하게 대비할 수 있는 것이 아니라 구체적인 사용형태에 따라 다양한 모습이 있을 수 있다(이 사건에서도 "K2"나 "K－2"를 포함한 표지가 매우 다양하여 이를 일일이 열거하기 어렵다.). 따라서 피고와 같은 오픈마켓 운영자로서는 " " 표장의 상품표지로서의 주지성 및 식별력, " " 표장과 이 사건 표장들과 "K2"나 "K－2"를 포함한 표장의 유사성 등에 관한 판단이 쉽지 않다. 더구나 특허청, 특허심판원, 법원 등에서도 최근까지도 " " 표장의 주지성과 식별력에 관해 상반된 판단을 하고 있었고, 피고의 오픈마켓에서 "K2"나 "K－2"를 포함한 표장을 사용하는 개별 판매자의 행위가 부정경쟁행위에 해당한다고 판단한 본안판결도 없으며, 이 사건 표장들은 "K－2 Matsin"을 제외하고는 모두 등록상표이고, 그 등록상표의 사용이 부정경쟁의 목적으로 등록상표를 사용하여 상표권을 남용하는 것인지 여부는 그 등록

상표를 사용하는 구체적인 행태에 관해 개별적으로 판단되어야 하는 것이므로 피고가 이를 판단하기는 매우 어렵다. 나아가 피고는 개별 판매자에 대한 원고 1 주식회사의 판매중지요청에 응하기도 하였고, 원고 1 주식회사에 대해 원고 1 주식회사가 개별 판매자들의 상품판매행위가 부정경쟁행위에 해당함을 입증하면 이에 적극적으로 협조할 것이라는 의사도 밝혔다.

이와 같은 사정을 종합해 보면, 피고로서는 원고 1 주식회사의 권리침해신고로 특정되어 한정한 이 사건 표장들과 "K2"나 "K-2"를 포함한 표지를 사용하는 개별 판매자들에 관해서는 그 판매자들의 행위가 부정경쟁행위임을 알았거나 알 수 있었다고 볼 만한 상당한 이유가 있다고 볼 수 있지만, 나아가 피고가 원고 1 주식회사로부터 권리침해신고를 받지 않았지만 피고의 오픈마켓에서 이 사건 표장들이나 "K2"나 "K-2"를 포함한 표지를 상품 자체나 그 상품의 광고에 사용하여 판매하는 상품판매행위 전부에 관해서는 이를 부정경쟁행위임을 알았거나 알 수 있었다고 볼 만한 상당한 이유가 있다고 볼 수 없으므로 이에 관해서까지 판매중지조치 등 부정경쟁행위의 방지조치를 취하여야 할 주의의무를 부담한다고 보기는 어렵다. 그리고 피고가 여러 차례 원고 1 주식회사로부터 권리침해신고를 받고서 상품판매중지조치를 취하였음은 앞서 본 바와 같고(피고는 2008. 10. 중순 무렵부터는 피고의 ○○○○에서 판매되는 "K2"나 "K-2"를 포함한 표지를 사용하는 등산화 등 상품을 검색하여 판매금지조치를 취하고도 있다.), 달리 원고 1 주식회사로부터 상품번호, 판매자 등을 특정하여 그 개별 판매자들의 판매행위가 부정경쟁행위라는 증명과 함께 권리침해신고를 받았음에도 상품판매중지를 취하지 않았다는 증거는 없으므로 피고가 그 운영의 오픈마켓에서 개별 판매자의 부정경쟁행위를 방지하여야 할 주의의무를 다하였다고 보인다.

따라서 피고가 개별 판매자들의 부정경쟁행위를 방지하여야 할 주의의무를 부담하거나 그 주의의무를 위반하였음을 전제로 하는 원고들의 방조책임 주장은 받아들이지 않는다.

또한, 부정경쟁행위의 금지청구의 상대방은 부정경쟁행위를 현재 계속하고 있는 자 또는 그 행위를 할 개연성이 높은 자에 해당하여야 하고, 직접의 부정경쟁행위의 행위자 이외에 법률상 그 부정경쟁행위에 의해 스스로도 행위를 하고 있다고 평가할 수 있는 관계에 있는 자도 포함되지만, 오픈마켓의 운영자인 피고의 경우에는 위와 같은 이유로 오픈마켓에서 직접 판매행위를 통하여 이루어지는 부정경쟁행위로 인해 피고 스스로도 그와 같은 부정경쟁행위를 하고 있다고 평가할 수 있는 관계에 있다고 보기도 어려우므로 피고가 원고에게 원고가 주장하는 바와 같은 부정경쟁행위를 금지할 의무를 부담한다고 볼 수도 없다.

라. 피고가 판매자의 부정경쟁행위에 관해 사용자책임을 지는지 여부

[원고들의 주장]

원고들은 피고가 피고의 오픈마켓을 통해 부정경쟁행위를 한 판매자를 지휘·감독할 책임이 있으므로 부정경쟁행위를 한 판매자의 사용자로서 원고들에 대해 민법 제756조에 따른 사용자책임을 진다고 주장한다.

[판단]

그러나 피고가 부정경쟁행위를 한 판매자에 대해 민법 제756조에 정한 사용자의 지위에 있음에 관하여 아무런 구체적인 주장·입증이 없다. 원고들의 이 부분 주장은 이유 없다.

4. 결론

따라서 원고들의 피고에 대한 청구는 모두 이유 없으므로 이를 기각한다.

판사 이균용(재판장) 유상현 김유진

14 금지행위에 대한 판례

사건명: 손해배상(기)

대법원, 2008.12.24, 2008다58961

【판시사항】

인터넷 사이트를 운영하는 콘텐츠 제공회사가 전자상거래 등에서의 소비자보호에 관한 법률을 위반하였음을 이유로 결제대행회사가 콘텐츠 제공회사와의 계약을 해지한 것은 적법하다고 한 사례

【참조조문】

전자상거래 등에서의 소비자보호에 관한 법률 제21조 제1항

【전문】

【원고, 상고인】

【피고, 피상고인】

【원심판결】 서울고법 2008.7.4. 선고 2007나95552 판결

【주문】 상고를 기각한다. 상고비용은 원고가 부담한다.

【이유】 상고이유를 본다.

1. 민원처리 관련 계약해지 사유에 대하여

원심은 제1심판결을 인용하여, 이 사건 계약 제9조는 "유무선 결제시스템 결제 후 발생된 이용자의 클레임(민원)의 경우 원고와 피고 중 귀책사유가 있는 쪽이 책임을 지며 문제해결을 위하여 상호 최대한 협조한다."고 규정하고 있고, 제10조는 "이용자가 유무선 결제시스템을 이용하여 거래 승인된 건에 대해 취소 및 환불을 요구하는 경우 그 취소 및 환불의 권한은 원고에게 있다."고 규정하고 있는 사실, 원고가 운영하는 인터넷 사이트에 대한 민원의 주된 내용들은 동의 없는 유료회원 가입, 유료회원 및 자동결제

에 대한 미고지, 회원가입 해지 및 환불 요구 불이행 등 원고가 운영하는 인터넷 사이트의 유료회원 가입 및 취소·환불과 관련된 것이라는 사실을 인정한 다음, 그 판시와 같은 이유로 원고가 운영하는 인터넷 사이트에 대한 그 판시 기재 민원들은 원고의 귀책사유로 인하여 발생한 것이고 이를 해결할 책임은 원고에게 있다고 할 것인데, 원고가 피고의 지속된 민원 해결 및 유료회원 결제 개선 요구에 응하지 않아 피고가 이 사건 계약을 해지하게 되었으므로, 원고가 이 사건 계약 제9조를 위반하였다는 이유로 피고가 이 사건 계약을 해지한 것은 적법하다고 판단하였다.

원심판결 이유를 기록에 비추어 살펴보면, 원심의 이와 같은 사실인정 및 판단은 정당한 것으로 수긍할 수 있다.

원심판결에는 상고이유에서 주장하는 바와 같이 채증법칙을 위반하거나 계약의 해석을 그르친 위법 등이 없다.

2. 원고의 '전자상거래 등에서의 소비자보호에 관한 법률(이하 전자상거래법 이라고 한다.)' 제21조 위반 여부에 대하여

원심판결 이유에 의하면, 원심은, 원고가 자신이 운영하는 인터넷 사이트에 무료로 가입하여 1주일 동안 유료회원의 서비스를 받도록 하는 이 사건 이벤트를 실시하면서 그 인터넷 사이트 화면에서 "무료체험", "공짜"라는 문구를 크게 강조하는 반면에 "7일 무료체험 후에는 자동 정회원으로 전환되어 월정액 2,000원이 부과됩니다."라는 안내 문구는 이용자가 인지하기 어렵게 화면 하단에 작은 글씨체로 표기한 것은 이용자가 이러한 내용을 제대로 인식하지 못한 채 부주의로 이벤트에 참여하게끔 유도한 것이며, 또한 원고가 자신이 운영하는 인터넷 사이트의 자동결제 유료회원들에게 매월 회비 결제 시에 "<자동맞춤짝 서비스 원고 주식회사> 원고 주식회사 모바일 회원인지 메시지 2,000원 피고 주식회사" 또는 "맞춤짝이 나타났습니다. 원고 주식회사 2,000원 결제 피고 주식회사"라는 문구로 문자메시지를 발송한 것은 자동결제를 알리는 문자메시지를 보내면서도 이를 받아보

는 사람이 스팸 문자메시지 또는 결제 승인 요청 메시지인 것처럼 오인할
수 있도록 함으로써 매월 자동결제가 진행되고 있다는 사실을 정확히 알리
지 않은 것이므로, 이러한 원고의 행위는 전자상거래법 제21조 제1항 제1
호의 기만적 방법을 사용하여 소비자를 유인 또는 거래하거나 청약철회 등
또는 계약의 해지를 방해하는 행위에 해당한다고 인정하고, 한편 원고의 위
와 같은 기만적 행위로 원고가 운영하는 인터넷사이트의 자동결제 유료회
원으로 된 사람들이 그 회원 탈퇴 및 환불을 요청하였음에도 원고가 이에
성실히 응하지 않은 것은 전자상거래법 제21조 제1항 제2호(제3호의 오기
로 보인다.)의 분쟁이나 불만처리에 필요한 인력 또는 설비의 부족을 상당
기간 방치하여 소비자에게 피해를 주는 행위에 해당한다고 인정한 다음, 원
고가 전자상거래법을 위반하였다는 이유로 피고가 이 사건 계약을 해지한
것은 적법하다고 판단하였다.

원심판결 이유를 관계법령과 기록에 비추어 살펴보면, 원심의 이와 같은
사실인정 및 판단은 정당한 것으로 수긍할 수 있다.

원심판결에는 상고이유에서 주장하는 바와 같이 채증법칙을 위반하거나
전자상거래법에 관한 법리 등을 오해한 위법이 없다.

3. 판단누락 주장에 대하여

원심이 인용한 제1심판결 이유를 기록에 비추어 살펴보면, 원심이 그 판
시와 같은 이유를 들어 원고가 운영하는 인터넷 사이트에 대한 그 판시 기
재 민원들은 원고의 귀책사유로 인하여 발생한 것이고 이를 해결할 책임은
원고에게 있다고 판단한 취지 속에는, 원고가 운영하는 인터넷 사이트에 대
한 그 판시 기재 민원들에 대하여 피고 측에도 책임이 있다는 원고의 주장
을 배척하는 취지도 포함되어 있다고 볼 수 있으므로, 원심이 그에 대한 판
단을 누락하였다는 원고의 상고이유 주장은 받아들이기 어렵다.

4. 결론

그러므로 상고를 기각하고, 상고비용은 패소자가 부담하기로 하여 관여 대법관의 일치된 의견으로 주문과 같이 판결한다.

대법관 차한성(재판장) 고현철 김지형(주심) 전수안

15 전자거래기본법

[시행 2009.3.18] [법률 제9504호, 2009.3.18, 일부개정]
지식경제부(정보통신활용과), 02 – 2110 – 5153

제1장 총칙

제1조 (목적) 이 법은 전자거래의 법률관계를 명확히 하고 전자거래의 안전성과 신뢰성을 확보하며 전자거래의 촉진을 위한 기반을 조성함으로써 국민경제의 발전에 이바지함을 목적으로 한다.

제2조 (정의) 이 법에서 사용하는 용어의 정의는 다음과 같다. <개정 2005.-3.31>

1. "전자문서"라 함은 정보처리시스템에 의하여 전자적 형태로 작성, 송신·수신 또는 저장된 정보를 말한다.
2. "정보처리시스템"이라 함은 전자문서의 작성, 송신·수신 또는 저장을 위하여 이용되는 정보처리능력을 가진 전자적 장치 또는 체계를 말한다.
3. "작성자"라 함은 전자문서를 작성하여 송신하는 자를 말한다.
4. "수신자"라 함은 작성자가 전자문서를 송신하는 상대방을 말한다.

5. "전자거래"라 함은 재화나 용역을 거래함에 있어서 그 전부 또는
   일부가 전자문서에 의하여 처리되는 거래를 말한다.
6. "전자거래사업자"라 함은 전자거래를 업으로 하는 자를 말한다.
7. "전자거래이용자"라 함은 전자거래를 이용하는 자로서 전자거래사
   업자 외의 자를 말한다.
8. "공인전자문서보관소"라 함은 제31조의2제1항의 규정에 의하여 지
   정을 받아 타인을 위하여 전자문서를 보관 또는 증명하거나 그 밖
   에 전자문서와 관련된 업무(이하 "전자문서보관등"이라 한다)를 수
   행하는 법인을 말한다.

제3조 (적용범위) 이 법은 다른 법률에 특별한 규정이 있는 경우를 제외
하고 모든 전자거래에 적용한다.

제2장 전자문서

제4조 (전자문서의 효력)
① 전자문서는 다른 법률에 특별한 규정이 있는 경우를 제외하고는 전자
   적 형태로 되어 있다는 이유로 문서로서의 효력이 부인되지 아니한다.
② 별표에서 정하고 있는 법률의 규정에 의한 기록·보고·보관·비치
   또는 작성 등의 행위가 전자문서로 행하여진 경우 당해 법률에 의한
   행위가 이루어진 것으로 본다. <신설 2005.3.31>

제5조 (전자문서의 보관)
① 전자문서가 다음 각 호의 요건을 갖춘 경우에는 그 전자문서의 보관
   으로 관계 법령이 정하는 문서의 보관에 갈음할 수 있다.
  1. 전자문서의 내용을 열람할 수 있을 것
  2. 전자문서가 작성 및 송신·수신된 때의 형태 또는 그와 같이 재현
     될 수 있는 형태로 보존되어 있을 것

3. 전자문서의 작성자, 수신자 및 송신·수신일시에 관한 사항이 포함되어 있는 경우에는 그 부분이 보존되어 있을 것

② 종이문서 그 밖에 전자적 형태로 작성되지 아니한 문서(이하 "전자화대상문서"라 한다)를 정보처리시스템이 처리할 수 있는 형태로 변환한 문서(이하 "전자화문서"라 한다)가 다음 각 호의 요건을 모두 갖춘 경우에는 그 전자화문서를 보관하는 것으로 관계 법령으로 정하는 문서의 보관에 갈음할 수 있다. 다만, 다른 법령에 특별한 규정이 있는 경우에는 그러하지 아니하다. <신설 2007.5.17>

1. 전자화문서가 전자화대상문서와 그 내용 및 형태가 동일할 것

2. 제1항 각 호의 요건을 모두 갖출 것

③ 제2항에 따른 전자화대상문서와 전자화문서의 내용 및 형태의 동일성에 관한 요건, 전자화문서의 작성 방법 및 절차 그 밖에 필요한 사항은 지식경제부장관이 정하여 고시한다. <신설 2007.5.17, 2008.2.29>

④ 제1항 및 제2항을 적용함에 있어서 송신 또는 수신만을 위하여 필요한 부분은 전자문서 또는 전자화문서로 보지 아니할 수 있다. <개정 2007.5.17>

제6조 (송신·수신의 시기 및 장소)

① 전자문서(전자화문서를 포함한다. 이하 같다)는 수신자 또는 그 대리인이 당해 전자문서를 수신할 수 있는 정보처리시스템에 입력된 때에 송신된 것으로 본다. <개정 2007.5.17>

② 전자문서는 다음 각 호의 1에 해당하는 때에 수신된 것으로 본다.

1. 수신자가 전자문서를 수신할 정보처리시스템을 지정한 경우에는 지정된 정보처리시스템에 입력된 때. 다만, 전자문서가 지정된 정보처리시스템이 아닌 정보처리시스템에 입력된 경우에는 수신자가 이를 출력한 때를 말한다.

2. 수신자가 전자문서를 수신할 정보처리시스템을 지정하지 아니한 경우에는 수신자가 관리하는 정보처리시스템에 입력된 때

③ 전자문서는 작성자 또는 수신자의 영업소 소재지에서 각각 송신 또는
수신된 것으로 본다. 이 경우 영업소가 2 이상인 때에는 당해 전자문
서의 주된 관리가 이루어지는 영업소 소재지에서 송신·수신된 것으
로 본다. 다만, 작성자 또는 수신자가 영업소를 가지고 있지 아니한
경우에는 그의 상거소(常居所)에서 송신·수신된 것으로 본다.

제7조 (작성자가 송신한 것으로 보는 경우)

① 작성자의 대리인 또는 자동으로 전자문서를 송신·수신하도록 구성된
컴퓨터프로그램 그 밖의 전자적 수단에 의하여 송신된 전자문서에 포
함된 의사표시는 작성자가 송신한 것으로 본다.

② 전자문서의 수신자는 다음 각 호의 1에 해당하는 경우에는 전자문서
에 포함된 의사표시를 작성자의 것으로 보아 행위할 수 있다.

  1. 전자문서가 작성자의 것이었는지를 확인하기 위하여 수신자가 미리
     작성자와 합의한 절차를 따른 경우

  2. 수신된 전자문서가 작성자 또는 그 대리인과의 관계에 의하여 수신
     자가 그것이 작성자 또는 그 대리인의 의사에 기한 것이라고 믿을
     만한 정당한 이유가 있는 자에 의하여 송신된 경우

③ 제2항의 규정은 다음 각 호의 1에 해당하는 경우에는 이를 적용하지
아니한다.

  1. 수신자가 작성자로부터 전자문서가 작성자의 것이 아님을 통지받고
     그에 따라 필요한 조치를 취할 상당한 시간이 있었던 경우

  2. 제2항제2호의 경우에 전자문서가 작성자의 것이 아님을 수신자가
     알았던 경우 또는 상당한 주의를 하였거나 작성자와 합의된 절차를
     따랐으면 알 수 있었을 경우

제8조 (수신한 전자문서의 독립성) 수신한 전자문서는 문서마다 독립된
것으로 본다. 다만, 수신자가 작성자와 합의된 확인절차를 따르거나 상당한
주의를 하였더라면 동일한 전자문서가 반복되어 송신된 것임을 알 수 있었
을 경우에는 그러하지 아니하다.

제9조 (수신확인)

① 작성자가 수신확인을 조건으로 하여 전자문서를 송신한 경우 작성자가 수신확인통지를 받기 전까지는 그 전자문서는 송신되지 아니한 것으로 본다. 이 경우 「민법」 제534조의 규정은 적용하지 아니한다. <개정 2007.5.17>

② 작성자가 수신확인을 조건으로 명시하지 아니하고 수신확인통지를 요구한 경우 상당한 기간(작성자가 지정한 기간 또는 작성자와 수신자 간에 약정한 기간이 있는 경우에는 그 기간을 말한다) 내에 작성자가 수신확인통지를 받지 못한 때에는 작성자는 그 전자문서의 송신을 철회할 수 있다.

제10조 (작성자와 수신자 간 약정에 의한 변경) 작성자와 수신자는 다른 법령에 특별한 규정이 있는 경우를 제외하고는 제6조 내지 제9조의 규정과 다른 약정을 할 수 있다.

제11조 (전자서명에 관한 사항) 전자거래를 함에 있어서 전자서명에 관한 사항은 「전자서명법」이 정하는 바에 따른다. <개정 2007.5.17>

제3장 전자거래의 안전성 확보 및 소비자보호

제12조 (개인정보보호)

① 정부는 전자거래의 안전성 및 신뢰성을 확보하기 위하여 전자거래이용자의 개인정보를 보호하기 위한 시책을 수립·시행하여야 한다.

② 전자거래사업자는 전자거래이용자의 개인정보를 수집·이용·제공 및 관리함에 있어서 「정보통신망 이용촉진 및 정보보호 등에 관한 법률」 등 관련 규정을 준수하여야 한다. <개정 2007.5.17>

제13조 (영업비밀보호)

① 정부는 전자거래의 안전성 및 신뢰성을 확보하기 위하여 전자거래이
용자의 영업비밀을 보호하기 위한 시책을 수립하여 시행하여야 한다.

② 전자거래사업자(정보처리시스템의 운영을 위탁받은 자를 포함한다. 이
하 이 조에서 같다)는 전자거래이용자의 영업비밀을 보호하기 위한
조치를 강구하여야 한다.

③ 전자거래사업자는 전자거래이용자의 동의를 얻지 아니하고는 당해 이
용자의 영업비밀을 타인에게 제공하거나 누설하여서는 아니 된다.

④ 제1항 내지 제3항의 규정에 의한 영업비밀의 범위, 보호조치 등에 관
하여 필요한 사항은 대통령령으로 정한다.

제14조 (암호제품의 사용)

① 전자거래사업자는 전자거래의 안전성 및 신뢰성을 확보하기 위하여
암호제품을 사용할 수 있다.

② 정부는 국가안전보장을 위하여 필요하다고 인정하는 경우에는 암호제
품의 사용을 제한하고, 암호화된 정보의 원문 또는 암호기술에의 접
근에 필요한 조치를 할 수 있다.

제15조 (소비자보호시책의 수립·시행 등)

① 정부는 「소비자기본법」·「방문판매 등에 관한 법률」 등 관계 법령의
규정에 따라 전자거래와 관련되는 소비자의 기본권익을 보호하고 전
자거래에 관한 소비자의 신뢰성을 확보하기 위한 시책을 수립·시행
하여야 한다. <개정 2006.9.27, 2007.5.17>

② 정부는 전자거래와 관련된 부당행위가 발생하지 아니하도록 전자거래
사업자 및 사업자단체에게 자율적으로 행동규범을 제정할 것을 권장
할 수 있다.

제16조 (소비자 피해의 예방과 구제)

① 정부는 전자거래와 관련되는 소비자 피해의 발생을 예방하기 위하여

소비자에 대한 정보의 제공, 교육의 확대 등에 관한 시책을 수립·시행하여야 한다.

② 정부는 전자거래와 관련되는 소비자의 불만과 피해를 신속하고 공정하게 처리할 수 있도록 필요한 조치를 수립·시행하여야 한다.

제17조 (전자거래사업자의 일반적 준수사항) 전자거래사업자는 전자거래와 관련되는 소비자를 보호하고 전자거래의 안전성 및 신뢰성을 확보하기 위하여 다음 각 호의 사항을 준수하여야 한다. <개정 2008.3.21>

1. 상호(법인의 경우에는 대표자의 성명을 포함한다) 그 밖에 자신에 관한 정보와 재화·용역·계약 조건 등에 관한 정확한 정보의 제공
2. 소비자가 쉽게 접근·인지할 수 있도록 약관의 제공 및 보존
3. 소비자가 자신의 주문을 취소 또는 변경할 수 있는 절차의 마련
4. 청약의 철회, 계약의 해제 또는 해지, 교환, 반품 및 대금환급 등을 쉽게 할 수 있는 절차의 마련
5. 소비자의 불만과 요구사항을 신속하고 공정하게 처리하기 위한 절차의 마련
6. 거래의 증명 등에 필요한 거래기록의 일정기간 보존

제18조 (전자거래사업자에 대한 인증) 정부는 소비자를 보호하고 전자거래사업자의 건전한 발전을 위하여 우수한 전자거래사업자에 대한 인증사업을 지원할 수 있다.

제4장 전자거래기본정책의 수립 및 추진체계

제19조 (전자거래기본정책의 원칙과 정부의 책무) 정부는 전자거래의 촉진을 위하여 민간주도에 의한 추진, 규제의 최소화, 전자거래의 안전성·신뢰성 확보, 국제협력의 강화 등의 원칙에 따라 전자거래에 관한 기본정책을 수립·시행하여야 한다.

제20조 (전자거래촉진계획의 수립·시행)

① 정부는 제19조의 규정에 의한 전자거래기본정책의 원칙에 따라 다음 각 호의 사항이 포함된 계획(이하 "전자거래촉진계획"이라 한다)을 수립·시행하여야 한다.

1. 전자거래촉진계획의 기본방향
2. 전자거래와 관련된 국제규범에 관한 사항
3. 전자결제제도에 관한 사항
4. 지적재산권의 보호에 관한 사항
5. 전자거래당사자의 권익보호에 관한 사항
6. 전자거래의 안전성 및 신뢰성의 확보에 관한 사항
7. 전자거래에 관한 기술의 개발 및 표준화에 관한 사항
8. 전자거래의 촉진에 필요한 환경조성 및 수요창출에 관한 사항
9. 전자거래와 관련된 국제협력에 관한 사항
10. 전자거래의 촉진에 필요한 기반조성의 지원에 관한 사항
11. 초고속정보통신망의 구축 및 이용활성화에 관한 사항
12. 그 밖에 전자거래를 촉진하기 위하여 필요한 사항

② 전자거래촉진계획과 관련된 관계중앙행정기관(이하 "관계중앙행정기관"이라 한다)의 장은 제1항 각 호의 사항에 관한 소관별 부문계획을 수립하고 주요정책의 수립과 그 집행에 있어서 이를 고려하여야 한다.

③ 전자거래촉진계획은 지식경제부장관이 관계중앙행정기관별 부문계획을 종합하여 수립하며, 「정보화촉진기본법」 제8조에 따른 정보화추진위원회의 심의를 거쳐 이를 확정한다. <개정 2009.3.18>

제21조 삭제 <2009.3.18>

제22조 (한국전자거래진흥원)

① 정부는 전자거래의 촉진을 위한 사업을 효율적·체계적으로 추진하고 전자거래관련 정책의 개발을 지원하기 위하여 한국전자거래진흥원(이하 "진흥원"이라 한다)을 둔다.

② 진흥원은 법인으로 한다.

③ 진흥원은 전자거래에 관한 다음 각 호의 사업을 한다. <개정 2005.3.31, 2007.5.17, 2008.2.29>

  1. 국내외 조사연구 및 출판·홍보·진흥사업

  2. 제도의 연구 및 환경조성사업

  3. 제18조의 규정에 의한 우수한 전자거래사업자에 대한 인증사업

  4. 삭제 <2009.3.18>

  5. 삭제 <2009.3.18>

  6. 제24조의 규정에 의한 표준의 연구개발·보급사업 및 국제표준화 활동

  7. 제25조의 규정에 의한 기술개발의 지원사업

  8. 제29조의 규정에 의한 전자거래 촉진을 위한 국제교류 및 협력사업

  9. 제31조의2의 규정에 의한 공인전자문서보관소의 지정업무에 대한 지원

  10. 제31조의8의 규정에 의한 전자문서보관등업무준칙의 신고업무에 대한 지원

  11. 제31조의9제3항의 규정에 의한 공인전자문서보관소의 전자문서 보호를 위한 조치에 대한 기술 등의 지원

    11의2. 제31조의10제1항에 따른 공인전자문서보관소의 정기점검

    11의3. 제31조의15제3항에 따른 보관문서등 인수업무

  12. 제32조의 규정에 의한 전자거래분쟁조정위원회의 운영

  13. 그 밖에 지식경제부장관 또는 관계중앙행정기관의 장이 위탁하는 사업

④ 진흥원은 제1항의 규정에 의한 목적달성에 필요한 경비를 조달하기 위하여 대통령령이 정하는 바에 의하여 수익사업을 할 수 있다.

⑤ 정부는 예산의 범위 안에서 진흥원의 운영에 필요한 경비의 전부 또는 일부를 보조할 수 있다.

⑥ 진흥원은 진흥원의 운영 및 사업수행에 필요한 경비에 충당하게 하기

위하여 전자거래사업자로부터 출연받을 수 있다.

⑦ 진흥원은 대통령령이 정하는 바에 따라 진흥원이 개발한 표준을 사용하는 자로부터 사용료를 받을 수 있다.

⑧ 진흥원에 관하여 이 법에서 정한 것을 제외하고는「민법」중 재단법인에 관한 규정을 준용한다. <개정 2007.5.17>

제5장 전자거래의 촉진 및 기반조성

제23조 (전자문서 이용의 촉진 등 <개정 2007.5.17>)

① 정부는 전자문서의 이용을 촉진하기 위하여 각종 법령의 정비 등 필요한 시책을 수립·시행하여야 한다.

② 지식경제부장관은 전자문서의 이용을 촉진하기 위하여 전자문서의 보관에 필요한 요건·방법·절차에 관한 표준지침을 정하여 고시할 수 있다. <신설 2005.3.31, 2008.2.29>

③ 지식경제부장관은 전자화문서의 신뢰성을 확보하기 위하여 전자화문서의 작성에 사용되는 시설 또는 장비에 대하여 인증을 부여할 수 있다. <신설 2007.5.17, 2008.2.29>

④ 제3항에 따른 시설 또는 장비에 대한 인증과 관련하여 인증 대상·기준·절차 및 관리방법 그 밖에 필요한 사항은 지식경제부령으로 정한다. <신설 2007.5.17, 2008.2.29>

⑤ 지식경제부장관은 제3항에 따라 인증을 부여한 시설 또는 장비에 대하여 그 운영실태와 사후관리상태를 조사하여야 하며, 조사결과 인증기준에 부적합하다고 인정하는 때에는 시정명령 등 필요한 조치를 취할 수 있다. <신설 2007.5.17, 2008.2.29>

⑥ 지식경제부장관은 제3항에 따라 인증을 부여한 시설 또는 장비가 다음 각 호의 어느 하나에 해당하는 때에는 인증을 취소할 수 있다. 다만, 제1호에 해당하는 때에는 인증을 취소하여야 한다. <신설 2007.-

5.17, 2008.2.29>

1. 거짓 그 밖의 부정한 방법으로 인증을 받은 때
2. 시설 또는 장비가 인증기준에 현저히 미달하여 전자화문서의 신뢰성을 훼손할 우려가 있는 때
3. 제5항에 따른 시정명령을 이행하지 아니한 때

제24조 (전자거래의 표준화)

① 정부는 전자거래의 효율적 운용과 관련기술의 호환성 확보를 위하여 다음 각 호의 사항을 추진하여야 한다.
1. 전자문서 등 전자거래와 관련된 표준의 제정·개정 및 폐지와 그 보급
2. 전자거래와 관련된 국내외 표준의 조사·연구·개발
3. 그 밖에 전자거래와 관련된 표준화에 관하여 필요한 사항

② 삭제 <2009.3.18>

③ 정부는 제1항 각 호의 사항을 효율적으로 추진하기 위하여 필요한 경우에는 관련기관 및 민간단체로 하여금 이를 대행하게 할 수 있다. 이 경우 대통령령이 정하는 바에 따라 이에 소요되는 비용을 지원할 수 있다.

제25조 (전자거래 기술개발의 추진) 정부는 전자거래의 촉진에 필요한 기술의 개발과 기술수준의 향상을 위하여 다음 각 호의 사항을 추진하여야 한다.
1. 전자거래에 관한 기술수준의 조사, 기술의 연구개발, 개발된 기술의 활용에 관한 사항
2. 전자거래에 관한 기술협력·기술지도 및 기술이전에 관한 사항
3. 전자거래에 관한 기술정보의 원활한 유통 및 산학연협력에 관한 사항
4. 그 밖에 전자거래에 관한 기술개발과 관련하여 필요한 사항

제26조 (전자거래 전문인력의 양성)

① 정부는 전자거래의 촉진을 위하여 필요한 전문인력을 양성하는 데 노력하여야 한다.

② 정부는 제1항에 따른 전문인력의 양성을 위하여 「정부출연연구기관 등의 설립·운영 및 육성에 관한 법률」에 의한 정부출연 연구기관 등 연구소, 「고등교육법」에 의한 학교, 민간교육기관 그 밖의 관련기관에 대하여 그 사업 수행에 필요한 경비의 전부 또는 일부를 지원할 수 있다. <개정 2007.5.17, 2008.3.21>

③ 제2항의 규정에 의한 전자거래 전문인력 양성기관에 대한 경비 지원 등에 관하여 필요한 사항은 대통령령으로 정한다.

제27조 (공공부문의 전자거래 추진) 국가기관, 지방자치단체, 「공공기관의 운영에 관한 법률」 제4조에 따른 공공기관 및 공공단체 등(이하 "국가기관등"이라 한다)은 그 기관의 운영에 필요한 재화 또는 용역의 조달이나 기관의 사업을 전자거래로 수행하기 위한 계획을 수립하여 추진하여야 한다. <개정 2009.2.6>

제28조 (전자거래통계 등 실태조사)

① 지식경제부장관은 전자거래촉진정책의 효과적인 수립·시행을 위하여 전자거래통계 등 실태조사를 실시할 수 있다. 이 경우 전자거래통계를 작성함에 있어서는 「통계법」을 준용한다. <개정 2007.4.27, 2007.5.17, 2008.2.29>

② 지식경제부장관은 제1항의 규정에 의한 전자거래통계 등 실태조사를 위하여 필요한 경우에는 국가기관등, 전자거래사업자 또는 전자거래관련 법인·단체에 대하여 자료의 제출이나 의견의 진술 등을 요구할 수 있다. <개정 2008.2.29>

③ 제2항의 규정에 의하여 자료의 제출 등을 요구받은 국가기관등, 전자거래사업자 또는 전자거래관련 법인·단체는 이에 협조하여야 한다.

④ 전자거래통계 등 실태조사의 실시에 관하여 필요한 사항은 대통령령

으로 정한다.

제29조 (전자거래의 국제화)

① 정부는 전자거래에 관한 국제협력을 촉진하기 위하여 전자거래에 관한 정보·기술·인력의 교류, 공동조사·연구 및 기술협력, 국제표준화 등의 사업을 지원할 수 있다.

② 정부는 국제기구에서의 전자거래에 관련된 논의에 적극적으로 참여하여 대응하고, 전자거래사업자의 해외시장 진출을 활성화하기 위하여 노력하여야 한다.

제30조 (전자상거래지원센터)

① 정부는 중소기업의 전자거래 촉진을 위하여 필요한 시책을 마련하여 추진하여야 한다.

② 지식경제부장관은 중소기업의 전자거래를 촉진하기 위하여 전자거래와 관련한 교육훈련, 기술지도, 경영자문, 정보제공 등을 지원하는 기관을 전자상거래지원센터(이하 "지원센터"라 한다)로 지정할 수 있다. <개정 2008.2.29>

③ 지원센터의 지정기준, 사업추진실적보고 및 경비지원 등에 관하여 필요한 사항은 대통령령으로 정한다. <개정 2008.3.21>

제30조의2 (지원센터의 지정취소) 지식경제부장관은 지원센터가 다음 각 호의 어느 하나에 해당하면 그 지정을 취소할 수 있다. 다만, 제1호에 해당하면 지정을 취소하여야 한다.

  1. 거짓이나 그 밖의 부정한 방법으로 지원센터로 지정을 받은 경우

  2. 정당한 사유 없이 계속하여 2년 이상 사업추진실적이 없는 경우

  3. 제30조제3항에 따른 지정기준에 적합하지 아니하게 된 경우

[본조신설 2008.3.21]

제31조 (전자거래의 촉진을 위한 지원)

① 국가 또는 지방자치단체는 전자거래의 촉진을 위하여 「조세특례제한

법」·「지방세법」 등 조세관계 법률이 정하는 바에 따라 조세감면 등
세제상의 지원과 금융상의 지원, 그 밖의 필요한 행정상의 지원을 할
수 있다. <개정 2005.3.31, 2007.5.17>
② 정부는 전자거래와 관련된 법인 또는 단체가 전자거래촉진계획에서
정하는 사업을 실시하는 경우 예산의 범위 안에서 당해 사업비의 전
부 또는 일부를 지원할 수 있다.

제5장의2 공인전자문서보관소 〈신설 2005.3.31〉

제31조의2 (공인전자문서보관소의 지정)
① 지식경제부장관은 전자문서보관등의 안전성 및 정확성을 확보하기 위
하여 전자문서보관등에 관하여 전문성이 있는 자를 공인전자문서보관
소로 지정하여 전자문서보관등을 하게 할 수 있다. <개정 2008.2.29>
② 공인전자문서보관소로 지정받을 수 있는 자는 법인에 한한다.
③ 공인전자문서보관소로 지정을 받고자 하는 자는 전자문서보관등에 필
요한 인력·기술능력·재정능력 그 밖의 시설·장비 등을 확보하여
지식경제부장관에게 지정을 신청하여야 한다. <개정 2008.2.29>
④ 제1항 및 제3항의 규정에 의한 공인전자문서보관소의 인력·기술능
력·재정능력 그 밖의 시설·장비 등의 지정기준과 지정방법 및 지
정절차에 관하여 필요한 사항은 대통령령으로 정한다.
[본조신설 2005.3.31]

제31조의3 (공인전자문서보관소의 결격사유) 다음 각 호의 어느 하나에
해당하는 법인은 공인전자문서보관소로 지정을 받을 수 없다.
1. 임원 및 전자문서보관등을 직접 수행하는 직원 중 대통령령이 정하
는 직원(이하 "임원등"이라 한다) 중 다음 각목의 어느 하나에 해당
하는 자가 있는 법인

　　가. 금치산자 또는 한정치산자

　　나. 파산선고를 받고 복권되지 아니한 자

　　다. 금고 이상의 실형을 선고받고 그 집행이 종료(집행이 종료된 것
　　　　으로 보는 경우를 포함한다)되거나 집행이 면제된 날부터 2년이
　　　　경과되지 아니한 자

　　라. 금고 이상의 형의 집행유예선고를 받고 그 유예기간 중에 있는 자

　　마. 법원의 판결 또는 다른 법률에 의하여 자격이 상실되거나 정지
　　　　된 자

　　바. 제31조의5제1항의 규정에 의하여 지정이 취소된 법인의 취소 당
　　　　시의 임원등이었던 자(취소된 날부터 2년이 경과되지 아니한 자
　　　　에 한한다)

2. 제31조의5제1항의 규정에 의하여 지정이 취소된 후 2년이 경과되지
　　아니한 법인

[본조신설 2005.3.31]

제31조의4 (시정명령) 지식경제부장관은 공인전자문서보관소가 다음 각
호의 어느 하나에 해당하는 때에는 6개월 이내의 기간을 정하여 그 시정을
명할 수 있다. <개정 2007.5.17, 2008.2.29>

1. 제31조의2제4항의 규정에 의한 공인전자문서보관소의 지정기준에
　　적합하지 아니하게 된 때

2. 임원등이 제31조의3제1호 각 목의 어느 하나에 해당하게 된 때

3. 제31조의8제1항의 규정을 위반하여 전자문서보관등업무준칙의 신고
　　를 하지 아니한 때

4. 제31조의8제2항의 규정을 위반하여 전자문서보관등업무준칙의 변경
　　신고를 하지 아니한 때

5. 제31조의9제1항의 규정을 위반하여 전자문서보관등의 서비스의 제
　　공을 거부한 때

6. 제31조의9제2항의 규정을 위반하여 이용자를 부당하게 차별한 때

7. 제31조의9제3항의 규정을 위반하여 보관된 전자문서의 내용이 훼손
되거나 변경되지 아니하도록 필요한 조치를 취하지 아니한 때
8. 공인전자문서보관소의 업무수행의 방법 또는 절차가 부적절하여 전
자문서의 보관·송신 또는 수신의 안전성이나 전자문서에 관한 증
명의 정확성을 저해할 우려가 있는 때
9. 제31조의16제2항에 따른 보험에 가입하지 아니한 때

[본조신설 2005.3.31]

제31조의5 (지정취소 및 과징금)

① 지식경제부장관은 제31조의2의 규정에 의하여 공인전자문서보관소로
지정을 받은 자가 다음 각 호의 어느 하나에 해당하는 때에는 지식경
제부령이 정하는 바에 따라 그 지정을 취소하거나 1년 이내의 기간을
정하여 그 업무의 전부 또는 일부의 정지를 명할 수 있다. 다만, 제1
호 또는 제2호에 해당하는 때에는 그 지정을 취소하여야 한다. <개
정 2008.2.29>

1. 거짓 그 밖의 부정한 방법으로 제31조의2제1항의 규정에 의한 지정
을 받은 때
2. 제1항 본문의 규정에 따른 업무정지기간 중 업무를 계속하여 수행
한 때
3. 제31조의2제1항의 규정에 따른 지정을 받은 날부터 1년 이상 업무
를 개시하지 아니하거나 업무개시 후 1년 이상 계속하여 전자문서
보관등의 업무를 하지 아니한 때
4. 제31조의4의 규정에 의한 시정명령을 그 정하여진 기간 이내에 이
행하지 아니한 때

② 지식경제부장관은 제1항제3호 또는 제4호의 규정에 해당하여 업무정
지처분을 하여야 하는 경우로서 그 업무정지가 공인전자문서보관소를
이용하는 자에게 심한 불편을 주거나 공익을 해할 우려가 있다고 인
정하는 경우에는 업무정지에 갈음하여 1억 원 이하의 과징금을 부과

할 수 있다. <개정 2008.2.29>

③ 제2항의 규정에 의하여 과징금을 부과하는 위반행위의 종별·정도 등
에 따른 과징금의 금액 및 과징금의 산정방법 그 밖에 필요한 사항은
대통령령으로 정한다.

④ 지식경제부장관은 제2항의 규정에 의한 과징금을 납부하여야 할 자가
납부기한까지 이를 납부하지 아니한 때에는 국세체납처분의 예에 의
하여 이를 징수한다. <개정 2008.2.29>

[본조신설 2005.3.31]

제31조의6 (전자문서 보관대행의 효력) 공인전자문서보관소가 전자문서를
보관하는 경우에는 제5조제1항 또는 제2항의 규정에 의한 전자문서의 보관
이 행하여진 것으로 본다. <개정 2007.5.17>

[본조신설 2005.3.31]

제31조의7 (전자문서 내용의 추정 등)

① 공인전자문서보관소에 보관된 전자문서는 보관기간 중에는 그 내용이
변경되지 아니한 것으로 추정한다.

② 공인전자문서보관소가 당해 공인전자문서보관소에 보관된 전자문서의
보관사실, 작성자, 수신자 및 송신·수신일시 등에 관한 사항에 대한
증명서를 대통령령이 정하는 방법 및 절차에 따라 발급한 경우에 그
증명서에 기재된 사항은 진정한 것으로 추정한다.

[본조신설 2005.3.31]

제31조의8 (전자문서보관등업무준칙의 신고 등)

① 공인전자문서보관소는 업무를 개시하기 전에 전자문서보관등에 관한
전자문서보관등업무준칙(이하 "업무준칙"이라 한다)을 지식경제부령이
정하는 바에 따라 작성하여 지식경제부장관에게 신고하여야 한다. 이
경우 업무준칙에는 다음 각 호의 사항이 포함되어야 한다. <개정
2008.2.29>

1. 업무의 종류

2. 업무의 수행방법 및 수행절차

3. 전자문서보관등의 서비스의 이용조건 및 이용요금

4. 그 밖에 업무수행에 관하여 필요한 것으로서 지식경제부령이 정하
   는 사항

② 공인전자문서보관소는 제1항의 규정에 의하여 신고한 사항을 변경하
   고자 하는 경우에는 지식경제부령이 정하는 바에 따라 지식경제부장
   관에게 신고하여야 한다. <개정 2008.2.29>

③ 지식경제부장관은 제1항의 규정에 의하여 신고된 업무준칙의 내용이
   전자문서보관등의 업무의 안전성 및 정확성의 확보에 지장을 초래하
   거나 전자문서보관등의 서비스를 이용하는 자(이하 "이용자"라 한다)
   의 이익을 저해할 우려가 있다고 인정하는 경우에는 상당한 기간을
   정하여 당해 공인전자문서보관소에게 업무준칙의 변경을 명할 수 있
   다. <개정 2008.2.29>

④ 공인전자문서보관소는 전자문서보관등에 사용되는 시설 또는 장비를
   변경한 때에는 지식경제부령으로 정하는 바에 따라 지식경제부장관에
   게 신고하여야 한다. <신설 2007.5.17, 2008.2.29>

[본조신설 2005.3.31]

제31조의9 (준수사항)

① 공인전자문서보관소는 정당한 사유 없이 전자문서보관등의 서비스의
   제공을 거부하여서는 아니 된다.

② 공인전자문서보관소는 이용자를 부당하게 차별하여서는 아니 된다.

③ 공인전자문서보관소는 보관된 전자문서의 내용이 훼손 또는 변경되지
   아니하도록 대통령령이 정하는 바에 따라 필요한 조치를 하여야 한다.

④ 공인전자문서보관소는 당해 정보처리시스템에 보관된 전자문서 그 밖
   의 관련 정보를 적법한 절차에 의하지 아니하거나 전자문서의 작성
   자·수신자 및 당해 이용자의 동의 없이 타인에게 제공·공개 등을

하여서는 아니 된다.

⑤ 공인전자문서보관소가 전자문서보관등을 수행하기 위하여 전자서명이 필요한 경우에는 「전자서명법」 제4조의 규정에 의한 공인인증기관으로부터 동법 제2조제3호의 규정에 의한 공인전자서명을 받아야 한다.

⑥ 공인전자문서보관소는 전자문서보관등을 안전하고 신뢰성 있게 수행하기 위하여 이용자와의 관계에서 독립성을 유지하여야 한다. <신설 2007.5.17>

[본조신설 2005.3.31]

제31조의10 (정기점검 등)

① 지식경제부장관은 진흥원으로 하여금 공인전자문서보관소가 보유한 시설 또는 장비의 안전성을 정기적으로 점검하게 할 수 있다. <개정 2008.2.29>

② 지식경제부장관은 제31조의8제4항에 따른 변경신고가 있거나 제31조의14제3항에 따른 승계신고가 있는 때에는 진흥원으로 하여금 해당 시설 또는 장비의 안전성을 점검하게 할 수 있다. <개정 2008.2.29>

③ 제1항 및 제2항에 따른 점검의 기준·시기·대상·절차 그 밖에 필요한 사항은 지식경제부령으로 정한다. <개정 2008.2.29>

[본조신설 2007.5.17]

[종전 제31조의10은 제31조의11로 이동 <2007.5.17>]

제31조의11 (보고 및 검사 등)

① 지식경제부장관은 필요하다고 인정하는 때에는 공인전자문서보관소에 대하여 대통령령이 정하는 바에 따라 관계자료를 제출하게 하거나 서면 또는 전자문서로 보고하게 할 수 있으며, 관계공무원으로 하여금 공인전자문서보관소의 사무실·사업장 그 밖의 관련 장소에 출입하여 전자문서보관등에 관한 시설·장비·서류 그 밖의 관련 물건을 검사하게 할 수 있다. <개정 2008.2.29>

② 제1항의 규정에 의하여 검사를 하는 공무원은 그 권한을 나타내는 증

표를 지니고 이를 관계인에게 내보여야 한다.

[본조신설 2005.3.31]

[제31조의10에서 이동, 종전 제31조의11은 제31조의12로 이동 <2007.5.17>]

제31조의12 (전자문서 등 관련 정보의 보안)

① 누구든지 공인전자문서보관소에 보관된 전자문서 그 밖의 관련 정보를 위조 또는 변조하거나 위조 또는 변조된 정보를 행사하여서는 아니 된다.

② 누구든지 공인전자문서보관소의 정보처리시스템에 거짓 정보나 부정한 명령을 입력하는 등의 방법으로 제31조의7제2항의 규정에 의한 증명서가 거짓으로 발급되게 하여서는 아니 된다.

③ 누구든지 공인전자문서보관소에 보관된 전자문서 그 밖의 관련 정보를 멸실 또는 훼손하거나 그 비밀을 침해하여서는 아니 된다.

④ 공인전자문서보관소의 임원 또는 직원이거나 임원 또는 직원이었던 자는 직무상 알게 된 전자문서 그 밖의 관련 정보의 내용을 누설하거나 자신 또는 제3자로 하여금 이용하게 하여서는 아니 된다.

[본조신설 2005.3.31]

[제31조의11에서 이동, 종전 제31조의12는 제31조의13으로 이동 <2007.-5.17>]

제31조의13 (이용자의 정보보호)

① 공인전자문서보관소는 전자문서보관등의 수행과 관련하여 개인정보를 보호하여야 한다.

② 제1항의 규정에 의한 개인정보의 보호에 관하여는 「정보통신망 이용촉진 및 정보보호 등에 관한 법률」 제22조 내지 제32조ㆍ제36조제1항 및 제54조의 규정, 제62조ㆍ제66조 및 제67조의 규정 중 개인정보에 관한 규정을 준용한다. 이 경우 "정보통신서비스제공자"는 "공인전자문서보관소"로, "정보통신서비스제공자등"은 "공인전자문서보관소"로, "정보통신서비스"는 "전자문서보관등의 서비스"로, "정보통

신서비스이용약관"은 "전자문서보관등업무준칙"으로, "행정안전부령"
은 "지식경제부령"으로, "행정안전부장관"은 "지식경제부장관"으로
본다. <개정 2008.2.29>

[본조신설 2005.3.31]

[제31조의12에서 이동, 종전 제31조의13은 제31조의16으로 이동 <2007.-
5.17>]

제31조의14 (공인전자문서보관소 영업의 양도·양수 등)

① 공인전자문서보관소는 다른 공인전자문서보관소에 영업의 전부 또는
   일부를 양도하거나 다른 공인전자문서보관소와 합병할 수 있다. 이
   경우 양도 또는 합병하려는 날의 60일 전까지 지식경제부령으로 정하
   는 바에 따라 이용자에게 통지하여야 한다. <개정 2008.2.29>

② 제1항에 따라 영업을 양수한 공인전자문서보관소 또는 합병 후에 존
   속하거나 설립되는 공인전자문서보관소는 종전의 공인전자문서보관소
   의 지위를 승계한다.

③ 제2항에 따라 종전의 공인전자문서보관소의 지위를 승계한 자는 1개
   월 이내에 지식경제부령으로 정하는 바에 따라 지식경제부장관에게
   신고하여야 한다. <개정 2008.2.29>

[본조신설 2007.5.17]

제31조의15 (전자문서보관등 영업의 폐지)

① 공인전자문서보관소가 전자문서보관등의 영업을 폐지하려는 때에는
   폐지하려는 날의 60일 전까지 지식경제부령으로 정하는 바에 따라
   이용자에게 통지하고 그 사실을 지식경제부장관에게 신고하여야 한
   다. <개정 2008.2.29>

② 제1항에 따라 신고한 공인전자문서보관소는 보관하고 있는 전자문서
   와 그 밖에 전자문서보관등에 관한 기록(이하 "보관문서등"이라 한다)
   을 다른 공인전자문서보관소에 인계하여야 한다. 다만, 다른 공인전자
   문서보관소가 인수를 거부하는 등 부득이한 사유로 인계할 수 없는

경우에는 그 사실을 지식경제부장관에게 지체 없이 신고하여야 한다.
<개정 2008.2.29>

③ 지식경제부장관은 다음 각 호의 어느 하나에 해당하는 경우로서 전자
  문서보관등 업무의 계속성과 안전성을 보장하기 위하여 긴급한 조치
  가 필요하다고 인정하는 때에는 진흥원으로 하여금 해당 보관문서등
  을 인수하게 하거나 그 밖에 필요한 조치를 명할 수 있다. <개정
  2008.2.29>

  1. 제2항 단서에 따른 신고를 받은 경우

  2. 제31조의5에 따라 공인전자문서보관소의 지정을 취소한 경우

  3. 그 밖에 공인전자문서보관소가 전자문서보관등의 업무를 수행하지
    못할 부득이한 사유가 발생한 경우

④ 제1항부터 제3항까지의 규정에 따른 영업의 폐지 신고 및 보관문서등
  의 인계·인수 등에 관하여 필요한 사항은 지식경제부령으로 정한다.
  <개정 2008.2.29>

[본조신설 2007.5.17]

제31조의16 (배상책임)

① 공인전자문서보관소는 전자문서보관등의 업무수행과 관련하여 이 법
  의 규정을 위반한 행위로 이용자에게 손해를 입힌 때에는 그 손해를
  배상하여야 한다. 다만, 공인전자문서보관소가 고의 또는 과실이 없음
  을 증명한 경우에는 그러하지 아니하다. <개정 2007.5.17>

② 공인전자문서보관소는 제1항에 따른 손해를 배상하기 위하여 대통령
  령으로 정하는 바에 따라 보험에 가입하여야 한다. <신설 2007.5.17>

[본조신설 2005.3.31]

[제31조의13에서 이동 <2007.5.17>]

제31조의17 (수수료 등) 공인전자문서보관소는 증명서의 발급을 신청하는
자 또는 이용자에게 수수료 등 필요한 요금을 부과할 수 있다.

[본조신설 2005.3.31]

[제31조의14에서 이동 <2007.5.17>]

제6장 전자거래분쟁조정위원회

제32조 (전자거래분쟁조정위원회의 설치 및 구성)

① 전자거래에 관한 분쟁을 조정하기 위하여 전자거래분쟁조정위원회(이
  하 이 장에서 "위원회"라 한다)를 둔다. <개정 2005.3.31>

② 위원회는 위원장 1인을 포함한 15인 이상 50인 이하의 위원으로 구
  성한다.

③ 위원은 다음 각 호의 1에 해당하는 자 중에서 지식경제부장관이 임명
  또는 위촉하며, 위원장은 위원 중에서 호선한다. <개정 2005.12.29,
  2007.5.17, 2008.2.29>

  1. 대학이나 공인된 연구기관에서 부교수급 이상 또는 이에 상당하는
     직에 있거나 있었던 자로서 전자거래관련 분야를 전공한 자

  2. 4급 이상 공무원(고위공무원단에 속하는 일반직공무원을 포함한다)
     또는 이에 상당하는 공공기관의 직에 있거나 있었던 자로서 전자거
     래업무에 관한 경험이 있는 자

  3. 판사·검사 또는 변호사의 자격이 있는 자

  4. 「비영리민간단체 지원법」 제2조의 규정에 의한 비영리민간단체에서
     추천한 자

  5. 그 밖에 전자거래와 분쟁조정에 관한 학식과 경험이 있는 자

④ 위원은 비상임으로 하고, 위원의 임기는 2년으로 하며 연임할 수 있다.

⑤ 위원회의 업무를 지원하기 위하여 제22조의 규정에 의한 진흥원에 사
  무국을 둔다.

⑥ 위원의 자격 및 신분보장, 위원의 제척·기피·회피 등에 관하여 필
  요한 사항은 대통령령으로 정한다.

제33조 (분쟁의 조정)

① 전자거래와 관련한 피해의 구제와 분쟁의 조정을 받고자 하는 자는 위원회에 분쟁의 조정을 신청할 수 있다.

② 위원회는 제1항의 규정에 의한 분쟁조정 신청을 받은 날부터 45일 이내에 조정안을 작성하여 분쟁당사자에게 이를 권고하여야 한다. 다만, 부득이한 사정으로 그 기한을 연장하고자 하는 때에는 그 사유와 기한을 명시하고 분쟁당사자에게 통보하여야 한다.

③ 위원회는 제2항의 규정에 의한 분쟁의 조정을 위하여 필요한 경우 3인 이내의 위원으로 구성된 조정부에 회부하여 조정하게 할 수 있다.

제34조 (자료요청 등)

① 위원회는 분쟁조정을 위하여 필요한 자료의 제공을 분쟁당사자 또는 참고인에게 요청할 수 있다. 이 경우 당해 분쟁당사자는 정당한 사유가 없는 한 이에 응하여야 한다.

② 위원회는 필요하다고 인정하는 경우에는 분쟁당사자 또는 참고인으로 하여금 위원회에 출석하게 하여 그 의견을 들을 수 있다.

제35조 (조정의 성립)

① 조정은 다음 각 호의 1의 경우에 성립한다.

  1. 제33조제2항의 규정에 의한 조정권고에 대하여 분쟁당사자가 동의한 경우

  2. 분쟁당사자가 위원회에 자체적인 조정합의서를 제출한 경우

② 위원회는 제1항의 경우에 조정조서를 작성하고 분쟁당사자가 기명·날인하여야 한다.

③ 제2항의 규정에 의한 조정조서는 당사자 간 합의와 동일한 효력이 있다.

제36조 (조정의 불성립) 위원회는 다음 각 호의 1에 해당하는 경우에는 조정이 성립하지 아니하였음을 분쟁당사자에게 통지하여야 한다.

  1. 분쟁조정의 신청이 취하되거나 분쟁당사자 일방이 분쟁의 조정에

불응하는 경우

2. 당사자가 위원회의 조정안을 거부한 경우

3. 당해 분쟁조정 사건에 대하여 법원에 소송이 제기된 경우

4. 사건의 성질상 위원회에서 조정함이 적당하지 아니하다고 인정되는
경우

제37조 (조정비용 등)

① 위원회는 분쟁의 조정을 신청한 자에게 대통령령이 정하는 바에 따라
조정비용을 부담하게 할 수 있다.

② 정부는 예산의 범위 안에서 위원회의 운영에 필요한 경비를 출연 또
는 보조할 수 있다.

제38조 (위원회의 운영 등) 제33조 내지 제37조에서 규정한 사항 외에
위원회와 조정부의 운영 및 분쟁조정절차 등에 관하여 필요한 사항은 대통
령령으로 정한다.

제7장 보칙

제39조 (권한의 위임·위탁) 이 법에 의한 지식경제부장관의 권한은 그
일부를 대통령령이 정하는 바에 따라 소속기관의 장 또는 지방자치단체의
장에게 위임하거나 관계중앙행정기관의 장에게 위탁할 수 있다. <개정
2008.2.29>

제40조 (상호주의) 외국인 및 외국법인에 대해서도 이 법을 적용한다. 다
만, 대한민국 국민 또는 대한민국 법인에 대하여 이 법에 준하는 보호를 하
지 아니하는 국가의 외국인 또는 외국법인에 대하여는 그에 상응하게 이
법 또는 대한민국이 가입 또는 체결한 조약에 따른 보호를 제한할 수 있다.

제41조 (청문) 지식경제부장관은 다음 각 호의 어느 하나에 해당하는 경

우에는 청문을 실시하여야 한다. <개정 2008.2.29, 2008.3.21>

  1. 제30조의2에 따라 지원센터의 지정을 취소하려는 경우

  2. 제31조의5제1항의 규정에 의하여 공인전자문서보관소의 지정을 취소하고자 하는 경우

[본조신설 2005.3.31]

제42조 (벌칙 적용에 있어서의 공무원 의제) 공인전자문서보관소의 임원 또는 직원은 그 업무에 관하여 「형법」 제129조 내지 제132조의 적용에 있어서는 이를 공무원으로 본다.

[본조신설 2005.3.31]

제8장 벌칙 〈신설 2005.3.31〉

제43조 (벌칙)

① 다음 각 호의 어느 하나에 해당하는 자는 10년 이하의 징역 또는 1억 원 이하의 벌금에 처한다. <개정 2007.5.17>

  1. 제31조의12제1항을 위반하여 공인전자문서보관소에 보관된 전자문서 그 밖의 관련 정보를 위조 또는 변조하거나 위조 또는 변조된 정보를 행사한 자

  2. 제31조의12제2항을 위반하여 공인전자문서보관소의 정보처리시스템에 거짓 정보나 부정한 명령을 입력하는 등의 방법으로 제31조의7제2항의 규정에 의한 증명서가 거짓으로 발급되게 한 자

② 제1항의 미수범은 처벌한다.

[본조신설 2005.3.31]

제44조 (벌칙) 다음 각 호의 어느 하나에 해당하는 자는 5년 이하의 징역 또는 5천만 원 이하의 벌금에 처한다. <개정 2007.5.17>

  1. 제31조의12제3항을 위반하여 공인전자문서보관소에 보관된 전자문

서 그 밖의 관련정보를 멸실 또는 훼손하거나 그 비밀을 침해한 자

2. 제31조의12제4항을 위반하여 직무상 알게 된 전자문서 그 밖의 관련 정보의 내용을 누설하거나 자신 또는 제3자로 하여금 이용하게 한 공인전자문서보관소의 임원 또는 직원이거나 임원 또는 직원이었던 자

[본조신설 2005.3.31]

제45조 (양벌규정) 법인의 대표자나 법인 또는 개인의 대리인, 사용인, 그 밖의 종업원이 그 법인 또는 개인의 업무에 관하여 제43조 또는 제44조의 위반행위를 하면 그 행위자를 벌하는 외에 그 법인 또는 개인에게도 해당 조문의 벌금형을 과(課)한다. 다만, 법인 또는 개인이 그 위반행위를 방지하기 위하여 해당 업무에 관하여 상당한 주의와 감독을 게을리하지 아니한 경우에는 그러하지 아니하다.

[전문개정 2008.12.26]

제46조 (과태료)

① 제31조의9제4항의 규정을 위반하여 전자문서 그 밖의 관련 정보를 공개한 공인전자문서보관소는 3천만 원 이하의 과태료에 처한다.

② 다음 각 호의 어느 하나에 해당하는 자는 1천만 원 이하의 과태료에 처한다. <개정 2007.5.17, 2008.2.29>

1. 제31조의8제1항의 규정을 위반하여 업무준칙의 신고를 하지 아니한 자

2. 제31조의8제2항의 규정을 위반하여 업무준칙의 변경신고를 하지 아니한 자

3. 제31조의8제3항의 규정에 의한 업무준칙의 변경에 관한 명령을 이행하지 아니한 자

   3의2. 제31조의8제4항을 위반하여 시설 또는 장비의 변경신고를 하지 아니한 자

4. 제31조의9제1항의 규정을 위반하여 정당한 사유 없이 전자문서보관 등의 서비스의 제공을 거부한 자

5. 제31조의9제2항의 규정을 위반하여 이용자를 부당하게 차별한 자

6. 제31조의9제3항의 규정을 위반하여 공인전자문서보관소에 보관된
   전자문서의 내용이 훼손되거나 변경되지 아니하도록 필요한 조치를
   취하지 아니한 자

   6의2. 제31조의10제1항에 따른 정기점검을 거부 또는 방해한 자

7. 제31조의11제1항에 의한 자료제출이나 보고를 하지 아니한 자, 거
   짓 자료를 제출하거나 거짓 보고를 한 자 또는 관계공무원의 출입
   이나 검사를 거부·방해 또는 기피한 자

8. 제31조의14제1항 후단을 위반하여 전자문서보관등 영업의 양도 또
   는 합병을 이용자에게 통지하지 아니한 자

9. 제31조의14제3항을 위반하여 공인전자문서보관소의 지위 승계사실
   을 신고하지 아니한 자

10. 제31조의15제1항을 위반하여 전자문서보관등 영업의 폐지를 이용
    자에게 통지하지 아니하거나 그 사실을 지식경제부장관에게 신고
    하지 아니한 자

11. 제31조의15제2항을 위반하여 보관문서등을 인계하지 아니하거나
    신고하지 아니한 자

12. 제31조의16제2항을 위반하여 보험에 가입하지 아니한 자

③ 제1항 및 제2항에 따른 과태료는 대통령령으로 정하는 바에 따라 지
   식경제부장관이 부과·징수한다. <개정 2008.2.29, 2009.2.6>

④ 삭제 <2009.2.6>

⑤ 삭제 <2009.2.6>

⑥ 삭제 <2009.2.6>

[본조신설 2005.3.31]

부칙 <제6614호, 2002.1.19>

① (시행일) 이 법은 2002년 7월 1일부터 시행한다.

② (전자상거래지원센터의 지정에 관한 경과조치) 이 법 시행 당시 종전

의 규정에 의하여 지정받은 전자상거래지원센터는 제30조의 규정에 의한 전자상거래지원센터로 본다.

③ (다른 법령과의 관계) 이 법 시행 당시 다른 법령에서 종전의 전자거래기본법 또는 그 규정을 인용하고 있는 경우 이 법에 그에 해당하는 규정이 있는 때에는 이 법 또는 이 법의 해당규정을 인용한 것으로 본다.

부칙 〈제7440호, 2005.3.31〉

① (시행일) 이 법은 공포 후 6개월이 경과한 날부터 시행한다.

② (전자거래정책협의회에 관한 경과조치) 이 법 시행 당시 종전의 규정에 의하여 설치·구성된 전자거래정책협의회는 제21조의 개정규정에 의하여 설치·구성된 전자거래정책위원회로 본다.

③ (한국전자문서교환위원회에 관한 경과조치) 이 법 시행 당시 종전의 규정에 의하여 설치·구성된 한국전자문서교환위원회는 제21조제5항의 개정규정에 의하여 설치·구성되는 전자문서의 표준에 관한 전자거래정책위원회의 분과위원회로 본다.

부칙 〈제7796호, 2005.12.29〉 (국가공무원법)

제1조 (시행일) 이 법은 2006년 7월 1일부터 시행한다.

제2조 내지 제5조 생략

제6조 (다른 법률의 개정) ① 내지 <51> 생략

<52> 전자거래기본법 일부를 다음과 같이 개정한다.

제21조제4항 중 "3급 또는 3급 상당 이상의 공무원"을 "3급 또는 3급 상당 공무원, 고위공무원단에 속하는 공무원"으로 한다.

제32조제3항제2호 중 "4급 이상 공무원"을 "4급 이상 공무원(고위공무원단에 속하는 일반직공무원을 포함한다)"으로 한다.

<53> 내지 <68> 생략

부칙 〈제7988호, 2006.9.27〉 (소비자기본법)

제1조 (시행일) 이 법은 공포 후 6개월이 경과한 날부터 시행한다. <단서 생략>

제2조 내지 제11조 생략

제12조 (다른 법률의 개정) ① 내지 ⑥ 생략

⑦ 전자거래기본법 일부를 다음과 같이 개정한다.

제15조제1항 중 "소비자보호법"을 "「소비자기본법」"으로 한다.

⑧ 내지 ⑫ 생략

제13조 생략

부칙 〈제8362호, 2007.4.11〉 (중소기업창업 지원법)

제1조 (시행일) 이 법은 공포한 날부터 시행한다. <단서 생략>

제2조 내지 제8조 생략

제9조 (다른 법률의 개정) ① 내지 ⑩ 생략

⑪ 전자거래기본법 일부를 다음과 같이 개정한다.

별표 제47호 중 "제17조"를 "제29조"로 한다.

⑫ 및 ⑬ 생략

제10조 생략

부칙 〈제8371호, 2007.4.11〉 (폐기물관리법)

제1조 (시행일) 이 법은 공포한 날부터 시행한다. <단서 생략>

제2조 내지 제8조 생략

제9조 (다른 법률의 개정) ① 내지 <29> 생략

<30> 전자거래기본법 일부를 다음과 같이 개정한다.

별표 제48호 중 "제41조제1항"을 "제36조제1항"으로 하고, 같은 표 제49호 중 "제41조제2항"을 "제36조제2항"으로 한다.

<31> 내지 <46> 생략

제10조 생략

부칙 〈제8387호, 2007.4.27〉 (통계법)

제1조 (시행일) 이 법은 공포 후 6개월이 경과한 날부터 시행한다.

제2조부터 제7조 생략

제8조 (다른 법률의 개정) ①부터 ⑧ 생략

⑨ 전자거래기본법 일부를 다음과 같이 개정한다.

제28조제1항 후단 중 "통계법"을 "「통계법」"으로 한다.

⑩부터 ⑭ 생략

제9조 생략

부칙 〈제8461호, 2007.5.17〉

이 법은 공포 후 6개월이 경과한 날부터 시행한다. 다만, 제5조제2항부터 제4항까지의 개정규정은 공포한 날부터 시행한다.

부칙 〈제8466호, 2007.5.17〉 (수질 및 수생태계 보전에 관한 법률)

제1조 (시행일) 이 법은 공포 후 6개월이 경과한 날부터 시행한다.

제2조 및 제3조 생략

제4조 (다른 법률의 개정) ①부터 <33>까지 생략

<34> 전자거래기본법 일부를 다음과 같이 개정한다.

별표 제28호 중 "「수질환경보전법」 제15조제3항의 규정에 의한"을 "「수질 및 수생태계 보전에 관한 법률」 제38조제3항에 따른"으로 한다.

<35>부터 <55>까지 생략

제5조 (다른 법률과의 관계) 이 법 시행 당시 다른 법령에서 「수질환경보전법」의 규정을 인용한 경우에 이 법 중 그에 해당하는 규정이 있는 때에는 종전의 규정에 갈음하여 이 법 및 이 법의 해당 규정을 인용한 것으로 본다.

부칙 〈제8802호, 2007.12.27〉 (염업조합법)

제1조 (시행일) 이 법은 공포 후 6개월이 경과한 날부터 시행한다.

제2조부터 제5조까지 생략

제6조 (다른 법률의 개정) 전자거래기본법 일부를 다음과 같이 개정한다.

별표 제39호 중 "제21조제1항의 규정에 의한 사업보고서 및 결산보고서"를 "제42조제1항에 따른 결산보고서(사업보고서, 대차대조표, 손익계산서, 잉여금처분안 또는 손실금처리안 등을 말한다)"로 한다.

제7조 생략

부칙 〈제8852호, 2008.2.29〉 (정부조직법)

제1조 (시행일) 이 법은 공포한 날부터 시행한다. 다만, <……생략……>, 부칙 제6조에 따라 개정되는 법률 중 이 법의 시행 전에 공포되었으나 시행일이 도래하지 아니한 법률을 개정한 부분은 각각 해당 법률의 시행일부터 시행한다.

제2조부터 제5조까지 생략

제6조 (다른 법률의 개정) ①부터 <397>까지 생략

<398> 전자거래기본법 일부를 다음과 같이 개정한다.

제5조제3항, 제20조제3항, 제21조제4항, 제22조제3항제13호, 제23조제2항·제3항·제5항·제6항, 제28조제1항·제2항, 제30조제2항, 제31조의2제1항·제3항, 제31조의4, 제31조의5제1항·제2항·제4항, 제31조의8제1항부터 제4항까지, 제31조의10제1항·제2항, 제31조의11제1항, 제31조의14제3항, 제31조의15제1항·제2항 단서·제3항, 제32조제3항, 제39조, 제41조, 제46조제2항제10호·제3항·제4항·제5항 중 "산업자원부장관"을 각각 "지식경제부장관"으로 한다.

제21조제1항 중 "산업자원부"를 "지식경제부"로 하고, 같은 조 제4항 중 "산업자원부차관"을 "지식경제부차관"으로 한다.

제23조제4항, 제31조의5제1항, 제31조의8제1항 및 같은 항 제4호·제2항·제4항, 제31조의10제3항, 제31조의14제1항·제3항, 제31조의15제1항·제4항 중 "산업자원부령"을 각각 "지식경제부령"으로 한다.

제31조의13제2항 중 "'정보통신부령'은 '산업자원부령'"을 "'행정안전부

령’은 ‘지식경제부령’”으로, “‘정보통신부장관’은 ‘산업자원부장관’”을 “‘행
정안전부장관’은 ‘지식경제부장관’”으로 한다.

<399>부터 <760>까지 생략

제7조 생략

부칙 〈제8932호, 2008.3.21〉

이 법은 공포한 날부터 시행한다.

부칙 〈제8979호, 2008.3.21〉 (화물자동차 운수사업법)

제1조 (시행일) 이 법은 공포한 날부터 시행한다.

제2조부터 제4조까지 생략

제5조 (다른 법률의 개정) ①부터 ⑨까지 생략

⑩ 전자거래기본법 일부를 다음과 같이 개정한다.

별표 제53호 중 “제9조의3제1항”을 “제10조제1항”으로 한다.

⑪ 생략

제6조 생략

부칙 〈제9246호, 2008.12.26〉

이 법은 공포한 날부터 시행한다.

부칙 〈제9429호, 2009.2.6〉

이 법은 공포 후 6개월이 경과한 날부터 시행한다.

부칙 〈제9504호, 2009.3.18〉

이 법은 공포한 날부터 시행한다.

[시행 2009.10.2] [법률 제9585호, 2009.4.1, 일부개정]
지식경제부(유통물류과), 02 - 2110 - 5142

제1장 총칙

제1조 (목적) 이 법은 유통산업의 효율적인 진흥과 균형 있는 발전을 꾀하고, 건전한 상거래질서를 세움으로써 소비자를 보호하고 국민경제의 발전에 이바지함을 목적으로 한다.

제2조 (정의) 이 법에서 사용하는 용어의 정의는 다음과 같다. <개정 2004.1.20, 2005.12.23, 2008.2.29, 2008.3.21>

1. "유통산업"이라 함은 농산물·임산물·축산물·수산물(가공 및 조리물을 포함한다) 및 공산품의 도매·소매 및 이를 영위하기 위한 보관·배송·포장과 이와 관련된 정보·용역의 제공 등을 목적으로 하는 산업을 말한다.

2. "매장"이라 함은 상품의 판매와 이를 지원하는 용역의 제공에 직접 사용되는 장소를 말한다. 이 경우 매장에 포함되는 용역의 제공장소의 범위는 대통령령으로 정한다.

3. "대규모점포"라 함은 다음 각 목의 요건을 모두 갖춘 매장을 보유한 점포의 집단으로서 대통령령이 정하는 것을 말한다.

   가. 하나 또는 대통령령이 정하는 2 이상의 연접되어 있는 건물 안에 하나 또는 여러 개로 나누어 설치되는 매장일 것

   나. 상시 운영되는 매장일 것

   다. 매장면적의 합계가 3천 제곱미터 이상일 것

4. "임시시장"이라 함은 다수의 수요자와 공급자가 일정한 기간 동안

상품을 매매하거나 용역을 제공하는 일정한 장소를 말한다.

5. "체인사업"이라 함은 같은 업종의 여러 소매점포를 직영(자기가 소유하거나 임차한 매장에서 자기의 책임과 계산 아래 직접 매장을 운영하는 것을 말한다. 이하 같다)하거나 같은 업종의 여러 소매점포에 대하여 계속적으로 경영을 지도하고 상품·원재료 또는 용역을 공급하는 사업으로서 대통령령이 정하는 것을 말한다.

6. "상점가"라 함은 일정 범위 안의 가로 또는 지하도에 대통령령이 정하는 수 이상의 도매점포·소매점포 또는 용역점포가 밀집하여 있는 지구를 말한다.

7. "전문상가단지"라 함은 같은 업종을 영위하는 여러 도매업자 또는 소매업자가 일정 지역에 점포 및 부대시설 등을 집단으로 설치하여 만든 상가단지를 말한다.

8. "무점포판매"라 함은 상시운영되는 매장을 가진 점포를 두지 아니하고 상품을 판매하는 것으로 지식경제부령이 정하는 것을 말한다.

9. "유통표준코드"라 함은 상품·상품포장·포장용기 또는 운반용기의 표면에 표준화된 체계에 따라 표기된 숫자와 바코드 등으로서 지식경제부령이 정하는 것을 말한다.

10. "유통표준전자문서"라 함은 「전자거래기본법」 제2조제1호의 규정에 의한 전자문서 중 유통부문에 관하여 표준화되어 있는 것으로서 지식경제부령이 정하는 것을 말한다.

11. "판매시점정보관리시스템"이라 함은 상품을 판매할 때 활용하는 시스템으로서 광학적 자동판독방식에 의하여 상품의 판매·매입 또는 배송 등에 관한 정보가 수록된 것을 말한다.

12. "물류설비"라 함은 화물의 수송·포장·하역·운반과 이를 관리하는 물류정보처리활동에 사용되는 물품·기계·장치 등의 설비를 말한다.

13. "도매배송서비스"라 함은 집배송시설을 이용하여 자기의 계산으로 매입한 상품을 도매하거나 위탁받은 상품을 「화물자동차 운수사업

법」 제3조 및 제29조의 규정에 의한 허가를 받은 자가 수수료를
받고 도매점포 또는 소매점포에 공급하는 것을 말한다.

14. "집배송시설"이라 함은 상품의 주문처리·재고관리·수송·보관·
하역·포장·가공 등 집하 및 배송에 관한 활동과 이를 유기적으
로 조정 또는 지원하는 정보처리활동에 사용되는 기계·장치 등의
일련의 시설을 말한다.

15. "공동집배송센터"라 함은 여러 유통사업자 또는 제조업자가 공동
으로 사용할 수 있도록 집배송시설 및 부대업무시설이 설치되어
있는 지역 및 시설물을 말한다.

제3조 (유통산업시책의 기본방향) 정부는 제1조의 목적을 달성하기 위하
여 다음 각 호의 시책을 마련하여야 한다. <개정 2005.12.23>

1. 유통구조의 선진화 및 유통기능의 효율화 촉진
2. 유통산업에 있어서 소비자 편익의 증진
3. 유통산업의 지역별 균형발전의 도모
4. 유통산업의 종류별 균형발전의 도모
5. 중소유통기업(유통산업을 영위하는 자로서 「중소기업기본법」 제2조
   의 규정에 의한 중소기업자에 해당하는 자를 말한다. 이하 같다)의
   구조개선 및 경쟁력의 강화
6. 유통산업의 국제경쟁력 제고
7. 유통산업에 있어서 건전한 상거래질서의 확립 및 공정한 경쟁여건
   의 조성
8. 그 밖에 유통산업의 발전을 촉진하기 위하여 필요한 사항

제4조 (적용배제) 다음 각 호의 시장·사업장 및 매장에 대하여는 이 법
을 적용하지 아니한다. <개정 2005.12.23, 2007.4.11>

1. 「농수산물유통 및 가격안정에 관한 법률」 제2조제2호·제5호·제6
   호 및 제12호의 규정에 의한 농수산물도매시장·농수산물공판장·
   민영농수산물도매시장 및 농수산물종합유통센터

2. 「축산법」 제34조의 규정에 의한 가축시장

제2장 유통산업발전계획 등 〈개정 2005.12.23〉

제5조 (기본계획의 수립·시행 등)

① 지식경제부장관은 유통산업의 발전을 위하여 5년마다 유통산업발전기본계획(이하 "기본계획"이라 한다)을 관계중앙행정기관의 장과의 협의를 거쳐 세우고 이를 시행하여야 한다. <개정 2008.2.29>

② 기본계획에는 다음 각 호의 사항이 포함되어야 한다. <개정 2005.-12.23>

1. 유통산업 발전의 기본방향

2. 유통산업의 국내외 여건변화 전망

3. 유통산업의 현황 및 평가

4. 유통산업의 지역별·종류별 발전방안

5. 산업별·지역별 유통기능의 효율화·고도화 방안

6. 유통전문인력·부지 및 시설 등의 수급변화에 대한 전망

7. 중소유통기업의 구조개선 및 경쟁력 강화 방안

8. 대규모점포와 중소유통기업 및 중소제조업체 사이의 건전한 상거래 질서의 유지 방안

9. 그 밖에 유통산업의 규제완화 및 제도개선 등 유통산업의 발전을 촉진하기 위하여 필요한 사항

③ 지식경제부장관은 기본계획을 세우기 위하여 필요하다고 인정되는 경우에는 관계 중앙행정기관의 장에게 필요한 자료를 요청할 수 있다. 이 경우 자료를 요청받은 관계 중앙행정기관의 장은 특별한 사정이 없는 한 이에 응하여야 한다. <개정 2005.12.23, 2008.2.29>

④ 지식경제부장관은 기본계획을 특별시장·광역시장·도지사 또는 특별자치도지사(이하 "시·도지사"라 한다)에게 알려야 한다. <개정

2008.2.29, 2009.4.1>

제6조 (시행계획의 수립·시행 등)

① 지식경제부장관은 기본계획에 따라 매년 유통산업발전시행계획(이하 "시행계획"이라 한다)을 관계중앙행정기관의 장과의 협의를 거쳐 세워야 한다. <개정 2008.2.29>

② 지식경제부장관은 시행계획을 세우기 위하여 필요하다고 인정되는 경우에는 관계 중앙행정기관의 장에게 필요한 자료를 요청할 수 있다. 이 경우 자료를 요청받은 관계 중앙행정기관의 장은 특별한 사정이 없는 한 이에 응하여야 한다. <개정 2005.12.23, 2008.2.29>

③ 지식경제부장관 및 관계중앙행정기관의 장은 시행계획 중 소관사항을 시행하고 이에 필요한 재원을 확보하는 데 노력하여야 한다. <개정 2008.2.29>

④ 지식경제부장관은 시행계획을 시·도지사에게 알려야 한다. <개정 2008.-2.29>

제7조 (지방자치단체의 사업시행 등)

① 시·도지사는 기본계획 및 시행계획에 따라 시장(「제주특별자치도 설치 및 국제자유도시 조성을 위한 특별법」 제17조제1항에 따른 행정시장을 포함한다. 이하 같다)·군수·구청장(자치구의 구청장을 말한다. 이하 같다)의 의견을 들어 다음 각 호의 사항을 포함하는 지역별 시행계획을 세우고 이를 시행하여야 한다. <개정 2005.12.23, 2009.4.1>
  1. 지역유통산업 발전의 기본방향
  2. 지역유통산업의 여건변화 전망
  3. 지역유통산업의 현황 및 평가
  4. 지역유통산업의 종류별 발전방안
  5. 지역유통기능의 효율화·고도화 방안
  6. 유통전문인력·부지 및 시설 등의 수급 방안
  7. 지역중소유통기업의 구조개선 및 경쟁력 강화 방안

8. 그 밖에 지역유통산업의 규제완화 및 제도개선 등 지역유통산업의
　　발전을 촉진하기 위하여 필요한 사항
② 관계중앙행정기관의 장은 유통산업의 발전을 위하여 필요하다고 인정
　　하는 경우에는 시·도지사 또는 시장·군수·구청장에게 시행계획의
　　시행에 필요한 조치를 취할 것을 요청할 수 있다.

제7조의2 삭제 <2009.4.1>

제7조의3 삭제 <2009.4.1>

제7조의4 (유통산업의 실태조사)

① 지식경제부장관은 기본계획 및 시행계획 등의 효율적인 수립·추진을
　　위하여 유통산업에 대한 실태조사를 할 수 있다. <개정 2008.2.29>
② 지식경제부장관은 유통산업의 실태조사를 위하여 필요하다고 인정되
　　는 경우에는 관계 중앙행정기관의 장, 지방자치단체의 장, 공공기관의
　　장, 유통사업자 및 관련 단체 등에게 필요한 자료를 요청할 수 있다.
　　이 경우 자료를 요청받은 관계 중앙행정기관의 장 등은 특별한 사정
　　이 없는 한 이에 응하여야 한다. <개정 2008.2.29>
③ 유통산업의 실태조사를 위한 범위 등 필요한 사항은 대통령령으로 정
　　한다.
[본조신설 2005.12.23]

제3장 대규모점포 등

제8조 (대규모점포의 개설 및 변경등록) 대규모점포를 개설하고자 하는
자는 영업을 개시하기 전에 지식경제부령이 정하는 바에 따라 시장·군
수·구청장에게 등록하여야 한다. 이 경우 등록한 내용을 변경하고자 하는
경우에도 또한 같다. <개정 2008.2.29>

[전문개정 2005.12.23]

제9조 (허가 등의 의제 등)

① 제8조의 규정에 의하여 대규모점포를 등록함에 있어서 다음 각 호의 신고·지정·등록 또는 허가(이하 이 조에서 "허가등"이라 한다)에 관하여 시장·군수·구청장이 제3항의 규정에 의하여 다른 행정기관의 장과 협의를 한 사항에 대하여는 당해 허가등을 받은 것으로 본다. <개정 2005.12.23, 2006.4.28, 2007.4.11, 2007.5.17, 2009.2.6>

1. 「영화 및 비디오물의 진흥에 관한 법률」에 의한 비디오물제작업·비디오물배급업, 「게임산업진흥에 관한 법률」에 의한 게임제작업·게임배급업·게임제공업 또는 「음악산업진흥에 관한 법률」에 의한 음반·음악영상물제작업 및 음반·음악영상물배급업의 신고 또는 등록

2. 「담배사업법」 제16조제1항의 규정에 의한 소매인의 지정

3. 「식품위생법」 제37조제1항 또는 제4항에 따른 식품의 제조업·가공업·판매업 또는 식품접객업의 허가 또는 신고로서 대통령령이 정하는 것

4. 「식품위생법」 제88조제1항에 따른 집단급식소 설치·운영의 신고

5. 「관광진흥법」 제5조제4항의 규정에 의한 유원시설업의 신고

6. 「평생교육법」 제23조제2항의 규정에 의한 평생교육시설 설치의 신고

7. 「체육시설의 설치·이용에 관한 법률」 제20조의 규정에 의한 체육시설업의 신고

8. 「전자상거래 등에서의 소비자보호에 관한 법률」 제12조제1항의 규정에 의한 통신판매업자의 신고

9. 「공연법」 제9조제1항의 규정에 의한 공연장의 등록

10. 「옥외광고물 등 관리법」 제3조의 규정에 의한 광고물 또는 게시시설의 허가 또는 신고

11. 「외국환거래법」 제8조의 규정에 의한 외국환업무의 등록

12. 「주세법」 제8조제3항의 규정에 의한 주류판매업의 신고

13. 「축산물가공처리법」 제24조의 규정에 의한 축산물판매업의 신고

14. 「수질 및 수생태계 보전에 관한 법률」 제33조의 규정에 의한 배출
    시설 설치의 허가 또는 신고

15. 「폐기물관리법」 제17조의 규정에 의한 사업장폐기물배출자의 신고

16. 「약사법」 제20조에 따른 약국개설의 등록

17. 「의료기사 등에 관한 법률」 제12조의 규정에 의한 안경업소개설의
    등록

② 제1항 각 호의 규정에 의한 허가등의 의제를 받고자 하는 자는 대규
   모점포의 개설등록신청 시에 제1항 각 호의 허가등에 필요한 서류를
   시장·군수·구청장에게 함께 제출하여야 한다.

③ 시장·군수·구청장은 대규모점포의 등록신청서류와 제2항의 규정에
   의한 서류를 제출받은 경우 제1항 각 호의 1에 해당하는 사항이 다른
   행정기관의 권한에 속하는 경우에는 미리 그 다른 행정기관의 장과
   협의하여야 한다.

제10조 (등록의 결격사유) 다음 각 호의 1에 해당하는 자는 제8조의 규정
에 의한 대규모점포의 등록을 할 수 없다. <개정 2005.3.31>

1. 금치산자·한정치산자 또는 미성년자

2. 파산선고를 받은 자로서 복권되지 아니한 자

3. 이 법을 위반하여 징역의 실형을 선고받고 그 집행이 종료(집행이
   종료된 것으로 보는 경우를 포함한다)되거나 집행이 면제된 날부터
   1년이 경과되지 아니한 자

4. 이 법을 위반하여 징역형의 집행유예선고를 받고 그 유예기간 중에
   있는 자

5. 제11조제1항의 규정에 의하여 등록이 취소된 후 1년이 경과되지 아
   니한 자

6. 대표자가 제1호 내지 제5호의 1에 해당하는 법인

제11조 (등록의 취소 등)

① 시장·군수·구청장은 제8조의 규정에 의하여 대규모점포의 개설등록

을 한 자(이하 "대규모점포개설자"라 한다)가 다음 각 호의 1에 해당하는 경우에는 그 등록을 취소하여야 한다. 이 경우 시장·군수·구청장은 제9조제1항 각 호의 1에 해당하는 사항과 관련되는 행정기관의 장에게 등록의 취소에 관한 사항을 지체 없이 알려야 한다.

1. 대규모점포개설자가 정당한 사유 없이 1년 이내에 영업을 개시하지 아니한 경우. 이 경우 대규모점포의 건축에 정상적으로 소요되는 기간은 이를 산입하지 아니한다.
2. 대규모점포의 영업을 정당한 사유 없이 1년 이상 계속하여 휴업한 경우
3. 제10조 각 호의 1에 해당하게 된 경우

② 다음 각 호의 1에 해당하는 경우에는 제10조제6호에 해당하게 된 날 또는 상속을 개시한 날부터 6개월이 경과한 날까지는 제1항의 규정을 적용하지 아니한다.

1. 법인이 제10조제6호에 해당하게 된 경우
2. 대규모점포개설자의 지위를 승계한 상속인이 제10조제1호 내지 제5호의 1에 해당하는 경우

제12조 (대규모점포개설자의 업무 등)

① 대규모점포개설자는 다음 각 호의 업무를 수행한다.

1. 상거래질서의 확립
2. 소비자의 안전유지와 소비자 및 인근지역주민의 피해·불만의 신속한 처리
3. 그 밖에 대규모점포의 유지·관리를 위하여 필요한 업무

② 매장이 분양된 대규모점포에 있어서는 다음 각 호의 1에 해당하는 자가 제1항 각 호의 업무를 수행한다. <개정 2005.12.23>

1. 매장면적의 2분의 1 이상을 직영하는 자가 있는 경우에는 그 직영하는 자
2. 매장면적의 2분의 1 이상을 직영하는 자가 없는 경우에는 다음 각 목의 1에 해당하는 자

　　가. 입점상인 3분의 2 이상이 동의하여 설립한「민법」또는「상법」
　　　 에 의한 법인

　　나. 입점상인 3분의 2 이상이 동의하여 설립한「중소기업협동조합법」
　　　 제3조제1호의 규정에 의한 협동조합(이하 "협동조합"이라 한다)
　　　 또는 동 조 제2호의 규정에 의한 사업협동조합(이하 "사업조합"
　　　 이라 한다)

　　다. 입점상인 3분의 2 이상이 동의하여 조직한 자치관리단체. 이 경
　　　 우 6개월 이내에 가목 또는 나목의 규정에 의한 법인·협동조합
　　　 또는 사업조합의 자격을 갖추어야 한다.

　　라. 가목 내지 다목의 1에 해당하는 자가 없는 경우에는 입점상인 2
　　　 분의 1 이상이 동의하여 지정하는 자. 이 경우 6개월 이내에 가
　　　 목 또는 나목의 규정에 의한 법인·협동조합 또는 사업조합을
　　　 설립하여야 한다.

③ 제2항의 규정에 의하여 대규모점포개설자의 업무를 수행하는 자는 지
　 식경제부령이 정하는 바에 따라 시장·군수·구청장에게 신고를 하여
　 야 한다. 이 경우 신고한 사항을 변경하고자 하는 경우에도 또한 같
　 다. <개정 2005.12.23, 2008.2.29>

④ 매장이 분양된 대규모점포에 있어서 제1항 각 호의 업무 중 구분소유
　 와 관련된 사항에 대하여는「집합건물의 소유 및 관리에 관한 법률」
　 에 따른다. <개정 2005.12.23>

제13조 (대규모점포개설자의 지위승계)

① 대규모점포개설자가 사망하거나 대규모점포를 양도한 때 또는 대규모
　 점포개설자인 법인의 합병이 있는 때에는 상속인·양수인 또는 합병
　 후 존속하는 법인이나 합병에 의하여 설립되는 법인이 그 대규모점포
　 개설자의 지위를 승계한다.

② 제10조의 규정은 제1항의 규정에 의하여 지위를 승계한 자에 관하여
　 이를 준용한다.

제13조의2 (대규모점포 휴·폐업의 신고) 대규모점포개설자(제12조제3항
의 규정에 의하여 신고한 자를 포함한다)가 대규모점포를 휴업 또는 폐업하
고자 하는 경우에는 지식경제부령이 정하는 바에 따라 시장·군수·구청장
에게 신고를 하여야 한다. <개정 2008.2.29>

[본조신설 2005.12.23]

제14조 (임시시장의 개설 등)

① 임시시장의 개설방법·시설기준 그 밖에 임시시장의 운영·관리에 관
   한 사항은 시·군·구(자치구를 말한다. 이하 같다)의 조례로 정한다.

② 지방자치단체의 장은 임시시장의 활성화를 위하여 이를 체계적으로
   육성·지원하여야 한다.

[전문개정 2005.12.23]

제4장 유통산업의 경쟁력 강화

제15조 (분야별 발전시책)

① 지식경제부장관은 유통산업의 경쟁력을 강화하기 위하여 다음 각 호
   의 시책을 수립·시행할 수 있다. <개정 2008.2.29>

   1. 체인사업의 발전시책

   2. 무점포판매업의 발전시책

   3. 그 밖에 유통산업의 분야별 경쟁력 강화를 위하여 필요한 시책

② 제1항 각 호의 시책에는 다음 각 호의 사항이 포함되어야 한다.

   1. 국내외 사업현황

   2. 산업별·유형별 발전전략에 관한 사항

   3. 유통산업에 대한 인식의 제고에 관한 사항

   4. 전문인력의 양성에 관한 사항

   5. 관련정보의 원활한 유통에 관한 사항

6. 그 밖에 유통산업의 분야별 발전 또는 경쟁력 강화를 위하여 필요
   한 사항

③ 정부는 재래시장의 활성화에 필요한 시책을 수립·시행하여야 하고,
   정부 또는 지방자치단체의 장은 이에 필요한 행정적·재정적 지원을
   할 수 있다.

④ 정부 또는 지방자치단체는 다음 각 호의 사항이 포함된 중소유통기업
   의 구조개선 및 경쟁력 강화에 필요한 시책을 수립·시행할 수 있고,
   이에 필요한 행정적·재정적 지원을 할 수 있다. <신설 2005.12.23>

   1. 중소유통기업의 창업을 지원하기 위한 사항

   2. 중소유통기업에 대한 자금·경영·정보·기술·인력의 지원에 관한
      사항

   3. 선진유통기법의 도입·보급 등을 위한 중소유통기업자의 교육·연
      수의 지원에 관한 사항

   4. 제17조의2제1항의 규정에 의한 중소유통공동도매물류센터의 설립·
      운영 등 중소유통기업의 공동협력사업 지원에 관한 사항

   5. 그 밖에 중소유통기업의 구조개선을 촉진하기 위하여 필요하다고
      인정되는 사항으로서 대통령령으로 정하는 사항

제16조 (체인사업자의 경영개선사항 등)

① 체인사업자는 직영하거나 체인에 가입되어 있는 점포(이하 "체인점포"
   라 한다)의 경영을 개선하기 위하여 다음 각 호의 사항을 추진하여야
   한다.

   1. 체인점포의 시설현대화

   2. 체인점포에 대한 원재료·상품 또는 용역 등의 원활한 공급

   3. 체인점포에 대한 점포관리·품질관리·판매촉진 등 경영활동 및 영
      업활동에 관한 지도

   4. 체인점포 종사자에 대한 유통교육·훈련의 실시

   5. 체인사업자와 체인점포 간의 유통정보시스템의 구축

6. 집배송시설의 설치 및 공동물류사업의 추진

7. 공동브랜드 또는 자기부착상표의 개발·보급

8. 유통관리사의 고용 촉진

9. 그 밖에 중소기업청장이 체인사업의 경영개선을 위하여 필요하다고 인정하는 사항

② 지식경제부장관·중소기업청장 또는 지방자치단체의 장은 체인사업자 또는 체인사업자단체가 제1항 각 호의 사업을 추진하는 경우에는 예산의 범위 안에서 필요한 자금 등을 지원할 수 있다. <개정 2008.-2.29>

제17조 (우수체인사업자의 지정 등)

① 중소기업청장은 중소유통기업에 해당하는 체인사업자로서 다음 각 호의 요건을 갖춘 자를 우수체인사업자로 지정할 수 있다. 이 경우 중소기업청장은 지식경제부장관 및 지방자치단체의 장에게 지체 없이 이를 알려야 한다. <개정 2005.12.23, 2008.2.29>

  1. 자본금 또는 출자금, 점포수, 매장면적 등이 지식경제부령이 정하는 기준에 해당될 것

  2. 지식경제부령이 정하는 바에 따라 체인사업의 경영개선실적을 평가한 결과가 우수할 것

  3. 제10조의 규정에 따른 결격사유에 해당하지 아니할 것

② 우수체인사업자의 지정절차·지정방법 그 밖에 지정에 관하여 필요한 사항은 중소기업청장이 이를 정하여 고시한다.

③ 지식경제부장관·중소기업청장 또는 지방자치단체의 장은 제16조제2항의 규정에 의한 자금 등을 지원함에 있어서 우수체인사업자로 지정된 자에게 우선하여 지원할 수 있다. <개정 2008.2.29>

④ 중소기업청장은 우수체인사업자가 지정요건에 미달하는 경우에는 그 지정을 취소하고, 지식경제부장관 및 지방자치단체의 장에게 지체 없이 이를 알려야 한다. <개정 2008.2.29>

⑤ 제13조의 규정은 우수체인사업자의 지위승계에 관하여 준용한다. <신설 2005.12.23>

제17조의2 (중소유통공동도매물류센터에 대한 지원)

① 지식경제부장관 및 지방자치단체의 장은 「중소기업기본법」 제2조의 규정에 의한 중소기업자 중 대통령령이 정하는 소매업자 50인 또는 도매업자 10인 이상의 자(이하 이 조에서 "중소유통기업자단체"라 한다)가 공동으로 중소유통기업의 경쟁력 향상을 위하여 다음 각 호의 사업을 수행하는 물류센터(이하 "중소유통공동도매물류센터"라 한다)를 건립하거나 운영하는 경우에는 필요한 행정적·재정적 지원을 할 수 있다. <개정 2008.2.29>
  1. 상품의 보관·배송·포장 등 공동물류사업
  2. 상품의 전시
  3. 유통·물류정보시스템을 이용한 정보의 수집·가공·제공
  4. 중소유통공동도매물류센터를 이용하는 중소유통기업의 서비스능력 향상을 위한 교육 및 연수
  5. 그 밖에 중소유통공동도매물류센터 운영의 고도화를 위하여 지식경제부장관이 필요하다고 인정하여 공정거래위원회와 협의를 거친 사업
② 지방자치단체의 장은 중소유통공동도매물류센터를 건립하여 다음 각 호의 단체 또는 법인에 그 운영을 위탁할 수 있다.
  1. 중소유통기업자단체
  2. 중소유통공동도매물류센터를 운영하기 위하여 지방자치단체와 중소유통기업자단체가 출자하여 설립한 법인
③ 제2항의 규정에 의하여 지방자치단체가 중소유통공동도매물류센터를 건립하여 운영을 위탁하는 경우에는 운영주체와 협의하여 당해 중소유통공동도매물류센터의 매출액의 1천분의 5 이내에서 시설 및 장비의 이용료를 징수하여 시설물 및 장비의 유지·관리 등에 소요되는 비용에 충당할 수 있다.

[본조신설 2005.12.23]

제18조 (상점가진흥조합)
① 상점가에서 도매업·소매업·용역업 그 밖의 영업을 영위하는 자는
   당해 상점가의 진흥을 위하여 상점가진흥조합을 결성할 수 있다.
② 상점가진흥조합의 조합원이 될 수 있는 자는 제1항의 자로서 「중소기
   업기본법」 제2조의 규정에 의한 중소기업자에 해당하는 자로 한다.
   <개정 2005.12.23>
③ 상점가진흥조합은 제2항의 규정에 의한 조합원의 자격이 있는 자의 3
   분의 2 이상의 동의를 얻어 결성한다. 다만, 조합원의 자격이 있는 자
   중 같은 업종을 영위하는 자가 2분의 1 이상인 경우에는 그 같은 업
   종을 영위하는 자의 5분의 3 이상의 동의를 얻어 결성할 수 있다.
④ 상점가진흥조합은 협동조합 또는 사업조합으로 설립한다.
⑤ 상점가진흥조합의 구역은 다른 상점가진흥조합의 구역과 중복되어서
   는 아니 된다.

제19조 (상점가진흥조합에 대한 지원) 지방자치단체의 장은 상점가진흥조
합이 다음 각 호의 사업을 수행하는 경우에는 예산의 범위 안에서 필요한
자금을 지원할 수 있다.
   1. 점포시설의 표준화 및 현대화
   2. 상품의 매매·보관·수송·검사 등을 위한 공동시설의 설치
   3. 주차장·휴게소 등 공공시설의 설치
   4. 조합원의 판매촉진을 위한 공동사업
   5. 가격표시 등 상거래질서의 확립
   6. 조합원과 그 종사자의 자질향상을 위한 연수사업 및 정보제공
   7. 그 밖에 지방자치단체의 장이 상점가 진흥을 위하여 필요하다고 인
      정하는 사업

제20조 (전문상가단지 건립의 지원 등)

① 지식경제부장관, 관계중앙행정기관의 장 또는 지방자치단체의 장은 다음 각 호의 1에 해당하는 자가 전문상가단지를 세우고자 하는 경우에는 필요한 행정적·재정적 지원을 할 수 있다. <개정 2005.12.23, 2007.8.3, 2008.2.29>

1. 도매업자 또는 소매업자로 구성되는 「중소기업협동조합법」 제3조제1호 내지 제4호의 규정에 의한 협동조합·사업조합·협동조합연합회 또는 협동조합중앙회로서 지식경제부령이 정하는 기준에 해당하는 자

2. 제1호에 해당하는 자와 신탁계약을 체결한 「자본시장과 금융투자업에 관한 법률」에 따른 신탁업자로서 자본금 또는 연간매출액이 지식경제부령이 정하는 금액 이상인 자

② 제1항의 규정에 의한 지원을 받고자 하는 자는 전문상가단지조성사업계획을 작성하여 지식경제부장관, 관계중앙행정기관의 장 또는 지방자치단체의 장에게 제출하여야 한다. <개정 2008.2.29>

제5장 유통산업발전기반의 조성

제21조 (유통정보화시책 등)

① 지식경제부장관은 유통정보화의 촉진 및 유통부문의 전자거래기반을 넓히기 위하여 다음 각 호의 사항이 포함된 유통정보화시책을 세우고 이를 시행하여야 한다. <개정 2005.12.23, 2008.2.29>

1. 유통표준코드의 보급

2. 유통표준전자문서의 보급

3. 판매시점정보관리시스템의 보급

4. 점포관리의 효율화를 위한 재고관리시스템·매장관리시스템 등의 보급

5. 상품의 전자적 거래를 위한 전자장터 등의 시스템의 구축 및 보급

6. 다수의 유통·물류기업 간 기업정보시스템의 연동을 위한 시스템의 구축 및 보급

7. 유통·물류의 효율적 관리를 위한 무선주파수인식시스템의 적용 및 실용화 촉진

8. 유통정보 또는 유통정보시스템의 표준화 촉진

9. 그 밖에 유통정보화의 촉진을 위하여 필요하다고 인정하는 사항

② 지식경제부장관은 유통정보화에 관한 시책을 세우기 위하여 필요하다고 인정되는 경우에는 방송통신위원회에 유통정보화역무를 제공하는 전기통신사업자에 관한 자료를 요청할 수 있다. <개정 2008.2.29>

③ 지식경제부장관은 유통사업자·제조업자 또는 유통관련단체가 제1항 각 호의 사업을 추진하는 경우에는 예산의 범위 안에서 필요한 자금을 지원할 수 있다. <개정 2008.2.29>

제22조 (유통표준전자문서 및 유통정보의 보안 등)

① 누구든지 유통표준전자문서를 위작 또는 변작하거나 위작 또는 변작된 전자문서를 사용하거나 유통시켜서는 아니 된다.

② 유통정보화역무를 제공하는 자는 유통표준전자문서 또는 컴퓨터 등 정보처리조직의 파일에 기록된 유통정보를 공개하여서는 아니 된다. 다만, 국가의 안전보장에 위해가 없고 타인의 비밀을 침해할 우려가 없는 정보로서 대통령령이 정하는 것은 그러하지 아니하다.

③ 유통정보화역무를 제공하는 자는 유통표준전자문서를 대통령령이 정하는 기간 동안 보관하여야 한다.

제23조 (유통전문인력의 양성)

① 지식경제부장관 또는 중소기업청장은 유통전문인력을 양성하기 위하여 다음 각 호의 사업을 수행할 수 있다. <개정 2008.2.29>

1. 유통산업에 종사하는 자의 자질향상을 위한 교육·연수

2. 유통산업에 종사하고자 하는 자의 취업·재취업 또는 창업의 촉진

을 위한 교육ㆍ연수

3. 선진유통기법의 개발ㆍ보급

4. 그 밖에 유통전문인력 양성을 위하여 필요하다고 인정하는 사업

② 지식경제부장관 또는 중소기업청장은 「정부출연연구기관 등의 설립ㆍ운영 및 육성에 관한 법률」 또는 「과학기술분야 정부출연연구기관 등의 설립ㆍ운영 및 육성에 관한 법률」에 의한 정부출연연구기관, 「고등교육법」에 의한 대학 또는 대학원, 제3항의 규정에 따른 유통연수기관이 제1항 각 호의 사업을 하는 경우에는 예산의 범위 안에서 사업수행에 필요한 경비의 전부 또는 일부를 지원할 수 있다. <개정 2004.9.23, 2005.12.23, 2008.2.29>

③ 제2항에서 유통연수기관이라 함은 다음 각 호의 어느 하나에 해당하는 기관을 말한다. <신설 2005.12.23, 2008.2.29, 2009.4.1>

1. 「상공회의소법」 제34조의 규정에 의한 대한상공회의소

2. 「산업발전법」 제32조에 따른 한국생산성본부

3. 유통인력 양성을 위한 대통령령이 정하는 시설ㆍ인력 및 연수실적의 기준에 적합한 법인으로서 지식경제부장관이 지정하는 기관

④ 제3항제3호의 규정에 의한 유통연수기관(이하 "지정유통연수기관"이라 한다)의 지정절차 등에 관하여 필요한 사항은 지식경제부령으로 정한다. <신설 2005.12.23, 2008.2.29>

⑤ 지식경제부장관은 지정유통연수기관이 제1호에 해당하는 경우에는 그 지정을 취소하여야 하고, 제2호에 해당하는 경우에는 그 지정을 취소하거나 3개월 이내의 기간을 정하여 지정의 효력을 정지할 수 있다. <신설 2005.12.23, 2008.2.29>

1. 거짓 그 밖의 부정한 방법으로 지정받은 경우

2. 제3항제3호의 규정에 의한 지정기준에 적합하지 아니한 경우

⑥ 지정유통연수기관이 해산되는 경우 당해 기관의 장은 지식경제부령이 정하는 바에 따라 지식경제부장관에게 통보하여야 한다. <신설 2005.-12.23, 2008.2.29>

제24조 (유통관리사)

① 유통관리사는 다음 각 호의 직무를 수행한다.

　1. 유통경영·관리 기법의 향상

　2. 유통경영·관리와 관련한 계획·조사·연구

　3. 유통경영·관리와 관련한 진단·평가

　4. 유통경영·관리와 관련한 상담·자문

　5. 그 밖에 유통경영·관리에 필요한 사항

② 유통관리사가 되고자 하는 자는 지식경제부장관이 실시하는 유통관리사 자격시험에 합격하여야 한다. <개정 2008.2.29>

③ 유통관리사의 등급, 유통관리사 자격시험의 실시방법·응시자격·시험과목 및 시험과목의 면제나 시험점수의 가산, 자격증의 교부 등에 관하여 필요한 사항은 대통령령으로 정한다.

④ 지식경제부장관 또는 지방자치단체의 장은 유통관리사를 고용한 유통사업자 및 유통사업자단체에 대하여 다른 유통사업자 및 사업자단체에 우선하여 자금 등을 지원할 수 있다. <개정 2008.2.29>

⑤ 지식경제부장관은 거짓 그 밖의 부정한 방법으로 유통관리사의 자격을 취득한 자에 대하여는 그 자격을 취소하여야 한다. <개정 2008.-2.29>

⑥ 제5항의 규정에 의하여 유통관리사의 자격이 취소된 자는 취소일부터 3년간 유통관리사 자격시험에 응시할 수 없다. <신설 2005.12.23>

제25조 (유통산업의 국제화 촉진) 지식경제부장관은 유통사업자 또는 유통사업자단체가 다음 각 호의 사업을 추진하는 경우에는 예산의 범위 안에서 필요한 경비의 전부 또는 일부를 지원할 수 있다. <개정 2008.2.29>

　1. 유통관련 정보·기술·인력의 국제교류

　2. 유통관련 국제 표준화·공동조사·연구·기술 협력

　3. 유통관련 국제학술대회·국제박람회 등의 개최

　4. 해외유통시장의 조사·분석 및 수집정보의 체계적인 유통

5. 해외유통시장에 공동으로 진출하기 위한 공동구매·공동판매망의
   구축 등 공동협력사업
6. 그 밖에 유통산업의 국제화를 위하여 필요하다고 인정하는 사업

제6장 유통기능의 효율화

제26조 (유통기능효율화 시책)
① 지식경제부장관은 유통기능을 효율화하기 위하여 다음 각 호의 사항
   에 관한 시책을 강구하여야 한다. <개정 2008.2.29>
   1. 물류표준화의 촉진
   2. 물류정보화기반의 확충
   3. 물류공동화의 촉진
   4. 물류기능의 외부위탁 촉진
   5. 물류기술·기법의 고도화 및 선진화
   6. 집배송시설 및 공동집배송센터의 확충 및 효율적 배치
   7. 그 밖에 유통기능의 효율화를 촉진하기 위하여 필요하다고 인정하
      는 사항
② 지식경제부장관은 제1항제5호의 규정에 의한 물류기술·기법의 고도
   화 및 선진화를 위하여 다음 각 호의 사업을 수행할 수 있다. <개정
   2008.2.29>
   1. 국내외 물류기술수준의 조사
   2. 물류기술·기법의 연구개발 및 개발된 물류기술·기법의 활용
   3. 물류에 관한 기술협력·기술지도 및 기술이전
   4. 그 밖에 물류기술·기법의 개발 및 그 수준의 향상을 위하여 필요
      하다고 인정하는 사업
③ 지식경제부장관은 유통사업자·제조업자·물류사업자 또는 관련단체
   가 제1항 및 제2항 각 호의 사업을 하는 경우에는 지식경제부령이

정하는 바에 따라 예산의 범위 안에서 필요한 자금을 지원할 수 있
다. <개정 2008.2.29>

제27조 (물류설비의 인증)
① 지식경제부장관은 물류설비의 종류별로 표준이 되는 인증규격 및 인
   증기준(이하 "인증규격등"이라 한다)을 정하여 고시하고, 당해 인증규
   격등에 맞는 물류설비의 이용 및 보급 촉진을 위하여 물류설비의 인
   증사업을 할 수 있다. <개정 2005.12.23, 2008.2.29>
② 지식경제부장관은 제1항의 규정에 의하여 인증규격등을 정하여 고시
   하고자 하는 경우에는 국토해양부장관 및 관계중앙행정기관의 장과
   미리 협의하여야 한다. 이 경우 국토해양부장관은 필요한 경우「물류
   정책기본법」제19조제1항제2호의 물류시설분과위원회의 심의를 거쳐
   야 한다. <개정 2005.12.23, 2007.8.3, 2008.2.29>
③ 지식경제부장관은 제1항의 규정에 의하여 인증을 받은 설비(이하 "인
   증물류설비"라 한다)의 이용 및 보급 촉진을 위하여 유통사업자·제
   조업자·물류사업자 등이 다음 각 호의 사업을 수행하는 경우에는 예
   산의 범위 안에서 필요한 자금을 지원할 수 있다. <개정 2008.2.29>
  1. 인증물류설비와 관련한 연구개발투자사업
  2. 인증물류설비의 생산·공급 또는 이용을 위한 기존설비의 신·증설
     투자 및 기존설비의 변경사업
  3. 그 밖에 인증물류설비의 보급 및 확산을 위하여 필요한 사업으로서
     지식경제부령이 정하는 사업
④ 지식경제부장관은 공공부문의 물류표준화를 촉진하기 위하여 관계중
   앙행정기관의 장, 지방자치단체의 장, 정부투자기관의 장 그 밖에 대
   통령령이 정하는 자에 대하여 인증물류설비의 우선구매 등을 권고할
   수 있다. <개정 2008.2.29>
⑤ 지식경제부장관은 제1항의 규정에 의하여 물류설비의 인증사업을 하
   는 경우에는 물류설비의 인증규격등과 관련된 성능을 시험·검사하는

물류설비성능검사기관(이하 "성능검사기관"이라 한다)과 성능검사기관
이 발행한 시험성적서 등을 기초로 물류설비가 인증규격등에 적합한
것임을 인증(이하 "물류설비인증"이라 한다)하는 물류설비인증기관(이
하 "인증기관"이라 한다)을 지정할 수 있다. <신설 2005.12.23,
2008.2.29>

⑥ 물류설비의 인증 절차·방법 및 인증물류설비의 사후관리와 성능검사
기관·인증기관의 지정기준·지정절차·지정방법 및 사후관리 등에
관하여 필요한 사항은 지식경제부령으로 정한다. <개정 2005.12.23,
2008.2.29>

제27조의2 (물류설비인증의 취소 등)

① 지식경제부장관은 제27조제1항의 규정에 의하여 물류설비인증을 받은
자가 제1호에 해당하는 경우에는 그 인증을 취소하여야 하고, 제2호
에 해당하는 경우에는 그 인증을 취소하거나 3개월 이내의 기간을 정
하여 인증의 효력을 정지할 수 있다. <개정 2008.2.29>
  1. 거짓 그 밖의 부정한 방법으로 인증을 받은 경우
  2. 제27조제6항의 규정에 의한 사후관리결과 인증규격등에 적합하지
     아니한 경우

② 지식경제부장관은 제27조제5항의 규정에 의하여 지정받은 성능검사기
관 및 인증기관이 다음 각 호의 어느 하나에 해당하는 경우에는 그
지정을 취소하거나 1년 이내의 기간을 정하여 물류설비인증업무를 정
지할 수 있다. 다만, 제1호에 해당하는 경우에는 그 지정을 취소하여
야 한다. <개정 2008.2.29>
  1. 거짓 그 밖의 부정한 방법으로 지정을 받은 경우
  2. 정당한 사유 없이 성능검사업무 또는 인증업무를 하지 아니한 경우
  3. 제27조제6항의 규정에 의한 사후관리결과 성능검사기관 또는 인증
     기관의 지정기준에 적합하지 아니한 경우

③ 제1항의 규정에 의하여 물류설비인증이 취소된 자는 그 취소일부터 1

년간 물류설비의 인증을 받을 수 없다.

[본조신설 2005.12.23]

제28조 (우수도매배송서비스사업자의 지정 등)

① 지식경제부장관은 도매배송서비스에 관한 사업을 영위하는 자로서 다음 각 호의 요건을 갖춘 자를 우수도매배송서비스사업자로 지정할 수 있다. <개정 2008.2.29>

 1. 자본금 또는 출자금 등이 지식경제부령이 정하는 기준에 해당할 것

 2. 도매배송실적 등 사업실적이 지식경제부령이 정하는 기준에 적합할 것

② 지식경제부장관은 제1항의 규정에 의하여 지정된 우수도매배송서비스사업자가 다음 각 호의 업무를 수행하는 경우에는 필요한 자금을 지원할 수 있으며, 관계중앙행정기관의 장 또는 지방자치단체의 장에게 집배송시설 건립을 위한 부지확보 등 필요한 지원을 요청할 수 있다. <개정 2008.2.29>

 1. 여러 점포 또는 사업장의 관리를 위한 유통정보시스템의 구축

 2. 유통표준코드의 도입

 3. 거래처와의 전표 및 상품분류기호의 통일화 추진

 4. 인증물류설비의 도입

 5. 그 밖에 유통기능의 효율화를 위하여 필요한 사업으로서 지식경제부령이 정하는 사업

③ 지식경제부장관은 제1항의 규정에 의하여 지정받은 우수도매배송서비스사업자가 지정기준에 미달하는 경우에는 그 지정을 취소하고, 관계중앙행정기관의 장 및 지방자치단체의 장에게 지체 없이 이를 알려야 한다. <개정 2008.2.29>

제29조 (공동집배송센터의 지정 등)

① 지식경제부장관은 물류공동화를 촉진하기 위하여 필요한 경우에는 시·도지사의 추천을 받아 지식경제부령이 정하는 요건에 해당하는 지역 및 시설물을 공동집배송센터로 지정할 수 있다. <개정 2008.2.29>

② 제1항의 규정에 의한 공동집배송센터의 지정을 받고자 하는 자는 지
　식경제부령이 정하는 바에 따라 공동집배송센터의 조성·운영에 관한
　사업계획을 첨부하여 시·도지사에게 공동집배송센터 지정추천을 신
　청하여야 한다. <개정 2008.2.29>

③ 제2항의 규정에 의하여 추천신청을 받은 시·도지사는 그 사업의 타
　당성 등을 검토한 결과 당해 지역 집배송체계의 효율화를 위하여 필
　요하다고 인정하는 경우에는 추천사유서와 지식경제부령이 정하는 서
　류를 지식경제부장관에게 제출하여야 한다. <개정 2008.2.29>

④ 제1항의 규정에 의하여 지정받은 공동집배송센터를 조성·운영하고자
　하는 자(이하 "공동집배송센터사업자"라 한다)는 지정받은 사항 중 지
　식경제부령이 정하는 중요사항을 변경하고자 하는 때에는 지식경제부
　장관의 변경지정을 받아야 한다. <개정 2008.2.29>

⑤ 지식경제부장관은 공동집배송센터를 지정하거나 변경지정하고자 하는
　때에는 미리 관계중앙행정기관의 장과 협의하여야 한다. <개정 2008.-
　2.29>

⑥ 지식경제부장관은 제1항의 규정에 의하여 공동집배송센터를 지정한
　때에는 지식경제부령이 정하는 바에 따라 이를 고시하여야 한다. <개
　정 2008.2.29>

⑦ 공동집배송센터사업자는 지식경제부령이 정하는 시설기준 및 운영기
　준에 따라 공동집배송센터를 설치하고 이를 운영하여야 한다. <개정
　2008.2.29>

제30조 (인·허가 등의 의제)

① 제29조의 규정에 의하여 공동집배송센터를 지정함에 있어서 다음 각
　호의　허가·신고·승인·동의·인가·협의·결정·해제·지정　및
　심사(이하 이 조에서 "인·허가등"이라 한다)에 관하여 지식경제부장
　관이 제2항의 규정에 의하여 다른 행정기관의 장과 협의한 결과 동의
　를 얻은 사항에 대하여는 당해 인·허가등을 받은 것으로 본다. <개

정 2005.8.4, 2005.12.23, 2006.9.27, 2007.4.11, 2007.12.27, 2008.2.29, 2008.3.21>

1. 「농지법」 제34조제1항의 규정에 의한 농지의 전용허가

2. 「산지관리법」 제14조·제15조의 규정에 의한 산지전용허가 및 산지
   전용신고, 「산림자원의 조성 및 관리에 관한 법률」 제36조제1항·
   제4항의 규정에 의한 입목벌채등의 허가·신고, 동법 제45조제1
   항·제2항의 규정에 의한 입목·죽의 벌채, 임산물의 굴취·채취,
   가축의 방목, 그 밖에 토지의 형질을 변경하는 행위의 허가

3. 「초지법」 제23조제2항 및 제3항의 규정에 의한 초지의 전용 허가
   또는 신고

4. 「공유수면관리법」 제5조제1항의 규정에 의한 공유수면 점용 또는
   사용의 허가

5. 「공유수면매립법」 제15조제1항의 규정에 의한 실시계획의 승인 및
   동법 제38조제1항의 규정에 의한 협의 또는 승인

6. 「하천법」 제30조제1항의 규정에 의한 하천공사의 허가 및 동법 제
   33조제1항의 규정에 의한 하천의 점용허가

7. 「도로법」 제34조의 규정에 의한 도로공사 시행의 허가 및 같은 법
   제38조제1항의 규정에 의한 도로의 점용허가(도로굴착을 수반하는
   경우를 제외한다)

8. 「사도법」 제4조의 규정에 의한 사도의 개설·개축·증축 또는 변경
   의 허가

9. 「수도법」 제17조제1항의 규정에 의한 일반수도사업의 인가, 같은
   법 제49조의 규정에 의한 공업용수도사업의 인가, 같은 법 제52조
   제1항의 규정에 의한 전용상수도의 인가 및 같은 법 제54조의 규정
   에 의한 전용공업용수도의 인가

10. 「하수도법」 제13조제1항의 규정에 의한 공공하수도공사시행의 허가

11. 「농어촌정비법」 제22조제1항의 규정에 의한 농업기반시설의 목적
    외 사용의 승인

12. 「항만법」 제9조제2항의 규정에 의한 항만공사계획의 허가 및 동법
   제10조제2항의 규정에 의한 항만공사실시계획의 승인
13. 「사방사업법」 제14조제1항의 규정에 의한 입목·죽의 벌채, 토
   석·나무뿌리 또는 풀뿌리의 채취, 가축의 방목 기타 사방시설을
   훼손·변경하거나 토지의 형질을 변경하는 행위의 허가 및 동법
   제20조제1항의 규정에 의한 사방지의 지정해제
14. 「국토의 계획 및 이용에 관한 법률」 제56조제1항의 규정에 의한
   개발행위의 허가 및 동법 제86조의 규정에 의한 도시계획시설사업
   의 시행자 지정
15. 「장사 등에 관한 법률」 제23조제1항의 규정에 의한 개장의 허가
16. 「측량법」 제25조의 규정에 의한 측량성과 및 측량기록 또는 지도
   등 사용심사
② 지식경제부장관은 제29조의 규정에 의하여 공동집배송센터를 지정하
   고자 하는 경우 그 지정내용에 제1항 각 호의 1에 해당하는 사항이
   포함되어 있는 때에는 관계행정기관의 장과 협의하여야 한다. 이 경
   우 관계행정기관의 장은 지식경제부장관의 협의요청을 받은 날부터
   대통령령이 정하는 기간 이내에 의견을 제출하여야 한다. <개정 2008.-
   2.29>

제31조 (공동집배송센터의 지원)
① 지식경제부장관은 제29조제1항의 규정에 의하여 지정받은 공동집배송
   센터의 조성에 필요한 자금 등을 지원할 수 있다. <개정 2008.2.29>
② 지식경제부장관은 제17조제1항의 규정에 의하여 지정받은 우수체인사
   업자 또는 제28조제1항의 규정에 의하여 지정받은 우수도매배송서비
   스사업자가 제29조제1항의 규정에 의하여 지정받은 공동집배송센터를
   조성하는 경우에는 제1항의 규정에 의한 자금 등을 우선하여 지원할
   수 있다. <개정 2008.2.29>
③ 지식경제부장관은 공동집배송센터의 조성을 위하여 필요하다고 인정

하는 경우에는 부지의 확보, 도시계획의 변경 또는 도시계획시설의
설치 등에 관하여 시·도지사에게 협조를 요청할 수 있다. <개정 2008.-
2.29>

제32조 (공동집배송센터의 신탁개발)
① 공동집배송센터사업자는 「자본시장과 금융투자업에 관한 법률」에 따
른 신탁업자와 신탁계약을 체결하여 공동집배송센터를 신탁개발할 수
있다. <개정 2005.12.23, 2007.8.3>
② 제1항의 규정에 의하여 신탁계약을 체결한 신탁업자는 공동집배송센
터사업자의 지위를 승계한다. 이 경우 공동집배송센터사업자는 계약
체결일부터 14일 이내에 신탁계약서 사본을 지식경제부장관에게 제출
하여야 한다. <개정 2007.8.3, 2008.2.29>

제33조 (시정명령 및 지정취소)
① 지식경제부장관은 제29조제1항 및 제7항의 규정에 의한 공동집배송센
터의 지정요건 및 시설·운영기준에 미달하는 경우에는 지식경제부령
이 정하는 바에 따라 공동집배송센터사업자에 대하여 시정명령을 할
수 있다. <개정 2008.2.29>
② 지식경제부장관은 다음 각 호의 1에 해당하는 경우에는 공동집배송센
터의 지정을 취소할 수 있다. 다만, 제1호에 해당하는 경우에는 그 지
정을 취소하여야 한다. <개정 2008.2.29>
1. 거짓 그 밖의 부정한 방법으로 공동집배송센터의 지정을 받은 경우
2. 공동집배송센터의 지정을 받은 날부터 정당한 사유 없이 3년 이내
에 시공을 하지 아니하는 경우
3. 제1항의 규정에 의한 시정명령을 이행하지 아니하는 경우
4. 공동집배송센터사업자의 파산 등 대통령령이 정하는 사유로 인하여
정상적인 사업추진이 곤란하다고 인정되는 경우

제34조 (공동집배송센터개발촉진지구의 지정 등)

① 시·도지사는 집배송시설의 집단적 설치를 촉진하고 집배송시설의 효율적 배치를 위하여 공동집배송센터개발촉진지구(이하 "촉진지구"라 한다)의 지정을 지식경제부장관에게 요청할 수 있다. <개정 2008.2.29>

② 지식경제부장관은 시·도지사가 제1항의 규정에 의하여 요청한 지역이 지식경제부령이 정하는 요건에 적합하다고 판단하는 때에는 촉진지구로 지정하고, 그 내용을 지식경제부령이 정하는 바에 따라 고시하여야 한다. <개정 2008.2.29>

③ 지식경제부장관은 촉진지구를 지정하고자 하는 때에는 미리 관계중앙행정기관의 장과 협의하여야 한다. <개정 2008.2.29>

④ 제1항 및 제2항의 규정에 의한 지정의 요건 및 절차 등에 관하여 필요한 사항은 지식경제부령으로 정한다. <개정 2008.2.29>

제35조 (촉진지구에 대한 지원)

① 지식경제부장관 또는 시·도지사는 촉진지구의 개발을 활성화하기 위하여 촉진지구 안에 설치되거나 촉진지구로 이전하는 집배송시설에 대하여 자금 그 밖의 필요한 사항을 지원할 수 있다. <개정 2008.2.29>

② 지식경제부장관은 촉진지구 안의 집배송시설에 대하여는 제29조제1항의 규정에 불구하고 시·도지사의 추천이 없더라도 공동집배송센터로 지정할 수 있다. <개정 2008.2.29>

제35조의2 (국·공유재산의 매각 등)

① 국가 또는 지방자치단체는 제8조의 규정에 의한 대규모점포의 개설과 중소유통공동도매물류센터의 건립을 위하여 필요한 경우로서 대통령령이 정하는 경우에는 「국유재산법」 또는 「공유재산 및 물품관리법」의 규정에 불구하고 국·공유재산을 수의계약으로 매각할 수 있다. 이 경우 국·공유재산의 매각의 내용 및 조건에 관하여는 「국유재산

법」 또는 「공유재산 및 물품관리법」이 정하는 바에 따른다.

② 대규모점포를 개설하고자 하는 자 또는 중소유통공동도매물류센터를 건립하고자 하는 자는 도로의 개설에 관한 업무를 대통령령이 정하는 바에 따라 국가기관 또는 지방자치단체에 위탁하여 시행할 수 있다.

③ 대규모점포를 개설하고자 하는 자 또는 중소유통공동도매물류센터를 건립하고자 하는 자가 제2항의 규정에 의하여 도로의 개설에 관한 업무를 국가기관 또는 지방자치단체에 위탁하여 시행하는 경우에는 지식경제부령이 정하는 요율의 위탁수수료를 지급하여야 한다. <개정 2008.2.29>

[본조신설 2005.12.23]

제7장 상거래질서의 확립

제36조 (유통분쟁조정위원회)

① 유통에 관한 다음 각 호의 분쟁을 조정하기 위하여 특별시·광역시·도·특별자치도(이하 "시·도"라 한다) 및 시(「제주특별자치도 설치 및 국제자유도시 조성을 위한 특별법」 제17조제1항에 따른 행정시를 포함한다. 이하 같다)·군·구에 각각 유통분쟁조정위원회(이하 "위원회"라 한다)를 둔다. <개정 2005.12.23, 2009.4.1>

1. 대규모점포와 인근지역의 도·소매업자 사이의 영업활동에 관한 분쟁. 다만, 「독점규제 및 공정거래에 관한 법률」의 적용을 받는 사항을 제외한다.

  1의2. 대규모점포와 중소제조업체 사이의 영업활동에 관한 사항. 다만, 「독점규제 및 공정거래에 관한 법률」의 적용을 받는 사항을 제외한다.

2. 대규모점포와 인근지역의 주민 사이의 생활환경에 관한 분쟁

② 위원회는 위원장 1인을 포함한 11인 이상 15인 이내의 위원으로 구

성한다.

③ 위원회의 위원장은 위원 중에서 호선한다. <개정 2005.12.23>

④ 위원회의 위원은 다음 각 호의 자가 된다.

  1. 다음 각 목의 1에 해당하는 자로서 당해 지방자치단체의 장이 위촉하는 자

    가. 판사·검사 또는 변호사의 자격이 있는 자

    나. 상공회의소의 임원 또는 직원

    다. 소비자단체의 대표

    라. 유통산업분야에 관한 학식과 경험이 풍부한 자

    마. 당해 지방자치단체에 거주하는 소비자

  2. 당해 지방자치단체의 도·소매업에 관한 업무를 담당하는 공무원으로서 당해 지방자치단체의 장이 지명하는 자

⑤ 공무원이 아닌 위원의 임기는 2년으로 하되, 연임할 수 있다.

⑥ 제1항 각 호의 규정에 의한 대규모점포, 영업활동 및 생활환경의 범위에 대하여는 대통령령으로 정한다.

⑦ 제1항 내지 제5항에서 정한 사항 외에 위원회의 조직 및 운영 등에 관하여 필요한 사항은 당해 지방자치단체의 조례로 정한다.

제37조 (분쟁의 조정)

① 대규모점포와 관련된 분쟁의 조정을 원하는 자는 시·군·구의 위원회에 분쟁의 조정을 신청할 수 있다.

② 제1항의 규정에 의하여 분쟁의 조정신청을 받은 위원회는 신청을 받은 날부터 60일 이내에 이를 심사하여 조정안을 작성하여야 한다. 다만, 부득이한 사정이 있는 경우에는 위원회의 의결로 그 기간을 연장할 수 있다.

③ 제2항의 규정에 의하여 시·군·구의 위원회의 조정안에 불복이 있는 자는 조정안을 제시받은 날부터 15일 이내에 시·도의 위원회에 조정을 신청할 수 있다.

④ 제3항의 규정에 의하여 조정신청을 받은 시·도의 위원회는 그 신청
   내용을 시·군·구의 위원회 및 신청인 외의 당사자에게 통지하고,
   조정신청을 받은 날부터 30일 이내에 이를 심사하여 조정안을 작성하
   여야 한다. 다만, 부득이한 사정이 있는 경우에는 위원회의 의결로 그
   기간을 연장할 수 있다.
⑤ 위원회는 제2항 단서 및 제4항 단서의 규정에 의하여 기간을 연장하
   는 경우에는 기간을 연장하게 된 사유 등을 당사자에게 통보하여야
   한다.

제38조 (자료요청 등)

① 위원회는 분쟁조정을 위하여 필요한 자료의 제공을 당사자 또는 참고
   인에게 요청할 수 있다. 이 경우 당해 당사자는 정당한 사유가 없는
   한 이에 응하여야 한다.
② 위원회는 필요하다고 인정하는 경우에는 당사자 또는 참고인으로 하
   여금 위원회에 출석하게 하여 그 의견을 들을 수 있다.

제39조 (조정의 효력)

① 위원회는 제37조의 규정에 의하여 조정안을 작성한 때에는 지체 없이
   이를 각 당사자에게 제시하여야 한다.
② 제1항의 규정에 의하여 조정안을 제시받은 당사자는 그 제시를 받은
   날부터 15일 이내에 그 수락 여부를 위원회에 통보하여야 한다.
③ 당사자가 조정안을 수락한 때에는 위원회는 즉시 조정서를 작성하여
   야 하며, 위원장 및 각 당사자는 이에 기명날인하여야 한다.
④ 당사자가 제3항의 규정에 의하여 조정안을 수락하고 조정서에 기명날
   인한 때에는 당사자 간에 조정서와 동일한 내용의 합의가 성립된 것
   으로 본다.

제40조 (조정의 거부 및 중지)

① 위원회는 분쟁의 성질상 위원회에서 조정함이 적합하지 아니하다고

인정하거나 부정한 목적으로 신청되었다고 인정하는 경우에는 당해 조정을 거부할 수 있다. 이 경우 조정거부의 사유 등을 당사자에게 통보하여야 한다.

② 위원회는 신청된 조정사건에 대한 처리절차의 진행 중에 일방 당사자가 소를 제기한 때에는 그 조정의 처리를 중지하고 이를 당사자에게 통보하여야 한다.

제41조 (조정절차 등) 제36조 내지 제40조에서 정한 사항 외에 분쟁의 조정방법·조정절차, 조정업무의 처리 및 조정비용의 분담 등에 관하여 필요한 사항은 대통령령으로 정한다.

제42조 (비영리법인에 대한 권고)

① 지방자치단체의 장은 「민법」 그 밖의 법률에 의하여 설립된 비영리법인이 판매사업을 행함에 있어서 당해 법인의 목적사업의 범위를 벗어남으로써 인근 지역의 도매업자 또는 소매업자의 이익을 현저히 해하고 있다고 인정되는 때에는 당해 법인에 대하여 목적사업의 범위를 벗어난 판매사업을 중단하도록 권고할 수 있다. <개정 2005.12.23>

② 지방자치단체의 장은 제1항에 해당하는 비영리법인에 대하여 판매사업에 관한 현황 등의 자료를 제공하여 줄 것을 요청할 수 있다.

제43조 (상거래의 투명화) 정부는 유통부문에 있어서 공정하고 투명한 상거래를 만들도록 노력하여야 한다.

제8장 보칙

제44조 (청문) 지식경제부장관, 중소기업청장 또는 시장·군수·구청장은 다음 각 호의 어느 하나에 해당하는 처분을 하고자 하는 때에는 청문을 실시하여야 한다. <개정 2005.12.23, 2008.2.29>

1. 제11조제1항의 규정에 의한 대규모점포개설등록의 취소
2. 제17조제4항의 규정에 의한 우수체인사업자 지정의 취소
3. 제23조제5항의 규정에 의한 지정유통연수기관의 취소
4. 제24조제5항의 규정에 의한 유통관리사 자격의 취소
5. 제27조의2의 규정에 의한 물류설비인증의 취소와 성능검사기관·인증기관 지정의 취소
6. 제28조제3항의 규정에 의한 우수도매배송서비스사업자 지정의 취소
7. 제33조제2항의 규정에 의한 공동집배송센터 지정의 취소

제45조 (보고)

① 시·도지사 또는 시장·군수·구청장은 지식경제부령이 정하는 바에 따라 다음 각 호의 사항을 지식경제부장관에게 보고하여야 한다. <개정 2008.2.29>

1. 제7조의 규정에 의한 지역별 시행계획 및 추진실적
2. 제8조·제11조 및 제12조의 규정에 의한 대규모점포 개설등록·취소 및 대규모점포개설자의 업무를 수행하는 자의 신고현황
3. 제37조의 규정에 의한 분쟁의 조정실적
4. 제42조의 규정에 의한 비영리법인에 대한 권고실적

② 지식경제부장관, 중소기업청장 또는 지방자치단체의 장은 이 법에 의한 자금 등의 지원을 위하여 특히 필요하다고 인정되는 경우에는 다음 각 호에 해당하는 자에 대하여 사업실적 등 지식경제부령이 정하는 사항을 보고하게 할 수 있다. <개정 2005.12.23, 2008.2.29>

1. 우수체인사업자·중소유통공동도매물류센터운영자·우수도매배송서비스사업자 또는 공동집배송센터사업시행자
2. 유통사업자단체
3. 제23조제3항 각 호의 유통연수기관

제46조 (권한의 위임·위탁)

① 지식경제부장관은 이 법에 의한 권한의 일부를 대통령령이 정하는 바

에 따라 중소기업청장 또는 기술표준원장에게 위임할 수 있다. <개정 2005.12.23, 2008.2.29>

② 지식경제부장관 또는 중소기업청장은 이 법에 의한 권한의 일부를 대통령령이 정하는 바에 따라 시·도지사에게 위임할 수 있다. <개정 2008.2.29>

③ 지식경제부장관은 제24조의 규정에 의한 유통관리사 자격시험의 실시에 관한 권한을 대통령령이 정하는 바에 따라 대한상공회의소에 위탁할 수 있다. <개정 2008.2.29>

④ 지식경제부장관은 제7조의4의 규정에 의한 유통산업의 실태조사에 관한 업무를 「통계법」 제15조에 따른 통계작성지정기관에 위탁할 수 있다. <신설 2005.12.23, 2007.4.27, 2008.2.29>

제47조 (벌칙적용에 있어서의 공무원 의제) 제46조제3항의 규정에 의하여 위탁한 업무에 종사하는 대한상공회의소의 임원 및 직원은 「형법」 제129조 내지 제132조의 적용에 있어서는 이를 공무원으로 본다. <개정 2005.12.23>

제48조 (수수료)

① 제8조의 규정에 의하여 대규모점포의 개설등록을 하고자 하는 자는 지식경제부령이 정하는 범위 안에서 시·군·구의 조례가 정하는 바에 따라 수수료를 납부하여야 한다. <개정 2008.2.29>

② 제27조제1항의 규정에 의하여 물류설비인증을 받고자 하는 자 또는 동 조 제5항의 규정에 의하여 성능검사기관 또는 인증기관으로 지정을 받고자 하는 자는 지식경제부령이 정하는 범위 안에서 수수료를 납부하여야 한다. <신설 2005.12.23, 2008.2.29>

제9장 벌칙

제49조 (벌칙)

① 제22조제1항의 규정을 위반하여 유통표준전자문서를 위작 또는 변작하거나 위작 또는 변작된 전자문서를 사용하거나 유통시킨 자는 10년 이하의 징역 또는 1억 원 이하의 벌금에 처한다.

② 다음 각 호의 어느 하나에 해당하는 자는 1년 이하의 징역 또는 3천만 원 이하의 벌금에 처한다. <개정 2005.12.23>

　1. 제8조 전단의 규정을 위반하여 등록을 하지 아니하고 대규모점포를 개설하거나 거짓 그 밖의 부정한 방법으로 대규모점포의 개설등록을 한 자

　2. 제12조제3항의 규정을 위반하여 신고를 하지 아니하고 대규모점포개설자의 업무를 수행하거나 거짓 그 밖의 부정한 방법으로 대규모점포개설자의 업무수행신고를 한 자

③ 제22조제3항의 규정을 위반하여 유통표준전자문서를 보관하지 아니한 자는 1년 이하의 징역 또는 1천만 원 이하의 벌금에 처한다.

④ 제1항의 미수범은 처벌한다.

제50조 (벌칙) 제22조제2항의 규정을 위반하여 유통표준전자문서 또는 컴퓨터 등 정보처리조직의 파일에 기록된 유통정보를 공개한 자는 1천만 원 이하의 벌금에 처한다.

제51조 (양벌규정) 법인의 대표자나 법인 또는 개인의 대리인, 사용인, 그 밖의 종업원이 그 법인 또는 개인의 업무에 관하여 제49조 또는 제50조의 위반행위를 하면 그 행위자를 벌하는 외에 그 법인 또는 개인에게도 해당 조문의 벌금형을 과(課)한다. 다만, 법인 또는 개인이 그 위반행위를 방지하기 위하여 해당 업무에 관하여 상당한 주의와 감독을 게을리하지 아니한 경우에는 그러하지 아니하다.

[전문개정 2008.12.26]

제52조 (과태료)

① 다음 각 호의 어느 하나에 해당하는 자는 500만 원 이하의 과태료에 처한다. <개정 2005.12.23>

　1. 제8조 후단의 규정을 위반하여 대규모점포의 변경등록을 하지 아니하거나 거짓 그 밖의 부정한 방법으로 변경등록을 한 자

　2. 제12조제1항 및 제2항 규정의 대규모점포개설자의 업무를 수행하지 아니한 자

　3. 제14조제1항의 규정을 위반하여 임시시장을 개설한 자

　4. 제29조제4항의 규정을 위반하여 변경지정을 받지 아니한 자

　5. 제33조제1항의 시정명령을 이행하지 아니한 공동집배송센터사업자

　6. 제45조제2항의 보고에 있어 허위보고를 한 자

② 제1항에 따른 과태료는 대통령령으로 정하는 바에 따라 지식경제부장관, 중소기업청장, 지방자치단체의 장이 부과·징수한다. <개정 2009.-4.1>

③ 삭제 <2009.4.1>

④ 삭제 <2009.4.1>

⑤ 삭제 <2009.4.1>

부칙 〈제6959호, 2003.7.30〉

제1조 (시행일) 이 법은 공포 후 6개월이 경과한 날부터 시행한다.

제2조 (유효기간) 제17조 및 제28조의 개정규정은 이 법 시행 후 5년까지 효력을 가진다.

제3조 (대규모점포의 개설등록 등에 관한 경과조치)

① 이 법 시행 당시 종전의 규정에 의하여 시·도지사에게 대규모점포 개설등록 또는 신청을 한 자는 제8조의 개정규정에 의하여 시장·군수·구청장에게 개설등록 또는 신청을 한 것으로 본다.

② 제9조의 개정규정은 이 법 시행 당시 대규모점포의 등록절차가 진행 중인 것에 대하여도 이를 적용한다. 이 경우 제9조제1항의 개정규정을 적용받고자 하는 자는 동 조 제2항의 개정규정에 따라 해당서류를 시장·군수·구청장에게 제출하여야 한다.

第4조 (지정체인사업자에 관한 경과조치) 이 법 시행 당시 종전의 규정에 의하여 지정을 받은 지정체인사업자는 제17조제1항의 개정규정에 의한 우수체인사업자로 지정을 받은 것으로 본다.

第5조 (판매관리사에 관한 경과조치) 이 법 시행 당시 종전의 규정에 의한 판매관리사의 자격이 있는 자는 제24조의 개정규정에 의한 유통관리사의 자격이 있는 것으로 본다.

第6조 (지정도매배송업자에 관한 경과조치) 이 법 시행 당시 종전의 규정에 의하여 지정을 받은 지정도매배송업자는 제28조제1항의 개정규정에 의한 우수도매배송서비스사업자로 지정을 받은 것으로 본다.

第7조 (공동집배송단지에 관한 경과조치)

① 이 법 시행 당시 종전의 규정에 의하여 지정을 받은 공동집배송단지 안에 조성된 집배송센터는 제29조제1항의 개정규정에 의한 공동집배송센터의 지정을 받은 것으로 본다.

② 이 법 시행 당시 종전의 규정에 의하여 지정을 받은 공동집배송단지는 제34조의 개정규정에 의한 공동집배송센터개발촉진지구의 지정을 받은 것으로 본다.

第8조 (벌칙적용에 관한 경과조치) 이 법 시행 전의 행위에 대한 벌칙의 적용에 있어서는 종전의 규정에 의한다.

第9조 (다른 법률과의 관계) 이 법 시행 당시 다른 법률에서 종전의 유통산업발전법 또는 그 규정을 인용하고 있는 경우 이 법 중 그에 해당하는 규정이 있는 때에는 이 법 또는 이 법의 해당 규정을 인용한 것으로 본다.

부칙 〈제7100호, 2004.1.20〉 (화물자동차운수사업법)

第1조 (시행일) 이 법은 공포 후 3개월이 경과한 날부터 시행한다. <단서

생략>

　　제2조 내지 제23조 생략

　　제24조 (다른 법률의 개정) ① 유통산업발전법 중 다음과 같이 개정한다.
제2조제13호 중 "화물자동차운수사업법 제3조"를 "화물자동차운수사업법
제3조 및 제24조의2"로 한다.

　　② 및 ③ 생략

　　부칙 〈제7219호, 2004.9.23〉 (과학기술분야정부출연연구기관등의설립·운영및
육성에관한법률)

　　제1조 (시행일) 이 법은 공포 후 1개월이 경과한 날부터 시행한다.

　　제2조 및 제3조 생략

　　제4조 (다른 법률의 개정) ① 내지 ⑧ 생략

　　⑨ 유통산업발전법 중 다음과 같이 개정한다.

　　제23조제2항 중 "정부출연연구기관등의설립 · 운영및육성에관한법률"을 "정
부출연연구기관등의설립 · 운영및육성에관한법률 또는 과학기술분야정부출
연연구기관등의설립 · 운영및육성에관한법률"로 한다.

　　⑩ 내지 <20> 생략

　　제5조 생략

　　부칙 〈제7428호, 2005.3.31〉 (채무자 회생 및 파산에 관한 법률)

　　제1조 (시행일) 이 법은 공포 후 1년이 경과한 날부터 시행한다.

　　제2조 내지 제4조 생략

　　제5조 (다른 법률의 개정) ① 내지 <87> 생략

　　<88> 유통산업발전법 일부를 다음과 같이 개정한다.

　　제10조제2호 중 "파산자"를 "파산선고를 받은 자"로 한다.

　　<89> 내지 <145> 생략

　　제6조 생략

부칙 〈제7678호, 2005.8.4〉 (산림자원의 조성 및 관리에 관한 법률)

제1조 (시행일) 이 법은 공포 후 1년이 경과한 날부터 시행한다.

제2조 내지 제10조 생략

제11조 (다른 법률의 개정) ① 내지 <45> 생략

<46> 유통산업발전법 일부를 다음과 같이 개정한다.

제30조제1항제2호 중 "산림법 제62조제1항의 규정에 의한 입목·죽의 벌채, 임산물의 굴취·채취, 가축의 방목, 기타 토지의 형질을 변경하는 행위의 허가, 동법 제73조제2항의 규정에 의한 입목·죽 벌채의 승인 또는 동의 및 동법 제90조제1항의 규정에 의한 입목의 벌채 또는 임산물의 굴취·채취의 허가"를 "「산림자원의 조성 및 관리에 관한 법률」 제36조제1항·제4항의 규정에 의한 입목벌채등의 허가·신고, 동법 제45조제1항·제2항의 규정에 의한 입목·죽의 벌채, 임산물의 굴취·채취, 가축의 방목, 그 밖에 토지의 형질을 변경하는 행위의 허가"로 한다.

<47> 내지 <87> 생략

제12조 생략

부칙 〈제7756호, 2005.12.23〉

① (시행일) 이 법은 공포 후 6개월이 경과한 날부터 시행한다.

② (유통분쟁조정위원회의 위원장 선출방식에 관한 적용례) 제36조제3항의 개정규정은 이 법 시행 후 최초로 선출하는 위원장부터 적용한다.

③ (물류설비의 인증에 관한 경과조치) 이 법 시행 당시 종전의 규정에 의하여 인증을 받은 물류설비는 제27조제1항의 개정규정에 의하여 물류설비의 인증을 받은 것으로 본다.

④ (벌칙적용에 관한 경과조치) 이 법 시행 전의 행위에 대한 벌칙의 적용에 있어서는 종전의 규정에 의한다.

⑤ (다른 법률의 개정) 유통단지개발촉진법 일부를 다음과 같이 개정한다.

제2조제2호 나목을 다음과 같이 한다.

나. 「유통산업발전법」 제2조제3호·제7호·제15호 및 제17조의2의 규정

에 의한 대규모점포·전문상가단지·공동집배송센터 및 중소유통공동도매
물류센터

부칙 〈제7943호, 2006.4.28〉 (영화 및 비디오물의 진흥에 관한 법률)
제1조 (시행일) 이 법은 공포 후 6개월이 경과한 날부터 시행한다.
제2조 내지 제13조 생략
제14조 (다른 법률의 개정) ① 및 ② 생략
③ 유통산업발전법 일부를 다음과 같이 개정한다.
제9조제1항제1호를 다음과 같이 한다.
1. 「영화 및 비디오물의 진흥에 관한 법률」에 의한 비디오물제작업·비
디오물배급업, 「게임산업진흥에 관한 법률」에 의한 게임제작업·게임배급
업·게임제공업 또는 「음악산업진흥에 관한 법률」에 의한 음반·음악영상
물제작업 및 음반·음악영상물배급업의 신고 또는 등록
④ 및 ⑤ 생략
제15조 생략

부칙 〈제7995호, 2006.9.27〉 (초지법)
제1조 (시행일) 이 법은 공포 후 6개월이 경과한 날부터 시행한다.
제2조 내지 제5조 생략
제6조 (다른 법률의 개정) ① 내지 ⑥ 생략
⑦ 유통산업발전법 일부를 다음과 같이 개정한다.
제30조제1항제3호 중 "제23조제1항"을 "제23조제2항 및 제3항"으로 한다.
⑧및 ⑨생략

부칙 〈제8349호, 2007.4.11〉 (체육시설의 설치·이용에 관한 법률)
제1조 (시행일) 이 법은 공포한 날부터 시행한다.
제2조부터 제6조까지 생략
제7조 (다른 법률의 개정) ① 생략

② 유통산업발전법 일부를 다음과 같이 개정한다.

제9조제1항제7호 중 "제22조"를 "제20조"로 한다.

③ 및 ④ 생략

제8조 생략

부칙 〈제8351호, 2007.4.11〉 (농어촌정비법)

제1조 (시행일) 이 법은 공포한 날부터 시행한다. <단서 생략>

제2조부터 제13조까지 생략

제14조 (다른 법률의 개정) ①부터 <23>까지 생략

<24> 유통산업발전법 일부를 다음과 같이 개정한다.

제30조제1항제11호 중 "「농어촌정비법」 제20조제1항"을 "「농어촌정비법」 제22조제1항"으로 한다.

<25>부터 <42>까지 생략

제15조 생략

부칙 〈제8352호, 2007.4.11〉 (농지법)

제1조 (시행일) 이 법은 공포한 날부터 시행한다. <단서 생략>

제2조부터 제14조까지 생략

제15조 (다른 법률의 개정) ①부터 <45>까지 생략

<46> 유통산업발전법 일부를 다음과 같이 개정한다.

제30조제1항제1호 중 "「농지법」 제36조제1항"을 "「농지법」 제34조제1항"으로 한다.

<47>부터 <77>까지 생략

제16조 생략

부칙 〈제8354호, 2007.4.11〉 (축산법)

제1조 (시행일) 이 법은 공포한 날부터 시행한다. <단서 생략>

제2조부터 제7조까지 생략

제8조 (다른 법률의 개정) ① 및 ② 생략

③ 유통산업발전법 일부를 다음과 같이 개정한다.

제4조제2호 중 "「축산법」 제27조"를 "「축산법」 제34조"로 한다.

④부터 ⑧까지 생략

제9조 생략

부칙 〈제8365호, 2007.4.11〉 (약사법)

제1조 (시행일) 이 법은 공포한 날부터 시행한다. ＜단서 생략＞

제2조부터 제20조 생략

제21조 (다른 법률의 개정) ①부터 ⑦까지 생략

⑧ 유통산업발전법 일부를 다음과 같이 개정한다.

제9조제1항제16호 중 "「약사법」 제16조의 규정에 의한"을 "「약사법」 제20조에 따른"으로 한다.

⑨부터 ⑫까지 생략

제22조 생략

부칙 〈제8370호, 2007.4.11〉 (수도법)

제1조 (시행일) 이 법은 공포한 날부터 시행한다. ＜단서 생략＞

제2조부터 제18조까지 생략

제19조 (다른 법률의 개정) ①부터 ＜35＞까지 생략

＜36＞ 유통산업발전법 일부를 다음과 같이 개정한다.

제30조제1항제9호 중 "「수도법」 제12조제1항"을 "「수도법」 제17조제1항"으로, "동법 제33조의2"를 "같은 법 제49조"로, "동법 제36조제1항"을 "같은 법 제52조제1항"으로, "동법 제38조"를 "같은 법 제54조"로 한다.

＜37＞부터 ＜66＞까지 생략

제20조 생략

부칙 〈제8371호, 2007.4.11〉 (폐기물관리법)

제1조 (시행일) 이 법은 공포한 날부터 시행한다. <단서 생략>

제2조부터 제8조까지 생략

제9조 (다른 법률의 개정) ①부터 <26>까지 생략

<27>유통산업발전법 일부를 다음과 같이 개정한다.

제9조제1항제15호 중 "제24조"를 "제17조"로 한다.

<28>부터 <46>까지 생략

제10조 생략

부칙 〈제8387호, 2007.4.27〉 (통계법)

제1조 (시행일) 이 법은 공포 후 6개월이 경과한 날부터 시행한다.

제2조부터 제7조까지 생략

제8조 (다른 법률의 개정) ①부터 ⑥까지 생략

⑦ 유통산업발전법 일부를 다음과 같이 개정한다.

제46조제4항 중 "「통계법」 제4조의 규정에 의한 지정기관"을 "「통계법」 제15조에 따른 통계작성지정기관"으로 한다.

⑧부터 ⑭까지 생략

제9조 생략

부칙 〈제8466호, 2007.5.17〉 (수질 및 수생태계 보전에 관한 법률)

제1조 (시행일) 이 법은 공포 후 6개월이 경과한 날부터 시행한다.

제2조 및 제3조 생략

제4조 (다른 법률의 개정) ①부터 <29>까지 생략

<30> 유통산업발전법 일부를 다음과 같이 개정한다.

제9조제1항제14호 중 "「수질환경보전법」"을 "「수질 및 수생태계 보전에 관한 법률」"로 한다.

<31>부터 <55>까지 생략

제5조 생략

부칙 〈제8617호, 2007.8.3〉 (물류정책기본법)

제1조 (시행일) 이 법은 공포 후 6개월이 경과한 날부터 시행한다.

제2조부터 제8조까지 생략

제9조 (다른 법률의 개정) ① 유통산업발전법 일부를 다음과 같이 개정한다.

제27조제2항 후단 중 "「화물유통촉진법」 제4조의6의 규정에 의한 물류정책위원회"를 "「물류정책기본법」 제19조제1항제2호의 물류시설분과위원회"로 한다.

② 생략

제10조 생략

부칙 〈제8635호, 2007.8.3〉 (자본시장과 금융투자업에 관한 법률)

제1조 (시행일) 이 법은 공포 후 1년 6개월이 경과한 날부터 시행한다. <단서 생략>

제2조부터 제41조까지 생략

제42조 (다른 법률의 개정) ①부터 <43>까지 생략

<44> 유통산업발전법 일부를 다음과 같이 개정한다.

제20조제1항제2호 중 "「신탁업법」에 의한 신탁회사"를 "「자본시장과 금융투자업에 관한 법률」에 따른 신탁업자"로 한다.

제32조제1항 중 "「신탁업법」에 의한 신탁회사"를 "「자본시장과 금융투자업에 관한 법률」에 따른 신탁업자"로 하고, 같은 조 제2항 전단 중 "신탁회사"를 "신탁업자"로 한다.

<45>부터 <67>까지 생략

제43조 및 제44조 생략

부칙 〈제8820호, 2007.12.27〉 (공유수면매립법)

제1조 (시행일) 이 법은 공포 후 6개월이 경과한 날부터 시행한다. <단서 생략>

제2조부터 제7조까지 생략

제8조 (다른 법률의 개정) ①부터 <22>까지 생략

<23> 유통산업발전법 일부를 다음과 같이 개정한다.

제30조제1항제5호 중 "실시계획의 인가"를 "실시계획의 승인"으로 한다.

<24>부터 <39>까지 생략

제9조 생략

부칙 〈제8852호, 2008.2.29〉 (정부조직법)

제1조 (시행일) 이 법은 공포한 날부터 시행한다. 다만, <……생략……> 부칙 제6조에 따라 개정되는 법률 중 이 법의 시행 전에 공포되었으나 시행일이 도래하지 아니한 법률을 개정한 부분은 각각 해당 법률의 시행일부터 시행한다.

제2조부터 제5조까지 생략

제6조 (다른 법률의 개정) ①부터 <386>까지 생략

<387> 유통산업발전법 일부를 다음과 같이 개정한다.

제2조제8호부터 제10호까지, 제8조, 제12조제3항, 제13조의2, 제17조제1항제1호·제2호, 제20조제1항제1호·제2호, 제23조제4항·제6항, 제26조제3항, 제27조제3항제3호·제6항, 제28조제1항제1호 및 제2호·제2항제5호, 제29조제1항·제2항·제3항·제4항·제6항·제7항, 제33조제1항, 제34조제2항·제4항, 제35조의2제3항, 제45조제1항·제2항, 제48조제1항·제2항 중 "산업자원부령"을 각각 "지식경제부령"으로 한다.

제5조제1항·제3항·제4항, 제6조제1항·제2항·제3항·제4항, 제7조의2제1항제7호·제3항, 제7조의3, 제7조의4제1항·제2항, 제15조제1항, 제16조제2항, 제17조제1항·제3항·제4항, 제17조의2제1항 및 같은 항 제5호, 제20조제1항·제2항, 제21조제1항부터 제3항까지, 제23조제1항·제2항·제3항제3호·제5항·제6항, 제24조제2항·제4항·제5항, 제25조, 제26조제1항부터 제3항까지, 제27조제1항·제2항 전단·제3항·제4항·제5항, 제27조의2제1항·제2항, 제28조제1항부터 제3항까지, 제29조제1항·제3항·제4항·제5항·제6항, 제30조제1항·제2항, 제31조제1항부터 제3항까지, 제32

조제2항, 제33조제1항·제2항, 제34조제1항부터 제3항까지, 제35조제1항·제2항, 제44조, 제45조제1항·제2항, 제46조제1항부터 제4항까지, 제52조제2항 중 "산업자원부장관"을 각각 "지식경제부장관"으로 한다.

제7조의2제1항 중 "산업자원부"를 "지식경제부"로 한다.

제21조제2항 중 "정보통신부장관에게"를 "방송통신위원회에"로 한다.

제27조제2항 전단 및 후단 중 "건설교통부장관"을 각각 "국토해양부장관"으로 한다.

<388>부터 <760>까지 생략

제7조 생략

부칙 〈제8976호, 2008.3.21〉 (도로법)

제1조 (시행일) 이 법은 공포한 날부터 시행한다. <단서 생략>

제2조부터 제8조까지 생략

제9조 (다른 법률의 개정) ①부터 <57>까지 생략

<58> 유통산업발전법 일부를 다음과 같이 개정한다.

제30조제1항제7호 중 "동법 제40조제1항"을 "같은 법 제38조제1항"으로 한다.

<59>부터 <99>까지 생략

제10조 생략

부칙 〈제8979호, 2008.3.21〉 (화물자동차 운수사업법)

제1조 (시행일) 이 법은 공포한 날부터 시행한다.

제2조부터 제4조까지 생략

제5조 (다른 법률의 개정) ①부터 ⑦까지 생략

⑧ 유통산업발전법 일부를 다음과 같이 개정한다.

제2조제13호 중 "제24조의2"를 "제29조"로 한다.

⑨부터 ⑪까지 생략

제6조 생략

부칙 〈제9242호, 2008.12.26〉

이 법은 공포한 날부터 시행한다.

부칙 〈제9432호, 2009.2.6〉 (식품위생법)

제1조 (시행일) 이 법은 공포 후 6개월이 경과한 날부터 시행한다. <단서 생략>

제2조부터 제5조까지 생략

제6조 (다른 법률의 개정) ①부터 <16>까지 생략

<17> 유통산업발전법 일부를 다음과 같이 개정한다.

제9조제1항제3호 중 "「식품위생법」 제22조제1항 또는 제5항의 규정에 의한"을 "「식품위생법」 제37조제1항 또는 제4항에 따른"으로 하고, 같은 항 제4호 중 "「식품위생법」 제69조제1항의 규정에 의한"을 "「식품위생법」 제88조제1항에 따른"으로 한다.

<18>부터 <30>까지 생략

제7조 생략

부칙 〈제9584호, 2009.4.1〉 (산업발전법)

제1조 (시행일) 이 법은 2009년 5월 8일부터 시행한다.

제2조부터 제4조까지 생략

제5조 (다른 법률의 개정) ①부터 ④까지 생략

⑤ 유통산업발전법 일부를 다음과 같이 개정한다.

제23조제3항제2호 중 "「산업발전법」 제27조의 규정에 의한"을 "「산업발전법」 제32조에 따른"으로 한다.

⑥부터 ⑪까지 생략

제6조 생략

부칙 〈제9585호, 2009.4.1〉

이 법은 공포 후 6개월이 경과한 날부터 시행한다.

[시행 2009.3.5] [법률 제9476호, 2009.3.5, 일부개정]
농림수산식품부(유통정책단 유통정책팀), 02 – 500 – 1976

제1조 (목적) 이 법은 농수산물유통공사를 설립하여 농산물·임산물·축산물 및 수산물의 가격안정 및 유통개선사업을 통하여 농산물·임산물·축산물 및 수산물의 수급(需給)을 안정시켜 농어업인의 소득 증진과 국민경제의 균형 있는 발전에 이바지함을 목적으로 한다.
[전문개정 2009.3.5]

제2조 (법인격) 농수산물유통공사(이하 "공사"라 한다)는 법인으로 한다.
[전문개정 2009.3.5]

제3조 (사무소)
① 공사의 주된 사무소의 소재지는 정관으로 정한다.
② 공사는 업무수행을 위하여 필요하면 이사회의 의결을 거쳐 필요한 곳에 지사 또는 출장소를 둘 수 있다.
[전문개정 2009.3.5]

제4조 (자본금) 공사의 자본금은 2천억 원으로 하고, 전액을 정부가 출자(出資)한다.
[전문개정 2009.3.5]

제5조 (등기)
① 공사는 주된 사무소의 소재지에서 설립등기를 함으로써 성립한다.
② 제1항에 따른 공사의 설립등기와 지사의 설치등기, 이전등기, 변경등기, 그 밖에 공사의 등기에 필요한 사항은 대통령령으로 정한다.
③ 공사는 등기가 필요한 사항에 관하여는 등기한 후가 아니면 제3자에

게 대항하지 못한다.

[전문개정 2009.3.5]

제6조 (유사명칭의 사용금지) 이 법에 따른 공사가 아닌 자는 농수산물유통공사 또는 이와 유사한 명칭을 사용하지 못한다.

[전문개정 2009.3.5]

제7조 (사장의 대표권 제한) 공사의 이익과 사장의 이익이 상반되는 사항에 대하여는 사장이 공사를 대표하지 못하며, 감사가 공사를 대표한다.

[전문개정 2009.3.5]

제8조 (대리인의 선임) 사장은 정관으로 정하는 바에 따라 공사의 직원 중에서 공사의 업무에 관한 재판상 또는 재판 외의 모든 행위를 할 수 있는 권한을 가지는 대리인을 선임할 수 있다.

[전문개정 2009.3.5]

제9조 (비밀누설 금지 등) 공사의 임직원이거나 그 직에 있었던 사람은 직무상 알게 된 비밀을 누설하거나 도용(盜用)하여서는 아니 된다.

[전문개정 2009.3.5]

제10조 (사업)
① 공사는 제1조의 목적을 달성하기 위하여 다음 각 호의 사업을 한다.
  1. 농산물·임산물·축산물 및 수산물(이하 "농수산물"이라 한다) 유통산업(농수산물의 저장·처리·가공·판매 및 유통개선에 관한 사업을 말한다. 이하 같다)에 관한 건설 및 운영
  2. 농수산물 유통산업에 대한 투자와 자금의 대여 및 알선
  3. 농수산물 유통산업에 관한 기술지도와 외국기술의 도입 및 알선
  4. 농수산물 유통산업에 관한 경영지도
  5. 농수산물과 그 가공제품의 시장개척과 수출입 및 알선
  6. 농수산물 및 그 가공제품의 소비에 관한 조사·연구, 정보 제공, 판

매촉진 및 홍보와 품질관리에 관한 사업

7. 농수산물 유통산업에 관한 조사·연구 및 교육

8. 수급조절 및 가격안정을 위한 농수산물의 수매·비축 및 판매

9. 제1호부터 제8호까지의 사업에 부대되는 사업

10. 그 밖에 정부 또는 지방자치단체로부터 위탁 또는 대행받은 사업

② 제1항제1호부터 제4호까지 및 제7호에 따른 농수산물 유통산업의 종류·범위와 같은 항 제8호에 따른 사업의 종류·범위는 대통령령으로 정한다.

[전문개정 2009.3.5]

제11조 (손익금의 처리)

① 공사는 매 사업연도의 결산 결과 이익이 생기면 그 이익을 다음 각 호의 순서에 따라 처리한다.

1. 이월손실금(移越損失金)의 보전(補塡)

2. 자본금과 같은 금액에 이를 때까지 이익금의 10분의 2 이상을 이익준비금으로 적립

3. 제2호에 따른 이익준비금 외의 준비금으로 적립

4. 국고(國庫)에의 납입(納入)

② 공사는 매 사업연도의 결산 결과 손실이 생기면 제1항제3호에 따른 적립금으로 보전하고, 그 적립금으로도 부족하면 같은 항 제2호에 따른 적립금으로 보전하며, 그 적립금으로도 모자라는 금액은 다음 사업연도로 이월한다.

③ 제1항제2호 및 제3호에 따른 적립금은 대통령령으로 정하는 바에 따라 자본금으로 전입할 수 있다.

[전문개정 2009.3.5]

제12조 (사채의 발행 등)

① 공사는 이사회의 의결을 거쳐 사채를 발행할 수 있다.

② 사채의 발행액은 공사의 자본금과 적립금을 합친 금액의 2배를 초과

하지 못한다.

③ 정부는 공사가 발행하는 사채의 원리금 상환을 보증할 수 있다.

[전문개정 2009.3.5]

제13조 (차입금) 공사는 이사회의 의결을 거쳐 사업에 필요한 자금을 차입(차관 및 정부로부터의 차입을 포함한다)할 수 있다.

[전문개정 2009.3.5]

제14조 (보조금) 정부는 공사의 사업에 대하여 예산의 범위에서 보조금을 줄 수 있다.

[전문개정 2009.3.5]

제15조 (감독) 농림수산식품부장관은 공사의 경영목표를 달성하기 위하여 필요한 다음 각 호의 사항과 관련되는 업무에 대하여 지도·감독한다.

1. 제10조제1항제1호부터 제9호까지의 사업

2. 법령에 따라 농림수산식품부장관이 위탁 또는 대행하도록 한 사업

3. 그 밖에 관계 법령에서 정하는 사항

[전문개정 2009.3.5]

제16조 (다른 법률과의 관계) 이 법에서 규정하지 아니한 공사의 조직 및 경영 등에 관한 사항은 「공공기관의 운영에 관한 법률」에 따른다.

[전문개정 2009.3.5]

[제18조에서 이동, 종전 제16조는 제17조로 이동 <2009.3.5>]

제17조 (벌칙) 제9조를 위반하여 비밀을 누설하거나 도용한 사람은 2년 이하의 징역 또는 200만 원 이하의 벌금에 처한다.

[전문개정 2009.3.5]

[제16조에서 이동, 종전 제17조는 제18조로 이동 <2009.3.5>]

제18조 (과태료)

① 제6조를 위반한 자에게는 50만 원 이하의 과태료를 부과한다.

② 제1항에 따른 과태료는 대통령령으로 정하는 바에 따라 농림수산식품
　　부장관이 부과·징수한다.
[전문개정 2009.3.5]
[제17조에서 이동, 종전 제18조는 제16조로 이동 <2009.3.5>]

부칙 〈제3887호, 1986.12.31〉
① (시행일) 이 법은 공포한 날로부터 시행한다.
② (경과조치) 종전의 "농어촌개발공사"는 이 법에 의한 "농수산물유통공
　　사"로 본다.

부칙 〈제5454호, 1997.12.13〉 (정부부처명칭등의변경에따른건축법등의정비에관
한법률)
　이 법은 1998년 1월 1일부터 시행한다. <단서 생략>

부칙 〈제7135호, 2004.1.29〉
　이 법은 공포한 날부터 시행한다.

부칙 <제8852호, 2008.2.29> (정부조직법)
　제1조 (시행일) 이 법은 공포한 날부터 시행한다. 다만, <……생략……>
부칙 제6조에 따라 개정되는 법률 중 이 법의 시행 전에 공포되었으나 시
행일이 도래하지 아니한 법률을 개정한 부분은 각각 해당 법률의 시행일부
터 시행한다.
　제2조부터 제5조까지 생략
　제6조 (다른 법률의 개정) ①부터 <291>까지 생략
　<292> 농수산물유통공사법 일부를 다음과 같이 개정한다.
　제15조 및 제17조제2항부터 제4항까지 중 "농림부장관"을 각각 "농림수
산식품부장관"으로 한다.
　<293>부터 <760>까지 생략
　제7조 생략

부칙 〈제9476호, 2009.3.5〉

이 법은 공포한 날부터 시행한다.

18 **농수산물유통 및 가격안정에 관한 법률 시행규칙**

[시행 2008.10.15] [농림수산식품부령 제34호, 2008.10.15, 일부개정]

농림수산식품부(유통정책단 유통정책팀), 02 – 500 – 1981

제1장 총칙

제1조 (목적) 이 규칙은 「농수산물유통 및 가격안정에 관한 법률」 및 동 법 시행령에서 위임된 사항과 그 시행에 필요한 사항을 규정함을 목적으로 한다. <개정 2005.6.28>

제2조 (임산물) 「농수산물유통 및 가격안정에 관한 법률」(이하 "법"이라 한다) 제2조제1호에서 "임산물 중 농림수산식품부령이 정하는 것"이라 함은 다음 각 호의 것을 말한다. <개정 2005.6.28, 2008.3.3>

  1. 목과류: 밤·잣·대추·호도·은행 및 도토리

  2. 버섯류: 표고·송이·목이 및 팽이

  3. 한약재용 임산물

제3조 (중앙도매시장) 법 제2조제3호에서 "농수산물도매시장으로서 농림수산식품부령이 정하는 것"이란 다음 각 호의 농수산물도매시장을 말한다. <개정 2007.7.6, 2008.3.3, 2008.10.15>

  1. 서울특별시 가락동 농수산물도매시장

  2. 부산광역시 엄궁동 농산물도매시장

2의2. 부산광역시 국제 수산물도매시장

3. 대구광역시 북부 농수산물도매시장

4.인천광역시 구월동 농산물도매시장

5. 인천광역시 삼산 농산물도매시장

6. 광주광역시 각화동 농산물도매시장

7. 대전광역시 오정 농수산물도매시장

8. 대전광역시 노은 농산물도매시장

9. 울산광역시 농수산물도매시장

10. 서울특별시 노량진 수산물도매시장

11. 제1호·제2호·제2호의2 및 제3호부터 제10호까지의 규정 외에 법 제17조에 따라 특별시·광역시 또는 특별자치도가 농림수산식품부장관으로부터 허가를 받아 개설한 농수산물도매시장

제2장 농수산물의 생산조정 및 출하조절

제4조 (농업관측 또는 수산업관측의 실시자 <개정 2005.6.28>) 법 제5조제2항에서 "그 밖에 농림수산식품부령이 정하는 자"라 함은 다음 각 호의 자를 말한다. <개정 2005.6.28, 2007.7.6, 2008.3.3>

1. 농업협동조합중앙회 및 산림조합중앙회

2. 수산업협동조합중앙회

3. 「농수산물유통공사법」에 의한 농수산물유통공사(이하 "농수산물유통공사"라 한다)

4. 기타 생산자조직 등으로서 농림수산식품부장관이 인정하는 자

제5조 (농업관측위원회의 구성)

① 법 제5조제3항에 따른 농업관측위원회(이하 "위원회"라 한다)는 위원장 2명을 포함한 30명 이내의 위원으로 구성한다. <개정 2008.10.15>

② 위원장은 농림수산식품부 기획조정실장과 공무원이 아닌 위원 중에서 농림수산식품부장관이 위촉하는 자가 되고, 위원은 다음 각 호의 자가 된다. <개정 2005.6.28, 2008.3.3, 2008.10.15>

1. 농림수산식품부 유통정책단장·축산정책단장
2. 기획재정부·농촌진흥청 및 기상청 소속 고위공무원 중 해당 기관의 장이 추천하는 자 각 1명
3. 농업협동조합중앙회·농수산물유통공사·한국농촌경제연구원·한국식품개발연구원 및 서울특별시농수산물공사의 임직원 중 해당 기관의 장이 추천하는 자 각 1명
4. 농업인·농림관련단체 및 소비자보호관련단체의 임직원 중 농림수산식품부장관이 위촉하는 자
5. 농업관련 대학의 교수 그 밖에 농업관측에 관한 학식과 경험이 풍부한 자 중 농림수산식품부장관이 위촉하는 자

③ 제2항제4호 및 제5호에 따른 위원의 임기는 2년으로 한다. <개정 2008.10.15>
④ 위원장 모두가 부득이한 사유로 직무를 수행할 수 없는 때에는 농림수산식품부 기획조정실장인 위원장이 미리 지명하는 위원이 그 직무를 대행한다. <개정 2005.6.28, 2008.3.3, 2008.10.15>

제6조 (위원회의 기능 및 운영)

① 위원회는 다음 각 호의 사항을 심의한다.
1. 농업관측의 기획·조정 및 제도개선 등에 관한 기본방향
2. 품목별 생산·수급 및 가격 등에 관한 중·장기 동향 및 전망 등
3. 기타 농업관측업무와 관련하여 위원장이 부의하는 사항
② 위원회의 회의는 재적위원 과반수의 출석으로 개의하고, 출석위원 과반수의 찬성으로 의결한다.
③ 위원회에 출석한 위원에 대하여는 예산의 범위 안에서 수당과 여비를 지급할 수 있다. 다만, 공무원인 위원이 소관업무와 직접 관련하여 위

원회에 출석하는 경우에는 그러하지 아니하다.

④ 이 규칙에서 정하는 사항을 제외하고 위원회의 운영 등에 관하여 필요한 사항은 위원회의 의결을 거쳐 위원장이 정한다.

제7조 (농업관측전담기관의 지정 등)

① 법 제5조제3항의 규정에 의한 농업관측전담기관은 한국농촌경제연구원으로 한다.

② 농업관측전담기관의 업무범위 및 필요한 지원 등에 관한 세부사항은 농림수산식품부장관이 정한다. <개정 2008.3.3>

제8조 (자조금의 관리·운영에 관한 규정) 「농수산물유통 및 가격안정에 관한 법률 시행령」(이하 "영"이라 한다) 제9조제3항제1호의 규정에 의한 자조금의 조성방법 및 자조금의 관리·운영에 관한 규정에는 다음 각 호의 사항이 포함되어야 한다. <개정 2005.6.28>

1. 목적
2. 사업
3. 명칭
4. 사무소의 소재지
5. 구성원의 자격
6. 구성원의 가입·탈퇴 및 제명에 관한 사항
7. 구성원의 탈퇴·제명 시의 납입금액의 계산에 관한 사항
8. 자조금의 조성방법·납입금액 및 수납장소
9. 자조금의 용도 및 사용방법
10. 잉여금 및 손실금의 처리에 관한 사항
11. 자조금에 관한 사항을 심의할 수 있는 위원회의 구성 및 그 운영에 관한 사항
12. 해산사유를 정한 경우에는 그 사유
13. 기타 자조금의 관리·운영을 위하여 필요한 사항

제9조 (가격예시대상품목) 법 제8조제1항에서 "농림수산식품부령이 정하는 주요농산물"이라 함은 법 제6조의 규정에 의하여 계약생산 또는 계약출하를 하는 농산물로서 농림수산식품부장관이 지정하는 품목을 말한다. <개정 2008.3.3>

제9조의2 (몰수농산물등의 인수)

① 농림수산식품부장관은 법 제9조의2제1항에 따른 몰수농산물등을 이관받으려는 경우에는 법 제9조의2제4항에 따른 처분대행기관의 장(이하 "처분대행기관장"이라 한다)에게 이를 인수하도록 통보하여야 한다. <개정 2008.3.3>

② 제1항에 따른 인수통보를 받은 처분대행기관장은 이관받은 품목의 품명·규격·수량 및 성상 등을 정확히 파악한 후 인수하고 그 결과를 농림수산식품부장관에게 지체 없이 보고하여야 한다. <개정 2008.3.3>

[본조신설 2007.7.6]

제9조의3 (몰수농산물등의 처분)

① 농림수산식품부장관은 이관받은 몰수농산물등이 다음 각 호의 어느 하나에 해당하는 경우 처분대행기관장에게 이를 소각·매몰의 방법으로 처분하도록 할 수 있다. <개정 2008.3.3>

  1. 국내 시장의 수급조절 또는 가격안정에 필요한 경우

  2. 부패·변질의 우려가 있거나 상품의 가치를 상실한 경우

② 농림수산식품부장관은 제1항 각 호의 경우를 제외하고 이관받은 몰수농산물등을 처분대행기관장에게 매각·공매·기부의 방법으로 처분하도록 할 수 있다. <개정 2008.3.3>

③ 처분대행기관장은 제2항에 따른 매각·공매의 방법으로 처분한 경우 인수·보관 및 처분에 소요된 비용과 대행수수료를 제외한 매각·공매 대금을 농산물가격안정기금에 납입하여야 한다.

[본조신설 2007.7.6]

제10조 (유통명령의 대상품목) 법 제10조제2항의 규정에 의한 유통조절명령(이하 "유통명령"이라 한다)을 발할 수 있는 농수산물은 다음 각 호의 농수산물 중 농림수산식품부장관이 지정하는 품목으로 한다. <개정 2008.3.3>

  1. 법 제10조제1항의 규정에 의한 유통협약을 체결한 농수산물

  2. 생산이 전문화되고 생산지역의 집중도가 높은 농수산물

제11조 (유통명령의 요청자 등 <개정 2007.7.6>)

① 법 제10조제2항에서 "농림수산식품부령이 정하는 생산자등 또는 생산자단체"라 함은 다음 각 호의 생산자등 또는 생산자단체로서 농수산물의 수급조절 및 품질향상능력 등 농림수산식품부장관이 정하는 요건을 갖춘 자를 말한다. <개정 2007.7.6, 2008.3.3>

  1. 제10조의 규정에 의한 유통명령 대상품목인 농수산물의 수급조절과 품질향상을 위하여 제12조제1항의 규정에 의한 유통조절추진위원회를 구성·운영하는 생산자등

  2. 제10조의 규정에 의한 유통명령 대상품목인 농수산물을 주로 생산하는 법 제6조의 규정에 의한 생산자단체

② 제1항 각 호에 따른 요청자가 유통명령을 요청하는 경우에는 유통명령요청서를 해당 지역에서 발행되는 일간지에 공고하거나 이해관계자 대표 등에게 발송하여 10일 이상 의견조회를 하여야 한다. <신설 2007.7.6>

제11조의2 (유통명령의 발령기준 등) 법 제10조제5항에 따른 유통명령을 발하기 위한 기준은 다음 각 호의 사항을 감안하여 농림수산식품부장관이 정하여 고시한다. <개정 2008.3.3>

  1. 품목별 특성

  2. 법 제5조에 따른 관측 결과 등을 반영하여 산정한 예상 가격과 예상 공급량

[본조신설 2007.7.6]

제12조 (유통조절추진위원회의 조직 등)

① 법 제10조제2항의 규정에 의하여 유통명령을 요청하고자 하는 생산자 등은 제10조의 규정에 의한 유통명령 대상품목의 생산자, 산지유통인, 저장업자, 도·소매업자 및 소비자 등의 대표가 참여하여 유통명령의 요청 및 유통조절 추진에 관한 사항을 협의하는 위원회(이하 "유통조절추진위원회"라 한다)를 구성하여야 하며, 유통명령의 원활한 시행을 위하여 필요한 경우에는 당해 농수산물의 주요 생산지에 유통조절추진위원회의 지역조직을 둘 수 있다.

② 유통조절추진위원회의 구성 및 운영방법 등에 관한 세부적인 사항은 농림수산식품부장관이 정한다. <개정 2008.3.3>

③ 농림수산식품부장관은 유통조절추진위원회의 생산·출하조절 등 수급 안정을 위한 활동을 지원할 수 있다. <개정 2008.3.3>

제13조 (농산물의 수입추천 등)

① 법 제15조제3항에서 "기타 농림수산식품부령이 정하는 사항"이란 다음 각 호의 사항을 말한다. <개정 2005.6.28, 2008.3.3, 2008.10.15>

  1. 「관세법 시행령」 제98조에 따른 관세·통계통합품목분류표상의 품목번호

  2. 품명

  3. 수량

  4. 총금액

② 농림수산식품부장관이 법 제15조제4항의 규정에 의하여 비축용 농산물로 수입하거나 생산자단체를 지정하여 수입·판매하게 할 수 있는 품목은 다음 각 호와 같다. <개정 2008.3.3>

  1. 비축용 농산물로 수입·판매하게 할 수 있는 품목: 고추·마늘·양파·생강·참깨

  2. 생산자단체를 지정하여 수입·판매하게 할 수 있는 품목: 오렌지·감귤류

제14조 (수입이익금의 징수 등)

① 농림수산식품부장관이 법 제16조제1항의 규정에 의하여 수입이익금을 부과·징수할 수 있는 품목 및 금액산정방법은 다음 각 호와 같다. <개정 2008.3.3>

1. 고추·마늘·양파·생강·참깨: 당해 품목의 판매수입금에서 농림수산식품부장관이 정하여 고시하는 비용산정기준 및 방법에 따라 산정된 물품대금·운임·보험료 기타 수입에 소요되는 비목의 비용과 제세공과금·보관료·운송료·판매수수료 등 국내판매에 소요되는 비목의 비용을 공제한 금액 또는 당해 품목의 수입자로 결정된 자가 수입자결정 시 납입의 의사를 표시한 금액

2. 참기름: 당해 품목의 수입자로 결정된 자가 수입자 결정 시 납입의 의사를 표시한 금액

② 법 제16조의 규정에 의하여 수입이익금을 납부하여야 하는 자는 제1항의 규정에 의한 수입이익금을 농림수산식품부장관이 고지하는 기한까지 법 제54조의 규정에 의한 농산물가격안정기금(이하 "기금"이라 한다)에 납입하여야 한다. <개정 2005.6.28, 2008.3.3>

제3장 농수산물도매시장 등

제15조 (도매시장의 개설허가)

① 법 제17조제3항의 규정에 의하여 농수산물도매시장(이하 "도매시장"이라 한다)의 개설허가를 신청하고자 하는 자는 개설허가신청서에 업무규정과 운영관리계획서를 첨부하여 법 제17조제2항의 규정에 의한 개설허가권자(이하 "개설허가권자"라 한다)에게 제출하여야 한다.

② 도매시장의 개설자가 도매시장의 장소를 이전하고자 하는 때에는 장소이전허가신청서에 업무규정과 운영관리계획서를 첨부하여 개설허가권자에게 제출하여야 한다.

③ 특별시 또는 광역시가 법 제17조제1항의 규정에 의하여 지방도매시장을 개설한 때에는 동 조 제4항의 규정에 의하여 작성한 당해 도매시장의 업무규정 및 운영관리계획서를 농림수산식품부장관에게 제출하여야 한다. 당해 도매시장의 업무규정을 변경한 때에도 또한 같다. <개정 2008.3.3>

제16조 (업무규정)

① 법 제17조제7항의 규정에 의하여 도매시장의 업무규정에 정할 사항은 다음 각 호와 같다. <개정 2005.6.28, 2007.7.6>

1. 도매시장의 명칭·장소 및 면적

2. 거래품목

3. 도매시장의 휴업일 및 영업시간

4. 법 제21조의 규정에 의하여 「지방공기업법」에 의한 지방공사(이하 "관리공사"라 한다), 법 제24조에 따른 공공출자법인 또는 농수산물유통공사를 시장관리자로 지정하여 도매시장의 관리업무를 하게 하는 경우에는 그 관리업무에 관한 사항

5. 법 제23조의 규정에 의하여 지정하고자 하는 도매시장법인의 적정수, 임원의 자격, 자본금, 거래규모, 순자산액 비율, 거래대금의 지급보증을 위한 보증금 등 그 지정조건에 관한 사항

6. 법 제23조의2에 따라 도매시장법인이 다른 도매시장법인을 인수·합병하려는 경우 도매시장법인의 임원의 자격, 자본금, 사업계획서, 거래대금의 지급보증을 위한 보증금 등 그 승인요건에 관한 사항

7. 법 제25조의 규정에 의한 중도매업의 허가에 관한 사항, 최저거래금액, 거래대금의 지급보증을 위한 보증금, 시설사용계약 등 그 허가조건에 관한 사항

8. 법 제25조의2에 따라 법인인 중도매인이 다른 법인인 중도매인을 인수·합병하려는 경우 거래규모, 거래보증금 등 그 승인요건에 관한 사항

9. 법 제29조의 규정에 의한 산지유통인의 등록에 관한 사항

10. 법 제30조의 규정에 의한 출하자 신고 및 출하예약에 관한 사항

11. 법 제31조의 규정에 의한 도매시장법인의 매수거래 및 상장되지 아니한 농수산물의 중도매인 거래허가에 관한 사항

12. 법 제32조 및 제37조의 규정에 의한 도매시장법인 또는 시장도매인의 매매방법에 관한 사항

13. 법 제34조의 규정에 의한 도매시장법인 및 시장도매인의 거래의 특례에 관한 사항

14. 법 제35조제4항의 규정에 의한 도매시장법인의 겸영에 관한 사항

15. 법 제35조의2에 따른 도매시장법인 또는 시장도매인 공시에 관한 사항

16. 법 제36조의 규정에 의하여 지정하고자 하는 시장도매인의 적정수, 임원의 자격, 자본금, 거래규모, 순자산액 비율, 거래대금의 지급보증을 위한 보증금, 최저거래금액 등 그 지정조건에 관한 사항

17. 법 제36조의2에 따라 시장도매인이 다른 시장도매인을 인수·합병하려는 경우 시장도매인의 임원의 자격, 자본금, 사업계획서, 거래대금의 지급보증을 위한 보증금 등 그 승인요건에 관한 사항

18. 법 제38조제4호에 따른 최소출하량의 기준에 관한 사항

19. 법 제38조의2에 따른 농수산물의 안전성 검사에 관한 사항

20. 법 제40조의 규정에 의한 표준하역비를 부담하는 규격출하품과 표준하역비에 관한 사항

21. 법 제41조의 규정에 의한 도매시장법인 또는 시장도매인의 대금결제방법과 대금지급의 지체에 따른 지체상금의 지급 등 대금결제에 관한 사항

22. 법 제42조의 규정에 의하여 개설자, 도매시장법인, 시장도매인 또는 중도매인이 징수하는 도매시장사용료, 부수시설사용료, 위탁수수료, 중개수수료 및 쓰레기유발부담금의 요율

23. 법 제42조의2에 따른 지방도매시장의 운영 등의 특례에 관한 사항

24. 법 제74조제1항에 따른 시설물의 사용기준 및 조치에 관한 사항

25. 법 제77조의 규정에 의한 도매시장법인, 시장도매인, 도매시장공판장, 중도매인의 시설사용면적 조정·차등지원 등에 관한 사항

26. 법 제78조의2 및 영 제36조에 따른 도매시장거래분쟁조정위원회의 구성·운영 및 분쟁심의대상 등에 관한 세부사항

27. 제20조의 규정에 의한 최소경매사의 수에 관한 사항

28. 제28조제1항 및 제2항의 규정에 의한 도매시장법인의 정가매매 또는 수의매매에 관한 사항

29. 제29조의 규정에 의한 거래성립최저가격제시에 관한 사항

30. 제30조의 규정에 의한 대량입하품 등의 우대조치에 관한 사항

31. 제31조의 규정에 의한 경매·입찰의 방법에 관한 사항

32. 제38조의3의 규정에 의한 판매원표의 관리에 관한 사항

33. 제36조제2항의 규정에 의한 정산창구의 운영방법 및 관리에 관한 사항

34. 제38조의 규정에 의한 표준정산서의 양식 및 관리에 관한 사항

35. 제38조의2의 규정에 의한 표준송품장의 양식 및 관리에 관한 사항

36. 제54조의 규정에 의한 시장관리운영위원회의 운영 등에 관한 사항

37. 법 제25조의3에 따른 매매참가인의 신고에 관한 사항

38. 기타 도매시장의 개설자가 도매시장의 효율적인 관리·운영을 위하여 필요하다고 인정하는 사항

② 제1항의 규정에 의한 도매시장의 업무규정에는 법 제46조의 규정에 의한 도매시장공판장의 운영 등에 관한 사항을 정할 수 있다.

제17조 (운영관리계획서) 법 제17조제7항의 규정에 의하여 도매시장의 운영관리계획서에 정할 사항은 다음 각 호와 같다.

1. 도매시장의 대지·건물 기타 시설의 종류·규모·구조 및 배치상황

2. 개설에 소요된 투자액의 재원별 조달상황과 부채가 있는 때에는 그 상환계획

　　3. 법 제21조의 규정에 의한 도매시장관리사무소 또는 시장관리자의
　　　 운영·관리 등에 관한 계획
　　4. 법 제23조의 규정에 의한 도매시장법인의 지정계획, 법 제24조의
　　　 규정에 의한 공공출자법인의 설립계획 또는 법 제36조의 규정에 의
　　　 한 시장도매인의 지정계획
　　5. 법 제25조의 규정에 의한 중도매인의 허가계획
　　6. 법 제40조의 규정에 의한 하역업무의 효율화방안
　　7. 도매시장 개설 후 5년간의 사업계획 및 수지예산
　　8. 당해 지역의 수급실적과 수급전망에 관한 사항
　　9. 당해 지역의 도매시장, 농수산물공판장(이하 "공판장"이라 한다), 민
　　　 영농수산물도매시장(이하 "민영도매시장"이라 한다) 및 농수산물종
　　　 합유통센터(이하 "종합유통센터"라 한다)별 거래상황과 거래전망에
　　　 관한 사항

　　제18조 (도매시장관리사무소 등의 업무) 도매시장의 개설자가 법 제21조
의 규정에 의하여 도매시장관리사무소 또는 시장관리자로 하여금 하게 할
수 있는 도매시장의 관리업무는 다음 각 호와 같다.
　　1. 도매시장 시설물의 관리 및 운영
　　2. 도매시장의 거래질서 유지
　　3. 도매시장의 도매시장법인·시장도매인·중도매인 기타 유통업무종
　　　 사자에 대한 지도·감독
　　4. 도매시장법인 또는 시장도매인이 납부 또는 제공한 보증금 또는 담
　　　 보물의 관리
　　5. 도매시장의 정산창구에 대한 관리·감독
　　6. 법 제42조제1항제1호·제2호 및 제5호의 규정에 의한 도매시장사용
　　　 료·부수시설사용료 및 쓰레기유발부담금의 징수
　　7. 기타 도매시장의 개설자가 도매시장의 관리를 효율적으로 수행하기
　　　 위하여 업무규정으로 정하는 사항의 시행

제18조의2 (도매시장법인의 인수·합병의 승인 등)

① 법 제23조의2제1항에 따라 도매시장법인이 도매시장 개설자의 인수·합병의 승인을 받으려는 경우에는 별지 제1호서식에 따른 도매시장법인인수·합병승인신청서에 다음 각 호의 서류(전자문서를 포함한다)를 첨부하여 인수·합병 등기신청 이전에 해당 도매시장 개설자에게 제출하여야 한다.

  1. 「상법」 제523조 및 같은 법 제524조에 따른 주주총회의 승인을 받은 인수·합병계약서 사본

  2. 인수·합병 전·후의 주주명부

  3. 인수·합병 후 도매시장법인 임원의 이력서

  4. 합병을 하는 도매시장법인 및 합병이 되는 도매시장법인의 인수·합병 직전년도의 재무제표 및 그 부속서류

  5. 인수·합병이 되는 도매시장법인의 잔여지정기간 동안의 사업계획서

  6. 인수·합병 후 거래규모, 순자산액 비율 및 출하대금의 지급보증을 위한 거래보증금 확보 입증 서류

② 도매시장의 개설자는 도매시장법인이 법 제23조제3항 각 호의 요건을 갖춘 경우에 한하여 인수·합병을 승인할 수 있다.

③ 도매시장의 개설자는 제1항에 따라 도매시장법인이 제출한 신청서에 흠이 있는 경우 그 신청서의 보완을 요청할 수 있다.

④ 도매시장의 개설자는 제2항의 요건을 갖추고 있는지의 여부를 확인하고 신청서를 접수한 날로부터 30일 이내에 그 승인 여부를 결정하여 이를 지체 없이 신청인에게 문서로 통보하여야 한다. 이 경우 불승인하는 때에는 그 사유를 명시하여야 한다.

[본조신설 2007.7.6]

제19조 (중도매업의 허가절차) 법 제25조에 따른 중도매업의 허가를 받으려는 자는 도매시장의 개설자가 정하는 허가신청서에 다음 각 호의 서류를 첨부하여 도매시장의 개설자에게 제출하여야 한다. <개정 2007.7.6, 2008.-

10.15>

1. 개인의 경우

   가. 이력서

   나. 은행의 잔고증명서

 2. 법인의 경우

   가. 정관

   나. 법인등기부등본 및 주주명부

   다. 삭제 <2008.10.15>

   라. 해당 법인의 직전 회계연도의 재무제표 및 그 부속서류(신설법인의
      경우 설립일 기준으로 작성한 대차대조표)

제19조의2 (법인인 중도매인의 인수·합병) 법 제25조의2에 따른 법인인 중도매인의 인수·합병에 대하여는 제18조의2를 준용한다. 이 경우 "도매시장법인"은 "법인인 중도매인"으로 본다.

 [본조신설 2007.7.6]

제19조의3 (매매참가인의 신고) 법 제25조의3에 따라 매매참가인의 업무를 하려는 자는 별지 제2호서식에 따른 매매참가인 신고서에 다음 각 호의 서류를 첨부하여 도매시장·공판장 또는 민영도매시장 개설자에게 제출하여야 한다.

 1. 개인의 경우

   가. 신분증 사본 또는 사업자등록증 1부

   나. 증명사진(2.5㎝×3.5㎝) 3매

 2. 법인의 경우: 법인등기부등본 1부

[본조신설 2007.7.6]

제20조 (경매사의 임면 <개정 2007.7.6>)

 ① 법 제27조제1항의 규정에 의하여 도매시장법인이 확보하여야 하는 경
    매사의 수는 2인 이상으로 하되, 품목별·도매시장별 거래물량 등을

고려하여 업무규정으로 이를 정한다. <개정 2007.7.6>

② 법 제27조제4항에 따라 도매시장법인이 경매사를 임면한 때에는 별지
　제3호서식에 따라 임면한 날부터 15일 이내에 농림수산식품부장관에
　게 신고하여야 한다. <신설 2007.7.6, 2008.3.3, 2008.10.15>

제21조 삭제 <2007.7.6>

제22조 (응시원서 및 자격증 재교부)
① 영 제17조의3제1항에 따른 시험 응시원서는 별지 제4호서식에 따른다.
② 경매사자격증의 분실 또는 훼손으로 인하여 재교부를 신청하려는 자
　는 그 자격증을 교부한 농수산물유통공사의 장에게 별지 제5호서식의
　신청서를 제출하여야 한다.
[전문개정 2007.7.6]

제23조 (실비의 징수) 영 제17조의5제2항에 따른 시험의 실시 및 경매사
자격증의 교부에 필요한 실비는 농수산물유통공사의 장이 농림수산식품부
장관의 승인을 얻어 이를 정한다. <개정 2008.3.3>
[전문개정 2007.7.6]

제24조 (산지유통인의 등록)
① 법 제29조의 규정에 의하여 산지유통인으로 등록하고자 하는 자는 도
　매시장의 개설자가 정한 등록신청서를 도매시장의 개설자에게 제출하
　여야 한다.
② 도매시장의 개설자는 산지유통인의 등록을 한 때에는 등록대장에 이
　를 기재하고 신청인에게 등록증을 교부하여야 한다.
③ 제2항의 규정에 의하여 등록증을 교부받은 산지유통인은 등록한 사항
　에 변경이 있는 때에는 도매시장의 개설자가 정하는 변경등록신청서
　를 도매시장의 개설자에게 제출하여야 한다.

제25조 (산지유통인등록의 예외) 법 제29조제1항제5호에서 "기타 농림수

산식품부령이 정하는 경우"라 함은 다음 각 호의 경우를 말한다. <개정 2008.3.3>

    1. 종합유통센터·수출업자 등이 잔품을 도매시장에 상장하는 경우

    2. 법 제34조의 규정에 의하여 도매시장법인이 다른 도매시장법인 또는 시장도매인으로부터 매수하여 판매하는 경우

    3. 법 제34조의 규정에 의하여 시장도매인이 도매시장법인으로부터 매수하여 판매하는 경우

제25조의2 (출하자 신고)

① 법 제30조제1항에 따라 도매시장에 농수산물을 출하하려는 자는 별지 제6호서식에 따른 출하자 신고서에 다음 각 호의 서류를 첨부하여 도매시장의 개설자에게 제출하여야 한다.

    1. 개인의 경우

      가. 신분증 사본 또는 사업자 등록증 1부

      나. 증명사진(2.5㎝×3.5㎝) 3매

    2. 법인의 경우: 법인등기부등본 1부

② 도매시장의 개설자는 전자적 방법으로 출하자 신고서를 접수할 수 있다.

[본조신설 2007.7.6]

제25조의3 (산지유통인 등록 및 출하자 신고의 관리) 농림수산식품부장관은 산지유통인 등록 및 출하자 신고에 관한 업무를 관리하기 위하여 정보통신망을 운영할 수 있다. <개정 2008.3.3>

[본조신설 2007.7.6]

제26조 (수탁판매의 예외)

① 법 제31조제1항 단서의 규정에 의하여 도매시장법인이 농수산물을 매수하여 도매할 수 있는 경우는 다음 각 호와 같다. <개정 2006.6.9, 2007.7.6, 2008.3.3>

    1. 법 제9조제1항 단서 또는 법 제13조제2항 단서의 규정에 의한 농림

수산식품부장관의 수매에 응하기 위하여 필요한 경우

2. 법 제34조의 규정에 의하여 다른 도매시장법인 또는 시장도매인으로부터 매수하여 도매하는 경우

3. 당해 도매시장에서 주로 취급하지 아니하는 농수산물의 품목을 갖추기 위하여 대상품목과 기간을 정하여 도매시장의 개설자의 승인을 얻어 다른 도매시장으로부터 이를 매수하는 경우

4. 물품의 특성상 외형을 변형하는 등 가공하여 도매하여야 하거나 수탁판매의 방법으로는 적정 거래물량확보 등이 어려운 경우로서 도매시장의 개설자가 업무규정으로 정하는 경우

5. 도매시장법인이 법 제35조제4항 단서에 따른 겸영사업에 필요한 농수산물을 매수하는 경우

② 도매시장법인은 제1항의 규정에 의하여 농수산물을 매수하여 도매한 경우에는 업무규정이 정하는 바에 따라 다음 각 호의 사항을 기재한 보고서를 지체 없이 도매시장의 개설자에게 제출하여야 한다.

1. 매수하여 도매한 물품의 품목·수량·원산지·매수가격·판매가격 및 출하자

2. 매수하여 도매한 사유

제27조 (상장되지 아니한 농수산물의 거래허가) 법 제31조제2항 단서의 규정에 의하여 중도매인이 도매시장의 개설자의 허가를 받아 도매시장법인이 상장하지 아니한 농수산물을 거래할 수 있는 경우는 다음 각 호와 같다.

1. 반입물량이 아주 소량인 경우

2. 품목의 특성으로 인하여 당해 품목을 취급하는 중도매인이 소수인 경우

3. 기타 상장거래에 의하여 중도매인이 해당 농수산물을 매입하는 것이 현저히 곤란하다고 도매시장의 개설자가 인정하는 경우

제28조 (매매방법의 예외)

① 법 제32조 단서에 따라 도매시장 법인이 도매시장에 상장된 농수산물

의 정가매매 또는 수의매매를 할 수 있는 경우는 다음 각 호와 같다.
<개정 2006.6.9, 2007.7.6, 2008.3.3, 2008.10.15>

1. 제26조제1항의 규정에 의하여 도매시장법인이 매수하여 도매 거래
   하는 경우

2. 법 제34조의 규정에 의하여 도매시장의 개설자의 허가를 받아 중도
   매인 또는 매매참가인 외의 자에게 판매하는 경우

3. 천재·지변 기타 불가피한 사유로 인하여 경매 또는 입찰의 방법에
   의하는 것이 극히 곤란한 경우

4. 반입량이 적고 거래 중도매인이 소수인 품목으로서 법 제78조제3항
   에 따른 시장관리운영위원회의 심의를 거친 경우

5. 다음 각 목의 1에 해당하는 품목으로서 경매 또는 입찰의 방법에
   의하는 것이 곤란하거나 부적당한 경우
   가. 경매 또는 입찰이 종료된 후 입하된 품목
   나. 경매 또는 입찰을 실시하였으나 매매되지 아니한 물품

6. 법 제78조제1항에 따른 시장관리운영위원회의 심의를 거친 품목을
   출하자의 동의하에 경매시작 전에 반출하는 경우

7. 다른 도매시장법인 또는 공판장(법 제27조의 규정에 의한 경매사가
   경매를 실시하는 농수산물집하장을 포함한다. 이하 이 호에서 같다)
   에서 이미 가격이 결정되어 바로 입하된 물품을 매매하는 경우로서
   당해 물품을 반출한 도매시장법인 또는 공판장의 개설자가 가격·
   반출지·반출물량 및 반출차량 등을 확인한 경우

8. 농림수산식품부장관이 거래방법·물품의 반출 및 확인절차 등을 정
   한 산지의 거래시설에서 미리 가격이 결정되어 입하된 수산물을 매
   매하는 경우

9. 다음 각 목의 어느 하나에 해당하는 품목으로서 출하자가 정가매매
   또는 수의매매로 매매방법을 지정하여 요청한 경우
   가. 「친환경농업육성법」 제17조에 따라 인증받은 친환경농산물
   나. 「농산물품질관리법」 제7조의2에 따라 우수농산물 인증을 받은

농산물

   다. 동일한 출하자가 「농산물품질관리법」 제4조 및 동법 시행규칙 제5조에 따른 동일한 포장규격·등급규격을 갖춘 농산물을 「산업표준화법」의 한국산업규격에 따른 파렛트에 적재하여 출하하는 경우

   라. 법 제35조제2항에 따라 전자거래를 하는 농수산물

   마. 법 제35조제4항 단서에 따라 겸영사업으로 위탁받은 농수산물

② 도매시장법인은 제1항의 규정에 의하여 정가매매 또는 수의매매를 한 때에는 업무규정이 정하는 바에 따라 다음 각 호의 사항을 기재한 보고서를 지체 없이 도매시장의 개설자에게 제출하여야 한다.

  1. 판매한 물품의 품목·수량·금액 및 출하자

  2. 정가매매 또는 수의매매의 사유

제29조 (거래성립최저가격의 제시요건) 법 제33조제1항 단서의 규정에 의한 거래성립최저가격의 제시는 다음 각 호의 요건을 갖춘 서면에 의하여야 한다.

  1. 출하자 및 거래성립최저가격 등이 기재될 것

  2. 출하자 본인 또는 대리인이 해당 농수산물의 판매과정에 입회한다는 뜻이 기재될 것

제30조 (대량입하품 등의 우대) 도매시장의 개설자는 법 제33조제2항의 규정에 의하여 다음 각 호의 품목에 대하여 도매시장법인 또는 시장도매인으로 하여금 우선적으로 판매하게 할 수 있다. <개정 2005.6.28>

  1. 대량입하품

  2. 도매시장의 개설자가 선정하는 우수출하주의 출하품

  3. 예약출하품

  4. 「농산물품질관리법」 제4조의 규정에 의한 표준규격품 및 동법 제5조의 규정에 의한 품질인증품

  5. 기타 도매시장의 개설자가 도매시장의 효율적인 운영을 위하여 특

히 필요하다고 업무규정으로 정하는 품목

제31조 (경매 또는 입찰의 방법) 법 제33조제3항의 규정에 의하여 거수수지식·기록식·서면입찰식 등의 방법으로 경매 또는 입찰을 할 수 있는 경우는 다음 각 호와 같다.

1. 농수산물의 수급조절과 가격안정을 위하여 수매·비축 또는 수입한 농수산물을 판매하는 경우
2. 기타 품목별·지역별 특성을 고려하여 도매시장의 개설자가 필요하다고 인정하는 경우

제32조 삭제 <2007.7.6>

제33조 (거래의 특례)

① 법 제34조의 규정에 의하여 도매시장법인이 중도매인·매매참가인 외의 자에게, 시장도매인이 도매시장법인·중도매인에게 농수산물을 판매할 수 있는 경우는 다음 각 호와 같다. <개정 2007.7.6>

1. 도매시장법인의 경우
   가. 당해 도매시장의 중도매인 또는 매매참가인에게 판매한 후 남는 농수산물이 있는 경우
   나. 도매시장의 개설자가 도매시장에 입하된 물품의 원활한 분산을 위하여 특히 필요하다고 인정하는 경우
   다. 도매시장법인이 법 제35조제4항 단서에 따른 겸영사업으로 수출을 하는 경우
2. 시장도매인의 경우: 도매시장의 개설자가 도매시장에 입하된 물품의 원활한 분산을 위하여 특히 필요하다고 인정하는 경우

② 도매시장법인·시장도매인은 제1항의 규정에 의하여 농수산물을 판매한 경우에는 다음 각 호의 사항을 기재한 보고서를 지체 없이 도매시장의 개설자에게 제출하여야 한다.

1. 판매한 물품의 품목·수량·금액·출하자 및 매수인

2. 판매한 사유

제33조의2 (전자거래방식에 의한 거래)

① 법 제35조제3항에 따라 도매시장법인이 「전자거래기본법」에 따른 전자거래방식으로 전자거래를 하려면 전자거래시스템을 구축하여 도매시장 개설자의 승인을 받아야 한다.

② 전자거래시스템의 구성 및 운영방식 등에 필요한 세부사항은 농림수산식품부장관이 정한다. <개정 2008.3.3>

[본조신설 2007.7.6]

제34조 (도매시장법인의 겸영) 법 제35조제4항 단서에 따른 농수산물의 선별·포장·가공·제빙(製氷)·보관·후숙(後熟)·저장·수출입 등의 사업을 겸영하려는 도매시장법인은 다음 각 호의 요건을 충족하여야 한다. 이 경우 제1호부터 제3호까지의 기준은 직전 회계연도의 대차대조표를 통하여 산정한다.

1. 부채비율(부채/자기자본×100)이 300퍼센트 이하일 것

2. 유동부채비율(유동부채/부채총액×100)이 90퍼센트 이하일 것

3. 유동비율(유동자산/유동부채×100)이 100퍼센트 이상일 것

4. 당기순손실이 2개 회계연도 이상 계속하여 발생하지 아니할 것

[전문개정 2007.7.6]

제34조의2 (도매시장법인 등의 공시)

① 법 제35조의2에 따라 도매시장법인 또는 시장도매인이 공시하여야 할 내용은 다음 각 호와 같다.

1. 거래일자별·품목별 반입량 및 가격정보

2. 주주 및 임원의 현황과 그 변동사항

3. 겸영사업을 하는 경우 그 사업내용

4. 직전 회계연도의 재무제표

② 제1항에 따른 공시는 해당 도매시장의 게시판이나 정보통신망에 하여

야 한다.

[본조신설 2007.7.6]

제34조의3 (시장도매인의 인수·합병) 법 제36조의2에 따른 시장도매인의 인수·합병에 대하여는 제18조의2를 준용한다. 이 경우 "도매시장법인"은 "시장도매인"으로 본다.

[본조신설 2007.7.6]

제35조 (시장도매인의 영업)

① 법 제37조제1항의 규정에 의하여 도매시장에서 시장도매인이 매수·위탁 또는 중개를 함에 있어서는 출하자와 협의하여 송품장에 기재한 거래방법에 따라서 하여야 한다.

② 도매시장의 개설자는 거래질서의 유지를 위하여 필요한 경우에는 업무규정이 정하는 바에 따라 시장도매인이 제1항의 규정에 따라서 거래한 내역을 도매시장의 개설자가 설치한 거래신고소에 제출하게 할 수 있다.

③ 법 제37조제1항 단서의 규정에 의하여 도매시장의 개설자가 시장도매인이 농수산물을 위탁받아 도매하는 것을 제한 또는 금지할 수 있는 경우는 다음 각 호와 같다.

  1. 대금결제능력을 상실하여 출하자에게 피해를 입힐 우려가 있는 경우

  2. 표준정산서에 거래량·거래방법을 허위기재하는 등 불공정행위를 한 경우

  3. 기타 도매시장의 개설자가 도매시장의 거래질서유지를 위하여 필요하다고 인정하는 경우

④ 도매시장의 개설자는 제3항의 규정에 의하여 시장도매인의 거래를 제한 또는 금지하고자 하는 경우에는 그 대상자, 제한 또는 금지하고자 하는 농수산물의 품목 및 기간을 정하여 이를 공고하여야 한다.

제35조의2 (안전성 검사 실시기준 및 방법 등)

① 법 제38조의2제1항에 따른 안전성 검사의 실시기준 및 방법은 별표 1
과 같다.

② 도매시장 개설자는 제1항에 따른 안전성 검사 결과 기준미달로 판정
되면 기준 미달품 출하자에 대하여 다음 각 호에 따라 해당 도매시장
에 출하하는 것을 제한할 수 있다.

1. 최근 1년 이내에 1회 적발 시: 1개월

2. 최근 1년 이내에 2회 적발 시: 3개월

3. 최근 1년 이내에 3회 적발 시: 6개월

③ 제2항에 따른 출하제한을 하는 경우에 도매시장의 개설자는 제1항에
따른 안전성 검사 결과 기준 미달품 발생사항과 출하제한 기간 등을
해당 출하자에게 서면 또는 전자적 방법 등으로 알려야 한다.

[본조신설 2008.10.15]

제36조 (대금결제의 절차 등)

① 법 제41조제2항 본문의 규정에 의하여 별도의 정산창구를 통하여 대
금결제를 하는 경우에는 다음 각 호의 절차에 의한다.

1. 출하자는 송품장을 작성하여 도매시장법인 또는 시장도매인에게 제출

2. 도매시장법인 또는 시장도매인은 출하자에게 받은 송품장의 사본을
도매시장의 개설자가 설치한 거래신고소에 제출

3. 도매시장법인 또는 시장도매인은 표준정산서를 출하자와 정산창구
에 발급하고, 정산창구에 대금결제를 의뢰

4. 정산창구에서는 출하자에게 대금을 결제하고, 표준정산서의 사본을
거래신고소에 제출

② 제1항의 규정에 의한 대금결제를 위한 정산창구의 운영방법 및 관리
에 관한 사항은 도매시장의 개설자가 업무규정으로 정한다.

제37조 (도매시장법인의 직접대금결제) 개설자가 업무규정으로 정하는 출
하대금결제용 보증금을 납부하고 운전자금을 확보한 도매시장법인은 법제

41조제2항 단서의 규정에 의하여 출하자에게 농수산물의 출하대금을 직접
결제할 수 있다.

제37조의2 (표준송품장의 사용)

① 법 제41조제2항에 따라 도매시장에 농수산물을 출하하려는 자는 별지
   제7호서식의 표준송품장을 작성하여 도매시장법인·시장도매인 또는
   공판장의 개설자에게 제출하여야 한다.

② 도매시장·공판장 및 민영도매시장의 개설자나 도매시장법인 및 시장
   도매인은 출하자가 제1항에 따른 표준송품장을 이용하기 쉽도록 이를
   보급하고, 기재요령을 배포하는 등 편의를 제공하여야 한다.

③ 제1항에 따라 표준송품장을 제출받은 자는 업무규정이 정하는 바에
   따라 이를 보관·관리하여야 한다.

[본조신설 2007.7.6]

제37조의3 (판매원표의 관리 등)

① 경매에 사용되는 판매원표에는 출하자명·품명·등급·수량·경락가
   격·매수인·담당경매사 등을 상세히 기입하도록 하되, 그 양식은 도
   매시장의 개설자가 정한다.

② 시장도매인이 사용하는 판매원표에는 출하자명·품명·등급·수량·
   등을 상세히 기입하도록 하되, 그 양식은 도매시장의 개설자가 정한다.

③ 도매시장법인과 시장도매인은 일련번호를 붙인 판매원표를 순차적으
   로 사용하여야 한다.

④ 입하물품의 부패·손상이나 판매원표의 분실·훼손 등의 사고로 인하
   여 판매원표를 정정한 경우에는 지체 없이 도매시장 개설자의 승인을
   받아야 한다.

⑤ 판매원표의 관리에 필요한 세부사항은 도매시장의 개설자가 업무규정
   으로 정한다.

[본조신설 2007.7.6]

제38조 (표준정산서) 법 제41조제3항의 규정에 의하여 도매시장법인·시장도매인 또는 공판장의 개설자가 사용하는 표준정산서에는 다음 각 호의 사항이 포함되어야 한다. <개정 2007.7.6>

1. 표준정산서의 발행일자 및 발행자명
2. 출하자명
3. 출하자 주소
4. 거래형태(매수·위탁·중개) 및 매매방법(경매·입찰, 정가·수의매매)
5. 판매내역(품목·품종·등급별 수량·단가 및 거래단위당 수량 또는 중량), 판매대금총액 및 매수인
6. 공제내역(위탁수수료·운임선급금·하역비·선별비·쓰레기유발부담금 등 비용) 및 공제금액총액
7. 정산금액
8. 송금내역(은행명·계좌번호·예금주)

제39조 (사용료 및 수수료 등)

① 법 제42조제1항제1호의 규정에 의하여 도매시장의 개설자가 징수하는 도매시장사용료는 다음의 각 호의 기준에 따라 도매시장의 개설자가 이를 정한다. 다만, 도매시장의 시설 중 도매시장의 개설자의 소유가 아닌 시설에 대한 사용료는 이를 징수하지 아니한다. <개정 2007.7.6>

1. 도매시장의 개설자가 징수할 사용료의 총액이 당해 도매시장의 거래금액의 1천분의 5를 초과하지 아니할 것. 다만, 법 제35조제2항에 따라 정가·수의매매를 전자거래방식으로 한 경우 전자거래방식으로 거래한 물량에 대해서는 해당 거래금액의 1천분의 3을 초과하지 아니하여야 한다.

2. 도매시장법인·시장도매인이 납부할 사용료는 당해 도매시장법인·시장도매인의 거래금액 또는 매장면적을 기준으로 하여 징수할 것

② 법 제42조제1항제2호의 규정에 의하여 도매시장의 개설자가 시설사용료를 징수할 수 있는 시설은 별표 1의 부수시설 중 농산물품질관리

실, 축산물위생검사사무실 및 도체등급판정사무실을 제외한 시설로 하며, 연간시설사용료는 당해 시설의 재산가액의 1천분의 50(중도매인 점포·사무실의 경우에는 재산가액의 1천분의 10)을 초과하지 아니하는 범위 안에서 도매시장의 개설자가 이를 정한다. 다만, 도매시장의 시설 중 도매시장의 개설자의 소유가 아닌 시설에 대한 사용료는 이를 징수하지 아니한다. <개정 2007.7.6>

③ 법 제42조제1항제3호의 규정에 의한 위탁수수료의 최고한도는 다음 각 호와 같다. 이 경우 도매시장의 개설자는 그 한도 내에서 업무규정으로 위탁수수료를 정할 수 있다. <개정 2005.6.28>

1. 양곡부류: 거래금액의 1천분의 20

2. 청과부류: 거래금액의 1천분의 70

3. 수산부류: 거래금액의 1천분의 60

4. 축산부류: 거래금액의 1천분의 20(도매시장 또는 공판장 안에 도축장이 설치된 경우 「축산물가공처리법」에 의하여 징수할 수 있는 도살·해체수수료는 이에 포함되지 아니한다)

5. 화훼부류: 거래금액의 1천분의 70

6. 약용작물부류: 거래금액의 1천분의 50

④ 법 제42조제1항제3호에 따른 일정액의 위탁수수료는 도매시장법인이 정하되, 그 금액은 제3항에 따른 최고한도를 초과할 수 없다. <신설 2007.7.6>

⑤ 법 제42조제1항제4호에 따라 중도매인이 징수하는 중개수수료는 도매시장의 개설자가 업무규정으로 정할 수 있다. <개정 2008.10.15>

⑥ 법 제42조제1항제4호의 규정에 의하여 시장도매인이 출하자와 매수인으로부터 각각 징수하는 중개수수료는 제3항의 규정에 의한 해당부류 위탁수수료 최고한도의 2분의 1을 초과하지 못한다. 이 경우 도매시장의 개설자는 그 한도 내에서 업무규정으로 중개수수료를 정할 수 있다. <개정 2007.7.6>

⑦ 법 제42조제1항제5호에서 "농림수산식품부령이 정하는 품목"이라 함

은 다음 각 호의 것을 말한다. <개정 2007.7.6, 2008.3.3>

1. 배추·무·마늘·양배추·파·양파
2. 기타 쓰레기 발생량이 많아 쓰레기유발부담금을 징수할 필요가 있
   다고 인정하여 농림수산식품부장관이 정하는 품목

제40조 (공판장의 개설승인절차)

① 영 제19조제1항의 규정에 의한 공판장의 개설승인신청서에는 다음 각
   호의 서류를 첨부하여야 한다.
   1. 공판장의 업무규정. 다만, 도매시장의 업무규정에서 이를 정하는 도
      매시장공판장의 경우에는 제외한다.
   2. 운영관리계획서
   3. 영 제19조제1항의 규정에 의한 시장·군수 또는 자치구의 구청장의
      의견서
② 제16조제1항 및 제17조의 규정은 제1항의 규정에 의한 공판장의 업
   무규정 및 운영관리계획서에 정할 사항에 관하여 이를 준용한다.
③ 공판장의 개설자가 업무규정을 변경한 때에는 이를 특별시장·광역시
   장·도지사 또는 특별자치도지사(이하 "시·도지사"라 한다)에게 보
   고하여야 한다. <개정 2007.7.6>

제41조 (민영도매시장의 개설허가절차) 법 제47조의 규정에 의하여 민영
도매시장을 개설하고자 하는 자는 시·도지사가 정하는 개설허가신청서에
다음 각 호의 서류를 첨부하여 시·도지사에게 제출하여야 한다.
   1. 민영도매시장의 업무규정
   2. 운영관리계획서
   3. 당해 민영도매시장의 소재지를 관할하는 시장 또는 자치구의 구청
      장의 의견서

제42조 (창고경매 및 포전경매) 법 제49조제2항의 규정에 의하여 지역농
업협동조합, 지역축산업협동조합, 품목별·업종별협동조합, 조합공동사업법

인, 품목조합연합회, 산림조합 및 수산업협동조합과 그 중앙회(이하 "농림수
협등"이라 한다) 또는 농수산물유통공사가 창고경매나 포전경매를 하고자
하는 때에는 생산농가로부터 위임을 받아 창고 또는 포전상태로 상장하되,
품목의 작황·품질·생산량 및 시중가격 등을 감안하여 사전에 예정가격을
정할 수 있다. <개정 2007.7.6>

제42조의2 (농수산물산지유통센터의 운영) 법 제51조제2항에 따라 농수
산물산지유통센터의 운영을 위탁한 자는 시설물 및 장비의 유지·관리 등
에 소요되는 비용에 충당하기 위하여 농수산물산지유통센터의 운영을 위탁
받은 자와 협의하여 매출액의 1천분의 5를 초과하지 아니하는 범위에서 시
설물 및 장비의 이용료를 징수할 수 있다.

[본조신설 2007.7.6]

제4장 농수산물유통기구의 정비 등

제43조 (유사도매시장의 정비)
① 법 제64조의 규정에 의하여 시·도지사는 다음 각 호의 지역 안에 있
   는 유사도매시장의 정비계획을 수립하여야 한다.
  1. 특별시·광역시
  2. 국고지원에 의하여 도매시장을 건설하는 지역
  3. 기타 시·도지사가 농수산물의 공공거래질서의 확립을 위하여 특히
     필요하다고 인정하는 지역
② 유사도매시장의 정비계획에 포함되어야 할 사항은 다음 각 호와 같다.
  1. 유사도매시장구역으로 지정하고자 하는 구체적인 지역의 범위
  2. 제1호의 지역 안에 있는 농수산물도매업자의 거래방법의 개선방안
  3. 유사도매시장의 시설개선 및 이전대책
  4. 제3호의 규정에 의한 대책을 시행하는 때의 대상자의 선발기준

제44조 (시설기준)

① 법 제67조제2항에 따라 부류별 도매시장・공판장・민영도매시장이 보유하여야 하는 시설의 최소기준은 별표 1의2와 같다. <개정 2008.-10.15>

② 개설허가권자 또는 시・도지사는 축산부류의 도매시장 및 공판장의 개설자에 대하여 제1항의 규정에 의한 시설 외에「축산물가공처리법」에 의한 도축장 또는 도계장 시설을 갖추게 할 수 있다. <개정 2005.-6.28>

제45조 (농수산물소매유통의 지원) 농림수산식품부장관이 법 제68조제2항의 규정에 의하여 지원할 수 있는 사업은 다음 각 호와 같다. <개정 2008.-3.3>

1. 농수산물의 생산자 또는 생산자단체와 소비자 또는 소비자단체 간의 직거래사업
2. 농수산물소매시설의 현대화 및 운영에 관한 사업
3. 농수산물직판장의 설치 및 운영에 관한 사업
4. 기타 농수산물직거래 및 소매유통의 활성화를 위하여 농림수산식품부장관이 인정하는 사업

제46조 (종합유통센터의 설치 등)

① 법 제69조제2항의 규정에 의하여 국가 또는 지방자치단체의 지원을 받아 종합유통센터를 설치하고자 하는 자는 농림수산식품부장관 또는 지방자치단체의 장에게 다음 각 호의 사항이 포함된 종합유통센터 건설사업계획서를 제출하여야 한다. <개정 2008.3.3>

1. 신청지역의 농수산물유통시설현황, 종합유통센터의 건설 필요성 및 기대효과
2. 운영자의 선정계획, 세부적인 운영방법과 물량처리계획이 포함된 운영계획서 및 운영수지분석
3. 부지・시설 및 물류장비의 확보와 운영에 필요한 자금조달계획

4. 기타 농림수산식품부장관 또는 지방자치단체의 장이 종합유통센터
   건설의 타당성검토를 위하여 필요하다고 판단하여 정하는 사항

② 농림수산식품부장관 또는 지방자치단체의 장은 제1항의 규정에 의하
   여 사업계획서를 제출받은 때에는 사업계획의 타당성을 고려하여 지
   원대상자를 선정하고, 부지구입·시설물설치·장비확보 및 운영을 위
   하여 필요한 자금을 보조 또는 융자할 수 있다. <개정 2008.3.3>

③ 법 제69조제1항의 규정에 의하여 국가 또는 지방자치단체가 설치하는
   종합유통센터 및 동 조 제2항의 규정에 의하여 지원을 받고자 하는
   자가 설치하는 종합유통센터가 갖추어야 하는 시설기준은 별표 2와
   같다.

제47조 (종합유통센터의 운영)

① 법 제69조제1항의 규정에 의하여 국가 또는 지방자치단체가 종합유통
   센터를 설치하여 운영을 위탁할 수 있는 생산자단체 또는 전문유통업
   체(이하 이 조에서 "운영주체"라 한다)는 다음 각 호의 자로 한다.
   <개정 2008.3.3>

 1. 농림수협등(법 제70조의 규정에 의한 유통자회사를 포함한다)

 2. 종합유통센터의 운영에 필요한 자금과 경영능력을 갖춘 자로서 농
    림수산식품부장관 또는 지방자치단체의 장이 농수산물의 효율적인
    유통을 위하여 특히 필요하다고 인정하는 자

 3. 종합유통센터를 운영하기 위하여 국가 또는 지방자치단체와 제1호
    및 제2호의 자가 출자하여 설립한 법인

② 법 제69조제1항의 규정에 의하여 국가 또는 지방자치단체(이하 이 조
   에서 "위탁자"라 한다)가 종합유통센터를 설치하여 운영을 위탁하고
   자 하는 때에는 농수산물의 수집능력·분산능력, 투자계획, 경영계획
   및 농수산물유통에 대한 경험 등을 기준으로 하여 공개적인 방법으로
   운영주체를 선정하여야 한다. 이 경우 위탁자는 5년 이상의 기간을
   두어 위탁기간을 설정할 수 있다.

③ 위탁자는 종합유통센터의 시설물 및 장비의 유지·관리 등에 소요되
　　는 비용에 충당하기 위하여 운영주체와 협의하여 운영주체로부터 종
　　합유통센터의 시설물 및 장비의 이용료를 징수할 수 있다. 이 경우
　　이용료의 총액은 당해 종합유통센터의 매출액의 1천분의 5를 초과할
　　수 없으며, 위탁자는 이용료 외에는 어떠한 명목으로도 금전을 징수
　　하여서는 아니 된다.

제48조 (유통자회사의 사업범위) 법 제70조의 규정에 의하여 유통자회사
가 수행하는 "기타 유통사업"의 범위는 다음 각 호와 같다.
　　1. 농림수협등이 설치한 농수산물직판장 등 소비지유통사업
　　2. 농수산물의 상품화촉진을 위한 규격화 및 포장개선사업
　　3. 기타 농수산물의 운송·저장사업 등 농수산물 유통의 효율화를 위
　　　한 사업

제49조 삭제 <2007.7.6>

제50조 (교육훈련 등)
① 법 제75조제1항의 규정에 의한 교육훈련의 대상자는 다음 각 호와 같
　　다. <개정 2008.3.3>
　　1. 도매시장법인, 법 제24조의 규정에 의한 공공출자법인, 공판장(도매
　　　시장공판장을 포함한다) 및 시장도매인의 임·직원
　　2. 경매사
　　3. 중도매인(법인을 포함한다)
　　4. 산지유통인
　　5. 종합유통센터를 운영하는 자의 임·직원
　　6. 농수산물의 출하조직을 구성·운영하고 있는 농어업인
　　7. 농수산물의 저장·가공업에 종사하는 자
　　8. 기타 농림수산식품부장관이 필요하다고 인정하는 자
② 농림수산식품부장관은 법 제75조제2항에 따라 제1항 각 호의 유통종

사자에 대한 교육훈련을 농수산물유통공사에 위탁하여 실시한다. 이
경우 도매시장법인 또는 시장도매인의 임원이나 경매사로 신규임용
또는 임명되었거나 중도매업의 허가를 받은 자(법인의 경우에는 임원
을 말한다)는 그 임용·임명 또는 허가 후 1년 이내에 교육훈련을 받
아야 한다. <개정 2006.6.9, 2008.3.3>

③ 교육훈련의 위탁을 받은 농수산물유통공사의 장은 매년도의 교육훈련
계획을 수립하여 농림수산식품부장관에게 보고하여야 한다. <개정
2008.3.3>

제51조 (실태조사 등) 법 제76조의 규정에 의하여 농림수산식품부장관이
도매시장에 대한 실태조사를 하게 하거나 운영·관리의 지도를 하게 할 수
있는 법인은 농수산물유통공사 및 한국농촌경제연구원으로 한다. <개정
2008.3.3>

제52조 (도매시장 등의 평가)

① 법 제77조의 규정에 의한 도매시장 및 공판장의 평가는 다음 각 호의
절차 및 방법에 의한다. <개정 2008.3.3>

1. 농림수산식품부장관은 다음 연도의 평가대상·평가기준 및 평가방
법 등을 정하여 매년 12월 31일까지 도매시장 및 공판장의 개설자
등에게 통보

2. 평가대상 도매시장 또는 공판장의 개설자는 제1호의 규정에 의한
평가기준 및 평가방법 등에 의하여 자체평가를 한 후 그 결과를 다
음 연도 3월 31일까지 농림수산식품부장관에게 보고. 이 경우 농업
협동조합중앙회·산림조합중앙회 및 수산업협동조합중앙회는 해당
협동조합의 자체 평가결과를 종합하여 보고하여야 하며, 농수산물유
통공사는 중앙평가를 위한 유통실태조사자료를 제출하여야 한다.

3. 농림수산식품부장관은 제2호의 규정에 의한 자체평가의 결과 및 유
통실태조사자료를 종합하여 중앙평가를 실시하고, 그 결과를 공표

② 기타 도매시장 및 공판장의 평가실시 및 그 평가결과에 따른 조치에

관한 세부사항은 농림수산식품부장관이 정한다. <개정 2008.3.3>

제52조의2 (도매시장법인의 지정취소 등)

① 법 제82조제3항에 따라 도매시장의 개설자는 도매시장법인 또는 시장
  도매인이 다음 각 호의 어느 하나에 해당하는 경우에는 도매시장법인
  또는 시장도매인의 지정을 취소할 수 있다.

  1. 법 제77조제2항에 따른 중앙평가 결과 해당 지정기간에 3회 이상
    부진평가를 받은 경우

  2. 법 제77조제2항에 따른 중앙평가 결과 해당 지정기간에 3회 이상
    재무건전성의 평가점수가 도매시장법인 또는 시장도매인의 평균점
    수의 3분의 2 이하인 경우

② 법 제77조제2항에 따라 시·도지사는 도매시장공판장이 중앙평가결과
  최근 5년간 3회 이상 부진평가를 받은 경우 도매시장공판장의 승인을
  취소할 수 있다.

[본조신설 2007.7.6]

제53조 (도매시장제도개선심의회의 구성 등)

① 법 제78조제1항의 규정에 의한 도매시장제도개선심의회(이하 "심의
  회"라 한다)는 위원장 1인을 포함한 20인 이내의 위원으로 구성한다.

② 위원장은 농림수산식품부 제2차관이 되고, 위원은 다음 각 호의 자가
  된다. <개정 2008.3.3>

  1. 농림수산식품부 농산물유통국장, 농림수산식품부 수산정책국장

  2. 농업협동조합중앙회·수산업협동조합중앙회·농수산물유통공사·한
    국농촌경제연구원 및 한국해양수산개발원의 임직원 중 해당 기관의
    장이 추천하는 자 각 1인

  3. 도매시장의 개설자소속 공무원(관리공사의 임원을 포함한다) 중 농
    림수산식품부장관이 위촉하는 자

  4. 농림어업관련단체·소비자보호관련단체 등의 임직원 중 농림수산식
    품부장관이 위촉하는 자

5. 농림어업관련 대학의 교수 기타 도매시장업무에 관한 학식과 경험
   이 풍부한 자 중 농림수산식품부장관이 위촉하는 자
③ 제2항제3호 내지 제5호의 규정에 의한 위원의 임기는 2년으로 한다.
④ 위원장은 심의회를 대표하고, 심의회의 업무를 총괄한다.
⑤ 위원장이 부득이한 사유로 그 직무를 수행할 수 없는 때에는 위원장
   이 미리 지명한 위원이 그 직무를 대행한다.

제54조 (시장관리운영위원회의 구성 등)

① 법 제78조제1항의 규정에 의한 시장관리운영위원회는 위원장 1인을
   포함한 20인 이내의 위원으로 구성한다.
② 시장관리운영위원회의 구성·운영 등에 관하여 필요한 사항은 도매시
   장의 개설자가 업무규정으로 정한다.

제5장 보칙

제55조 (검사의 통지)

① 농림수산식품부장관, 도지사 또는 도매시장의 개설자가 법 제80조제1
   항의 규정에 의하여 도매시장·공판장 및 민영도매시장의 업무와 이
   에 관련된 장부 및 재산상태를 검사하고자 하는 때에는 미리 검사의
   목적·범위 및 기간과 검사공무원의 소속·직위 및 성명을 통지하여
   야 한다. <개정 2008.3.3>
② 도매시장의 개설자가 법 제80조제2항의 규정에 의하여 도매시장법인
   또는 시장도매인의 장부를 검사하고자 하는 때에는 미리 검사의 목
   적·범위 및 기간과 검사직원의 소속·직위 및 성명을 통지하여야
   한다.

제56조 (위반행위별 처분기준) 법 제82조제6항의 규정에 의한 위반행위
별 처분기준은 별표 3과 같다. <개정 2007.7.6>

제57조 삭제 <2007.7.6>

제58조 삭제 <2008.10.15>

부칙 〈제1366호, 2000.6.23〉

제1조 (시행일) 이 규칙은 공포한 날부터 시행한다.

제2조 (농업관측협의회에 관한 경과조치) 이 규칙 시행 당시 종전의 농어촌발전특별조치법시행규칙 제17조에 의하여 구성된 농업관측협의회는 제5조의 개정규정에 의하여 구성된 농업관측위원회로 본다.

제3조 (다른 법령의 개정)

① 농어촌발전특별조치법시행규칙 중 다음과 같이 개정한다.

　제16조 내지 제19조, 제24조 내지 제27조를 각각 삭제한다.

② 양곡관리법시행규칙 중 다음과 같이 개정한다.

　제2조의4제2항 중 "농수산물유통및가격안정에관한법률 제44조"를 "농수산물유통및가격안정에관한법률 제54조"로 한다.

③ 인삼산업법시행규칙 중 다음과 같이 개정한다.

　제28조제4항 중 "인삼산업진흥기금(이하 "기금"이라 한다)"을 "농수산물유통및가격안정에관한법률 제54조의 규정에 의한 농수산물가격안정기금(이하 "기금"이라 한다)"으로 한다.

　제30조를 삭제한다.

부칙 〈제1495호, 2005.6.28〉

이 규칙은 공포한 날부터 시행한다.

부칙 〈제339호, 2006.6.9〉

이 규칙은 공포한 날부터 시행한다.

부칙 〈제1564호, 2007.7.6〉

제1조 (시행일) 이 규칙은 공포한 날부터 시행한다. 다만, 제25조의2의 개정규정은 2009년 1월 1일부터 시행한다.

제2조 (행정처분의 기준에 관한 경과조치) 이 규칙 시행 전의 행위에 대한 행정처분기준의 적용에 있어서는 종전의 규정에 따른다.

부칙 〈제1호, 2008.3.3〉 (농림수산식품부와 그 소속기관 직제 시행규칙)

제1조 (시행일) 이 규칙은 공포한 날부터 시행한다.

제2조부터 제4조까지 생략

제5조 (다른 법령의 개정) ①부터 ⑨까지 생략

⑩ 농수산물유통 및 가격안정에 관한 법률 시행규칙 일부를 다음과 같이 개정한다.

제5조제2항제2호 중 "재정경제부"를 "기획재정부"로 한다.

제28조제1항제8호 중 "해양수산부장관"을 "농림수산식품부장관"으로 한다.

제53조제2항 각 호 외의 부분 중 "농림부차관"을 "농림수산식품부 제2차관"으로 하고, 같은 항 제1호 중 "해양수산부"를 "농림수산식품부"로 한다.

제55조제1항 중 "농림부장관, 해양수산부장관"을 "농림수산식품부장관"으로 한다.

제2조 각 호 외의 부분, 제9조 및 제13조제1항 각 호 외의 부분 중 "농림부령"을 각각 "농림수산식품부령"으로 한다.

제3조 각 호 외의 부분, 제4조 각 호 외의 부분, 제11조제1항 각 호 외의 부분, 제25조 각 호 외의 부분 및 제39조제7항 각 호 외의 부분 중 "농림부령 또는 해양수산부령"을 각각 "농림수산식품부령"으로 한다.

제3조제11호, 제4조제4호, 제10조 각 호 외의 부분, 제11조제1항 각 호 외의 부분, 제11조의2 각 호 외의 부분, 제12조제2항·제3항, 제15조제3항 전단, 제20조제2항, 제23조, 제25조의3, 제33조의2제2항, 제39조제7항제2호, 제45조 각 호 외의 부분·제4호, 제50조제1항제8호·제2항·제3항, 제51조 및 제52조제1항제1호부터 제3호까지·제2항 중 "농림부장관 또는 해양수산부장관"을 각각 "농림수산식품부장관"으로 한다.

제5조제2항 각 호 외의 부분·제1호·제4항 및 제53조제2항제1호 중 "농림부"를 각각 "농림수산식품부"로 한다.

제5조제2항 각 호 외의 부분·제4호·제5호, 제7조제2항, 제9조, 제9조의2제1항·제2항, 제9조의3제1항 각 호 외의 부분·제2항, 제13조제2항 각 호 외의 부분, 제14조제1항 각 호 외의 부분 및 제1호·제2항, 제26조제1항제1호 및 제53조제2항제3호부터 제5호까지 중 "농림부장관"을 각각 "농림수산식품부장관"으로 한다.

제46조제1항 각 호 외의 부분·같은 항 제4호·제2항 및 제47조제1항제2호 중 "농림부장관·해양수산부장관"을 각각 "농림수산식품부장관"으로 한다.

별표 3 제2호가목제30호 중 "농림부장관, 해양수산부장관"을 "농림수산식품부장관"으로 한다.

⑪부터 <63>까지 생략

부칙 〈제34호, 2008.10.15〉

이 규칙은 공포한 날부터 시행한다. 다만, 제35조의2 및 별표 1의 개정규정은 2009년 1월 1일부터 시행한다.

19 물류시설의 개발 및 운영에 관한 법률

[시행 2009.8.7] [법률 제9432호, 2009.2.6, 타법개정]
국토해양부(물류시설정보과), 02 - 2110 - 6358

제1장 총칙

제1조 (목적) 이 법은 물류시설을 합리적으로 배치·운영하고 물류시설 용지를 원활히 공급하여 물류산업의 발전을 촉진함으로써 국가경쟁력을 강화하

고 국토의 균형 있는 발전과 국민경제의 발전에 이바지함을 목적으로 한다.

제2조 (정의) 이 법에서 사용하는 용어의 정의는 다음과 같다.

1. "물류시설"이란 다음 각 목의 시설을 말한다.

　　가. 화물의 운송·보관·하역을 위한 시설

　　나. 화물의 운송·보관·하역과 관련된 가공·조립·분류·수리· 포장·상표부착·판매·정보통신 등의 활동을 위한 시설

　　다. 물류의 공동화·자동화 및 정보화를 위한 시설

　　라. 가목부터 다목까지의 시설이 모여 있는 물류터미널 및 물류단지

2. "물류터미널"이란 화물의 집화(集貨)·하역(荷役) 및 이와 관련된 분류·포장·보관·가공·조립 또는 통관 등에 필요한 기능을 갖춘 시설물을 말한다. 다만, 가공·조립 시설은 대통령령으로 정하는 규모 이하의 것이어야 한다.

3. "물류터미널사업"이란 물류터미널을 경영하는 사업으로서 복합물류터미널사업과 일반물류터미널사업을 말한다. 다만, 다음 각 목의 시설물을 경영하는 사업을 제외한다.

　　가. 「항만법」 제2조제6호의 항만시설 중 항만구역 안에 있는 화물하역시설 및 화물보관·처리 시설

　　나. 「항공법」 제2조제6호의 공항시설 중 공항구역 안에 있는 화물운송을 위한 시설과 그 부대시설 및 지원시설

　　다. 「철도사업법」 제2조제8호에 따른 철도사업자가 그 사업에 사용하는 화물운송·하역 및 보관 시설

　　라. 「유통산업발전법」 제2조제14호 및 제15호의 집배송시설 및 공동집배송센터

4. "복합물류터미널사업"이란 두 종류 이상의 운송수단 간의 연계운송을 할 수 있는 규모 및 시설을 갖춘 물류터미널사업을 말한다.

5. "일반물류터미널사업"이란 물류터미널사업 중 복합물류터미널사업을 제외한 것을 말한다.

6. "물류단지"란 물류단지시설과 지원시설을 집단적으로 설치·육성하기 위하여 제22조에 따라 지정·개발하는 일단의 토지를 말한다.

7. "물류단지시설"이란 화물의 운송·집화·하역·분류·포장·가공·조립·통관·보관·판매·정보처리 등을 위하여 물류단지 안에 설치되는 다음 각 목의 시설을 말한다.

   가. 물류터미널 및 창고

   나. 「유통산업발전법」 제2조제3호·제7호·제15호 및 제17조의2의 대규모점포·전문상가단지·공동집배송센터 및 중소유통공동도매물류센터

   다. 「농수산물유통 및 가격안정에 관한 법률」 제2조제2호·제5호 및 제12호의 농수산물도매시장·농수산물공판장 및 농수산물종합유통센터

   라. 「삭도·궤도법」에 따른 삭도·궤도사업을 경영하는 자가 그 사업에 사용하는 화물의 운송·하역 및 보관 시설

   마. 「축산물가공처리법」 제2조제10호의 작업장

   바. 「농업협동조합법」·「수산업협동조합법」·「산림조합법」 또는 「중소기업협동조합법」에 따른 조합 또는 그 중앙회가 설치하는 구매사업 또는 판매사업 관련 시설

   사. 「화물자동차 운수사업법」 제2조제2호의 화물자동차운수사업에 이용되는 차고, 화물취급소, 그 밖에 화물의 처리를 위한 시설

   아. 「약사법」 제44조제2항제2호의 의약품 도매상의 창고 및 영업소 시설

   자. 그 밖에 물류기능을 가진 시설로서 대통령령으로 정하는 시설

   차. 가목부터 자목까지의 시설에 딸린 시설(제8호가목 또는 나목의 시설로서 가목부터 자목까지의 시설과 동일한 건축물에 설치되는 시설을 포함한다)

8. "지원시설"이란 물류단지시설의 운영을 효율적으로 지원하기 위하여 물류단지 안에 설치되는 다음 각 목의 시설을 말한다. 다만, 가

목 또는 나목의 시설로서 제7호가목부터 자목까지의 시설과 동일한
건축물에 설치되는 시설을 제외한다.

　가. 대통령령으로 정하는 가공·제조 시설

　나. 정보처리시설

　다. 금융·보험·의료·교육·연구 시설

　라. 물류단지의 종사자 및 이용자의 생활과 편의를 위한 시설

　마. 그 밖에 물류단지의 기능 증진을 위한 시설로서 대통령령으로
　　　정하는 시설

9. "물류단지개발사업"이란 물류단지를 조성하기 위하여 시행하는 다
　음 각 목의 사업을 말한다.

　가. 물류시설 용지 및 지원시설 용지의 조성사업

　나. 도로·철도·궤도·항만 또는 공항 시설 등의 건설사업

　다. 전기·가스·용수 등의 공급시설과 전기통신설비의 건설사업

　라. 하수도, 폐기물처리시설, 그 밖의 환경오염방지시설 등의 건설사업

　마. 그 밖에 가목부터 라목까지의 사업에 딸린 사업

제3조 (다른 법률과의 관계)

① 항만에 관한 개발계획은 「항만법」, 「신항만건설촉진법」 등 항만건설
에 관한 법률로 정하는 바에 따른다.

② 다른 법률에서 물류터미널 및 물류단지 외의 물류시설의 개발·관리
및 운영 등에 관하여 규정하고 있는 경우에는 그 법률로 정하는 바에
따른다.

제2장 물류시설개발종합계획의 수립

제4조 (물류시설개발종합계획의 수립)

① 국토해양부장관은 물류시설의 합리적 개발·배치 및 물류체계의 효율

화 등을 위하여 물류시설(항만시설을 제외한다. 이하 이 장에서 같다)의 개발에 관한 종합계획(이하 "물류시설개발종합계획"이라 한다)을 5년 단위로 수립하여야 한다. <개정 2008.2.29>

② 물류시설개발종합계획은 물류시설을 다음 각 호의 기능별 분류에 따라 체계적으로 수립한다. 이 경우 다음 각 호의 물류시설의 기능이 서로 관련되어 있는 때에는 이를 고려하여 수립하여야 한다.

　1. 단위물류시설: 창고 및 집배송센터 등 물류활동을 개별적으로 수행하는 최소 단위의 물류시설

　2. 집적[클러스터(cluster)]물류시설: 물류터미널 및 물류단지 등 둘 이상의 단위물류시설 등이 함께 설치된 물류시설

　3. 연계물류시설: 물류시설 상호 간의 화물운송이 원활히 이루어지도록 제공되는 도로 및 철도 등 교통시설

③ 물류시설개발종합계획에는 다음 각 호의 사항이 포함되어야 한다.

　1. 물류시설의 장래수요에 관한 사항

　2. 물류시설의 계획적 공급에 관한 사항

　3. 물류시설의 지정·개발에 관한 사항

　4. 물류시설의 지역별·규모별·연도별 배치 및 우선순위에 관한 사항

　5. 물류시설의 기능개선 및 효율화에 관한 사항

　6. 물류시설의 공동화·집단화에 관한 사항

　7. 물류시설의 국내 및 국제 연계수송망 구축에 관한 사항

　8. 물류시설의 환경보전·관리에 관한 사항

　9. 도심지에 위치한 물류시설의 정비와 교외이전(郊外移轉)에 관한 사항

　10. 그 밖에 대통령령으로 정하는 사항

제5조 (물류시설개발종합계획의 수립절차)

① 국토해양부장관은 물류시설개발종합계획을 수립하는 때에는 관계 행정기관의 장으로부터 소관별 계획을 제출받아 이를 기초로 물류시설개발종합계획안을 작성하여 특별시장·광역시장·도지사 또는 특별

자치도지사(이하 "시·도지사"라 한다)의 의견을 듣고 관계 중앙행정기관의 장과 협의한 후 「물류정책기본법」 제19조제1항제2호의 물류시설분과위원회의 심의를 거쳐야 한다. 물류시설개발종합계획 중 대통령령으로 정하는 사항을 변경하려는 때에도 또한 같다. <개정 2008.-2.29>

② 국토해양부장관은 제1항에 따라 물류시설개발종합계획을 수립하거나 변경한 때에는 이를 관보에 고시하여야 한다. <개정 2008.2.29>

③ 관계 중앙행정기관의 장은 필요한 경우 국토해양부장관에게 물류시설개발종합계획을 변경하도록 요청할 수 있다. <개정 2008.2.29>

④ 국토해양부장관은 대통령령으로 정하는 바에 따라 관계 기관에 물류시설개발종합계획을 수립하거나 변경하는 데에 필요한 자료의 제출을 요구하거나 협조를 요청할 수 있으며, 그 요구나 요청을 받은 관계 기관은 정당한 사유가 없으면 이에 따라야 한다. <개정 2008.2.29>

⑤ 국토해양부장관은 물류시설개발종합계획을 효율적으로 수립하기 위하여 필요하다고 인정하는 때에는 물류시설에 대하여 조사할 수 있다. 이 경우 물류시설의 조사에 관하여는 「물류정책기본법」 제7조를 준용한다. <개정 2008.2.29>

⑥ 물류시설개발종합계획의 수립 등에 필요한 사항은 대통령령으로 정한다.

제6조 (물류시설개발종합계획과 다른 계획과의 관계)

① 물류시설개발종합계획은 「물류정책기본법」 제11조의 국가물류기본계획과 조화를 이루어야 한다.

② 국토해양부장관, 관계 중앙행정기관의 장 또는 시·도지사는 물류시설을 지정·개발하거나 인·허가를 할 때 이 법에 따라 수립된 물류시설개발종합계획과 상충되거나 중복되지 아니하도록 하여야 한다. <개정 2008.2.29>

③ 국토해양부장관, 관계 중앙행정기관의 장 또는 시·도지사는 다음 각 호의 어느 하나에 해당하는 경우에는 그 계획을 변경하도록 요청할

수 있다. 이 경우 조정이 필요하면 「물류정책기본법」 제19조제1항제2
호의 물류시설분과위원회에 조정을 요청할 수 있다. <개정 2008.2.29>

1. 다른 행정기관이 직접 지정·개발하려는 물류시설 개발계획이 물류
   시설개발종합계획과 상충되거나 중복된다고 인정하는 경우
2. 다른 행정기관이 인·허가를 하려는 물류시설 개발계획이 물류시설
   개발종합계획과 상충되거나 중복된다고 인정하는 경우

제3장 물류터미널사업

제7조 (복합물류터미널사업의 등록)

① 복합물류터미널사업을 경영하려는 자는 국토해양부령으로 정하는 바
   에 따라 국토해양부장관에게 등록하여야 한다. <개정 2008.2.29>

② 제1항에 따른 등록을 할 수 있는 자는 다음 각 호의 어느 하나에 해
   당하는 자로 한다.

   1. 국가 또는 지방자치단체
   2. 「공공기관의 운영에 관한 법률」에 따른 공공기관(이하 "공공기관"이
      라 한다) 중 대통령령으로 정하는 공공기관
   3. 「지방공기업법」에 따른 지방공사
   4. 특별법에 따라 설립된 법인
   5. 「민법」 또는 「상법」에 따라 설립된 법인

③ 제1항에 따라 복합물류터미널사업의 등록을 한 자(이하 "복합물류터
   미널사업자"라 한다)가 그 등록한 사항 중 대통령령으로 정하는 사항
   을 변경하려는 경우에는 대통령령으로 정하는 바에 따라 변경등록을
   하여야 한다.

④ 제1항에 따른 등록을 하려는 자는 다음 각 호의 등록기준을 갖추어야
   한다.

   1. 복합물류터미널이 해당 지역 운송망의 중심지에 위치하여 다른 교

통수단과 쉽게 연계될 것

2. 부지 면적이 3만3천 제곱미터 이상일 것

3. 다음 각 목의 시설을 갖출 것

　가. 주차장

　나. 화물취급장

　다. 창고 또는 배송센터

4. 물류시설개발종합계획 및 「물류정책기본법」 제11조의 국가물류기본
계획상의 물류터미널의 개발 및 정비계획 등에 배치되지 아니할 것

제8조 (등록의 결격사유) 다음 각 호의 어느 하나에 해당하는 자는 복합
물류터미널사업의 등록을 할 수 없다.

1. 이 법을 위반하여 벌금형 이상을 선고받은 후 2년이 지나지 아니한 자

2. 복합물류터미널사업 등록의 취소처분을 받은 후 2년이 지나지 아니
한 자

3. 법인으로서 그 임원 중에 제1호 또는 다음 각 목의 어느 하나에 해
당하는 자가 있는 경우

　가. 금치산자·한정치산자 또는 파산선고를 받고 복권되지 아니한 자

　나. 이 법을 위반하여 금고 이상의 실형을 선고받고 그 집행이 종료
(집행이 종료된 것으로 보는 경우를 포함한다)되거나 집행이 면
제된 날부터 2년이 지나지 아니한 자

　다. 이 법을 위반하여 금고 이상의 형의 집행유예를 선고받고 그 유
예기간 중에 있는 자

제9조 (공사시행의 인가)

① 복합물류터미널사업자는 건설하려는 물류터미널의 구조 및 설비 등에
관한 공사계획을 수립하여 국토해양부장관의 공사시행인가를 받아야
하며, 일반물류터미널사업을 경영하려는 자는 물류터미널 건설에 관
하여 필요한 경우 시·도지사의 공사시행인가를 받을 수 있다. 인가
받은 공사계획 중 대통령령으로 정하는 사항을 변경하는 경우에는 해

당 인가권자의 변경인가를 받아야 한다. <개정 2008.2.29>

② 국토해양부장관 또는 시·도지사는 제1항에 따른 공사시행인가 또는 변경인가를 하려는 때에는 관할 특별자치도지사·시장·군수 또는 구청장(자치구의 구청장을 말한다. 이하 "시장·군수·구청장"이라 한다)의 의견을 듣고, 제21조제1항 및 제2항 각 호에 따른 관계 법령에 적합한지를 미리 소관 행정기관의 장과 협의하여야 한다. <개정 2008.2.29>

③ 국토해양부장관 또는 시·도지사는 제1항에 따른 공사계획이 국토해양부령으로 정하는 구조 및 설비기준에 적합한 경우에는 제1항에 따른 인가를 하여야 한다. <개정 2008.2.29>

④ 국토해양부장관 또는 시·도지사는 제1항에 따른 공사시행인가 또는 변경인가를 한 때에는 국토해양부령으로 정하는 바에 따라 고시하여야 한다. <개정 2008.2.29>

제10조 (토지등의 수용·사용)

① 제9조제1항에 따른 공사시행인가를 받은 자(이하 "물류터미널사업자"라 한다)가 물류터미널(「국토의 계획 및 이용에 관한 법률」에 따른 도시계획시설에 해당하는 물류터미널에 한한다. 이하 제13조까지 같다)을 건설하는 경우에는 이에 필요한 토지·건축물 또는 토지에 정착한 물건과 이에 관한 소유권 외의 권리, 광업권·어업권 및 물의 사용에 관한 권리(이하 "토지등"이라 한다)를 수용하거나 사용할 수 있다.

② 제1항에 따라 토지등을 수용하거나 사용할 때 제9조제4항에 따른 공사시행인가의 고시가 있는 때에는 「공익사업을 위한 토지 등의 취득 및 보상에 관한 법률」 제20조제1항 및 같은 법 제22조에 따른 사업인정 및 사업인정의 고시를 한 것으로 보며, 재결(裁決)의 신청은 같은 법 제23조제1항 및 같은 법 제28조제1항에도 불구하고 공사시행인가에서 정한 사업의 시행기간 내에 할 수 있다.

③ 제1항에 따른 토지등의 수용·사용에 관하여는 이 법에 특별한 규정
　 이 있는 경우 외에는 「공익사업을 위한 토지 등의 취득 및 보상에 관
　 한 법률」을 준용한다.

제11조 (토지매수업무 등의 위탁) 물류터미널사업자는 물류터미널의 건설
을 위한 토지매수업무·손실보상업무 및 이주대책에 관한 업무를 「공익사
업을 위한 토지 등의 취득 및 보상에 관한 법률」 제81조제1항 각 호의 기
관에 위탁하여 시행할 수 있다. 이 경우 위탁수수료 등에 관하여는 같은 법
제81조제2항을 준용한다.

제12조 (토지 출입 등)
① 물류터미널사업자는 물류터미널의 건설을 위하여 필요한 때에는 다른
　 사람의 토지에 출입하거나 이를 일시 사용할 수 있으며, 나무, 토석,
　 그 밖의 장애물을 변경하거나 제거할 수 있다.
② 제1항에 따른 다른 사람의 토지 출입 등에 관하여는 「국토의 계획 및
　 이용에 관한 법률」 제130조 및 제131조를 준용한다.

제13조 (국·공유지의 처분제한)
① 물류터미널을 건설하기 위한 부지 안에 있는 국가 또는 지방자치단체
　 소유의 토지로서 물류터미널 건설사업에 필요한 토지는 해당 물류터
　 미널 건설사업 목적이 아닌 다른 목적으로 매각하거나 양도할 수 없다.
② 물류터미널을 건설하기 위한 부지 안에 있는 국가 또는 지방자치단체
　 소유의 재산은 「국유재산법」, 「공유재산 및 물품 관리법」, 그 밖의
　 다른 법령에도 불구하고 물류터미널사업자에게 수의계약으로 매각할
　 수 있다. 이 경우 그 재산의 용도폐지(행정재산인 경우에 한한다. 이
　 하 같다) 및 매각에 관하여는 국토해양부장관 또는 시·도지사가 미
　 리 관계 행정기관의 장과 협의하여야 한다. <개정 2008.2.29>
③ 제2항 후단에 따른 협의요청이 있은 때에는 관계 행정기관의 장은 그
　 요청을 받은 날부터 30일 이내에 용도폐지 및 매각, 그 밖에 필요한

조치를 하여야 한다.

④ 제2항에 따라 물류터미널사업자에게 매각하려는 재산 중 관리청이 불분명한 재산은 다른 법령에도 불구하고 기획재정부장관이 이를 관리하거나 처분한다. <개정 2008.2.29>

제14조 (사업의 승계)

① 복합물류터미널사업자가 그 사업을 양도하거나 법인이 합병한 때에는 그 양수인 또는 합병 후 존속하는 법인이나 합병에 의하여 설립되는 법인은 복합물류터미널사업의 등록에 따른 권리·의무를 승계한다.

② 제1항에 따라 복합물류터미널사업의 등록에 따른 권리·의무를 승계한 자는 국토해양부령으로 정하는 바에 따라 국토해양부장관에게 신고하여야 한다. <개정 2008.2.29>

③ 제1항에 따라 승계한 자의 결격사유에 관하여는 제8조를 준용한다.

제15조 (사업의 휴업·폐업)

① 복합물류터미널사업자는 복합물류터미널사업의 전부 또는 일부를 휴업하거나 폐업하려는 때에는 미리 국토해양부장관에게 신고하여야 한다. <개정 2008.2.29>

② 복합물류터미널사업자인 법인이 합병 외의 사유로 해산한 경우에는 그 청산인(파산에 따라 해산한 경우에는 파산관재인을 말한다)은 지체 없이 그 사실을 국토해양부장관에게 신고하여야 한다. <개정 2008.2.29>

③ 제1항에 따른 휴업기간은 6개월을 초과할 수 없다.

④ 복합물류터미널사업자가 사업의 전부 또는 일부를 휴업하거나 폐업하려는 때에는 미리 그 취지를 영업소나 그 밖에 일반 공중(公衆)이 보기 쉬운 곳에 게시하여야 한다.

제16조 (등록증대여 등의 금지) 복합물류터미널사업자는 다른 사람에게 자기의 성명 또는 상호를 사용하여 사업을 하게 하거나 그 등록증을 대여하여서는 아니 된다.

제17조 (등록의 취소 등)

① 국토해양부장관은 복합물류터미널사업자가 다음 각 호의 어느 하나에 해당하는 때에는 그 등록을 취소하거나 6개월 이내의 기간을 정하여 사업의 정지를 명할 수 있다. 다만, 제1호·제4호·제7호 또는 제8호에 해당하는 때에는 등록을 취소하여야 한다. <개정 2008.2.29>

1. 거짓이나 그 밖의 부정한 방법으로 제7조제1항에 따른 등록을 한 때

2. 제7조제3항에 따른 변경등록을 하지 아니하고 등록사항을 변경한 때

3. 제7조제4항의 등록기준에 맞지 아니하게 된 때. 다만, 3개월 이내에 그 기준을 충족시킨 때에는 그러하지 아니하다.

4. 제8조 각 호의 어느 하나에 해당하게 된 때. 다만, 같은 조 제3호에 해당하는 경우로서 그 사유가 발생한 날부터 3개월 이내에 해당 임원을 개임(改任)한 경우에는 그러하지 아니하다.

5. 제9조제1항에 따른 인가 또는 변경인가를 받지 아니하고 공사를 시행하거나 변경한 때

6. 사업의 전부 또는 일부를 휴업한 후 정당한 사유 없이 제15조제1항에 따라 신고한 휴업기간이 지난 후에도 사업을 재개(再開)하지 아니한 때

7. 제16조를 위반하여 다른 사람에게 자기의 성명 또는 상호를 사용하여 사업을 하게 하거나 등록증을 대여한 때

8. 이 조에 따른 사업정지명령을 위반하여 그 사업정지기간 중에 영업을 한 때

② 제1항에 따른 처분의 기준 및 절차 등에 관한 사항은 국토해양부령으로 정한다. <개정 2008.2.29>

제18조 (과징금)

① 국토해양부장관은 복합물류터미널사업자가 제17조에 해당하여 사업의 정지를 명하여야 하는 경우로서 그 사업의 정지가 그 사업의 이용자 등에게 심한 불편을 주는 경우에는 그 사업정지처분을 갈음하여 1천

만 원 이하의 과징금을 부과할 수 있다. <개정 2008.2.29>

② 제1항에 따라 과징금을 부과하는 위반행위의 종류와 그 정도에 따른 과징금의 금액, 그 밖에 필요한 사항은 대통령령으로 정한다.

③ 제1항에 따른 과징금을 기한 내에 내지 아니하면 국토해양부장관은 대통령령으로 정하는 바에 따라 국세 체납처분의 예에 따라 징수한다. <개정 2008.2.29>

제19조 (물류터미널사업협회)

① 복합물류터미널사업자 및 일반물류터미널을 경영하는 자는 물류터미널사업의 건전한 발전과 사업자의 공동이익을 도모하기 위하여 대통령령으로 정하는 바에 따라 사업자협회(이하 "물류터미널사업협회"라 한다)를 설립할 수 있다.

② 물류터미널사업협회를 설립하려는 경우에는 해당 협회의 회원의 자격이 있는 자 중 5분의 1 이상의 발기인이 정관을 작성하여 해당 협회의 회원 자격이 있는 자의 3분의 1 이상이 출석한 창립총회의 의결을 거친 후 국토해양부장관의 설립인가를 받아야 한다. <개정 2008.2.29>

③ 물류터미널사업협회는 제2항에 따른 설립인가를 받아 설립등기를 함으로써 성립한다.

④ 물류터미널사업협회는 법인으로 한다.

⑤ 물류터미널사업협회에 관하여 이 법에 규정한 것 외에는 「민법」 중 사단법인에 관한 규정을 준용한다.

⑥ 물류터미널사업협회의 업무 및 정관 등에 필요한 사항은 대통령령으로 정한다.

제20조 (물류터미널 개발의 지원)

① 국가 또는 지방자치단체는 물류터미널사업자가 다음 각 호의 어느 하나에 해당하는 사업을 수행하는 경우에는 소요자금의 일부를 융자하거나 부지의 확보를 위한 지원을 할 수 있다.

  1. 물류터미널의 건설

2. 물류터미널 위치의 변경

3. 물류터미널의 규모·구조 및 설비의 확충 또는 개선

② 국토해양부장관은 제1항 각 호의 사업을 위하여 필요하다고 인정하는
경우에는 시·도지사에게 부지의 확보 및 도시계획시설의 설치 등에
관한 협조를 요청할 수 있다. <개정 2008.2.29>

제21조 (인·허가등의 의제)

① 국토해양부장관 또는 시·도지사가 제9조에 따른 공사시행의 인가를
하는 경우에 다음 각 호의 인가·허가·승인 또는 결정 등(이하
"인·허가등"이라 한다)에 관하여 같은 조 제2항에 따라 관계 행정기
관의 장과 협의한 사항은 해당 인·허가등을 받은 것으로 보며, 같은
조 제4항에 따라 공사시행인가를 고시한 때에는 다음 각 호의 법률에
따른 해당 인·허가등의 고시 또는 공고를 한 것으로 본다. <개정
2007.12.27, 2008.2.29, 2008.3.21>

1. 「건축법」 제11조에 따른 건축허가, 같은 법 제14조에 따른 건축신
   고, 같은 법 제16조에 따른 건축허가·신고사항의 변경, 같은 법 제
   20조에 따른 가설건축물의 건축의 허가·신고 및 같은 법 제29조에
   따른 건축협의

2. 「공유수면관리법」 제5조에 따른 공유수면의 점용·사용허가 및 같
   은 법 제8조에 따른 실시계획의 승인 또는 신고

3. 「공유수면매립법」 제9조에 따른 공유수면매립의 면허 및 같은 법
   제15조에 따른 실시계획의 승인

4. 「국토의 계획 및 이용에 관한 법률」 제30조에 따른 도시관리계획의
   결정(같은 법 제2조제4호다목의 계획에 한한다), 같은 법 제56조제1
   항제2호·제4호에 따른 토지형질변경의 허가 또는 토지분할의 허가,
   같은 법 제86조에 따른 도시계획시설사업의 시행자의 지정 및 같은
   법 제88조에 따른 실시계획의 인가

5. 「농어촌정비법」 제22조에 따른 농업기반시설의 목적 외 사용승인

6. 「농지법」 제34조에 따른 농지전용의 허가 및 협의

7. 「도로법」 제34조에 따른 도로공사의 시행허가 및 같은 법 제38조에
따른 도로의 점용허가

8. 「도시개발법」 제11조에 따른 사업시행자의 지정 및 같은 법 제17조
에 따른 실시계획의 인가

9. 「사도법」 제4조에 따른 사도개설의 허가

10. 「사방사업법」 제14조에 따른 벌채 등의 허가 및 같은 법 제20조에
따른 사방지 지정의 해제

11. 「산지관리법」 제14조 및 제15조에 따른 산지전용허가 및 산지전용
신고, 「산림자원의 조성 및 관리에 관한 법률」 제36조제1항 및 제
4항에 따른 입목벌채등의 허가·신고, 같은 법 제45조제1항 및 제
2항에 따른 보안림 안에서의 행위의 허가 및 신고

12. 「수도법」 제17조 및 제49조에 따른 수도사업의 인가, 같은 법 제
52조 및 제54조에 따른 전용수도 설치의 인가

13. 「장사 등에 관한 법률」 제23조에 따른 연고자가 없는 분묘의 개장
허가

14. 「초지법」 제23조에 따른 초지전용허가

15. 「하수도법」 제16조에 따른 공공하수도공사의 시행허가

16. 「하천법」 제30조에 따른 하천공사 시행허가, 하천공사실시계획의
인가 및 같은 법 제33조에 따른 하천의 점용허가

17. 「항만법」 제9조제2항에 따른 항만공사의 시행허가 및 같은 법 제
10조제2항에 따른 실시계획의 승인

② 물류터미널사업자가 제9조에 따른 물류터미널의 공사를 완료하고 「건
축법」 제22조에 따른 사용승인을 받은 경우에는 다음 각 호의 사항에
관하여 소관 행정기관의 허가를 받거나 소관 행정기관에 등록 또는
신고한 것으로 본다. 다만, 제1호는 복합물류터미널의 경우에만 적용
한다. <개정 2008.3.21, 2009.2.6>

1. 「물류정책기본법」 제43조에 따른 국제물류주선업의 등록

2. 「석유 및 석유대체연료 사업법」 제10조에 따른 석유판매업 중 주유
  소의 등록 또는 신고

3. 「식품위생법」 제37조에 따른 식품접객업(단란주점영업 및 유흥주점
  영업을 제외한다)의 허가

4. 「자동차관리법」 제53조에 따른 자동차관리사업 중 자동차매매업 및
  자동차정비업의 등록

5. 「화물자동차 운수사업법」 제24조제1항에 따른 화물자동차운송주선
  사업의 허가

③ 제1항 및 제2항 각 호의 어느 하나에 해당하는 사항의 관계 법령을
  관장하는 중앙행정기관의 장은 그 처리기준을 국토해양부장관에게 통
  보하여야 한다. 이를 변경한 때에도 또한 같다. <개정 2008.2.29>

④ 국토해양부장관은 제3항에 따라 처리기준을 통보받으면 이를 통합하
  여 고시하여야 한다. <개정 2008.2.29>

제4장 물류단지의 개발 및 운영

제22조 (물류단지의 지정)

① 물류단지는 국토해양부장관이 지정한다. 다만, 대통령령으로 정하는
  규모 이하의 물류단지는 관할 시·도지사가 지정한다. <개정 2008.-
  2.29>

② 국토해양부장관은 물류단지를 지정하려는 때에는 물류단지개발계획을
  수립하여 관할 시·도지사의 의견을 듣고 관계 중앙행정기관의 장과
  협의한 후 「물류정책기본법」 제19조제1항제2호의 물류시설분과위원
  회의 심의를 거쳐야 한다. 물류단지개발계획 중 대통령령으로 정하는
  중요 사항을 변경하려는 때에도 또한 같다. <개정 2008.2.29>

③ 시·도지사는 물류단지를 지정하려는 때에는 물류단지개발계획을 수
  립하여 관계 행정기관의 장과 협의한 후 「물류정책기본법」 제20조의

지역물류정책위원회의 심의를 거쳐야 한다. 물류단지개발계획 중 대통령령으로 정하는 중요 사항을 변경하려는 때에도 또한 같다.

④ 관계 행정기관의 장과 제27조제2항제2호부터 제5호까지의 어느 하나에 해당하는 자는 물류단지의 지정이 필요하다고 인정하는 때에는 대상지역을 정하여 국토해양부장관 또는 시·도지사(이하 "물류단지지정권자"라 한다)에게 물류단지의 지정을 요청할 수 있다. 이 경우 중앙행정기관의 장 이외의 자는 물류단지개발계획안을 작성하여 제출하여야 한다. <개정 2008.2.29>

⑤ 제2항 및 제3항에 따른 물류단지개발계획에는 다음 각 호의 사항이 포함되어야 한다. 다만, 물류단지개발계획을 수립할 때까지 제3호의 시행자가 확정되지 아니하였거나 제8호의 세부목록의 작성이 곤란한 경우에는 물류단지의 지정 후에 이를 물류단지개발계획에 포함시킬 수 있다.

1. 물류단지의 명칭·위치 및 면적
2. 물류단지의 지정목적
3. 물류단지개발사업의 시행자
4. 물류단지개발사업의 시행기간 및 시행방법
5. 토지이용계획 및 주요 기반시설계획
6. 주요 유치시설 및 그 설치기준에 관한 사항
7. 재원조달계획
8. 수용하거나 사용할 토지, 건축물, 그 밖의 물건이나 권리가 있는 경우에는 그 세부목록
9. 그 밖에 대통령령으로 정하는 사항

제23조 (물류단지지정의 고시 등)

① 물류단지지정권자는 제22조에 따라 물류단지를 지정하거나 지정내용을 변경한 때에는 대통령령으로 정하는 사항을 관보 또는 특별시·광역시·도 또는 특별자치도(이하 "시·도"라 한다)의 공보에 고시하고,

관계 서류의 사본을 관할 시장·군수·구청장에게 보내야 한다.

② 물류단지로 지정되는 지역에 수용하거나 사용할 토지, 건축물, 그 밖의 물건이나 권리가 있는 경우에는 제1항에 따른 고시내용에 그 토지 등의 세부목록을 포함시켜야 한다.

③ 제1항에 따라 관계 서류를 받은 시장·군수·구청장은 이를 14일 이상 일반인이 열람할 수 있도록 하여야 한다.

제24조 (주민 등의 의견청취)

① 물류단지지정권자는 물류단지를 지정하려는 때에는 주민 및 관계 전문가의 의견을 들어야 하고 타당하다고 인정하는 때에는 그 의견을 반영하여야 한다. 다만, 국방상 기밀(機密)사항이거나 대통령령으로 정하는 경미한 사항인 경우에는 의견 청취를 생략할 수 있다.

② 제1항에 따른 주민 및 관계 전문가의 의견청취에 필요한 사항은 대통령령으로 정한다.

제25조 (행위제한 등)

① 물류단지 안에서 건축물의 건축, 공작물의 설치, 토지의 형질변경, 토석의 채취, 토지분할, 물건을 쌓아놓는 행위 등 대통령령으로 정하는 행위를 하려는 자는 시장·군수·구청장의 허가를 받아야 한다. 허가받은 사항을 변경하려는 때에도 또한 같다.

② 다음 각 호의 어느 하나에 해당하는 행위는 제1항에도 불구하고 허가를 받지 아니하고 할 수 있다.

  1. 재해복구 또는 재난수습에 필요한 응급조치를 위하여 하는 행위

  2. 그 밖에 대통령령으로 정하는 행위

③ 제1항에 따라 허가를 받아야 하는 행위로서 물류단지의 지정 및 고시 당시 이미 관계 법령에 따라 행위허가를 받았거나 허가를 받을 필요가 없는 행위에 관하여 그 공사 또는 사업에 착수한 자는 대통령령으로 정하는 바에 따라 시장·군수·구청장에게 신고한 후 이를 계속 시행할 수 있다.

④ 시장·군수·구청장은 제1항을 위반한 자에게 원상회복을 명할 수 있다. 이 경우 명령을 받은 자가 그 의무를 이행하지 아니하면 시장·군수·구청장은 「행정대집행법」에 따라 대집행할 수 있다.

⑤ 제1항에 따른 허가에 관하여 이 법에 규정한 것 외에는 「국토의 계획 및 이용에 관한 법률」 제57조부터 제60조까지 및 제62조를 준용한다.

⑥ 제1항에 따라 허가를 받은 경우에는 「국토의 계획 및 이용에 관한 법률」 제56조에 따라 허가를 받은 것으로 본다.

제26조 (물류단지지정의 해제)

① 물류단지로 지정·고시된 날부터 대통령령으로 정하는 기간 이내에 그 물류단지의 전부 또는 일부에 대하여 제28조에 따른 물류단지개발실시계획의 승인을 신청하지 아니하면 그 기간이 지난 다음 날 해당 지역에 대한 물류단지의 지정이 해제된 것으로 본다.

② 물류단지지정권자는 물류단지의 전부 또는 일부에 대한 개발이 완료되거나 개발 전망이 없게 된 경우에는 대통령령으로 정하는 바에 따라 해당 지역에 대한 물류단지의 지정을 해제할 수 있다.

③ 제1항 또는 제2항에 따라 물류단지의 지정이 해제된 것으로 보거나 해제된 경우 해당 물류단지지정권자는 그 사실을 관계 중앙행정기관의 장 및 시·도지사에게 통보하고 고시하여야 하며, 통보를 받은 시·도지사는 지체 없이 시장·군수·구청장으로 하여금 이를 14일 이상 일반인이 열람할 수 있도록 하여야 한다.

④ 물류단지의 지정으로 「국토의 계획 및 이용에 관한 법률」에 따른 용도지역이 변경·결정된 후 제1항 또는 제2항에 따라 해당 물류단지의 지정이 해제된 경우에는 같은 법의 규정에도 불구하고 해당 물류단지에 대한 용도지역은 변경·결정되기 전의 용도지역으로 환원된 것으로 본다. 다만, 물류단지의 개발이 완료되어 물류단지의 지정이 해제된 경우에는 변경·결정되기 전의 용도지역으로 환원되지 아니한다.

⑤ 시장·군수·구청장은 제4항에 따라 용도지역이 환원된 경우에는 즉

시 그 사실을 고시하여야 한다.

제27조 (물류단지개발사업의 시행자)

① 물류단지개발사업을 시행하려는 자는 대통령령으로 정하는 바에 따라
  물류단지지정권자로부터 시행자 지정을 받아야 한다.

② 제1항에 따라 물류단지개발사업의 시행자로 지정받을 수 있는 자는
  다음 각 호의 자로 한다.

　1. 국가 또는 지방자치단체

　2. 대통령령으로 정하는 공공기관

　3.「지방공기업법」에 따른 지방공사

　4. 특별법에 따라 설립된 법인

　5.「민법」또는「상법」에 따라 설립된 법인

③ 제1항에 따라 물류단지개발사업의 시행자로 지정받으려는 자는 대통
  령령으로 정하는 바에 따라 물류단지지정권자에게 시행자 지정을 신
  청하여야 한다.

④ 물류단지지정권자는 제1항에 따라 물류단지개발사업을 시행하는 자로
  지정받은 자(이하 "시행자"라 한다) 중 제2항제5호에 해당하는 자가
  제28조에 따라 승인을 받은 물류단지개발실시계획에서 정하여진 기간
  내에 물류단지개발사업을 완료하지 아니하면 제2항의 각 호의 자 중
  에서 다른 시행자를 지정하여 그 시행자에게 해당 물류단지개발사업
  을 시행하게 할 수 있다.

⑤ 제2항제1호부터 제4호까지의 시행자는 물류단지개발사업을 효율적으
  로 시행하기 위하여 필요하다고 인정하는 경우에는 대통령령으로 정
  하는 바에 따라 해당 물류단지에 입주하거나 입주하려는 물류시설의
  운영자(이하 "입주기업체"라 한다) 및 지원시설의 운영자(이하 "지원기
  관"이라 한다)에게 물류단지개발사업의 일부를 대행하게 할 수 있다.

제28조 (물류단지개발실시계획의 승인)

① 시행자는 대통령령으로 정하는 바에 따라 물류단지개발실시계획(이하

“실시계획”이라 한다)을 수립하여 물류단지지정권자의 승인을 받아야 한다. 승인을 받은 사항 중 대통령령으로 정하는 중요 사항을 변경하려는 경우에도 또한 같다.

② 실시계획에는 개발한 토지·시설 등의 처분에 관한 사항이 포함되어야 한다.

③ 물류단지지정권자가 제1항에 따라 실시계획을 승인하거나 승인한 사항을 변경승인할 때에는 제30조제1항 각 호의 관계 법률에 적합한지를 미리 소관 행정기관의 장과 협의하여야 한다.

제29조 (실시계획승인의 고시)

① 물류단지지정권자는 제28조에 따라 실시계획을 승인하거나 승인한 사항을 변경승인한 때에는 대통령령으로 정하는 사항을 관보 또는 시·도의 공보에 고시하고, 관계 서류의 사본을 관할 시장·군수·구청장에게 보내야 한다.

② 제1항에 따라 관계 서류의 사본을 받은 시장·군수·구청장은 이를 14일 이상 일반인이 열람할 수 있도록 하여야 한다.

③ 제1항에 따라 관계 서류의 사본을 받은 시장·군수·구청장은 실시계획에 도시관리계획 결정사항이 포함되어 있으면 「국토의 계획 및 이용에 관한 법률」 제32조에 따라 지형도면의 고시 등에 필요한 절차를 취하여야 한다. 이 경우 시행자는 도시관리계획에 관한 지형도면의 고시 등에 필요한 서류를 작성하여 시장·군수·구청장에게 제출하여야 한다.

제30조 (인·허가등의 의제)

① 물류단지지정권자가 실시계획을 승인하는 경우에 다음 각 호의 인·허가등에 관하여 제28조제3항에 따라 관계 행정기관의 장과 협의한 사항은 해당 인·허가등을 받은 것으로 보며, 실시계획승인을 고시한 때에는 다음 각 호의 법률에 따른 해당 인·허가등의 고시 또는 공고를 한 것으로 본다. <개정 2008.3.21, 2008.12.26, 2009.1.30>

1. 「가축분뇨의 관리 및 이용에 관한 법률」 제11조에 따른 배출시설에
   대한 설치허가 또는 신고
2. 「건축법」 제11조에 따른 건축허가, 같은 법 제14조에 따른 건축신
   고, 같은 법 제16조에 따른 건축허가·신고사항의 변경, 같은 법 제
   20조에 따른 가설건축물의 건축의 허가·신고 및 같은 법 제29조에
   따른 건축협의
3. 「골재채취법」 제22조에 따른 골재채취의 허가
4. 「공유수면관리법」 제5조에 따른 공유수면의 점용·사용허가 및 같
   은 법 제8조에 따른 실시계획의 인가 또는 신고
5. 「공유수면매립법」 제9조에 따른 공유수면매립의 면허 및 같은 법
   제15조에 따른 실시계획의 인가
6. 「공유재산 및 물품 관리법」 제11조에 따른 행정재산의 용도폐지 및
   같은 법 제20조제1항에 따른 행정재산의 사용·수익의 허가
7. 「광업법」 제24조에 따른 광업권설정불허가처분 및 같은 법 제34조
   에 따른 광업권의 취소 또는 광구감소처분
8. 「국유재산법」 제30조에 따른 행정재산의 사용허가 및 같은 법 제40
   조에 따른 행정재산의 용도폐지
9. 「국토의 계획 및 이용에 관한 법률」 제30조에 따른 도시관리계획의
   결정, 같은 법 제56조제1항제2호·제4호에 따른 토지형질변경의 허
   가 또는 토지분할의 허가, 같은 법 제86조에 따른 도시계획시설사업
   의 시행자의 지정 및 같은 법 제88조에 따른 실시계획의 인가
10. 「농어촌정비법」 제22조에 따른 농업기반시설의 목적 외 사용승인
11. 「농지법」 제34조에 따른 농지전용의 허가 및 협의
12. 「도로법」 제34조에 따른 도로공사의 시행허가 및 같은 법 제38조
    에 따른 도로의 점용허가
13. 「사도법」 제4조에 따른 사도개설의 허가
14. 「사방사업법」 제14조에 따른 벌채 등의 허가 및 같은 법 제20조에
    따른 사방지 지정의 해제

15. 「산지관리법」 제14조 및 제15조에 따른 산지전용허가 및 산지전용
    신고, 「산림자원의 조성 및 관리에 관한 법률」 제36조제1항 및 제
    4항에 따른 입목벌채등의 허가·신고, 같은 법 제45조제1항 및 제
    2항에 따른 보안림 안에서의 행위의 허가 및 신고

16. 「소하천정비법」 제10조에 따른 소하천 공사시행의 허가 및 같은
    법 제14조에 따른 소하천 점용의 허가

17. 「수도법」 제17조 및 제49조에 따른 수도사업의 인가, 같은 법 제
    52조 및 제54조에 따른 전용수도 설치의 인가

18. 「수질 및 수생태계 보전에 관한 법률」 제49조에 따른 종말처리시
    설설치 기본계획의 승인

19. 「에너지이용 합리화법」 제8조에 따른 에너지사용계획의 협의

20. 「장사 등에 관한 법률」 제23조에 따른 연고자가 없는 분묘의 개장
    허가

21. 「지적법」 제27조에 따른 사업의 착수·변경 또는 완료의 신고

22. 「집단에너지사업법」 제4조에 따른 집단에너지의 공급 타당성에 관
    한 협의

23. 「초지법」 제23조에 따른 초지전용허가

24. 「측량법」 제25조에 따른 측량성과 사용에 관한 심사

25. 「폐기물관리법」 제29조에 따른 폐기물처리시설의 설치승인 또는
    신고

26. 「하수도법」 제16조에 따른 공공하수도공사의 시행허가 및 같은 법
    제24조에 따른 공공하수도의 점용허가

27. 「하천법」 제30조에 따른 하천공사 시행허가, 하천공사실시계획의
    인가 및 같은 법 제33조에 따른 하천의 점용허가

28. 「항만법」 제9조제2항에 따른 항만공사의 시행허가 및 같은 법 제
    10조제2항에 따른 실시계획의 승인

② 제1항에 따라 다른 법률에 따른 인·허가등을 받은 것으로 보는 경우
    에는 관계 법률 또는 시·도의 조례에 따라 부과되는 그 인·허가등

에 따른 수수료·사용료 등을 면제한다.

③ 제1항에 따른 인·허가등의 의제와 관련된 처리기준에 관하여는 제21
조제3항 및 제4항을 준용한다.

제31조 (물류단지개발사업의 위탁시행)

① 시행자는 물류단지개발사업 중 항만, 용수시설, 그 밖에 대통령령으로
정하는 공공시설의 건설과 공유수면의 매립에 관한 사항을 대통령령
으로 정하는 바에 따라 국가·지방자치단체 또는 대통령령으로 정하
는 공공기관에 위탁하여 시행할 수 있다.

② 물류단지개발사업을 위한 토지매수업무 등의 위탁에 관하여는 제11조
를 준용한다. 이 경우 "물류터미널사업자"는 "시행자"로, "물류터미널"
은 "물류단지"로 본다.

제32조 (토지등의 수용·사용)

① 시행자는 물류단지개발사업에 필요한 토지등을 수용하거나 사용할 수
있다. 다만, 제27조제2항제5호의 시행자인 경우에는 사업대상 토지면
적의 3분의 2 이상을 매입하여야 토지등을 수용하거나 사용할 수 있다.

② 제1항에 따라 토지등을 수용하거나 사용하는 경우에 제23조제1항에
따른 물류단지 지정 고시를 한 때(제22조제5항 단서에 따라 시행자
및 수용하거나 사용할 토지등의 세부목록을 물류단지의 지정 후에 물
류단지개발계획에 포함시키는 경우에는 그 고시한 때를 말한다)에는
「공익사업을 위한 토지 등의 취득 및 보상에 관한 법률」 제20조제1
항 및 같은 법 제22조에 따른 사업인정 및 그 고시를 한 것으로 본다.

③ 국토해양부장관이 지정하는 물류단지 안의 토지등에 대한 재결은 중
앙토지수용위원회가 관장하고, 시·도지사가 지정하는 물류단지 안의
토지등에 대한 재결은 관할 지방토지수용위원회가 관장한다. 이 경우
재결의 신청은 「공익사업을 위한 토지 등의 취득 및 보상에 관한 법
률」 제23조제1항 및 같은 법 제28조제1항에도 불구하고 물류단지개
발계획에서 정하는 사업시행기간 내에 할 수 있다. <개정 2008.2.29>

④ 제1항에 따른 수용 또는 사용에 관하여는 이 법에 특별한 규정이 있
는 경우 외에는 「공익사업을 위한 토지 등의 취득 및 보상에 관한 법
률」을 준용한다.

제33조 (「국토의 계획 및 이용에 관한 법률」 등의 적용특례)

① 제22조 및 제23조에 따라 물류단지가 지정·고시된 경우에는 그 범
위에서 「공유수면매립법」 제4조 및 제8조에 따른 공유수면매립기본
계획 또는 「국토의 계획 및 이용에 관한 법률」 제30조에 따른 도시
관리계획이 결정·고시된 것으로 본다.

② 제28조에 따라 실시계획의 승인을 받은 시행자가 해당 물류단지 안의
토지에 관하여 체결하는 토지거래계약에 대하여는 「국토의 계획 및
이용에 관한 법률」 제118조를 적용하지 아니한다.

③ 지원시설에 대하여는 「국토의 계획 및 이용에 관한 법률」 제76조에
따른 지역·지구 안에서의 건축금지 및 제한에 관한 규정을 적용하지
아니한다.

제34조 (토지소유자에 대한 환지)

① 시행자는 물류단지 안의 토지를 소유하고 있는 자가 물류단지개발계
획에서 정한 물류단지시설을 운영하려는 경우에는 그 토지를 포함하
여 물류단지개발사업을 시행할 수 있으며, 해당 사업이 완료된 후 대
통령령으로 정하는 바에 따라 해당 토지소유자에게 환지(換地)하여
줄 수 있다.

② 제1항에 따른 환지를 할 때 대통령령으로 정하는 사항 외에는 「도시
개발법」 제28조부터 제49조까지를 준용한다. <개정 2008.3.21>

제35조 (토지 출입 등) 물류단지개발사업 시행을 위한 토지 출입 등에 관
하여는 제12조를 준용한다. 이 경우 "물류터미널사업자"는 "시행자"로, "물
류터미널"은 "물류단지"로 본다.

제36조 (공공시설 및 토지 등의 귀속)

① 제27조제2항제1호부터 제4호까지의 시행자가 물류단지개발사업의 시행으로 새로 공공시설을 설치하거나 기존의 공공시설에 대체되는 공공시설을 설치한 경우에는 「국유재산법」 및 「공유재산 및 물품 관리법」에도 불구하고 종래의 공공시설은 시행자에게 무상으로 귀속되고 새로 설치된 공공시설은 그 시설을 관리할 국가 또는 지방자치단체에 무상으로 귀속된다.

② 제27조제2항제5호의 시행자가 물류단지개발사업의 시행으로 새로 설치한 공공시설은 그 시설을 관리할 국가 또는 지방자치단체에 무상으로 귀속되고, 물류단지개발사업의 시행으로 인하여 용도가 폐지되는 국가 또는 지방자치단체 소유의 재산은 「국유재산법」 및 「공유재산 및 물품 관리법」에도 불구하고 새로 설치한 공공시설의 설치비용에 상당하는 범위에서 그 시행자에게 무상으로 양도할 수 있다.

③ 물류단지지정권자는 제1항 및 제2항에 따른 공공시설의 귀속 및 양도에 관한 사항이 포함된 실시계획을 승인하려는 때에는 미리 그 공공시설을 관리하는 기관(이하 "관리청"이라 한다)의 의견을 들어야 한다. 실시계획을 변경하려는 때에도 또한 같다.

④ 시행자는 제1항 및 제2항에 따라 국가 또는 지방자치단체에 귀속될 공공시설과 시행자에게 귀속되거나 양도될 재산의 종류와 토지의 세부목록을 그 물류단지개발사업의 준공 전에 관리청에 통지하여야 하며, 해당 공공시설과 재산은 그 사업이 준공되어 제46조제3항에 따라 시행자에게 준공인가통지를 한 때에 국가 또는 지방자치단체에 귀속되거나 시행자에게 귀속 또는 양도된 것으로 본다.

⑤ 제4항에 따른 공공시설과 재산의 등기에 관하여는 물류단지개발사업의 실시계획승인서와 준공인가서로써 「부동산등기법」에 따른 등기원인을 증명하는 서면을 갈음할 수 있다.

⑥ 제1항부터 제5항까지의 공공시설의 범위는 대통령령으로 정한다.

제37조 (국·공유지의 처분제한) 물류단지개발사업에 필요한 국·공유지의 처분제한 등에 관하여는 제13조를 준용한다. 이 경우 "물류터미널을 건설하기 위한 부지"는 "물류단지"로, "물류터미널 건설사업"은 "물류단지개발사업"으로, "국토해양부장관 또는 시·도지사"는 "물류단지지정권자"로, "물류터미널사업자"는 "시행자·입주기업체 또는 지원기관"으로 본다. <개정 2008.2.29>

제38조 (물류단지개발사업의 비용)

① 물류단지개발사업에 필요한 비용은 시행자가 부담한다.

② 물류단지에 필요한 전기시설·전기통신설비·가스공급시설 또는 지역난방시설은 대통령령으로 정하는 범위에서 해당 지역에 전기·전기통신·가스 또는 난방을 공급하는 자가 비용을 부담하여 설치하여야 한다. 다만, 물류단지개발사업의 시행자·입주기업·지방자치단체 등의 요청에 따라 전기간선시설을 땅 속에 설치하는 경우에는 전기를 공급하는 자와 땅 속에 설치할 것을 요청하는 자가 각각 100분의 50의 비율로 그 설치비용을 부담한다.

③ 제2항에 따른 각 시설의 설치시기, 그 밖에 필요한 사항은 대통령령으로 정한다.

제39조 (물류단지개발사업의 지원)

① 국가 또는 지방자치단체는 대통령령으로 정하는 바에 따라 물류단지개발사업에 필요한 비용의 일부를 보조하거나 융자할 수 있다.

② 국가 또는 지방자치단체는 물류단지의 원활한 개발을 위하여 필요한 도로·철도·항만·용수시설 등 기반시설의 설치를 우선적으로 지원하여야 한다.

제40조 (물류단지개발특별회계의 설치)

① 시·도지사 또는 시장·군수는 물류단지개발사업을 촉진하기 위하여 지방자치단체에 물류단지개발특별회계(이하 "특별회계"라 한다)를 설

치할 수 있다.

② 특별회계는 다음 각 호의 재원으로 조성된다.

1. 해당 지방자치단체의 일반회계로부터의 전입금

2. 정부의 보조금

3. 제67조에 따라 부과·징수된 과태료

4. 「개발이익환수에 관한 법률」제4조제1항에 따라 지방자치단체에 귀속되는 개발부담금 중 해당 지방자치단체의 조례로 정하는 비율의 금액

5. 「국토의 계획 및 이용에 관한 법률」제65조제8항에 따른 수익금

6. 「지방세법」제238조에 따라 부과·징수되는 도시계획세의 징수액 중 대통령령으로 정하는 비율의 금액

7. 차입금

8. 해당 특별회계자금의 융자회수금·이자수입금 및 그 밖의 수익금

제41조 (특별회계의 운용)

① 특별회계는 다음 각 호의 용도로 사용한다.

1. 물류단지개발사업의 시행자에 대한 공사비의 보조 또는 융자

2. 물류단지개발사업에 따른 도시계획시설사업에 관한 보조 또는 융자

3. 지방자치단체가 시행하는 물류단지개발사업에 따른 도시계획시설의 설치사업비

4. 물류단지지정, 물류시설의 개발계획수립 및 제도발전을 위한 조사·연구비

5. 차입금의 원리금 상환

6. 특별회계의 조성·운용 및 관리를 위한 경비

7. 그 밖에 대통령령으로 정하는 사항

② 국토해양부장관은 필요한 경우에는 지방자치단체의 장에게 특별회계의 운용상황을 보고하게 할 수 있다. <개정 2008.2.29>

③ 특별회계의 설치 및 운용·관리에 필요한 사항은 대통령령으로 정하

는 기준에 따라 해당 지방자치단체의 조례로 정한다.

제42조 (시설의 존치) 시행자는 물류단지 안에 있는 기존의 시설이나 그 밖의 공작물을 이전하거나 철거하지 아니하여도 물류단지개발사업에 지장이 없다고 인정하는 때에는 이를 남겨두게 할 수 있다.

제43조 (선수금) 시행자는 그가 조성하는 용지를 분양·임대받거나 시설을 이용하려는 자로부터 대통령령으로 정하는 바에 따라 대금의 전부 또는 일부를 미리 받을 수 있다.

제44조 (시설부담금)

① 물류단지지정권자는 시행자에게 도로, 공원, 녹지, 그 밖에 대통령령으로 정하는 공공시설을 설치하게 하거나 기존의 공원 및 녹지를 보존하게 할 수 있다.

② 시행자는 제1항에 따른 공공시설의 설치나 기존의 공원 및 녹지의 보존에 필요한 비용에 충당하기 위하여 그 비용의 범위에서 제42조에 따른 존치시설의 소유자나 개발 후 토지·시설 등을 분양받는 자에게 시설부담금을 납부하게 할 수 있다.

③ 제2항에 따른 시설부담금의 산정기준, 징수방법, 그 밖에 필요한 사항은 대통령령으로 정한다.

제45조 (이주대책 등)

① 시행자는 「공익사업을 위한 토지 등의 취득 및 보상에 관한 법률」로 정하는 바에 따라 물류단지개발사업으로 인하여 생활의 근거를 상실하게 되는 자(이하 "이주자"라 한다)에 대한 이주대책 등을 수립·시행하여야 한다.

② 입주기업체 및 지원기관은 특별한 사유가 없으면 이주자 또는 인근지역의 주민을 우선적으로 고용하여야 한다.

제46조 (물류단지개발사업의 준공인가)

① 시행자는 물류단지개발사업의 전부 또는 일부를 완료하면 대통령령으로 정하는 바에 따라 물류단지지정권자의 준공인가를 받아야 한다.

② 시행자가 제1항에 따른 준공인가를 신청한 경우에 물류단지지정권자는 관계 중앙행정기관, 지방자치단체 또는 대통령령으로 정하는 공공기관, 연구기관, 그 밖의 전문기관의 장에게 준공인가에 필요한 검사를 의뢰할 수 있다. 이 경우 공공시설에 대한 검사는 원칙적으로 그 시설을 관리할 국가 또는 지방자치단체에 의뢰하여야 한다.

③ 물류단지지정권자는 제2항에 따른 준공검사를 한 결과 실시계획대로 완료된 경우에는 준공인가를 하고 대통령령으로 정하는 바에 따라 이를 공고한 후 시행자 및 관리청에 통지하여야 하며, 실시계획대로 완료되지 아니한 경우에는 지체 없이 보완시공 등 필요한 조치를 명하여야 한다.

④ 시행자가 제1항에 따른 준공인가를 받은 때에는 제30조제1항에 따라 실시계획승인으로 의제되는 인·허가등에 따른 해당 사업의 준공에 관한 검사·인가·신고·확인 등을 받은 것으로 본다.

⑤ 제1항에 따른 준공인가 전에는 물류단지개발사업으로 개발된 토지나 설치된 시설을 사용할 수 없다. 다만, 대통령령으로 정하는 바에 따라 물류단지지정권자의 사용허가를 받은 경우에는 그러하지 아니하다.

제47조 (관계 서류 등의 열람)

① 시행자는 물류단지개발사업을 시행할 때 필요하면 국가 또는 지방자치단체에 서류의 열람 또는 등사를 하거나 그 등본 또는 초본의 교부를 청구할 수 있다.

② 국가 또는 지방자치단체는 제1항에 따라 발급하는 서류에 대하여는 수수료를 부과하지 아니한다.

제48조 (지정·승인·인가의 취소 등)

① 국토해양부장관 또는 시·도지사는 시행자가 다음 각 호의 어느 하나

에 해당하는 경우에는 이 법에 따른 지정·승인 또는 인가를 취소하
거나 공사의 중지, 공작물의 개축, 이전, 그 밖에 필요한 조치를 할
수 있다. 다만, 제1호부터 제4호까지의 경우에는 그 지정·승인 또는
인가를 취소하여야 한다. <개정 2008.2.29>

1. 거짓이나 그 밖의 부정한 방법으로 제22조제1항에 따른 물류단지의
   지정을 받은 경우
2. 거짓이나 그 밖의 부정한 방법으로 제27조제1항에 따른 시행자의
   지정을 받은 경우
3. 거짓이나 그 밖의 부정한 방법으로 제28조제1항(제49조에서 준용하
   는 경우를 포함한다)에 따른 실시계획의 승인을 받은 경우
4. 거짓이나 그 밖의 부정한 방법으로 제46조제1항(제49조에서 준용하
   는 경우를 포함한다)에 따른 준공인가를 받은 경우
5. 사정이 변경되어 물류단지개발사업을 계속 시행하는 것이 불가능하
   게 된 경우

② 국토해양부장관 또는 시·도지사는 제1항에 따른 처분을 한 때에는
   대통령령으로 정하는 바에 따라 그 사실을 고시하여야 한다. <개정
   2008.2.29>

제49조 (물류단지개발 관련 사업에 대한 준용) 물류단지의 인근지역에서
물류단지개발과 관련되는 사업으로서 다음 각 호의 어느 하나에 해당하는
사업을 시행하는 경우 해당 사업에 대하여는 제25조, 제28조부터 제37조까
지, 제39조, 제45조부터 제47조까지, 제52조 및 제61조를 준용한다. 이 경
우 "물류단지"는 "물류단지개발과 관련되는 사업에 대한 실시계획승인이
고시된 지역"으로, "물류단지개발실시계획"은 "물류단지개발과 관련되는 사
업에 대한 실시계획"으로, "물류단지 지정의 고시"는 "물류단지개발과 관련
되는 사업에 대한 실시계획 승인의 고시"로, "물류단지개발계획"은 "물류단
지개발과 관련되는 사업에 대한 실시계획"으로 본다.

1. 항만·도로·하천·철도·용수공급시설·하수도·폐수종말처리시설·

폐기물처리시설·전기시설 또는 통신시설사업

2. 가스 또는 유류의 공급시설사업

3. 물류단지의 조성을 위하여 그 물류단지에 연접한 취토장(取土場) 또
   는 돌산을 개발하는 사업

4. 물류단지를 조성하기 위한 준설사업

제50조 (개발한 토지·시설 등의 처분)

① 시행자는 물류단지개발사업에 따라 개발한 토지·시설 등을 직접 사
   용하거나 분양 또는 임대하여야 한다.

② 제1항에 따른 토지·시설 등의 처분방법·절차·가격기준 등에 관하
   여 필요한 사항은 대통령령으로 정한다.

제51조 (개발한 토지·시설 등의 처분제한)

① 입주기업체 또는 지원기관은 물류단지시설 또는 지원시설의 설치를
   완료하기 전에 분양받은 토지·시설 등을 처분하려는 때에는 시행자
   또는 제53조에 따른 관리기관에 양도하여야 한다. 다만, 시행자나 관
   리기관이 매수할 수 없는 때에는 대통령령으로 정하는 바에 따라 시
   행자나 관리기관이 매수신청을 받아 선정한 다른 입주기업체, 지원기
   관 또는 다음 각 호의 자에게 양도하여야 한다.

1. 한국토지공사

2. 「은행법」 제8조에 따라 은행업의 인가를 받은 금융기관

3. 그 밖에 대통령령으로 정하는 자

② 제1항에 따른 토지의 양도가격은 취득가격에 대통령령으로 정하는 이
   자 및 비용을 더한 금액으로 하고, 시설 등의 양도가격은 「부동산 가
   격공시 및 감정평가에 관한 법률」에 따른 감정평가업자의 감정평가액
   을 고려하여 결정할 수 있다.

③ 제1항 각 호의 자가 매수한 토지·시설 등의 매각가격·매각절차 등
   에 필요한 사항은 대통령령으로 정한다.

제52조 (물류단지시설 등의 건축허가 및 사용승인)

① 물류단지 안에서 물류단지시설 또는 지원시설을 건축하려는 자가 「건축법」 제11조에 따른 건축허가를 받은 때(제28조제1항의 실시계획의 승인에 따라 건축허가가 의제된 시설의 경우에는 「건축법」 제22조에 따른 사용승인을 받은 때를 말한다)에는 다음 각 호의 인·허가등을 받은 것으로 본다. <개정 2008.3.21>

1. 「가축분뇨의 관리 및 이용에 관한 법률」 제11조에 따른 배출시설에 대한 설치허가 또는 신고 및 같은 법 제15조에 따른 준공검사

2. 「건축법」 제20조제1항·제2항에 따른 가설건축물의 건축허가 또는 신고 및 같은 법 제83조에 따른 공작물축조의 신고

3. 「고압가스 안전관리법」 제4조제3항에 따른 고압가스저장소 설치의 허가, 같은 법 제16조제3항에 따른 고압가스의 제조·저장·판매·수입시설이나 용기 등의 제조시설의 설치공사의 완성검사 및 같은 법 제20조에 따른 특정고압가스시설의 완성검사

4. 「국토의 계획 및 이용에 관한 법률」 제56조제1항에 따른 개발행위(건축물의 건축 또는 공작물의 설치에 한한다)의 허가, 같은 법 제62조제1항에 따른 준공검사, 같은 법 제86조에 따른 도시계획시설사업의 시행자의 지정, 같은 법 제88조에 따른 실시계획의 인가 및 같은 법 제98조제2항에 따른 준공검사

5. 「대기환경보전법」 제23조, 「수질 및 수생태계 보전에 관한 법률」 제33조 및 「소음·진동규제법」 제8조에 따른 배출시설 설치의 허가 또는 신고

6. 「대기환경보전법」 제30조, 「수질 및 수생태계 보전에 관한 법률」 제37조 및 「소음·진동규제법」 제13조에 따른 배출시설과 방지시설의 가동개시 신고

7. 「도로법」 제38조에 따른 도로점용허가

8. 「소방시설설치유지 및 안전관리에 관한 법률」 제7조제1항에 따른 건축허가등의 동의, 「소방시설공사업법」 제13조제1항에 따른 소방

시설공사의 신고, 같은 법 제14조에 따른 완공검사, 「위험물안전관리법」 제6조제1항에 따른 제조소등의 설치허가 및 같은 법 제9조에 따른 완공검사

9. 「수도법」 제52조 및 제54조에 따른 전용수도 설치의 인가

10. 「액화석유가스의 안전관리 및 사업법」 제6조제1항에 따른 액화석유가스저장소 설치의 허가 및 같은 법 제18조제2항에 따른 저장소 설치와 가스용품제조시설의 완성검사

11. 「전기사업법」 제62조에 따른 자가용전기설비 공사계획의 인가 또는 신고 및 같은 법 제63조에 따른 자가용전기설비의 사용전검사

12. 「정보통신공사업법」 제36조에 따른 사용전검사

13. 「지적법」 제3조제2항에 따른 토지이동의 등록신청

14. 「총포·도검·화약류 등 단속법」 제25조제1항에 따른 화약류(간이)저장소설치의 허가 및 같은 법 제43조에 따른 완성검사

15. 「토양환경보전법」 제12조에 따른 특정토양오염관리대상시설 설치의 신고

16. 「폐기물관리법」 제29조제2항에 따른 폐기물처리시설의 설치승인 또는 신고 및 같은 법 제29조제4항에 따른 폐기물처리시설의 사용개시신고

17. 「하수도법」 제24조에 따른 공공하수도 점용허가, 같은 법 제27조제3항에 따른 배수설비설치신고, 같은 법 제34조제2항에 따른 개인하수처리시설의 설치신고 및 같은 법 제37조에 따른 준공검사

② 제1항 각 호의 어느 하나에 해당하는 사항이 해당 특별시장·광역시장 또는 시장·군수·구청장 외의 다른 행정기관의 권한에 속하는 경우에는 해당 특별시장·광역시장 또는 시장·군수·구청장은 미리 그 다른 행정기관의 장과 협의를 하여야 한다.

③ 제1항에 따른 인·허가등의 의제와 관련된 처리기준에 관하여는 제21조제3항 및 제4항을 준용한다.

제53조 (물류단지의 관리기관)

① 물류단지는 입주기업체가 자율적으로 구성한 협의회(이하 "입주기업체협의회"라 한다)가 관리한다. 다만, 입주기업체협의회가 구성되기 전에는 시행자가 물류단지를 관리할 수 있다.

② 물류단지지정권자는 제1항에도 불구하고 물류단지의 효율적인 관리를 위하여 특히 필요하다고 인정하는 경우에는 대통령령으로 정하는 관리기구에게 물류단지를 관리하게 할 수 있다.

③ 제1항 및 제2항에 따른 입주기업체협의회 및 관리기구의 구성과 운영에 필요한 사항은 대통령령으로 정한다.

제54조 (물류단지의 관리지침)

① 국토해양부장관은 물류단지의 관리에 관한 지침(이하 "물류단지관리지침"이라 한다)을 작성하여 관보에 고시하여야 한다. <개정 2008.2.29>

② 국토해양부장관은 물류단지관리지침을 작성하려는 때에는 시·도지사의 의견을 듣고 관계 중앙행정기관의 장과 협의한 후 「물류정책기본법」 제19조제1항제2호의 물류시설분과위원회의 심의를 거쳐야 한다. 물류단지관리지침 중 대통령령으로 정하는 사항을 변경하려는 때에도 또한 같다. <개정 2008.2.29>

③ 물류단지관리지침의 내용 및 작성 등에 필요한 사항은 대통령령으로 정한다.

제55조 (물류단지관리계획)

① 제53조에 따른 관리기관은 물류단지관리계획을 수립하여 물류단지지정권자에게 제출하여야 한다.

② 제1항에 따른 물류단지관리계획에는 다음 각 호의 사항이 포함되어야 한다.

　1. 관리할 물류단지의 면적 및 범위에 관한 사항

　2. 물류단지시설과 지원시설의 설치·운영에 관한 사항

3. 그 밖에 물류단지의 관리에 필요한 사항

③ 제1항에 따른 물류단지관리계획의 작성에 필요한 사항은 대통령령으로 정한다.

제56조 (관리비 등)

① 제53조에 따른 관리기관은 물류단지의 효율적인 관리를 위하여 대통령령으로 정하는 바에 따라 입주기업체 및 지원기관(지원시설을 운영하기 위하여 물류단지에 입주하거나 입주하려는 자를 포함한다. 이하 같다)으로부터 관리비를 징수할 수 있다.

② 제53조에 따른 관리기관은 물류단지 안의 폐기물처리장, 가로등, 그 밖에 대통령령으로 정하는 공동시설의 설치·유지 및 보수를 위하여 필요하면 입주기업체 및 지원기관으로부터 공동부담금을 받을 수 있다.

③ 제1항에 따른 관리비 및 제2항에 따른 공동부담금에 관한 기준 및 방법 등에 필요한 사항은 대통령령으로 정한다.

제57조 (권고) 물류단지지정권자는 물류단지의 기능이 원활히 수행되도록 하기 위하여 관리기관·입주기업체 및 지원기관에 그 관리 및 운영방법, 그 밖에 대통령령으로 정하는 사항에 관하여 필요한 조치를 권고할 수 있다. 이 경우 필요하다고 인정할 때에는 그 권고를 받은 자에게 그 권고에 따라 강구한 조치에 대하여 보고를 하게 할 수 있다.

제58조 (조세 등의 감면) 국가 또는 지방자치단체는 물류단지의 원활한 개발 및 입주기업체의 유치를 위하여 「지방세법」·지방세감면조례·「농업·농촌기본법」·「농지법」·「산지관리법」·「개발이익환수에 관한 법률」·「수도권정비계획법」 등으로 정하는 바에 따라 지방세·농지보전부담금·대체산림자원조성비·개발부담금 또는 과밀부담금 등을 감면할 수 있다.

제59조 (자금지원) 국가 또는 지방자치단체는 물류단지의 원활한 개발 및 입주기업체의 유치를 위하여 자금지원에 대한 필요한 조치를 할 수 있다.

제59조의2 (「산업단지 인·허가 절차 간소화를 위한 특례법」의 준용)

① 물류단지 지정 및 개발절차에 관하여 「산업단지 인·허가 절차 간소
화를 위한 특례법」을 준용한다. 다만, 같은 법 제17조 및 제18조는
준용하지 아니한다.

② 제1항에 따라 「산업단지 인·허가 절차 간소화를 위한 특례법」을 준
용하는 경우 "산업단지"는 "제2조제6호에 따른 물류단지"로, "국가산
업단지"는 "제22조제1항 본문에 따라 국토해양부장관이 지정한 물류
단지"로, "산업단지개발지원센터"는 "물류단지개발지원센터"로, "산업
단지계획심의위원회"는 "물류단지계획심의위원회"로, "중앙산업단지계
획심의위원회"는 "중앙물류단지계획심의위원회"로, "지방산업단지계획
심의위원회"는 "지방물류단지계획심의위원회"로, "산업단지계획"은 "물
류단지계획"으로, "민간기업등"은 "제22조에 따라 물류단지를 지정하
는 자 외의 자"로, "산업입지정책심의위원회"는 "「물류정책기본법」 제
19조제1항제2호에 따른 물류시설분과위원회 또는 같은 법 제20조에
따른 지역물류정책위원회"로, "산업단지계획 통합기준"은 "물류단지계
획 통합기준"으로 본다.

③ 국토해양부장관은 물류단지 지정 및 개발을 원활히 수행하기 위하여
물류단지지정권자에게 사업추진현황 등에 관한 자료를 요청할 수 있
으며, 관계 기관 협의 등을 위하여 필요한 경우 국무총리에게 조정을
요청할 수 있다.

[본조신설 2008.6.5]

제5장 보칙

제60조 (창고업의 육성) 정부는 창고업의 육성을 위하여 필요하다고 인정
하면 다음 각 호의 사업을 위한 자금의 일부를 융자할 수 있다.

  1. 창고의 건설

　　2. 창고시설의 보수·개조 또는 개량

　　3. 창고시설 관련 기술의 개발

제61조 (보고)

① 국토해양부장관은 복합물류터미널사업자에게 복합물류터미널의 건설에 관하여 필요한 보고를 하게 하거나 자료의 제출을 명할 수 있으며 소속 공무원에게 복합물류터미널의 건설에 관한 업무를 검사하게 할 수 있다. <개정 2008.2.29>

② 국토해양부장관 또는 시·도지사는 시행자에게 물류단지의 개발에 관하여 필요한 보고를 하게 하거나 자료의 제출을 명할 수 있으며 소속 공무원에게 물류단지의 개발에 관한 업무를 검사하게 할 수 있다. <개정 2008.2.29>

③ 국토해양부장관 또는 시·도지사는 제53조에 따른 관리기관·입주기업체 및 지원기관에게 물류단지의 관리에 관하여 필요한 보고를 하게 하거나 자료의 제출을 명할 수 있으며, 소속 공무원에게 물류단지의 관리에 관한 업무를 검사하게 할 수 있다. <개정 2008.2.29>

④ 제1항부터 제3항까지의 규정에 따라 검사를 하는 공무원은 그 권한을 나타내는 증표를 지니고 이를 관계인에게 내보여야 한다.

⑤ 제4항에 따른 증표에 필요한 사항은 국토해양부령으로 정한다. <개정 2008.2.29>

제62조 (청문) 국토해양부장관 또는 시·도지사는 다음 각 호의 어느 하나에 해당하는 경우에는 청문을 실시하여야 한다. <개정 2008.2.29>

　　1. 제17조제1항에 따른 복합물류터미널사업 등록의 취소

　　2. 제48조제1항에 따른 지정·승인 또는 인가의 취소

제63조 (수수료) 다음 각 호의 어느 하나에 해당하는 신청을 하려는 자는 국토해양부령으로 정하는 바에 따라 수수료를 내야 한다. <개정 2008.2.29>

　　1. 제7조제1항 및 제3항에 따른 복합물류터미널사업의 등록신청 및 변

경등록의 신청

2. 제9조에 따른 물류터미널의 구조 및 설비 등에 관한 공사시행인가
   와 변경인가의 신청

제64조 (권한의 위임)

① 이 법에 따른 국토해양부장관의 권한 중 다음 각 호의 권한을 대통령
   령으로 정하는 바에 따라 시·도지사에게 위임할 수 있다. <개정
   2008.2.29>

1. 제7조제1항 및 제3항에 따른 복합물류터미널사업의 등록 및 변경등록
2. 제9조제1항에 따른 공사시행인가·변경인가, 같은 조 제2항에 따른
   소관 행정기관의 장과의 협의 및 같은 조 제4항에 따른 공사시행인
   가의 고시
3. 제13조제2항(제37조에서 준용하는 경우를 포함한다)에 따른 국·공
   유재산의 용도폐지 및 매각에 관한 관계 행정기관의 장과의 협의
4. 제14조제2항에 따른 복합물류터미널사업자에 대한 사업승계의 신고
   수리
5. 제15조제1항 또는 제2항에 따른 사업의 휴업·폐업 또는 법인해산
   의 신고수리
6. 제17조에 따른 복합물류터미널사업자에 대한 등록취소 및 사업정지
7. 제18조에 따른 복합물류터미널사업자에 대한 과징금의 부과 및 징수
8. 제28조제1항(제49조에서 준용하는 경우를 포함한다)에 따른 실시계
   획의 승인·변경승인 및 같은 조 제3항(제49조에서 준용하는 경우
   를 포함한다)에 따른 관계 행정기관의 장과의 협의
9. 제29조제1항(제49조에서 준용하는 경우를 포함한다)에 따른 실시계
   획승인·변경승인의 고시 및 관할 시장·군수·구청장에게의 송부
10. 제46조제1항(제49조에서 준용하는 경우를 포함한다)에 따른 물류단
    지개발사업의 준공인가, 같은 조 제3항(제49조에서 준용하는 경우
    를 포함한다)에 따른 공고와 시행자 및 관리청에의 통지 및 같은

조 제5항 단서(제49조에서 준용하는 경우를 포함한다)에 따른 사용
허가

11. 제55조제1항에 따른 물류단지관리계획의 접수

12. 제57조에 따른 관리기관 등에 대한 권고

13. 제61조제1항에 따른 복합물류터미널사업자에 대한 보고·자료 제
출의 명령 및 업무의 검사

14. 제62조제1호에 따른 청문

15. 제67조에 따른 복합물류터미널사업자에 대한 과태료의 부과 및 징수

16. 그 밖에 대통령령으로 정하는 업무

② 시·도지사는 제1항에 따라 국토해양부장관으로부터 위임받은 권한의
일부를 국토해양부장관의 승인을 받아 시장·군수·구청장(특별자치
도지사를 제외한다)에게 재위임할 수 있다. <개정 2008.2.29>

③ 시·도지사는 이 법에 따른 권한의 일부를 시·도의 조례로 정하는
바에 따라 시장·군수·구청장(특별자치도지사를 제외한다)에게 위임
할 수 있다.

④ 제1항제7호에 따라 과징금의 부과·징수권한이 시·도지사에게 위임
된 경우에 제18조제1항에 따른 과징금을 기한 내에 내지 아니하는 자
에 대하여는 시·도지사가 해당 지방자치단체의 조례로 정하는 바에
따라 지방세 체납처분의 예에 따라 징수한다.

제6장 벌칙

제65조 (벌칙) 다음 각 호의 어느 하나에 해당하는 자는 1년 이하의 징
역 또는 3천만 원 이하의 벌금에 처한다.

1. 제7조제1항을 위반하여 등록을 하지 아니하고 복합물류터미널사업
을 경영한 자

2. 제7조제3항을 위반하여 변경등록을 하지 아니하고 등록한 사항을

변경한 자

3. 제9조제1항을 위반하여 공사시행인가 또는 변경인가를 받지 아니하
   고 공사를 시행한 자

4. 제16조를 위반하여 성명 또는 상호를 다른 사람에게 사용하게 하거
   나 등록증을 대여한 자

5. 제25조제1항(제49조에서 준용하는 경우를 포함한다)을 위반하여 건
   축물의 건축 등을 한 자

6. 거짓이나 그 밖의 부정한 방법으로 제27조제1항 또는 제28조제1항
   (제49조에서 준용하는 경우를 포함한다)에 따른 지정 또는 승인을
   받은 자

7. 제51조제1항을 위반하여 토지 또는 시설을 처분한 자

제66조 (양벌규정) 법인의 대표자, 법인 또는 개인의 대리인·사용인 및
그 밖의 종업원이 그 법인 또는 개인의 업무에 관하여 제65조의 위반행위
를 하면 행위자를 처벌하는 외에 그 법인 또는 개인에 대하여도 같은 조의
벌금형을 과(課)한다.

제67조 (과태료)

① 제61조제1항부터 제3항까지의 규정(제49조에서 준용하는 경우를 포함
   한다)에 따른 보고 또는 자료제출을 하지 아니하거나 거짓 보고 또는
   거짓 자료를 제출한 자 또는 검사를 방해·거부한 자에게는 300만
   원 이하의 과태료를 부과한다.

② 다음 각 호의 어느 하나에 해당하는 자에게는 200만 원 이하의 과태
   료를 부과한다.

1. 제14조제2항에 따른 승계의 신고를 하지 아니한 자

2. 제15조제1항 또는 제2항에 따른 사업의 휴업·폐업 또는 법인해산
   의 신고를 하지 아니한 자

3. 제15조제4항에 따른 사업의 전부 또는 일부의 휴업·폐업의 취지를
   게시하지 아니한 자

제68조 (과태료 부과절차)

① 제67조에 따른 과태료는 대통령령으로 정하는 바에 따라 국토해양부
   장관 또는 시·도지사가 부과·징수한다. <개정 2008.2.29>

② 제1항에 따른 과태료 처분에 불복하는 자는 그 처분을 고지받은 날부
   터 30일 이내에 국토해양부장관 또는 시·도지사에게 이의를 제기할
   수 있다. <개정 2008.2.29>

③ 제1항에 따른 과태료 처분을 받은 자가 제2항에 따라 이의를 제기하
   면 국토해양부장관 또는 시·도지사는 지체 없이 관할 법원에 그 사
   실을 통보하여야 하며, 그 통보를 받은 관할 법원은 「비송사건절차법」
   에 따른 과태료 재판을 한다. <개정 2008.2.29>

④ 제2항에 따른 기간 이내에 이의를 제기하지 아니하고 과태료를 내지
   아니하면 국세 또는 지방세 체납처분의 예에 따라 징수한다.

부칙 〈제8616호, 2007.8.3〉

제1조 (시행일) 이 법은 공포 후 6개월이 경과한 날부터 시행한다.

제2조 (물류단지개발사업의 비용에 관한 적용례) 제38조의 개정규정은 이
법 시행 후 최초로 물류단지개발실시계획의 승인을 받는 것부터 적용한다.

제3조 (물류단지개발 관련 사업에 관한 적용례) 제49조의 개정규정은 이
법 시행 후 최초로 물류단지개발실시계획의 승인을 받는 물류단지와 관련
된 사업부터 적용한다.

제4조 (종전의 인·허가 등에 관한 경과조치) 이 법 시행 당시 종전의 「유
통단지개발 촉진법」 또는 「화물유통촉진법」(화물터미널사업 및 창고업에 한
한다. 이하 같다)에 따른 행정기관의 행위나 행정기관에 대한 행위는 그에
해당하는 이 법에 따른 행정기관의 행위나 행정기관에 대한 행위로 본다.

제5조 (물류시설개발종합계획에 관한 경과조치) 이 법 시행 후 최초의 물
류시설개발종합계획은 제4조에도 불구하고 2008년 6월 31일까지 수립하여
야 한다.

제6조 (종전의 복합화물터미널사업자에 대한 경과조치) 이 법 시행 당시

종전의 「화물유통촉진법」 제24조에 따라 등록한 복합화물터미널사업자는
이 법 제7조에 따라 등록한 복합물류터미널사업자로 본다.

제7조 (종전의 협회에 대한 경과조치) 이 법 시행 당시 종전의 「화물유통
촉진법」 제38조에 따라 설립된 화물터미널사업협회는 이 법 제19조에 따라
설립된 물류터미널사업협회로 본다.

제8조 (종전의 유통단지에 관한 경과조치) 이 법 시행 당시 종전의 「유통
단지개발 촉진법」 제5조에 따라 지정된 유통단지는 이 법 제22조에 따라
지정된 물류단지로 본다.

제9조 (종전의 유통단지개발사업 시행자에 대한 경과조치) 이 법 시행 당
시 종전의 「유통단지개발 촉진법」 제10조에 따라 시행자 지정을 받은 유통
단지개발사업 시행자는 이 법 제27조에 따라 지정받은 물류단지개발사업의
시행자로 본다.

제10조 (벌칙 등에 관한 경과조치) 이 법 시행 전에 종전의 「유통단지개
발 촉진법」 또는 「화물유통촉진법」을 위반한 행위에 대한 벌칙 및 과태료
를 적용할 때에는 종전의 「유통단지개발 촉진법」 또는 「화물유통촉진법」에
따른다.

제11조 (다른 법률의 개정) ① 경제자유구역의지정및운영에관한법률 일부
를 다음과 같이 개정한다.

제8조제5호를 다음과 같이 한다.

5. 「물류시설의 개발 및 운영에 관한 법률」 제22조에 따른 물류단지의
지정

제11조제1항제33호를 다음과 같이 한다.

33. 「물류시설의 개발 및 운영에 관한 법률」 제28조에 따른 물류단지개
발실시계획의 승인

② 기업도시개발 특별법 일부를 다음과 같이 개정한다.

제13조제24호를 다음과 같이 한다.

24. 「물류시설의 개발 및 운영에 관한 법률」 제22조에 따른 물류단지의
지정 및 같은 법 제28조에 따른 물류단지개발실시계획의 승인

③ 대덕연구개발특구등의육성에관한특별법 일부를 다음과 같이 개정한다.

제29조제1항제31호를 다음과 같이 한다.

31. 「물류시설의 개발 및 운영에 관한 법률」 제28조에 따른 물류단지개발실시계획의 승인

④ 도시개발법 일부를 다음과 같이 개정한다.

제19조제1항제25호를 다음과 같이 한다.

25. 「물류시설의 개발 및 운영에 관한 법률」 제22조에 따른 물류단지의 지정(도시개발사업의 일부로 물류단지를 개발하는 경우에 한한다) 및 같은 법 제28조에 따른 물류단지개발실시계획의 승인

⑤ 사회기반시설에대한민간투자법 일부를 다음과 같이 개정한다.

제2조제1호더목을 다음과 같이 하고, 같은 호 러목을 삭제한다.

더. 「물류시설의 개발 및 운영에 관한 법률」 제2조제2호 및 제6호에 따른 물류터미널 및 물류단지

제2조제13호어목을 다음과 같이 하고, 같은 호 저목을 삭제한다.

어. 「물류시설의 개발 및 운영에 관한 법률」

제21조제1항제7호를 다음과 같이 한다.

7. 「물류시설의 개발 및 운영에 관한 법률」에 따른 물류터미널사업

제21조제3항제7호를 다음과 같이 한다.

7. 「물류시설의 개발 및 운영에 관한 법률」 제7조에 따른 등록, 같은 법 제9조에 따른 공사시행의 인가 및 같은 법 제21조에 따라 인·허가 등을 받은 것으로 보는 인·허가등

⑥ 연안관리법 일부를 다음과 같이 개정한다.

제13조제1항제3호 중 "유통단지개발촉진법"을 "「물류시설의 개발 및 운영에 관한 법률」"로 한다.

⑦ 자유무역지역의 지정 및 운영에 관한 법률 일부를 다음과 같이 개정한다.

제5조제1호다목을 다음과 같이 하고, 같은 호 라목을 삭제한다.

다. 「물류시설의 개발 및 운영에 관한 법률」 제2조제2호 및 제6호에 따

른 물류터미널 및 물류단지

제8조제1항제3호를 다음과 같이 하고, 같은 항 제4호를 삭제한다.

3. 제5조제1호다목의 물류터미널 및 물류단지: 건설교통부장관

⑧ 접경지역지원법 일부를 다음과 같이 개정한다.

제9조제1항제21호를 다음과 같이 한다.

21.「물류시설의 개발 및 운영에 관한 법률」제27조에 따른 물류단지개발사업 시행자의 지정 및 같은 법 제28조에 따른 물류단지개발실시계획의 승인

⑨ 제주특별자치도 설치 및 국제자유도시 조성을 위한 특별법 일부를 다음과 같이 개정한다.

제230조제1항제33호를 다음과 같이 한다.

33.「물류시설의 개발 및 운영에 관한 법률」제28조에 따른 물류단지개발실시계획의 승인

⑩ 지방소도읍육성지원법 일부를 다음과 같이 개정한다.

제9조제1항제21호를 다음과 같이 한다.

21.「물류시설의 개발 및 운영에 관한 법률」제27조에 따른 물류단지개발사업 시행자의 지정 및 같은 법 제28조에 따른 물류단지개발실시계획의 승인

제12조 (다른 법률과의 관계) 이 법 시행 당시 다른 법률에서 종전의「화물유통촉진법」·「유통단지개발 촉진법」및 그 규정을 인용하고 있는 경우 이 법 중 그에 해당하는 규정이 있으면 종전의 규정을 갈음하여 이 법 또는 이 법의 해당 규정을 인용한 것으로 본다.

부칙 〈제8819호, 2007.12.27〉 (공유수면관리법)

제1조 (시행일) 이 법은 공포 후 6개월이 경과한 날부터 시행한다. <단서 생략>

제2조부터 제7조까지 생략

제8조 (다른 법률의 개정) ①부터 ⑩까지 생략

⑪ 물류시설의 개발 및 운영에 관한 법률 일부를 다음과 같이 개정한다.

제21조제1항제2호 중 "인가"를 "승인"으로 한다.

⑫부터 <43>까지 생략

제9조 생략

부칙 〈제8820호, 2007.12.27〉 (공유수면매립법)

제1조 (시행일) 이 법은 공포 후 6개월이 경과한 날부터 시행한다. <단서 생략>

제2조부터 제7조까지 생략

제8조 (다른 법률의 개정) ①부터 ⑪까지 생략

⑫ 물류시설의 개발 및 운영에 관한 법률 일부를 다음과 같이 개정한다.

제21조제1항제3호 중 "실시계획의 인가"를 "실시계획의 승인"으로 한다.

⑬부터 <39>까지 생략

제9조 생략

부칙 〈제8852호, 2008.2.29〉 (정부조직법)

제1조 (시행일) 이 법은 공포한 날부터 시행한다. 다만, <……생략……>, 부칙 제6조에 따라 개정되는 법률 중 이 법의 시행 전에 공포되었으나 시행일이 도래하지 아니한 법률을 개정한 부분은 각각 해당 법률의 시행일부터 시행한다.

제2조부터 제5조까지 생략

제6조 (다른 법률의 개정) ①부터 <581>까지 생략

<582> 물류시설의 개발·운영에 관한 법률 일부를 다음과 같이 개정한다.

제4조제1항, 제5조제1항 전단, 제2항부터 제4항까지·제5항 전단, 제6조제2항·제3항 각 호 외의 부분 전단, 제7조제1항, 제9조제1항 전단·제2항부터 제4항까지, 제13조제2항 후단, 제14조제2항, 제15조제1항·제2항, 제17조제1항 각 호 외의 부분 본문, 제18조제1항·제3항, 제19조제2항, 제20조제2항, 제21조제1항 각 호 외의 부분, 제3항 전단·제4항, 제22조제1항

본문·제2항 전단·제4항 전단, 제32조제3항 전단, 제37조 후단, 제41조제
2항, 제48조제1항 각 호 외의 부분 본문·제2항, 제54조제1항·제2항 전단,
제61조제1항부터 제3항까지, 제62조 각 호 외의 부분, 제64조제1항 각 호
외의 부분·제2항 및 제68조제1항부터 제3항까지 중 "건설교통부장관"을
각각 "국토해양부장관"으로 한다.

제7조제1항, 제9조제3항·제4항, 제14조제2항, 제17조제2항, 제61조제5항
및 제63조 각 호 외의 부분 중 "건설교통부령"을 각각 "국토해양부령"으로
한다. 제13조제4항 중 "재정경제부장관"을 "기획재정부장관"으로 한다.

<583>부터 <760>까지 생략

제7조 생략

부칙 〈제8970호, 2008.3.21〉 (도시개발법)

제1조 (시행일) 이 법은 2008년 4월 12일부터 시행한다. <단서 생략>

제2조부터 제8조까지 생략

제9조 (다른 법률의 개정) ①부터 ⑦까지 생략

⑧ 물류시설의 개발 및 운영에 관한 법률 일부를 다음과 같이 개정한다.
제34조제2항 중 "제27조부터 제48조"를 "제28조부터 제49조"로 한다.

⑨부터 <20>까지 생략

제10조 생략

부칙 〈제8974호, 2008.3.21〉 (건축법)

제1조 (시행일) 이 법은 공포한 날부터 시행한다. <단서 생략>

제2조부터 제12조까지 생략

제13조 (다른 법률의 개정) ①부터 <21>까지 생략

<22> 물류시설의 개발 및 운영에 관한 법률 일부를 다음과 같이 개정
한다.

제21조제1항제1호 중 "제8조"를 "제11조"로, "제9조"를 "제14조"로, "제
10조"를 "제16조"로, "제15조"를 "제20조"로, "제25조"를 "제29조"로 하고,

같은 조 제2항 각 호 외의 부분 본문 중 "제18조"를 "제22조"로 한다.

제30조제1항제2호 중 "제8조"를 "제11조"로, "제9조"를 "제14조"로, "제10조"를 "제16조"로, "제15조"를 "제20조"로, "제25조"를 "제29조"로 한다.

제52조제1항 각 호 외의 부분 중 "제8조"를 "제11조"로, "제18조"를 "제22조"로 하고, 같은 항 제2호 중 "제15조제1항·제2항"을 "제20조제1항·제2항"로, "제72조"를 "제83조"로 한다.

<23>부터 <70>까지 생략

제14조 생략

부칙 〈제8976호, 2008.3.21〉 (도로법)

제1조 (시행일) 이 법은 공포한 날부터 시행한다. <단서 생략>

제2조부터 제8조까지 생략

제9조 (다른 법률의 개정) ①부터 <33>까지 생략

<34> 물류시설의 개발 및 운영에 관한 법률 일부를 다음과 같이 개정한다.

제21조제1항제7호, 제30조제1항제12호 및 제52조제1항제7호 중 "제40조"를 각각 "제38조"로 한다.

<35>부터 <99>까지 생략

제10조 생략

부칙 〈제8979호, 2008.3.21〉 (화물자동차 운수사업법)

제1조 (시행일) 이 법은 공포한 날부터 시행한다.

제2조부터 제4조까지 생략

제5조 (다른 법률의 개정) ①부터 ③까지 생략

④ 물류시설의 개발 및 운영에 관한 법률 일부를 다음과 같이 개정한다.
제21조제2항제5호 중 "제21조제1항"을 "제24조제1항"으로 한다.

⑤부터 ⑪까지 생략

제6조 생략

부칙 〈제9106호, 2008.6.5〉 (산업단지 인·허가 절차 간소화를 위한 특례법)

제1조 (시행일) 이 법은 공포 후 3개월이 경과한 날부터 시행한다.

제2조 생략

제3조 (다른 법률의 개정) ① 생략

② 물류시설의 개발 및 운영에 관한 법률 일부를 다음과 같이 개정한다.
제4장에 제59조의2를 다음과 같이 신설한다.

제59조의2(「산업단지 인·허가 절차 간소화를 위한 특례법」의 준용) ① 물류단지 지정 및 개발절차에 관하여 「산업단지 인·허가 절차 간소화를 위한 특례법」을 준용한다. 다만, 같은 법 제17조 및 제18조는 준용하지 아니한다.

② 제1항에 따라 「산업단지 인·허가 절차 간소화를 위한 특례법」을 준용하는 경우 "산업단지"는 "제2조제6호에 따른 물류단지"로, "국가산업단지"는 "제22조제1항 본문에 따라 국토해양부장관이 지정한 물류단지"로, "산업단지개발지원센터"는 "물류단지개발지원센터"로, "산업단지계획심의위원회"는 "물류단지계획심의위원회"로, "중앙산업단지계획심의위원회"는 "중앙물류단지계획심의위원회"로, "지방산업단지계획심의위원회"는 "지방물류단지계획심의위원회"로, "산업단지계획"은 "물류단지계획"으로, "민간기업 등"은 "제22조에 따라 물류단지를 지정하는 자 외의 자"로, "산업입지정책심의위원회"는 "「물류정책기본법」 제19조제1항제2호에 따른 물류시설분과위원회 또는 같은 법 제20조에 따른 지역물류정책위원회"로, "산업단지계획 통합기준"은 "물류단지계획 통합기준"으로 본다.

③ 국토해양부장관은 물류단지 지정 및 개발을 원활히 수행하기 위하여 물류단지지정권자에게 사업추진현황 등에 관한 자료를 요청할 수 있으며, 관계 기관 협의 등을 위하여 필요한 경우 국무총리에게 조정을 요청할 수 있다.

부칙 〈제9174호, 2008.12.26〉 (공유재산 및 물품 관리법)

제1조 (시행일) 이 법은 공포 후 4개월이 경과한 날부터 시행한다. <단서

생략>

제2조 생략

제3조 (다른 법률의 개정) ① 생략

② 물류시설의 개발 및 운영에 관한 법률 일부를 다음과 같이 개정한다.

제30조제1항제6호 중 "행정재산과 보존재산"을 각각 "행정재산"으로 한다.

③부터 ⑦까지 생략

제4조 생략

부칙 〈제9401호, 2009.1.30〉 (국유재산법)

제1조 (시행일) 이 법은 공포 후 6개월이 경과한 날부터 시행한다. <단서 생략>

제2조부터 제9조까지 생략

제10조 (다른 법률의 개정) ①부터 <29>까지 생략

<30> 물류시설의 개발 및 운영에 관한 법률 일부를 다음과 같이 개정한다.

제30조제1항제8호를 다음과 같이 한다.

8.「국유재산법」 제30조에 따른 행정재산의 사용허가 및 같은 법 제40조에 따른 행정재산의 용도폐지

<31>부터 <86>까지 생략

제11조 생략

부칙 〈제9432호, 2009.2.6〉 (식품위생법)

제1조 (시행일) 이 법은 공포 후 6개월이 경과한 날부터 시행한다. <단서 생략>

제2조부터 제5조까지 생략

제6조 (다른 법률의 개정) ①부터 ⑦까지 생략

⑧ 물류시설의 개발 및 운영에 관한 법률 일부를 다음과 같이 개정한다.

제21조제2항제3호 중 "「식품위생법」 제22조"를 "「식품위생법」 제37조"

로 한다.

⑨부터 <30>까지 생략

제7조 생략

20　전자어음의 발행 및 유통에 관한 법률

[시행 2009.1.30] [법률 제9364호, 2009.1.30, 일부개정]

법무부(상사법무과), 02 - 2110 - 3167

제1장 총칙 〈개정 2009.1.30〉

제1조 (목적) 이 법은 전자적 방식으로 약속어음을 발행·유통하고 어음상의 권리를 행사할 수 있도록 함으로써 국민경제의 향상에 이바지함을 목적으로 한다.

제2조 (정의) 이 법에서 사용하는 용어의 정의는 다음과 같다.

1. "전자문서"란 「전자거래기본법」 제2조제1호에 따라 정보처리시스템에 의하여 전자적 형태로 작성, 송신·수신 또는 저장된 정보를 말한다.

2. "전자어음"이란 전자문서로 작성되고 제5조제1항에 따라 전자어음관리기관에 등록된 약속어음을 말한다.

3. "공인전자서명"이란 「전자서명법」 제2조제3호에 따른 정보를 말한다.

4. "전자어음관리기관"이란 제3조제1항에 따라 법무부장관의 지정을 받은 기관을 말한다.

5. "사업자고유정보"란 전자어음과 관련된 당사자의 상호나 사업자등록번호, 회원번호, 법인등록번호 또는 주민등록번호 등 사업자를 식

별할 수 있는 정보를 말한다.

6. "금융기관"이란 「은행법」에 따른 금융기관 및 이에 준하는 업무를 수행하는 금융기관으로 대통령령으로 정하는 기관을 말한다.

7. "이용자"란 전자어음거래를 위하여 전자어음관리기관에 등록하고 전자어음관리기관의 시스템을 이용하여 전자어음거래를 하는 자를 말한다.

[전문개정 2009.1.30]

제3조 (전자어음관리기관)

① 전자어음관리기관은 법무부장관이 지정한다.

② 전자어음관리기관으로 지정받으려는 자는 다음 각 호의 요건을 갖추어야 한다.

1. 「민법」 제32조에 따라 설립된 법인 또는 「상법」에 따라 설립된 주식회사일 것

2. 대통령령으로 정하는 기술능력·재정능력·시설 및 장비 등을 갖출 것

③ 전자어음관리기관의 지정절차와 그 밖에 필요한 사항은 대통령령으로 정한다.

[전문개정 2009.1.30]

제4조 (적용 범위) 전자어음에 관하여 이 법에서 정한 것 외에는 「어음법」에서 정하는 바에 따른다.

[전문개정 2009.1.30]

제2장 전자어음의 등록 및 어음행위

제5조 (전자어음의 등록 등)

① 전자어음을 발행하려는 자는 그 전자어음을 전자어음관리기관에 등록하여야 한다.

② 전자어음관리기관은 해당 전자어음의 지급을 청구할 금융기관이나 신용조사기관 등의 의견을 참고하여 전자어음의 등록을 거부하거나 전자어음의 연간 총발행금액 등을 제한할 수 있다.

③ 전자어음관리기관의 전자어음 등록에 관한 절차와 방법, 그 밖에 필요한 사항은 대통령령으로 정한다.

④ 전자어음에 배서(背書) 또는 보증을 하거나 전자어음의 권리를 행사하는 것은 이 법에 따른 전자문서로만 할 수 있다.

[전문개정 2009.1.30]

제6조 (전자어음의 발행)

① 전자어음에는 다음 각 호의 사항을 기재하여야 한다.

  1. 「어음법」 제75조제1호·제2호·제3호·제5호 및 제6호에서 정하는 사항

  2. 전자어음의 지급을 청구할 금융기관

  3. 전자어음의 동일성을 표시하는 정보

  4. 사업자고유정보

② 제1항제2호에 따른 금융기관이 있는 지역은 「어음법」 제75조제4호에 따른 지급지(支給地)로 본다.

③ 발행인이 제1항의 전자어음에 공인전자서명을 한 경우에는 「어음법」 제75조제7호에 따른 기명날인 또는 서명을 한 것으로 본다.

④ 발행인이 타인에게 「전자거래기본법」 제6조제1항에 따라 전자어음을 송신하고 그 타인이 같은 조 제2항에 따라 수신한 때에 전자어음을 발행한 것으로 본다.

⑤ 전자어음의 만기는 발행일부터 1년을 초과할 수 없다.

⑥ 「어음법」 제10조(같은 법 제77조에서 인용하는 경우의 해당 조항을 말한다)에 따른 백지어음은 전자어음으로 발행할 수 없다.

[전문개정 2009.1.30]

제7조 (전자어음의 배서)

① 전자어음에 배서를 하는 경우에는 전자어음에 배서의 뜻을 기재한 전자문서(이하 "배서전자문서"라 한다)를 첨부하여야 한다.

② 배서전자문서에는 전자어음의 동일성을 표시하는 정보를 기재하여야 한다.

③ 배서인이 타인에게 「전자거래기본법」 제6조제1항에 따라 전자어음과 배서전자문서를 송신하고 그 타인이 같은 조 제2항에 따라 수신한 때에는 「어음법」 제13조제1항에 따른 배서 및 교부를 한 것으로 본다.

④ 피배서인(被背書人)이 다시 배서를 하는 경우에는 이전에 작성된 배서전자문서를 전자어음에 전부 첨부하고 제1항에 따른 배서를 하여야 한다.

⑤ 전자어음의 총배서횟수는 20회를 초과할 수 없다.

⑥ 전자어음의 배서에 관하여는 제6조제3항을 준용한다. 이 경우 "발행인"은 "배서인"으로 본다.

[전문개정 2009.1.30]

제8조 (전자어음의 보증)

① 전자어음을 보증하는 자는 보증의 뜻을 기재한 전자문서를 그 전자어음에 첨부하여야 한다.

② 전자어음의 보증에 관하여는 제6조제3항·제4항 및 제7조제2항을 준용한다. 이 경우 "발행인"은 "보증인"으로, "발행"은 "보증"으로 본다.

[전문개정 2009.1.30]

제9조 (지급 제시)

① 전자어음의 소지인이 전자어음 및 전자어음의 배서에 관한 전자문서를 첨부하여 지급청구의 뜻이 기재된 전자문서를 제6조제1항제2호의 지급을 청구할 금융기관에 송신하고 그 금융기관이 수신한 때에는 「어음법」 제38조제1항에서 규정한 지급을 위한 제시를 한 것으로 본다. 다만, 전자어음관리기관에 대한 전자어음의 제시는 지급을 위한 제시

와 같은 효력이 있으며 전자어음관리기관이 운영하는 정보처리 조직
에 의하여 전자어음의 만기일 이전에 자동으로 지급 제시되도록 할
수 있다.

② 지급 제시를 위한 송신과 수신의 시기는「전자거래기본법」제6조제1
항 및 제2항에 따른다.

③ 지급 제시를 하는 소지인은 제1항에 따른 지급청구의 뜻이 기재된 전
자문서에 어음금을 수령할 금융기관의 계좌를 기재하여야 한다.

④ 제1항에 따른 지급 제시를 받은 금융기관이 어음금을 지급할 때에는
전자어음관리기관에 지급사실을 통지하여야 한다. 다만, 전자어음관리
기관에서 운영하는 정보처리 조직에 의하여 지급이 완료된 경우에는
그러하지 아니하다.

[전문개정 2009.1.30]

제10조 (어음의 소멸) 제9조제4항에 따른 통지가 있거나 전자어음관리기
관의 정보처리 조직에 의하여 지급이 완료된 경우 어음 채무자가 해당 어
음을 환수한 것으로 본다.

[전문개정 2009.1.30]

제11조 (어음의 상환증권성과 일부지급의 적용배제)「어음법」제39조제1
항부터 제3항까지의 규정은 전자어음에 적용하지 아니한다.

[전문개정 2009.1.30]

제12조 (지급거절)

① 제9조제1항에 따른 지급 제시를 받은 금융기관이 지급을 거절할 때에
는 전자문서(이하 "지급거절 전자문서"라 한다)로 하여야 한다.

② 지급거절 전자문서를 전자어음관리기관에 통보하고 그 기관이 문서
내용을 확인한 경우에는 그 전자문서를「어음법」제44조제1항에 따
른 공정증서로 본다.

③ 전자어음의 소지인이 제1항에 따른 전자문서를 수신한 날을 공정증서

의 작성일로 본다.

④ 제2항에 따른 지급거절 전자문서의 확인 방법 및 절차, 그 밖에 필요한 사항은 대통령령으로 정한다.

[전문개정 2009.1.30]

제13조 (상환청구)

① 전자어음의 소지인이 상환청구를 할 때에는 다음 각 호의 문서를 첨부하여 상환청구의 뜻을 기재한 전자문서를 상환의무자에게 송신하여야 한다.

1. 전자어음

2. 배서전자문서

3. 지급거절 전자문서

② 상환의무자가 상환금액을 지급한 경우에는 전자어음관리기관에 지급 사실을 통지하여야 한다.

③ 제2항의 통지를 하면 상환의무자가 전자어음을 환수한 것으로 본다.

④ 전자어음의 상환청구에 관하여는 제9조제3항을 준용한다. 이 경우 "지급청구"는 "상환청구"로 본다.

[전문개정 2009.1.30]

제14조 (어음의 반환 및 수령 거부)

① 전자어음을 발행하거나 배서한 자가 착오 등을 이유로 전자어음을 반환받으려면 그 소지인으로 하여금 전자어음관리기관에 반환 의사를 통지하게 하여야 한다.

② 제1항의 통지를 하면 전자어음은 발행되거나 배서되지 아니한 것으로 보며, 전자어음관리기관은 그 전자어음의 발행 또는 배서에 관한 기록을 말소하여야 한다.

③ 전자어음의 수신자는 전자어음의 수령을 거부하려면 전자어음관리기관에 수령 거부 의사를 통지하여야 한다. 수령 거부 의사를 통지한 경우에는 수신자가 전자어음을 수령하지 아니한 것으로 보며, 전자어

음관리기관은 수신자가 청구할 경우 그 수신자가 전자어음의 수령을 거부한 사실을 증명하는 문서를 발급하여야 한다.
[전문개정 2009.1.30]

제3장 전자어음거래의 안전성 확보 및 이용자 보호

제15조 (안전성 확보 의무) 전자어음관리기관은 전자어음 거래의 안전을 확보하고 지급의 확실성을 보장할 수 있도록 전자어음거래의 전자적 전송·처리를 위한 인력, 시설, 전자적 장치 등에 관하여 대통령령으로 정하는 기준을 준수하여야 한다.
[전문개정 2009.1.30]

제16조 (전자어음거래 기록의 생성 및 보존)
① 전자어음관리기관은 다음 각 호의 업무를 수행하여야 한다.
  1. 전자어음의 발행, 배서, 보증 및 권리행사 등을 할 때에 그 기관의 전자정보처리 조직을 통하여 이루어지도록 하는 조치
  2. 전자어음별로 발행인과 배서인에 관한 기록, 전자어음 소지인의 변동사항 및 그 전자어음의 권리행사에 관한 기록의 보존
  3. 전자어음거래를 추적·검색하고 오류가 발생할 경우 그 오류를 확인·정정할 수 있는 기록의 생성 및 보존
② 제1항에 따라 전자어음관리기관이 보존하여야 하는 기록의 종류와 방법 및 보존기간은 대통령령으로 정한다.
[전문개정 2009.1.30]

제17조 (전자어음거래 정보의 제공 등)
① 전자어음관리기관은 이용자가 신청한 경우에는 대통령령으로 정하는 바에 따라 해당 전자어음 관련 발행상황 및 잔액 등의 결제 정보를 제공하여야 한다.

② 전자어음거래와 관련하여 업무상 다음 각 호에 해당하는 사항을 알게 된 자는 이용자의 동의를 받지 아니하고 타인에게 제공하거나 누설하여서는 아니 된다. 다만, 「금융실명거래 및 비밀보장에 관한 법률」 제4조제1항 단서에 따른 경우와 그 밖의 법률에서 정한 경우에는 그러하지 아니하다.

  1. 이용자의 신상에 관한 사항

  2. 이용자의 거래계좌 및 전자어음거래의 내용과 실적에 관한 정보 또는 자료

③ 전자어음관리기관은 건전한 전자어음 발행·유통과 선의의 거래자 보호를 위하여 대통령령으로 정하는 경우에는 법무부장관의 사전승인을 받아 제1항과 제2항에 규정된 사항 등을 공개할 수 있다.

[전문개정 2009.1.30]

제18조 (약관의 명시·통지 등)

① 전자어음관리기관은 전자어음을 등록할 때에 이용자에게 전자어음거래에 관한 약관을 구체적으로 밝히고, 이용자가 요청하는 경우에는 대통령령으로 정하는 바에 따라 그 약관을 발급하고 내용을 설명하여야 한다.

② 전자어음관리기관은 전자어음거래에 관한 약관을 제정하거나 변경하려면 법무부장관의 승인을 받아야 한다. 다만, 약관의 변경으로 인하여 이용자의 권익이나 의무에 불리한 영향이 없다고 법무부장관이 정하는 경우에는 변경 후 10일 이내에 법무부장관에게 통보하여야 한다.

[전문개정 2009.1.30]

제19조 (이의제기와 분쟁처리)

① 전자어음관리기관은 대통령령으로 정하는 바에 따라 전자어음거래와 관련하여 이용자가 제기하는 정당한 의견이나 불만을 반영하고, 이용자가 전자어음거래에서 입은 손해를 배상하기 위한 절차를 마련하여야 한다.

② 전자어음관리기관은 전자어음 등록 시 제1항에 따른 절차를 구체적으
로 밝혀야 한다.

[전문개정 2009.1.30]

제4장 전자어음관리업무의 감독

제20조 (전자어음관리기관의 감독 및 검사)

① 법무부장관은 전자어음관리기관에 대하여 이 법 또는 이 법에 따른
명령을 준수하는지를 감독한다.

② 법무부장관은 제1항에 따른 감독을 위하여 필요하면 전자어음관리기
관에 대하여 그 업무에 관한 보고를 하게 하거나 대통령령으로 정하
는 바에 따라 전자어음관리기관의 전자어음관리 업무에 관한 시설·
장비·서류, 그 밖의 물건을 검사할 수 있다.

③ 법무부장관은 전자어음제도의 원활한 운영 및 이용자 보호 등을 위하
여 필요하면 전자어음관리기관에 이용자의 전자어음거래 정보 등 필
요한 자료의 제출을 명할 수 있다.

④ 법무부장관은 전자어음관리기관이 이 법 또는 이 법에 따른 명령을
위반하여 전자어음제도의 건전한 운영을 해치거나 이용자의 권익을
침해할 우려가 있다고 인정되는 경우에는 다음 각 호의 어느 하나에
해당하는 조치를 할 수 있다.
  1. 해당 위반행위에 대한 시정명령
  2. 전자어음관리기관에 대한 주의·경고 또는 그 임직원에 대한 주
     의·경고 및 문책의 요구
  3. 전자어음관리기관 임원의 해임권고 또는 직무정지의 요구

⑤ 법무부장관은 전자어음제도의 운영 및 전자어음관리기관의 감독 또는
검사와 관련하여 필요하면 금융위원회에 협의를 요청하거나 대통령령
으로 정하는 바에 따라 그 권한의 일부를 위임하거나 위탁할 수 있다.

[전문개정 2009.1.30]

제21조 (지정의 취소)

① 법무부장관은 전자어음관리기관이 다음 각 호의 어느 하나에 해당하면 제3조에 따른 지정을 취소할 수 있다.

　1. 거짓이나 그 밖의 부정한 방법으로 제3조에 따른 전자어음관리기관으로 지정받은 경우

　2. 정당한 사유 없이 1년 이상 계속하여 영업을 하지 아니한 경우

　3. 법인의 합병·파산·폐업 등으로 사실상 영업을 종료한 경우

② 전자어음관리기관은 지정이 취소된 경우에도 그 취소처분이 있기 전에 한 전자어음거래의 지급을 위한 업무를 계속하여 할 수 있다.

③ 법무부장관은 제1항에 따라 지정을 취소하려는 경우에는 청문을 하여야 하며 지정을 취소한 경우에는 지체 없이 그 내용을 관보에 공고하고 컴퓨터통신 등을 이용하여 일반인에게 알려야 한다.

[전문개정 2009.1.30]

제5장 벌칙 〈개정 2009.1.30〉

제22조 (벌칙)

① 제3조에 따른 전자어음관리기관으로 지정받지 아니하고 전자어음관리업무를 한 자는 5년 이하의 징역 또는 1억 원 이하의 벌금에 처한다.

② 다음 각 호의 어느 하나에 해당하는 자는 3년 이하의 징역 또는 5천만 원 이하의 벌금에 처한다.

　1. 제5조제1항을 위반하여 전자어음관리기관에 등록하지 아니하고 전자어음을 발행한 자

　2. 제17조제2항을 위반하여 전자어음거래 정보를 제공한 자

③ 제20조제2항에 따른 검사를 기피하거나 방해한 자는 1년 이하의 징역

또는 3천만 원 이하의 벌금에 처한다.

④ 전자어음은 「형법」 제214조부터 제217조까지 규정된 죄의 유가증권
  으로 보아 그 유가증권에 관한 죄에 대한 각 조문의 형으로 처벌한다.

[전문개정 2009.1.30]

제23조 (과태료)

① 다음 각 호의 어느 하나에 해당하는 자에게는 1천만 원 이하의 과태
  료를 부과한다.

  1. 제15조에 따른 안전성 기준을 위반한 자

  2. 제20조제3항에 따른 자료제출 명령에 대하여 정당한 사유 없이 자
    료를 제출하지 아니하거나 거짓된 자료를 제출한 자

② 다음 각 호의 어느 하나에 해당하는 자에게는 500만 원 이하의 과태
  료를 부과한다.

  1. 제16조제1항제2호 및 제3호에 따른 전자어음거래 기록의 보존 의무
    를 위반한 자

  2. 제17조제1항에 따른 신청에 대하여 정당한 사유 없이 결제 정보를
    제공하지 아니한 자

  3. 제18조제1항에 따른 약관의 설명 의무를 위반한 자

  4. 제18조제2항에 따른 승인을 받지 아니하거나 통보를 하지 아니한 자

  5. 제19조제1항에 따른 분쟁처리 절차를 마련하지 아니한 자

③ 제1항과 제2항에 따른 과태료는 법무부장관이 부과·징수한다.

[전문개정 2009.1.30]

제24조 (전자어음관리기관의 금융기관 간주) 전자어음관리기관은 「특정
경제범죄 가중처벌 등에 관한 법률」 제2조에 따른 금융기관으로 본다.

[전문개정 2009.1.30]

부칙 〈제7197호, 2004.3.22〉

이 법은 2005년 1월 1일부터 시행한다.

부칙 〈제8443호, 2007.5.17〉

이 법은 공포 후 3개월이 경과한 날부터 시행한다.

부칙 〈제8863호, 2008.2.29〉 (금융위원회의 설치 등에 관한 법률)

제1조 (시행일) 이 법은 공포한 날부터 시행한다.

제2조부터 제4조까지 생략

제5조 (다른 법률의 개정) ①부터 <25>까지 생략

<26> 전자어음의 발행 및 유통에 관한 법률 일부를 다음과 같이 개정한다.

제20조제5항 중 "금융감독위원회"를 "금융위원회"로 한다.

<27>부터 <85>까지 생략

부칙 〈제9364호, 2009.1.30〉

이 법은 공포한 날부터 시행한다.

21 물류정책기본법

[시행 2009.5.7] [법률 제9445호, 2009.2.6, 일부개정]
국토해양부(물류정책과), 02 – 2110 – 8516

제1장 총칙

제1조 (목적) 이 법은 물류체계의 효율화, 물류산업의 경쟁력 강화 및 물류의 선진화 · 국제화를 위하여 국내외 물류정책 · 계획의 수립 · 시행 및 지원에 관한 기본적인 사항을 정함으로써 국민경제의 발전에 이바지함을 목

적으로 한다.

제2조 (정의)

① 이 법에서 사용하는 용어의 정의는 다음과 같다.

1. “물류(物流)”란 재화가 공급자로부터 조달·생산되어 수요자에게 전
   달되거나 소비자로부터 회수되어 폐기될 때까지 이루어지는 운송·
   보관·하역(荷役) 등과 이에 부가되어 가치를 창출하는 가공·조
   립·분류·수리·포장·상표부착·판매·정보통신 등을 말한다.

2. “물류사업”이란 화주(貨主)의 수요에 따라 유상(有償)으로 물류활동
   을 영위하는 것을 업(業)으로 하는 것으로 다음 각 목의 사업을 말
   한다.

   가. 자동차·철도차량·선박·항공기 또는 파이프라인 등의 운송수
       단을 통하여 화물을 운송하는 화물운송업

   나. 물류터미널이나 창고 등의 물류시설을 운영하는 물류시설운영업

   다. 화물운송의 주선(周旋), 물류장비의 임대, 물류정보의 처리 또는
       물류컨설팅 등의 업무를 하는 물류서비스업

3. “물류체계”란 효율적인 물류활동을 위하여 시설·장비·정보·조직
   및 인력 등이 서로 유기적으로 기능을 발휘할 수 있도록 연계된 집
   합체를 말한다.

4. “물류시설”이란 물류에 필요한 다음 각 목의 시설을 말한다.

   가. 화물의 운송·보관·하역을 위한 시설

   나. 화물의 운송·보관·하역 등에 부가되는 가공·조립·분류·수
       리·포장·상표부착·판매·정보통신 등을 위한 시설

   다. 물류의 공동화·자동화 및 정보화를 위한 시설

   라. 가목부터 다목까지의 시설이 모여 있는 물류터미널 및 물류단지

5. “물류공동화”란 물류기업이나 화주기업들이 물류활동의 효율성을
   높이기 위하여 물류에 필요한 시설·장비·인력·조직·정보망 등
   을 공동으로 이용하는 것을 말한다. 다만, 「독점규제 및 공정거래에

관한 법률」 제19조제1항 각 호 및 같은 법 제26조제1항 각 호에
해당하는 경우(같은 법 제19조제2항에 따라 공정거래위원회의 인가
를 받은 경우를 제외한다)를 제외한다.

6. "물류표준"이란 「산업표준화법」 제12조에 따른 한국산업표준 중 물
류활동과 관련된 것을 말한다.

7. "물류표준화"란 원활한 물류를 위하여 다음 각 목의 사항을 물류표
준으로 통일하고 단순화하는 것을 말한다.

　가. 시설 및 장비의 종류·형상·치수 및 구조

　나. 포장의 종류·형상·치수·구조 및 방법

　다. 물류용어, 물류회계 및 물류 관련 전자문서 등 물류체계의 효율
화에 필요한 사항

8. "단위물류정보망"이란 기능별 또는 지역별로 관련 행정기관, 물류기
업 및 그 거래처를 연결하는 일련의 물류정보체계를 말한다.

9. "종합물류정보망"이란 단위물류정보망을 종합적으로 연계하여 구성
한 물류정보체계를 말한다.

10. "제3자물류"란 화주가 그와 대통령령으로 정하는 특수관계에 있지
아니한 물류기업에 물류활동의 일부 또는 전부를 위탁하는 것을
말한다.

11. "국제물류주선업"이란 타인의 수요에 따라 자기의 명의와 계산으
로 타인의 물류시설·장비 등을 이용하여 수출입화물의 물류를 주
선하는 사업을 말한다.

12. "물류관리사"란 물류관리에 관한 전문지식을 가진 자로서 제51조
에 따른 자격을 취득한 자를 말한다.

② 제1항제2호에 따른 각 물류사업의 구체적인 범위는 대통령령으로 정
한다.

제3조 (기본이념) 이 법에 따른 물류정책은 물류가 국가 경제활동의 중요
한 원동력임을 인식하고, 신속·정확하면서도 편리하고 안전한 물류활동을

촉진하며, 정부의 물류 관련 정책이 서로 조화롭게 연계되도록 하여 물류산업이 체계적으로 발전하게 하는 것을 기본이념으로 한다.

제4조 (국가 및 지방자치단체의 책무)

① 국가는 물류활동을 원활히 하고 물류체계의 효율성을 높이기 위하여 국가 전체의 물류와 관련된 정책 및 계획을 수립하고 시행하여야 한다.

② 국가는 물류산업이 건전하고 고르게 발전할 수 있도록 육성하여야 한다.

③ 지방자치단체는 국가의 물류정책 및 계획과 조화를 이루면서 지역적 특성을 고려하여 지역물류에 관한 정책 및 계획을 수립하고 시행하여야 한다.

제5조 (물류기업 및 화주의 책무) 물류기업 및 화주는 물류사업을 원활히 하고 물류체계의 효율성을 증진시키기 위하여 노력하고, 국가 또는 지방자치단체의 물류정책 및 계획의 수립·시행에 적극 협력하여야 한다.

제6조 (다른 법률과의 관계)

① 물류에 관한 다른 법률을 제정하거나 개정하는 경우에는 이 법의 목적과 물류정책의 기본이념에 맞도록 하여야 한다.

② 이 법에 규정된 것 외의 물류시설의 개발 및 운영, 물류사업의 관리와 육성 등에 관하여는 따로 법률로 정한다.

제2장 물류정책의 종합·조정

제1절 물류현황조사

제7조 (물류현황조사)

① 국토해양부장관은 물류에 관한 정책 또는 계획의 수립·변경을 위하여 필요하다고 판단될 때에는 관계 행정기관의 장과 미리 협의한 후 물동량의 발생현황과 이동경로, 물류시설·장비의 현황과 이용실태,

물류인력과 물류체계의 현황, 물류비, 물류산업과 국제물류의 현황 등
에 관하여 조사할 수 있다. 이 경우 「교통체계효율화법」 제9조의 국
가교통조사와 중복되지 아니하도록 하여야 한다. <개정 2008.2.29>

② 국토해양부장관은 다음 각 호의 자에게 제1항의 조사(이하 "물류현황
조사"라 한다)에 필요한 자료의 제출을 요청하거나 그 일부에 대하여
직접 조사하도록 요청할 수 있다. 이 경우 협조를 요청받은 자는 특
별한 사정이 없는 한 이에 따라야 한다. <개정 2008.2.29>

 1. 관계 중앙행정기관의 장

 2. 특별시장·광역시장·도지사 및 특별자치도지사(이하 "시·도지사"
    라 한다)

 3. 물류기업 및 이 법에 따라 지원을 받는 기업·단체 등

③ 국토해양부장관은 물류현황조사를 효율적으로 수행하기 위하여 필요
한 경우에는 물류현황조사의 전부 또는 일부를 전문기관으로 하여금
수행하게 할 수 있다. <개정 2008.2.29>

④ 국토해양부장관은 물류현황조사의 결과에 따라 물류비 등 물류지표를
설정하여 물류정책의 수립 및 평가에 활용할 수 있다. <개정
2008.2.29>

제8조 (물류현황조사지침)

① 국토해양부장관은 제7조제2항에 따라 물류현황조사를 요청하는 경우
에는 효율적인 물류현황조사를 위하여 조사의 시기, 종류 및 방법 등
에 관하여 대통령령으로 정하는 바에 따라 조사지침을 작성하여 통보
할 수 있다. <개정 2008.2.29>

② 국토해양부장관은 제1항의 지침을 작성하려는 경우에는 미리 관계 중
앙행정기관의 장과 협의하여야 한다. <개정 2008.2.29>

제9조 (지역물류현황조사 등)

① 시·도지사는 지역물류에 관한 정책 또는 계획의 수립·변경을 위하
여 필요한 경우에는 해당 행정구역의 물동량 현황과 이동경로, 물류

시설·장비의 현황과 이용실태, 물류산업의 현황 등에 관하여 조사할 수 있다. 이 경우 「교통체계효율화법」 제9조의 국가교통조사와 중복되지 아니하도록 하여야 한다.

② 시·도지사는 관할 시·군 및 구(지방자치단체인 시·군 및 자치구를 말한다. 이하 "시·군·구"라 한다)의 시장·군수 및 구청장(이하 "시장·군수·구청장"이라 한다), 물류기업 및 이 법에 따라 지원을 받는 기업·단체 등에게 제1항의 조사(이하 "지역물류현황조사"라 한다)에 필요한 자료를 제출하도록 요청하거나 그 일부에 대하여 직접 조사하도록 요청할 수 있다. 이 경우 협조를 요청받은 자는 특별한 사정이 없는 한 이에 따라야 한다.

③ 시·도지사는 지역물류현황조사의 효율적인 수행을 위하여 필요한 경우에는 지역물류현황조사의 전부 또는 일부를 전문기관으로 하여금 수행하게 할 수 있다.

④ 시·도지사는 제2항에 따라 지역물류현황조사를 요청하는 경우에는 효율적인 지역물류현황조사를 위하여 조사의 시기, 종류 및 방법 등에 관하여 해당 특별시·광역시·도 및 특별자치도(이하 "시·도"라 한다)의 조례로 정하는 바에 따라 조사지침을 작성하여 통보할 수 있다.

제10조 (물류개선조치의 요청)

① 국토해양부장관은 물류현황조사 등을 통하여 물류수요가 특정 물류시설이나 특정 운송수단에 치우쳐 효율적인 물류체계 운용을 해치거나 관계 중앙행정기관의 장 또는 시·도지사의 물류 관련 정책 또는 계획이 제11조의 국가물류기본계획(이하 "국가물류기본계획"이라 한다)에 위배된다고 판단될 때에는 해당 중앙행정기관의 장이나 시·도지사에게 이를 개선하기 위한 조치를 하도록 요청할 수 있다. 이 경우 국토해양부장관은 미리 해당 중앙행정기관의 장 또는 시·도지사와 개선조치에 대하여 협의하여야 한다. <개정 2008.2.29>

② 제1항에 따라 개선조치를 요청받은 관계 중앙행정기관의 장이나 해당

시·도지사는 특별한 사유가 없는 한 이를 개선하기 위한 조치를 강구하여야 한다.

③ 관계 중앙행정기관의 장이나 시·도지사는 제1항에 따른 개선조치의 요청에 이의가 있는 경우에는 제17조의 국가물류정책위원회(이하 "국가물류정책위원회"라 한다)에 조정을 요청할 수 있다.

제2절 물류계획의 수립·시행

제11조 (국가물류기본계획의 수립)

① 국토해양부장관은 국가물류정책의 기본방향을 설정하는 10년 단위의 국가물류기본계획을 5년마다 수립하여야 한다. <개정 2008.2.29, 2009.-2.6>

② 국가물류기본계획에는 다음 각 호의 사항이 포함되어야 한다.

　1. 국내외 물류환경의 변화와 전망

　2. 국가물류정책의 목표와 전략 및 단계별 추진계획

　3. 운송·보관·하역·포장 등 물류기능별 물류정책 및 도로·철도·해운·항공 등 운송수단별 물류정책의 종합·조정에 관한 사항

　4. 물류시설·장비의 수급·배치 및 투자 우선순위에 관한 사항

　5. 연계물류체계의 구축과 개선에 관한 사항

　6. 물류 표준화·공동화·정보화 등 물류체계의 효율화에 관한 사항

　7. 물류산업의 경쟁력 강화에 관한 사항

　8. 물류인력의 양성 및 물류기술의 개발에 관한 사항

　9. 국제물류의 촉진·지원에 관한 사항

　10. 그 밖에 물류체계의 개선을 위하여 필요한 사항

③ 국토해양부장관은 다음 각 호의 자에 대하여 국가물류기본계획의 수립·변경을 위한 관련 기초 자료의 제출을 요청할 수 있다. 이 경우 협조를 요청받은 자는 특별한 사정이 없는 한 이에 따라야 한다. <개정 2008.2.29>

   1. 관계 중앙행정기관의 장

   2. 시·도지사

   3. 물류기업 및 이 법에 따라 지원을 받는 기업·단체 등

④ 국토해양부장관은 국가물류기본계획을 수립하거나 대통령령으로 정하는 중요한 사항을 변경하려는 경우에는 관계 중앙행정기관의 장 및 시·도지사와 협의한 후 국가물류정책위원회의 심의를 거쳐야 한다. <개정 2008.2.29>

⑤ 국토해양부장관은 국가물류기본계획을 수립하거나 변경한 때에는 이를 관보에 고시하고, 관계 중앙행정기관의 장 및 시·도지사에게 통보하여야 한다. <개정 2008.2.29>

제12조 (다른 계획과의 관계)

① 국가물류기본계획은 「국토기본법」에 따라 수립된 국토종합계획 및 「교통체계효율화법」에 따라 수립된 국가기간교통망계획과 조화를 이루어야 한다.

② 국가물류기본계획은 다른 법령에 따라 수립되는 물류에 관한 계획에 우선하며 그 계획의 기본이 된다.

제13조 (연도별시행계획의 수립)

① 국토해양부장관은 국가물류기본계획을 시행하기 위하여 연도별 시행계획(이하 "연도별시행계획"이라 한다)을 매년 수립하여야 한다. <개정 2008.2.29, 2009.2.6>

② 연도별시행계획의 수립·변경을 위한 자료제출의 요청 등에 관하여는 제11조제3항을 준용한다.

③ 연도별시행계획의 수립 및 시행에 필요한 사항은 대통령령으로 정한다.

제14조 (지역물류기본계획의 수립)

① 특별시장 및 광역시장은 지역물류정책의 기본방향을 설정하는 10년 단위의 지역물류기본계획을 5년마다 수립하여야 한다.

② 도지사 및 특별자치도지사는 지역물류체계의 효율화를 위하여 필요한
경우에는 제1항의 지역물류기본계획을 수립할 수 있다.

③ 지역물류기본계획은 국가물류기본계획에 배치되지 아니하여야 하며,
다음 각 호의 사항이 포함되어야 한다.

1. 지역물류환경의 변화와 전망

2. 지역물류정책의 목표·전략 및 단계별 추진계획

3. 운송·보관·하역·포장 등 물류기능별 지역물류정책 및 도로·철
도·해운·항공 등 운송수단별 지역물류정책에 관한 사항

4. 지역의 물류시설·장비의 수급·배치 및 투자 우선순위에 관한 사항

5. 지역의 연계물류체계의 구축 및 개선에 관한 사항

6. 지역의 물류 공동화 및 정보화 등 물류체계의 효율화에 관한 사항

7. 지역 물류산업의 경쟁력 강화에 관한 사항

8. 지역 물류인력의 양성 및 물류기술의 개발에 관한 사항

9. 지역차원의 국제물류의 촉진·지원에 관한 사항

10. 그 밖에 지역물류체계의 개선을 위하여 필요한 사항

④ 국토해양부장관은 제1항에 따른 지역물류기본계획의 수립방법 및 기
준 등에 관한 지침을 작성하여 특별시장 및 광역시장(제2항에 따라
지역물류기본계획을 수립하는 도지사 및 특별자치도지사를 포함한다.
이하 제15조 및 제16조에서 같다)에게 통보하여야 한다. <개정 2008.2.29>

제15조 (지역물류기본계획의 수립절차)

① 특별시장 및 광역시장은 다음 각 호의 자에 대하여 지역물류기본계획
의 수립·변경을 위한 관련 기초 자료의 제출을 요청할 수 있다. 이
경우 협조를 요청받은 자는 특별한 사정이 없는 한 이에 따라야 한다.

1. 인접한 시·도의 시·도지사

2. 관할 시·군·구의 시장·군수·구청장

3. 이 법에 따라 해당 시·도의 지원을 받는 기업·단체 등

② 특별시장 및 광역시장이 지역물류기본계획을 수립하거나 대통령령이

정하는 중요한 사항을 변경하려는 경우에는 미리 해당 시·도에 인
접한 시·도의 시·도지사와 협의한 후 제20조의 지역물류정책위원
회의 심의를 거쳐 국토해양부장관의 승인을 받아야 한다. <개정 2008.-
2.29>

③ 특별시장 및 광역시장은 지역물류기본계획을 수립하거나 변경한 때에
는 이를 공고하고, 인접한 시·도의 시·도지사, 관할 시·군·구의
시장·군수·구청장 및 이 법에 따라 해당 시·도의 지원을 받는 기
업 및 단체 등에 이를 통보하여야 한다.

④ 국토해양부장관이 지역물류기본계획을 승인하려는 경우에는 관계 중
앙행정기관장과 협의한 후 제19조제1항제1호의 물류정책분과위원회
의 심의를 거쳐야 한다. <개정 2008.2.29>

제16조 (지역물류기본계획의 연도별 시행계획의 수립)

① 지역물류기본계획을 수립한 특별시장 및 광역시장은 그 계획을 시행
하기 위하여 연도별 시행계획(이하 "지역물류시행계획"이라 한다)을
매년 수립하여야 한다.

② 지역물류시행계획의 수립·변경을 위한 자료제출의 요청 등에 관하여
는 제15조제1항을 준용한다.

③ 지역물류시행계획의 수립 및 시행에 필요한 사항은 대통령령으로 정
한다.

제3절 물류정책위원회

제17조 (국가물류정책위원회의 설치 및 기능)

① 국가물류정책에 관한 주요 사항을 심의하기 위하여 국토해양부장관
소속으로 국가물류정책위원회를 둔다. <개정 2009.2.6>

② 국가물류정책위원회는 다음 각 호의 사항을 심의·조정한다.

  1. 국가물류체계의 효율화에 관한 중요 정책 사항

  2. 물류시설의 종합적인 개발계획의 수립에 관한 사항

3. 물류산업의 육성·발전에 관한 중요 정책 사항

4. 국제물류의 촉진·지원에 관한 중요 정책 사항

5. 이 법 또는 다른 법률에서 국가물류정책위원회의 심의를 거치도록
한 사항

6. 그 밖에 국가물류체계 및 물류산업에 관한 중요한 사항으로서 위원
장이 회의에 부치는 사항

제18조 (국가물류정책위원회의 구성 등)

① 국가물류정책위원회는 위원장을 포함한 20명 이내의 위원으로 구성한
다. <개정 2009.2.6>

② 국가물류정책위원회의 위원장은 국토해양부장관이 되고, 위원은 다음
각 호의 자가 된다. <개정 2008.2.29, 2009.2.6>

1. 기획재정부, 교육과학기술부, 외교통상부, 농림수산식품부, 지식경제
부, 노동부, 국토해양부, 관세청 및 중소기업청의 고위공무원단에 속
하는 공무원 중에서 해당 기관의 장이 지명하는 자 각 1명

2. 물류 관련 분야에 관한 전문지식 및 경험이 풍부한 자 중에서 위원
장이 위촉하는 10명 이내의 자

③ 국가물류정책위원회의 사무를 처리하기 위하여 간사 1명을 두되, 간
사는 국토해양부 소속 공무원 중에서 위원장이 지명하는 자가 된다.
<개정 2009.2.6>

④ 공무원이 아닌 위원의 임기는 2년으로 하되, 연임할 수 있다.

⑤ 물류정책에 관한 중요 사항을 조사·연구하기 위하여 대통령령으로
정하는 바에 따라 국가물류정책위원회에 전문위원을 둘 수 있다.

⑥ 제1항부터 제5항까지 외에 국가물류정책위원회의 구성 및 운영에 관
하여 필요한 사항은 대통령령으로 정한다.

제19조 (분과위원회)

① 국가물류정책위원회의 업무를 효율적으로 추진하기 위하여 다음 각
호의 분과위원회를 둘 수 있다.

　　1. 물류정책분과위원회

　　2. 물류시설분과위원회

　　3. 국제물류분과위원회

② 각 분과위원회는 그 소관에 따라 다음 각 호의 사항을 심의·조정한다.

　　1. 국가물류정책위원회에서 심의·조정할 안건으로서 사전 검토가 필
　　　요한 사항

　　2. 국가물류정책위원회에서 위임한 사항

　　3. 이 법 또는 다른 법률에서 분과위원회의 심의·조정을 거치도록 한
　　　사항

③ 분과위원회가 제2항제2호 및 제3호의 사항을 심의·조정한 때에는 분
　　과위원회의 심의·조정을 국가물류정책위원회의 심의·조정으로 본
　　다.

④ 제1항부터 제3항까지 외에 분과위원회의 구성 및 운영 등에 필요한
　　사항은 대통령령으로 정한다.

제20조 (지역물류정책위원회)

① 지역물류정책에 관한 주요 사항을 심의하기 위하여 시·도지사 소속
　　으로 지역물류정책위원회를 둔다.

② 지역물류정책위원회의 구성 및 운영에 필요한 사항은 대통령령으로
　　정한다.

제3장 물류체계의 효율화

제1절 물류시설·장비의 확충 등

제21조 (물류시설·장비의 확충)

① 국토해양부장관 또는 지식경제부장관은 효율적인 물류활동을 위하여
　　필요한 물류시설 및 장비를 확충할 것을 물류기업에게 권고할 수 있

으며, 이에 필요한 행정적·재정적 지원을 할 수 있다. <개정 2008.-
2.29>

② 국토해양부장관 또는 지식경제부장관은 물류시설 및 장비를 원활하게
   확충하기 위하여 필요하다고 인정되는 경우 관계 행정기관의 장에게
   필요한 지원을 요청할 수 있다. <개정 2008.2.29>

제22조 (물류시설 간의 연계와 조화) 국가, 지방자치단체, 대통령령으로
정하는 물류 관련 기관(이하 "물류관련기관"이라 한다) 및 물류기업 등이
새로운 물류시설을 건설하거나 기존 물류시설을 정비할 때에는 다음 각 호
의 사항을 고려하여야 한다.

   1. 주요 물류거점시설 및 운송수단과의 연계성
   2. 주변 물류시설과의 기능중복 여부
   3. 대통령령으로 정하는 공항·항만 또는 산업단지의 경우 적정한 규
      모 및 기능을 가진 배후 물류시설 부지의 확보 여부

제23조 (물류 공동화·자동화 촉진)

① 국토해양부장관 또는 지식경제부장관은 물류공동화를 추진하는 물류
   기업이나 화주기업 또는 물류 관련 단체에 대하여 예산의 범위에서
   필요한 자금을 지원할 수 있다. <개정 2008.2.29>

② 국토해양부장관 또는 지식경제부장관은 화주기업이 물류공동화를 추
   진하는 경우에는 물류기업이나 물류 관련 단체와 공동으로 추진하도
   록 권고할 수 있으며, 권고를 이행하는 경우에 우선적으로 제1항의
   지원을 할 수 있다. <개정 2008.2.29>

③ 국토해양부장관 또는 지식경제부장관은 물류공동화를 확산하기 위하
   여 필요한 경우에는 시범지역을 지정하거나 시범사업을 선정하여 운
   영할 수 있다. <개정 2008.2.29>

④ 국토해양부장관 또는 지식경제부장관은 물류기업이 물류자동화를 위
   하여 물류시설 및 장비를 확충하거나 교체하려는 경우에는 필요한 자
   금을 지원할 수 있다. <개정 2008.2.29>

⑤ 국토해양부장관 또는 지식경제부장관은 제1항부터 제4항까지의 조치를 하려는 경우에는 중복을 방지하기 위하여 미리 협의하여야 한다. <개정 2008.2.29>

제2절 물류표준화

제24조 (물류표준의 보급촉진 등)

① 국토해양부장관은 물류표준화에 관한 업무를 효과적으로 추진하기 위하여 필요하다고 인정하는 경우에는 지식경제부장관에게 「산업표준화법」에 따른 한국산업규격의 제정·개정 또는 폐지를 요청할 수 있다. <개정 2008.2.29, 2009.2.6>

② 국토해양부장관 또는 지식경제부장관은 물류표준의 보급을 촉진하기 위하여 필요한 경우에는 관계 행정기관, 「공공기관의 운영에 관한 법률」에 따른 공공기관(이하 "공공기관"이라 한다), 물류기업, 물류에 관련된 장비의 사용자 및 제조업자에게 물류표준에 맞는 장비(이하 "물류표준장비"라 한다)를 제조·사용하게 하거나 물류표준에 맞는 규격으로 포장을 하도록 요청하거나 권고할 수 있다. <개정 2008.2.29>

제25조 (물류표준장비의 사용자 등에 대한 우대조치)

① 국토해양부장관 또는 지식경제부장관은 관계 행정기관, 공공기관 및 물류기업 등에게 물류표준장비의 사용자 또는 물류표준에 맞는 규격으로 재화를 포장하는 자에 대하여 운임·하역료·보관료의 할인 및 우선구매 등의 우대조치를 할 것을 요청하거나 권고할 수 있다. <개정 2008.2.29>

② 국토해양부장관 또는 지식경제부장관은 물류표준장비의 보급 확대를 위하여 물류기업, 물류표준장비의 사용자 또는 물류표준에 맞는 규격으로 재화를 포장하는 자 등에 대하여 소요자금의 융자 등 필요한 재정지원을 할 수 있다. <개정 2008.2.29>

제26조 (물류회계의 표준화)

① 국토해양부장관은 지식경제부장관과 협의하여 물류기업 및 화주기업의 물류비 산정기준 및 방법 등을 표준화하기 위하여 대통령령으로 정하는 기준에 따라 기업물류비 산정지침을 작성하여 고시하여야 한다. <개정 2008.2.29>

② 국토해양부장관은 물류기업 및 화주기업이 제1항의 기업물류비 산정지침에 따라 물류비를 관리하도록 권고할 수 있다. <개정 2008.2.29>

③ 국토해양부장관은 지식경제부장관과 협의하여 제1항의 기업물류비 산정지침에 따라 물류비를 계산·관리하는 물류기업 및 화주기업에 대하여는 필요한 행정적·재정적 지원을 할 수 있다. <개정 2008.2.29>

제3절 물류정보화

제27조 (물류정보화의 촉진)

① 국토해양부장관·지식경제부장관 또는 관세청장은 물류정보화를 통한 물류체계의 효율화를 위하여 필요한 시책을 강구하여야 한다. <개정 2008.2.29>

② 국토해양부장관·지식경제부장관 또는 관세청장은 물류정보화를 촉진하기 위하여 필요한 경우에는 예산의 범위에서 물류기업 또는 물류관련 단체에 대하여 물류정보화에 관련된 설비 또는 프로그램의 개발·운용비용의 일부를 지원할 수 있다. <개정 2008.2.29>

제28조 (단위물류정보망의 구축)

① 관계 행정기관 및 물류관련기관은 소관 물류정보의 수집·분석·가공 및 유통 등을 촉진하기 위하여 필요한 때에는 대통령령으로 정하는 바에 따라 직접 또는 전담기관을 지정하여 단위물류정보망을 구축·운영할 수 있다.

② 관계 행정기관이 전담기관을 지정하여 단위물류정보망을 구축·운영하는 경우에는 소요비용의 전부 또는 일부를 예산의 범위에서 지원할

수 있다.

③ 단위물류정보망을 구축하는 행정기관 및 물류관련기관은 소관 단위물류정보망과 다른 단위물류정보망 간의 연계체계구축대책을 수립하여야 한다.

④ 단위물류정보망을 구축·운영하는 관계 행정기관의 장은 단위물류정보망 간의 연계체계를 구축하기 위하여 필요한 때에는 국토해양부장관과 협의를 거쳐 제19조제1항제2호의 물류시설분과위원회(이하 "물류시설분과위원회"라 한다)에 단위물류정보망 간의 연계체계의 조정을 요청할 수 있다. <개정 2008.2.29>

제29조 (종합물류정보망의 구축)

① 국토해양부장관은 지식경제부장관 및 관세청장과 협의하여 물류정보의 수집·분석·가공 및 유통 등을 촉진하기 위하여 필요한 때에는 관계 행정기관, 물류관련기관 또는 물류기업 등이 구축한 단위물류정보망을 연계하는 종합물류정보망을 구축·운영할 수 있다. <개정 2008.-2.29>

② 국토해양부장관은 물류시설분과위원회의 심의를 거쳐 「전기통신사업법」에 따른 전기통신사업자로서 다음 각 호의 어느 하나에 해당하는 자를 종합물류정보망의 전부 또는 일부를 구축·운영할 자로 지정할 수 있다. <개정 2008.2.29>

1. 대통령령으로 정하는 공공기관

2. 「정부출연연구기관 등의 설립·운영 및 육성에 관한 법률」 또는 「과학기술분야 정부출연연구기관 등의 설립·운영 및 육성에 관한 법률」에 따른 정부출연연구기관(이하 "정부출연연구기관"이라 한다)

3. 납입자본금이 10억 원 이상인 「상법」상의 주식회사. 다만, 정부·공공기관 또는 비영리법인 외의 주주 중 동일인이 의결권 있는 주식 총수의 100분의 15를 초과하여 소유하지 아니하는 주식회사에 한한다.

③ 국토해양부장관은 지식경제부장관 및 관세청장과 협의하여 종합물류

정보망의 효율적인 구축·운영을 위하여 제2항에 따라 지정된 사업
자(이하 "종합물류정보망사업자"라 한다)에게 필요한 지원을 할 수 있
다. <개정 2008.2.29>

④ 종합물류정보망의 구축·운영 및 종합물류정보망사업자의 지정 등에
필요한 절차 및 지정기준 등은 대통령령으로 정한다.

제30조 (국가물류통합데이터베이스의 구축)

① 국토해양부장관은 지식경제부장관 및 관세청장과 협의하여 종합물류
정보망 및 물류현황조사에 따라 수집된 정보를 가공·분석하여 물류
관련 자료를 총괄하는 국가물류통합데이터베이스를 구축·운영할 수
있다. <개정 2008.2.29>

② 국토해양부장관은 물류시설분과위원회의 심의를 거쳐 다음 각 호의
어느 하나에 해당하는 자를 국가물류통합데이터베이스의 전부 또는
일부를 구축·운영할 자로 지정할 수 있다. <개정 2008.2.29>

  1. 중앙행정기관
  2. 대통령령으로 정하는 공공기관
  3. 정부출연연구기관
  4. 납입자본금이 10억 원 이상인 「상법」상의 주식회사. 다만, 정부·공
     공기관 및 비영리법인이 아닌 주주 중 동일인이 의결권 있는 주식
     총수의 100분의 15를 초과하여 소유하지 아니하는 주식회사에 한한
     다.

③ 국토해양부장관은 지식경제부장관 및 관세청장과 협의하여 국가물류
통합데이터베이스의 효율적인 구축·운영을 위하여 제2항에 따라 지
정된 자(이하 "국가물류통합데이터베이스운영자"라 한다)에게 필요한
지원을 할 수 있다. <개정 2008.2.29>

④ 국가물류통합데이터베이스의 구축·운영 및 국가물류통합데이터베이
스운영자의 지정 등에 필요한 절차 및 지정기준 등은 대통령령으로
정한다.

제31조 (지정의 취소 등) 국토해양부장관은 종합물류정보망사업자 또는 국가물류통합데이터베이스운영자가 다음 각 호의 어느 하나에 해당하는 경우에는 물류시설분과위원회의 심의를 거쳐 그 지정을 취소할 수 있다. <개정 2008.2.29>

  1. 거짓이나 그 밖의 부정한 방법으로 지정을 받은 경우
  2. 제29조제4항 또는 제30조제4항에 따른 지정기준에 미달하게 된 경우

제32조 (전자문서의 이용·개발)

① 물류기업, 물류관련기관 및 물류 관련 단체가 대통령령으로 정하는 물류에 관한 업무를 전자문서(「전자거래기본법」 제2조제1호의 전자문서를 말한다. 이하 같다)로 처리하려는 경우에는 국토해양부령으로 정하는 전자문서를 이용하여야 한다. <개정 2008.2.29>

② 국토해양부장관은 지식경제부장관과 협의하여 표준전자문서의 개발·보급계획을 수립하여야 한다. <개정 2008.2.29>

제33조 (전자문서 및 물류정보의 보안)

① 누구든지 종합물류정보망 또는 제32조제1항의 전자문서를 위작(僞作) 또는 변작(變作)하거나 위작 또는 변작된 전자문서를 행사하여서는 아니 된다.

② 누구든지 종합물류정보망 또는 국가물류통합데이터베이스에 따라 처리·보관 또는 전송되는 물류정보를 훼손하거나 그 비밀을 침해·도용(盜用) 또는 누설하여서는 아니 된다.

③ 종합물류정보망사업자는 전자문서 및 정보처리장치의 파일에 기록되어 있는 물류정보를 대통령령으로 정하는 기간 동안 보관하여야 한다.

④ 종합물류정보망사업자 또는 국가물류통합데이터베이스운영자는 제1항부터 제3항까지의 규정에 따른 전자문서 및 물류정보의 보안에 필요한 보호조치를 강구하여야 한다.

⑤ 누구든지 불법 또는 부당한 방법으로 제4항에 따른 보호조치를 침해하거나 훼손하여서는 아니 된다.

제34조 (전자문서 및 물류정보의 공개)

① 종합물류정보망사업자 또는 국가물류통합데이터베이스운영자는 대통령령으로 정하는 경우를 제외하고는 전자문서 또는 물류정보를 공개하여서는 아니 된다.

② 종합물류정보망사업자 또는 국가물류통합데이터베이스운영자가 제1항에 따라 전자문서 또는 물류정보를 공개하려는 때에는 미리 대통령령으로 정하는 이해관계인의 동의를 받아야 한다.

제35조 (전자문서 이용의 촉진)

① 국토해양부장관은 지식경제부장관과 협의하여 물류기업, 물류관련기관 및 물류 관련 단체에 대통령령으로 정하는 물류시설의 이용 등 관련 업무를 전자문서로 처리할 것을 요청할 수 있다. <개정 2008.2.29>

② 국토해양부장관은 지식경제부장관과 협의하여 전자문서로 업무를 처리하는 물류기업에 대하여 물류관련기관으로 하여금 해당 화물의 우선처리·요금할인 등 우대조치를 할 것을 요청할 수 있다. <개정 2008.-2.29>

제4장 물류산업의 경쟁력 강화

제1절 물류산업의 육성

제36조 (물류산업의 육성 등)

① 국토해양부장관은 화주기업에 대하여 운송·보관·하역 등의 물류서비스를 일관되고 통합된 형태로 제공하는 물류기업을 우선적으로 육성하는 등 물류산업의 경쟁력을 강화하는 시책을 강구하여야 한다. <개정 2008.2.29>

② 국토해양부장관 또는 지식경제부장관은 제1항에 따른 물류기업의 육성을 위하여 다음 각 호의 조치를 할 수 있다. <개정 2008.2.29>

1. 이 법 또는 대통령령으로 정하는 물류 관련 법률에 따라 국가 또는 지방자치단체의 지원을 받는 물류시설에의 우선 입주를 위한 지원
2. 물류시설·장비의 확충, 물류 표준화·정보화 등 물류효율화에 필요한 자금의 원활한 조달을 위하여 필요한 지원

제37조 (제3자물류의 촉진)

① 국토해양부장관은 지식경제부장관과 협의하여 화주기업이 자가물류(자기가 보유하거나 관리하는 재화에 대하여 자기의 시설·장비·인력 등을 사용하여 물류활동을 하는 것을 말한다)를 제3자물류로 전환하도록 유도하기 위한 시책을 강구하여야 한다. <개정 2008.2.29>

② 국토해양부장관은 지식경제부장관과 협의하여 화주기업이 제3자물류를 활용하기 위하여 자가물류시설을 매각하거나 처분하려는 때에는 필요한 지원을 할 수 있다. <개정 2008.2.29>

③ 국토해양부장관은 지식경제부장관과 협의하여 화주기업이 제3자물류를 활용하기 위한 목적으로 물류컨설팅을 받으려는 경우에 예산의 범위에서 그 비용의 일부를 지원할 수 있다. <개정 2008.2.29>

④ 국토해양부장관은 지식경제부장관과 협의하여 제3자물류 활용을 촉진하기 위하여 제3자물류 활용의 우수사례를 발굴하고 홍보할 수 있다. <개정 2008.2.29>

제2절 종합물류기업의 인증

제38조 (종합물류기업의 인증 등)

① 제2조제1항제2호 각 목의 물류사업을 종합적·복합적으로 영위하는 자는 자신이 영위하는 물류사업을 관장하는 중앙행정기관의 장(이하 "주무부장관"이라 한다)으로부터 종합물류기업으로 인증을 받을 수 있다.

② 제1항에 따라 종합물류기업으로 인증을 받으려는 자는 다음 각 호의 요건을 충족하여야 한다.

  1. 제2조제1항제2호 각 목에 해당하는 물류사업을 종류별로 1개 이상
     씩 영위할 것
  2. 주무부장관이 공동으로 정하는 부령(이하 "공동부령"이라 한다)으로
     정하는 인증기준에 맞을 것
③ 주무부장관은 제1항에 따라 인증을 받은 자(이하 "인증종합물류기업"
   이라 한다)가 제2항 각 호의 요건을 유지하는지에 대하여 대통령령으
   로 정하는 바에 따라 점검을 할 수 있다.
④ 제1항에 따른 종합물류기업 인증의 절차 및 방법 등에 필요한 사항은
   공동부령으로 정한다.

제39조 (인증종합물류기업 인증의 취소 등)

① 주무부장관은 인증종합물류기업이 다음 각 호의 어느 하나에 해당하
   는 경우에는 그 인증을 취소할 수 있다. 다만, 제1호에 해당하는 때에
   는 인증을 취소하여야 한다.
  1. 거짓이나 그 밖의 부정한 방법으로 인증을 받은 경우
  2. 제38조제2항 각 호의 요건에 맞지 아니하게 된 경우
  3. 제38조제3항에 따른 점검을 정당한 사유 없이 3회 이상 거부한 경우
  4. 제66조를 위반하여 다른 사람에게 자기의 성명 또는 상호를 사용하
     여 영업을 하게 하거나 인증서를 대여한 때
② 인증종합물류기업은 제1항에 따라 종합물류기업의 인증이 취소된 경
   우에는 제41조제1항에 따른 인증서를 반납하고, 인증마크의 사용을 중
   지하여야 한다.

제40조 (인증센터)

① 국토해양부장관은 종합물류기업의 인증과 관련하여 종합물류기업 인
   증센터(이하 "인증센터"라 한다)를 지정하여 다음 각 호의 업무를 하
   게 할 수 있다. <개정 2008.2.29>
  1. 인증신청의 접수
  2. 제38조제2항 각 호의 요건에 맞는지에 대한 심사

3. 제38조제3항에 따른 점검의 대행

4. 그 밖에 인증업무를 원활히 수행하기 위하여 대통령령으로 정하는 지원업무

② 인증센터는 대통령령으로 정하는 바에 따라 다음 각 호의 어느 하나에 해당하는 기관 중에서 지정한다.

1. 공공기관

2. 정부출연연구기관

3. 물류관련기관 또는 물류 관련 단체

③ 인증센터의 장은 제1항 각 호에 따른 업무를 수행할 때 필요한 경우에는 관계 행정기관 또는 관련 있는 기관에 협조를 요청할 수 있다.

④ 인증센터의 조직 및 운영 등에 필요한 사항은 공동부령으로 정한다.

⑤ 국토해양부장관은 인증센터를 지도·감독하고, 그 운영비의 일부를 지원할 수 있다. <개정 2008.2.29>

제41조 (인증서와 인증마크)

① 주무부장관은 인증종합물류기업에 인증서를 교부하고, 인증을 나타내는 표시(이하 "인증마크"라 한다)를 제정하여 인증종합물류기업이 사용하게 할 수 있다.

② 인증마크의 도안 및 표시방법 등에 대하여는 공동부령으로 정하는 바에 따라 주무부장관이 공동으로 정하여 고시한다.

③ 인증종합물류기업이 아닌 자는 거짓의 인증마크를 제작·사용하거나 그 밖의 방법으로 인증종합물류기업임을 사칭하여서는 아니 된다.

제42조 (인증종합물류기업에 대한 지원)

① 국가·지방자치단체 또는 공공기관은 스스로 운영·관리하는 다음 각 호의 시설에 제36조제2항제1호에 따른 물류시설 우선입주대상자 그 밖의 자보다 인증종합물류기업을 우선 입주하게 할 수 있다.

1. 「물류시설의 개발 및 운영에 관한 법률」에 따른 복합물류터미널·일반물류터미널 또는 물류단지

2. 「항만법」에 따른 항만배후단지 중 물류시설

3. 「산업입지 및 개발에 관한 법률」에 따른 산업단지 중 물류시설

4. 그 밖에 대통령령으로 정하는 물류 관련 시설

② 국가 또는 지방자치단체는 제1항 각 호의 시설을 운영·관리하는 자에 대하여 제36조제2항제1호에 따른 물류시설 우선입주대상자나 그 밖의 자보다 인증종합물류기업을 우선 입주하게 할 것을 권고할 수 있다.

③ 국가 또는 지방자치단체는 인증종합물류기업이 다음 각 호의 사업을 수행하는 경우에는 다른 물류기업에 우선하여 소요자금의 일부를 융자하거나 부지의 확보를 위한 지원 등을 할 수 있다.

1. 물류시설의 확충

2. 물류 정보화·표준화 또는 공동화

3. 첨단물류기술의 개발 및 적용

4. 해외시장의 개척

5. 그 밖에 물류사업을 효율적으로 영위하기 위하여 필요한 사항으로서 공동부령으로 정하는 사항

제3절 국제물류주선업

제43조 (국제물류주선업의 등록)

① 국제물류주선업을 경영하려는 자는 국토해양부령으로 정하는 바에 따라 국토해양부장관에게 등록하여야 한다. <개정 2008.2.29>

② 제1항에 따라 국제물류주선업을 등록한 자(이하 "국제물류주선업자"라 한다)가 등록한 사항 중 국토해양부령으로 정하는 중요한 사항을 변경하려는 경우에는 국토해양부령으로 정하는 바에 따라 변경등록을 하여야 한다. <개정 2008.2.29>

③ 제1항에 따라 등록을 하려는 자는 3억 원 이상의 자본금(법인이 아닌 경우에는 6억 원 이상의 자산평가액을 말한다)을 보유하여야 하고, 다

음 각 호의 어느 하나에 해당하는 경우를 제외하고는 1억 원 이상의
보증보험에 가입하여야 한다.

1. 자본금 또는 자산평가액이 10억 원 이상인 경우

2. 컨테이너장치장을 소유하고 있는 경우

3. 「은행법」 제2조제1항제2호에 따른 금융기관으로부터 1억 원 이상의
   지급보증을 받은 경우

4. 1억 원 이상의 화물배상책임보험에 가입한 경우

제44조 (등록의 결격사유) 다음 각 호의 어느 하나에 해당하는 자는 국
제물류주선업의 등록을 할 수 없다.

1. 금치산자 및 한정치산자

2. 이 법, 「화물자동차 운수사업법」, 「항공법」 또는 「해운법」을 위반하
   여 금고 이상의 형의 선고를 받고 그 집행이 종료(집행이 종료된 것
   으로 보는 경우를 포함한다)되거나 집행이 면제된 날부터 2년이 지
   나지 아니한 자

3. 이 법, 「화물자동차 운수사업법」, 「항공법」 또는 「해운법」을 위반하
   여 금고 이상의 형의 집행유예를 선고받고 그 유예기간 중에 있는 자

4. 이 법, 「화물자동차 운수사업법」, 「항공법」 또는 「해운법」을 위반하
   여 벌금형을 선고받고 2년이 지나지 아니한 자

5. 국제물류주선업의 등록 취소처분을 받은 후 2년이 지나지 아니한 자

6. 법인으로서 그 임원 중에 제1호부터 제5호까지의 어느 하나에 해당
   하는 자가 있는 경우

제45조 (사업의 승계)

① 국제물류주선업자가 그 사업을 양도하거나 사망한 때 또는 법인이 합
   병한 때에는 그 양수인·상속인 또는 합병 후 존속하는 법인이나 합
   병으로 설립되는 법인은 국제물류주선업의 등록에 따른 권리·의무를
   승계한다.

② 제1항에 따라 국제물류주선업의 등록에 따른 권리·의무를 승계한 자

는 국토해양부령으로 정하는 바에 따라 국토해양부장관에게 신고하여
야 한다. <개정 2008.2.29>

③ 제1항에 따라 승계받은 자의 결격사유에 관하여는 제44조를 준용한다.

제46조 (사업의 휴지ㆍ폐지)

① 국제물류주선업자가 국제물류주선업의 전부 또는 일부를 휴지하거나
폐지하려는 경우에는 미리 국토해양부장관에게 신고하여야 한다. <개
정 2008.2.29>

② 국제물류주선업자인 법인이 합병 외의 사유로 해산한 경우에는 그 청
산인(해산이 파산에 따른 경우에는 파산관재인을 말한다)은 지체 없이
이를 국토해양부장관에게 신고하여야 한다. <개정 2008.2.29>

③ 제1항에 따른 휴지기간은 6개월을 초과할 수 없다.

④ 국제물류주선업자가 사업의 전부 또는 일부를 휴지 또는 폐지하려는
경우에는 미리 그 취지를 영업소와 그 밖에 일반 공중(公衆)이 보기
쉬운 곳에 게시하여야 한다.

제47조 (등록의 취소 등)

① 국토해양부장관은 국제물류주선업자가 다음 각 호의 어느 하나에 해
당하는 경우에는 등록을 취소하거나 6개월 이내의 기간을 정하여 사
업의 전부 또는 일부의 정지를 명할 수 있다. 다만, 제1호ㆍ제3호 또
는 제4호에 해당하는 경우에는 등록을 취소하여야 한다. <개정 2008.-
2.29>

 1. 거짓이나 그 밖의 부정한 방법으로 등록을 한 때

 2. 제43조제3항에 따른 등록기준에 못 미치게 된 때

 3. 제44조 (제45조제3항에서 준용하는 경우를 포함한다) 각 호의 어느
   하나에 해당하게 된 때. 다만, 그 지위를 승계받은 상속인이 제44조
   제1호부터 제5호까지의 어느 하나에 해당하는 경우에 상속일부터 3
   개월 이내에 그 사업을 다른 사람에게 양도한 경우와 법인(합병 후
   존속하는 법인 또는 합병으로 설립되는 법인을 포함한다)이 제44조

제6호에 해당하는 경우에 그 사유가 발생한 날(법인이 합병하는 경우에는 합병일을 말한다)부터 3개월 이내에 해당 임원을 개임한 경우에는 그러하지 아니하다.

4. 제66조를 위반하여 다른 사람에게 자기의 성명 또는 상호를 사용하여 영업을 하게 하거나 등록증을 대여한 때

② 제1항에 따른 처분의 구체적인 기준과 그 밖에 필요한 사항은 국토해양부령으로 정한다. <개정 2008.2.29>

제48조 (국제물류주선업협회)

① 국제물류주선업자는 국제물류주선업의 건전한 발전 및 국제물류주선업자의 공동이익을 도모하기 위하여 대통령령으로 정하는 바에 따라 사업자협회(이하 "국제물류주선업협회"라 한다)를 설립할 수 있다.

② 국제물류주선업협회를 설립하려는 경우에는 해당 협회의 회원이 될 자격이 있는 자 중 5분의 1 이상의 발기인이 정관을 작성하여 해당 협회의 회원이 될 자격이 있는 자의 3분의 1 이상이 출석한 창립총회의 의결을 거친 후 국토해양부장관의 설립인가를 받아야 한다. <개정 2008.2.29>

③ 국제물류주선업협회는 제2항에 따른 설립인가를 받아 설립등기를 함으로써 성립한다.

④ 국제물류주선업협회는 법인으로 한다.

⑤ 국제물류주선업협회에 관하여 이 법에 규정한 것 외에는 「민법」 중 사단법인에 관한 규정을 준용한다.

⑥ 국제물류주선업협회의 업무 및 정관 등에 필요한 사항은 대통령령으로 정한다.

제49조 (자금의 지원) 국가는 국제물류주선업의 육성을 위하여 필요하다고 인정하는 경우에는 국제물류주선업자에게 그 사업에 필요한 소요자금의 융자 등 필요한 지원을 할 수 있다.

제4절 물류인력의 양성

제50조 (물류인력의 양성)

① 국토해양부장관은 대통령령으로 정하는 물류분야의 기능인력 및 전문 인력을 양성하기 위하여 다음 각 호의 사업을 할 수 있다. <개정 2008.2.29>

1. 화주기업 및 물류기업에 종사하는 물류인력의 역량강화를 위한 교육·연수
2. 물류체계 효율화 및 국제물류 활성화를 위한 선진기법, 교육프로그램 및 교육교재의 개발·보급
3. 외국 물류대학의 국내유치활동 지원 및 국내대학과 외국대학 간의 물류교육 프로그램의 공동 개발활동 지원
4. 그 밖에 신규 물류인력 양성, 물류관리사 재교육 또는 외국인 물류인력 교육을 위하여 필요한 사업

② 국토해양부장관은 다음 각 호의 어느 하나에 해당하는 자가 제1항 각 호의 사업을 하는 경우에는 예산의 범위에서 사업수행에 필요한 경비의 전부나 일부를 지원할 수 있다. <개정 2008.2.29>

1. 정부출연연구기관
2. 「고등교육법」 또는 「경제자유구역 및 제주국제자유도시의 외국교육기관 설립·운영에 관한 특별법」에 따라 설립된 대학이나 대학원
3. 그 밖에 국토해양부령으로 정하는 물류연수기관

③ 국토해양부장관은 필요한 경우 국토해양부령으로 정하는 바에 따라 제1항제1호의 교육·연수를 직접 하거나 전문교육기관에 위탁하여 실시할 수 있다. <개정 2008.2.29>

④ 제1항 각 호의 사업에 필요한 사항은 소관 업무별로 국토해양부령으로 정한다. <개정 2008.2.29>

제51조 (물류관리사 자격시험)

① 물류관리사가 되려는 자는 국토해양부장관이 실시하는 시험에 합격하

여야 한다. <개정 2008.2.29>

② 제1항의 시험에 응시하여 부정행위를 한 자에 대하여는 그 시험을 무
효로 한다.

③ 제2항에 따른 처분을 받은 자는 그 처분을 받은 날부터 3년간 시험에
응시할 수 없다.

④ 제1항에 따른 시험의 응시자격 및 시험과목 등에 필요한 사항은 대통
령령으로 정한다.

제52조 (물류관리사의 직무) 물류관리사는 물류활동과 관련하여 전문지식
이 필요한 사항에 대하여 계획·조사·연구·진단 및 평가 또는 이에 관한
상담·자문, 그 밖에 물류관리에 필요한 직무를 수행한다.

제53조 (물류관리사 자격의 취소) 국토해양부장관은 물류관리사가 다음
각 호의 어느 하나에 해당하는 때에는 그 자격을 취소할 수 있다. 다만, 제
1호에 해당하는 때에는 그 자격을 취소하여야 한다. <개정 2008.2.29>

  1. 제51조에 따른 자격을 부정한 방법으로 취득한 때

  2. 제66조를 위반하여 다른 사람에게 자기의 성명을 사용하여 영업을
     하게 하거나 자격증을 대여한 때

제54조 (물류관리사 고용사업자에 대한 우선지원) 국토해양부장관은 물류
관리사를 고용한 물류관련 사업자에 대하여 다른 사업자에 우선하여 행정
적·재정적 지원을 할 수 있다. <개정 2008.2.29>

제5절 물류 관련 단체의 육성

제55조 (물류관련협회 등)

① 물류기업, 화주기업, 그 밖에 물류활동과 관련된 자는 물류체계를 효
율화하기 위하여 필요할 경우 대통령령으로 정하는 바에 따라 협회
(이하 "물류관련협회"라 한다)를 설립할 수 있다. 다만, 다른 법률에서
달리 정하고 있는 경우는 제외한다.

② 물류관련협회를 설립하려는 경우에는 해당 협회의 회원이 될 자격이 있는 기업 100개 이상이 발기인으로 정관을 작성하여 해당 협회의 회원이 될 자격이 있는 기업 200개 이상이 참여한 창립총회의 의결을 거친 후 소관에 따라 국토해양부장관의 설립인가를 받아야 한다. <개정 2008.2.29>

③ 물류관련협회는 제2항에 따른 설립인가를 받아 설립등기를 함으로써 성립한다.

④ 물류관련협회는 법인으로 한다.

⑤ 물류관련협회에 관하여 이 법에 규정한 것 외에는 「민법」 중 사단법인에 관한 규정을 준용한다.

⑥ 국토해양부장관은 물류관련협회의 발전을 위하여 필요한 경우에는 물류관련협회를 행정적·재정적으로 지원할 수 있다. <개정 2008.2.29>

⑦ 물류관련협회의 업무 및 정관 등에 필요한 사항은 대통령령으로 정한다.

제56조 (민·관 합동 물류지원센터)

① 국토해양부장관·지식경제부장관 및 대통령령으로 정하는 물류관련협회·물류관련 단체는 공동으로 물류체계 효율화를 통한 국가경쟁력을 강화하고 국제물류사업을 효과적으로 추진하기 위하여 물류지원센터를 설치·운영할 수 있다. <개정 2008.2.29>

② 물류지원센터는 다음 각 호의 업무를 수행한다.

  1. 국내물류기업의 해외진출 및 해외물류기업의 국내투자유치 지원

  2. 물류산업의 육성·발전을 위한 조사·연구

  3. 그 밖에 물류 공동화 및 정보화 지원 등 물류체계 효율화를 위하여 필요한 업무

③ 물류지원센터의 설치 및 운영 등에 필요한 사항은 대통령령으로 정한다.

④ 국토해양부장관 또는 지식경제부장관은 물류지원센터를 효율적으로 운영하기 위하여 필요한 경우 행정적·재정적인 지원을 할 수 있다. <개정 2008.2.29>

제5장 물류의 선진화 및 국제화

제1절 물류 관련 연구개발

제57조 (물류 관련 신기술·기법의 보급촉진)

① 국토해양부장관은 물류 활동에 관한 신기술을 진흥하기 위하여 물류기술정보를 체계적·종합적으로 관리·보급하는 방안을 강구하여야 한다. <개정 2008.2.29>

② 국토해양부장관은 물류기업에 첨단화물운송체계·무선주파수인식 등 물류 관련 신기술·기법을 도입·적용할 것을 권장할 수 있고, 이에 필요한 행정적·재정적 지원을 할 수 있다. <개정 2008.2.29>

제58조 (물류 관련 연구의 촉진)

① 국토해양부장관은 물류 관련 기술의 진흥을 위하여 관련 연구기관 및 단체를 지도·육성하여야 한다. <개정 2008.2.29>

② 국토해양부장관은 물류기술의 진흥을 위하여 특히 필요하다고 인정하는 경우에는 공공기관 등으로 하여금 물류기술의 연구·개발에 투자하게 하거나 제1항에 따른 연구기관 및 단체에 출연하도록 권고할 수 있다. <개정 2008.2.29>

③ 국토해양부장관은 물류분야의 연구나 물류기술의 진흥 등에 현저한 기여를 했다고 인정되는 공공기관·물류기업 또는 개인 등에게 포상할 수 있다. <개정 2008.2.29>

제2절 환경친화적 물류의 촉진

제59조 (환경친화적 물류의 촉진)

① 국토해양부장관은 물류활동이 환경친화적으로 추진될 수 있도록 관련 시책을 강구하여야 한다. <개정 2008.2.29>

② 국토해양부장관은 물류기업 또는 화주기업이 환경친화적 물류활동을

위하여 다음 각 호의 활동을 하는 경우에는 행정적·재정적 지원을
할 수 있다. <개정 2008.2.29>

1. 환경친화적인 운송수단 또는 포장재료의 사용
2. 기존 물류시설·장비의 환경친화적인 물류시설·장비로의 변경
3. 그 밖에 대통령령으로 정하는 환경친화적 물류활동

제60조 (환경친화적 운송수단으로의 전환촉진)

① 국토해양부장관은 물류기업 및 화주기업에 대하여 환경친화적인 운송
수단으로의 전환을 권고하고 지원할 수 있다. <개정 2008.2.29>

② 제1항에 따른 지원대상의 세부적인 기준 및 지원내용에 필요한 사항
은 대통령령으로 정한다.

제3절 국제물류의 촉진 및 지원

제61조 (국제물류사업의 촉진 및 지원)

① 국토해양부장관은 국제물류협력체계 구축, 국내 물류기업의 해외진출,
해외 물류기업의 유치 및 환적(換積)화물의 유치 등 국제물류 촉진을
위한 시책을 강구하여야 한다. <개정 2008.2.29>

② 국토해양부장관은 대통령령으로 정하는 물류기업 또는 관련 단체가
추진하는 다음 각 호의 국제물류사업에 대하여 예산의 범위에서 필요
한 경비의 전부나 일부를 지원할 수 있다. <개정 2008.2.29>

1. 물류 관련 정보·기술·인력의 국제교류
2. 물류 관련 국제 표준화, 공동조사, 연구 및 기술협력
3. 물류 관련 국제학술대회, 국제박람회 등의 개최
4. 해외 물류시장의 조사·분석 및 수집정보의 체계적인 배분
5. 국가 간 물류활동을 촉진하기 위한 지원기구의 설립
6. 외국 물류기업의 유치
7. 그 밖에 물류의 국제화를 위하여 필요하다고 인정되는 사항

③ 국토해양부장관은 범정부차원의 지원이 필요한 국가 간 물류협력체의

구성 또는 정부 간 협정의 체결 등에 관하여는 미리 국가물류정책위
원회의 심의를 거쳐야 한다. <개정 2008.2.29>

④ 국토해양부장관은 물류기업 및 국제물류 관련 기관·단체의 국제물류
활동을 촉진하기 위하여 필요한 행정적·재정적 지원을 할 수 있다.
<개정 2008.2.29>

제62조 (공동투자유치 활동)

① 국토해양부장관은 물류시설에 외국인투자기업 및 환적화물을 효과적
으로 유치하기 위하여 필요한 경우에는 당해 물류시설관리자(공항·
항만 등 물류시설의 소유권 또는 개별 법령에 따른 관리·운영권을
인정받은 자를 말한다. 이하 같다) 또는 국제물류 관련 기관·단체와
공동으로 투자유치 활동을 수행할 수 있다. <개정 2008.2.29>

② 물류시설관리자와 국제물류 관련 기관·단체는 제1항에 따른 공동투
자 유치활동에 대하여 특별한 사유가 없는 한 적극 협조하여야 한다.

③ 국토해양부장관은 효율적인 투자유치를 위하여 필요하다고 인정되는
경우에는 재외공관 등 관계 행정기관 및 「대한무역투자진흥공사법」에
따른 대한무역투자진흥공사 등 관련 기관·단체에 협조를 요청할 수
있다. <개정 2008.2.29>

제63조 (투자유치활동 평가)

① 국토해양부장관은 물류시설관리자의 외국인투자기업 및 환적화물에
대한 적극적인 유치활동을 촉진하기 위하여 필요한 경우에는 해당
물류시설관리자의 투자유치활동에 대한 평가를 할 수 있다. <개정
2008.2.29>

② 제1항에 따른 투자유치활동의 평가대상기관, 평가방법 및 평가결과의
반영 등에 관한 사항은 대통령령으로 정한다.

제6장 보칙

제64조 (업무소관의 조정) 이 법에 따른 국토해양부장관 및 지식경제부장관의 업무소관이 중복되는 경우에는 서로 협의하여 업무소관을 조정한다. <개정 2008.2.29, 2009.2.6>

제65조 (권한의 위임) 이 법에 따른 국토해양부장관 및 지식경제부장관의 권한은 그 일부를 대통령령으로 정하는 바에 따라 시·도지사에게 위임할 수 있다. <개정 2008.2.29>

제66조 (등록증대여 등의 금지) 인증종합물류기업·국제물류주선업자 및 물류관리사는 다른 사람에게 자기의 성명 또는 상호를 사용하여 사업을 하게 하거나 그 인증서·등록증 또는 자격증을 대여하여서는 아니 된다.

제67조 (과징금)
① 국토해양부장관(국토해양부장관의 권한이 제65조에 따라 시·도지사에게 위임된 경우에는 시·도지사를 말한다. 이하 같다)은 제47조제1항에 따라 국제물류주선업자에게 사업의 정지를 명하여야 하는 경우로서 그 사업의 정지가 당해 사업의 이용자 등에게 심한 불편을 주는 경우에는 그 사업정지 처분을 갈음하여 1천만 원 이하의 과징금을 부과할 수 있다. <개정 2008.2.29>
② 제1항에 따른 과징금을 부과하는 위반행위의 종별 및 그 정도에 따른 과징금의 금액, 그 밖에 필요한 사항은 대통령령으로 정한다.
③ 제1항에 따른 과징금을 기한 내에 납부하지 아니한 때에는 국토해양부장관은 대통령령으로 정하는 바에 따라 국세 체납처분의 예에 따라 징수한다. 다만, 제47조제1항의 국토해양부장관의 권한이 제65조에 따라 시·도지사에게 위임된 경우에는 시·도지사가 당해 지방자치단체의 조례로 정하는 바에 따라 지방세 체납처분의 예에 의하여 징수한다. <개정 2008.2.29>

제68조 (청문) 국토해양부장관 및 주무부장관은 다음 각 호의 어느 하나에 해당하는 취소처분을 하려는 경우에는 청문을 실시하여야 한다. <개정 2008.2.29>

1. 제31조에 따른 종합물류정보망사업자 또는 국가물류통합데이터베이스운영자에 대한 지정의 취소
2. 제39조제1항에 따른 인증종합물류기업에 대한 인증의 취소
3. 제47조제1항에 따른 국제물류주선업자에 대한 등록의 취소
4. 제53조에 따른 물류관리사 자격의 취소

제69조 (수수료)

① 다음 각 호의 어느 하나에 해당하는 신청을 하는 경우에는 국토해양부장관 또는 인증센터의 장에게 수수료를 납부하여야 한다. <개정 2008.2.29>

1. 제38조에 따른 종합물류기업의 인증 신청
2. 제43조에 따른 국제물류주선업의 등록 또는 변경등록의 신청

② 제1항에 따른 수수료의 산정기준 및 징수절차 등에 관하여 필요한 사항은 국토해양부령(제1항제1호의 경우에는 공동부령을 말한다)으로 정한다. <개정 2008.2.29>

제70조 (벌칙 적용에서의 공무원 의제) 제40조에 따라 그 업무를 행하는 인증센터의 직원은 「형법」 제129조부터 제132조까지의 규정에 따른 벌칙의 적용에 있어서는 공무원으로 본다.

제7장 벌칙

제71조 (벌칙)

① 제33조제1항을 위반하여 전자문서를 위작 또는 변작하거나 그 사정을 알면서 위작 또는 변작된 전자문서를 행사한 자는 10년 이하의 징역

또는 2억 원 이하의 벌금에 처한다. 이 경우 미수범은 본죄에 준하여
처벌한다.

② 제33조제2항을 위반하여 종합물류정보망 또는 국가물류통합데이터베
이스에 의하여 처리·보관 또는 전송되는 물류정보를 훼손하거나 그
비밀을 침해·도용 또는 누설한 자는 5년 이하의 징역 또는 1억 원
이하의 벌금에 처한다.

③ 제33조제5항을 위반하여 종합물류정보망 또는 국가물류통합데이터베
이스의 보호조치를 침해하거나 훼손한 자는 3년 이하의 징역 또는 5
천만 원 이하의 벌금에 처한다.

④ 다음 각 호의 어느 하나에 해당하는 자는 1년 이하의 징역 또는 3천
만 원 이하의 벌금에 처한다.

  1. 제33조제3항을 위반하여 전자문서 또는 물류정보를 대통령령으로
     정하는 기간 동안 보관하지 아니한 자

  2. 제43조제1항에 따른 국제물류주선업의 등록을 하지 아니하고 국제
     물류주선업을 경영한 자

⑤ 제41조제3항을 위반하여 거짓의 인증마크를 제작·사용하거나 그 밖
의 방법으로 인증받은 기업임을 사칭한 자는 1억 원 이하의 벌금에
처한다.

⑥ 제34조제1항을 위반하여 전자문서 또는 물류정보를 공개한 자는 3천
만 원 이하의 벌금에 처한다.

⑦ 다음 각 호의 어느 하나에 해당하는 자는 1천만 원 이하의 벌금에 처
한다.

  1. 제43조제2항에 따른 변경등록을 하지 아니하고 등록한 사항을 변경
     한 자

  2. 제66조를 위반하여 성명 또는 상호를 다른 사람에게 사용하게 하거
     나 인증서·등록증 또는 자격증을 대여한 자

제72조 (양벌규정) 법인의 대표자나 법인 또는 개인의 대리인, 사용인, 그

밖의 종업원이 그 법인 또는 개인의 업무에 관하여 제71조의 위반행위를 하면 그 행위자를 벌하는 외에 그 법인 또는 개인에게도 해당 조문의 벌금형을 과(課)한다. 다만, 법인 또는 개인이 그 위반행위를 방지하기 위하여 해당 업무에 관하여 상당한 주의와 감독을 게을리하지 아니한 경우에는 그러하지 아니하다.

[전문개정 2009.2.6]

제73조 (과태료)

① 다음 각 호의 어느 하나에 해당하는 자는 200만 원 이하의 과태료를 부과한다. <개정 2009.2.6>

  1. 제7조제2항, 제11조제3항(제13조제2항에서 준용하는 경우를 포함한다) 또는 제15조제1항(제16조제2항에서 준용하는 경우를 포함한다)에 따른 자료를 제출하지 아니하거나 거짓의 자료를 제출한 자(제7조제2항제3호, 제11조제3항제3호 및 제15조제1항제3호에 해당하는 자에 한정한다)

  2. 제45조 또는 제46조에 따른 신고를 하지 아니한 자

② 제1항의 과태료는 대통령령으로 정하는 바에 따라 국토해양부장관이 부과·징수한다. <개정 2008.2.29, 2009.2.6>

③ 삭제 <2009.2.6>

④ 삭제 <2009.2.6>

⑤ 삭제 <2009.2.6>

부칙 〈제8617호, 2007.8.3〉

제1조 (시행일) 이 법은 공포 후 6개월이 경과한 날부터 시행한다.

제2조 (일반적 경과조치) 이 법 시행 당시 종전의 「화물유통촉진법」에 따른 처분·절차와 그 밖의 행위로서 이 법에 그에 해당하는 규정이 있는 때에는 이 법에 따라 행하여진 것으로 본다.

제3조 (국가물류기본계획 등에 관한 경과조치) ① 이 법 시행 당시 종전

의 「화물유통촉진법」에 따라 수립된 국가물류기본계획 및 도시물류기본계획은 이 법에 따라 최초로 국가물류기본계획 및 지역물류기본계획이 수립될 때까지 이 법에 따른 국가물류기본계획 및 지역물류기본계획으로 본다.

② 이 법 시행 당시 종전의 「화물유통촉진법」에 따라 수립된 이 법 시행일이 속하는 연도의 국가물류시행계획 및 도시물류시행계획은 이 법에 따라 최초로 국가물류기본계획의 연도별시행계획 및 지역물류시행계획이 수립될 때까지 이 법에 따른 국가물류기본계획의 연도별시행계획 및 지역물류시행계획으로 본다.

제4조 (등록·신고 등에 관한 경과조치) 이 법 시행 전에 종전의 「화물유통촉진법」에 따라 등록 신청 및 신고 등의 행위를 하고 이 법 시행 당시 그 절차가 진행 중인 사항에 대하여는 종전의 규정에 따른다.

제5조 (벌칙 등에 관한 경과조치) 이 법 시행 전의 종전의 「화물유통촉진법」 위반행위에 대한 벌칙이나 과태료 규정을 적용할 때는 종전의 규정에 따른다.

제6조 (종합물류정보망사업자에 대한 경과조치) ① 건설교통부장관은 이 법 시행 후 3년 이내에 제29조제2항 및 제4항에 따른 지정기준을 충족하는 종합물류정보망사업자를 지정하여야 한다.

② 종전의 「화물유통촉진법」에 따른 종합물류정보전산망 전담사업자는 제1항에 따라 새로운 종합물류정보망사업자가 지정될 때까지 이 법 제29조제2항에 따른 종합물류정보망사업자(종합물류정보망을 이용하여 유통되는 전자문서의 개발 및 유통에 관한 업무에 한한다)로 본다.

제7조 (국제물류주선업에 관한 경과조치) ① 종전의 「화물유통촉진법」에 따라 복합운송주선업을 등록한 자는 이 법 제43조에 따른 국제물류주선업자로 본다.

② 종전의 「화물유통촉진법」에 따라 설립된 복합운송주선업협회는 이 법 제48조에 따른 국제물류주선업협회로 본다.

제8조 (「산업표준화법」에 관한 경과조치) 2008년 5월 25일까지 제2조제1항제6호 중 "「산업표준화법」 제12조에 따른 한국산업표준"을 "「산업표준화

법」제10조에 따른 한국산업규격"으로, 제24조제1항 중 "「산업표준화법」에 따른 한국산업표준"은 "「산업표준화법」에 따른 한국산업규격"으로 본다.

제9조 (다른 법률의 개정) ① 유통산업발전법 일부를 다음과 같이 개정한다.

제27조제2항 후단 중 "「화물유통촉진법」 제4조의6의 규정에 의한 물류정책위원회"를 "「물류정책기본법」 제19조제1항제2호의 물류시설분과위원회"로 한다.

② 파견근로자보호 등에 관한 법률 일부를 다음과 같이 개정한다.

제5조제3항제2호 중 "「화물유통촉진법」 제2조제2호·제10호의 규정에 따른 하역업무"를 "「물류정책기본법」 제2조제1항제1호의 하역업무"로 한다.

제10조 (다른 법령과의 관계) 이 법 시행 당시 다른 법령에서 「화물유통촉진법」 또는 그 법의 규정을 인용하고 있는 경우에 이 법 가운데 그에 해당하는 규정이 있으면 종전의 「화물유통촉진법」 또는 그 규정을 갈음하여 이 법 또는 이 법의 해당 규정을 인용한 것으로 본다.

부칙 〈제8852호, 2008.2.29〉 (정부조직법)

제1조 (시행일) 이 법은 공포한 날부터 시행한다. 다만, <……생략……>, 부칙 제6조에 따라 개정되는 법률 중 이 법의 시행 전에 공포되었으나 시행일이 도래하지 아니한 법률을 개정한 부분은 각각 해당 법률의 시행일부터 시행한다.

제2조부터 제5조까지 생략

제6조 (다른 법률의 개정) ①부터 <582>까지 생략

<583> 물류정책기본법 일부를 다음과 같이 개정한다.

제7조제1항 전단·제2항 각 호 외의 부분 전단·제3항·제4항, 제10조제1항 전단·후단, 제24조제1항, 제55조제2항 및 제73조제2항 중 "건설교통부장관 또는 해양수산부장관"을 각각 "국토해양부장관"으로 한다.

제8조제1항·제2항, 제10조제1항 전단·후단, 제11조제5항, 제14조제4항, 제15조제2항·제4항, 제18조제3항, 제26조제1항부터 제3항까지, 제28조제4항, 제29조제1항, 제2항 각 호 외의 부분·제3항, 제30조제1항·제2항 각

호 외의 부분·제3항, 제31조 각 호 외의 부분, 제32조제2항, 제35조제1
항·제2항, 제37조제1항부터 제4항까지, 제40조제1항 각 호 외의 부분·제
5항, 제43조제1항, 제45조제2항, 제46조제1항·제2항, 제47조제1항 각 호
외의 부분 본문, 제48조제2항, 제51조제1항, 제53조 각 호 외의 부분 본문,
제54조, 제67조제1항(괄호 안을 포함한다)·제3항 본문·단서, 제68조 각
호 외의 부분 및 제69조제1항 각 호 외의 부분 중 "건설교통부장관"을 각
각 "국토해양부장관"으로 한다.

제11조제1항·제3항 각 호 외의 부분 전단·제4항, 제13조제1항, 제36조
제1항, 제50조제1항 각 호 외의 부분·제2항 각 호 외의 부분·제3항, 제
55조제6항, 제57조제1항·제2항, 제58조제1항부터 제3항까지, 제59조제1
항·제2항 각 호 외의 부분, 제60조제1항, 제61조제1항·제2항 각 호 외의
부분·제3항·제4항, 제62조제1항·제3항 및 제63조제1항 중 "건설교통부
장관 및 해양수산부장관"을 각각 "국토해양부장관"으로 한다.

제18조제2항제1호 중 "재정경제부장관·교육인적자원부장관·과학기술부
장관·외교통상부장관·농림부장관·산업자원부장관·정보통신부장관·노
동부장관·건설교통부장관·해양수산부장관·기획예산처장관·관세청장"을
"기획재정부장관·교육과학기술부장관·외교통상부장관·농림수산식품부장
관·지식경제부장관·노동부장관·국토해양부장관·관세청장"으로 한다.

제21조제1항·제2항, 제23조제1항부터 제5항까지, 제24조제2항, 제25조
제1항·제2항, 제36조제2항 각 호 외의 부분 및 제56조제4항 중 "건설교통
부장관·해양수산부장관 또는 산업자원부장관"을 각각 "국토해양부장관 또
는 지식경제부장관"으로 한다.

제26조제1항·제3항, 제32조제2항, 제35조제1항·제2항, 제37조제1항부
터 제4항까지 중 "해양수산부장관 및 산업자원부장관"을 각각 "지식경제부
장관"으로 한다.

제27조제1항·제2항, 제56조제1항 중 "건설교통부장관·해양수산부장
관·산업자원부장관"을 각각 "국토해양부장관·지식경제부장관"으로 한다.

제29조제1항·제3항, 제30조제1항·제3항 중 "해양수산부장관·산업자

원부장관”을 각각 “지식경제부장관”으로 한다.

제32조제1항, 제43조제1항·제2항, 제45조제2항, 제47조제2항 및 제69조제2항 중 “건설교통부령”을 각각 “국토해양부령”으로 한다.

제50조제2항제3호·제3항 및 제4항 중 “건설교통부령 또는 해양수산부령”을 각각 “국토해양부령”으로 한다.

제64조 중 “건설교통부장관이”를 “국토해양부장관이”로 한다.

제64조 및 제65조 중 “건설교통부장관·해양수산부장관 및 산업자원부장관”을 각각 “국토해양부장관 및 지식경제부장관”으로 한다.

<584>부터 <760>까지 생략

제7조 생략

부칙 〈제9445호, 2009.2.6〉

① (시행일) 이 법은 공포 후 3개월이 경과한 날부터 시행한다.
② (국가물류정책위원회의 업무승계에 관한 경과조치) 종전의 국가물류정책위원회의 업무는 제17조의 개정규정에 따른 국가물류정책위원회가 승계한다.

22 물류시설의 개발 및 운영에 관한 법률

[시행 2009.8.7] [법률 제9432호, 2009.2.6, 타법개정]
국토해양부(물류시설정보과), 02 – 2110 – 6358

제1장 총칙

제1조 (목적) 이 법은 물류시설을 합리적으로 배치·운영하고 물류시설 용지를 원활히 공급하여 물류산업의 발전을 촉진함으로써 국가경쟁력을 강화하

고 국토의 균형 있는 발전과 국민경제의 발전에 이바지함을 목적으로 한다.

제2조 (정의) 이 법에서 사용하는 용어의 정의는 다음과 같다.

1. "물류시설"이란 다음 각 목의 시설을 말한다.

    가. 화물의 운송·보관·하역을 위한 시설

    나. 화물의 운송·보관·하역과 관련된 가공·조립·분류·수리·포장·상표부착·판매·정보통신 등의 활동을 위한 시설

    다. 물류의 공동화·자동화 및 정보화를 위한 시설

    라. 가목부터 다목까지의 시설이 모여 있는 물류터미널 및 물류단지

2. "물류터미널"이란 화물의 집화(集貨)·하역(荷役) 및 이와 관련된 분류·포장·보관·가공·조립 또는 통관 등에 필요한 기능을 갖춘 시설물을 말한다. 다만, 가공·조립 시설은 대통령령으로 정하는 규모 이하의 것이어야 한다.

3. "물류터미널사업"이란 물류터미널을 경영하는 사업으로서 복합물류터미널사업과 일반물류터미널사업을 말한다. 다만, 다음 각 목의 시설물을 경영하는 사업을 제외한다.

    가. 「항만법」 제2조제6호의 항만시설 중 항만구역 안에 있는 화물하역시설 및 화물보관·처리 시설

    나. 「항공법」 제2조제6호의 공항시설 중 공항구역 안에 있는 화물운송을 위한 시설과 그 부대시설 및 지원시설

    다. 「철도사업법」 제2조제8호에 따른 철도사업자가 그 사업에 사용하는 화물운송·하역 및 보관 시설

    라. 「유통산업발전법」 제2조제14호 및 제15호의 집배송시설 및 공동집배송센터

4. "복합물류터미널사업"이란 두 종류 이상의 운송수단 간의 연계운송을 할 수 있는 규모 및 시설을 갖춘 물류터미널사업을 말한다.

5. "일반물류터미널사업"이란 물류터미널사업 중 복합물류터미널사업을 제외한 것을 말한다.

6. "물류단지"란 물류단지시설과 지원시설을 집단적으로 설치·육성하기 위하여 제22조에 따라 지정·개발하는 일단의 토지를 말한다.

7. "물류단지시설"이란 화물의 운송·집화·하역·분류·포장·가공·조립·통관·보관·판매·정보처리 등을 위하여 물류단지 안에 설치되는 다음 각 목의 시설을 말한다.

　가. 물류터미널 및 창고

　나. 「유통산업발전법」 제2조제3호·제7호·제15호 및 제17조의2의 대규모점포·전문상가단지·공동집배송센터 및 중소유통공동도매물류센터

　다. 「농수산물유통 및 가격안정에 관한 법률」 제2조제2호·제5호 및 제12호의 농수산물도매시장·농수산물공판장 및 농수산물종합유통센터

　라. 「삭도·궤도법」에 따른 삭도·궤도사업을 경영하는 자가 그 사업에 사용하는 화물의 운송·하역 및 보관 시설

　마. 「축산물가공처리법」 제2조제10호의 작업장

　바. 「농업협동조합법」·「수산업협동조합법」·「산림조합법」 또는 「중소기업협동조합법」에 따른 조합 또는 그 중앙회가 설치하는 구매사업 또는 판매사업 관련 시설

　사. 「화물자동차 운수사업법」 제2조제2호의 화물자동차운수사업에 이용되는 차고, 화물취급소, 그 밖에 화물의 처리를 위한 시설

　아. 「약사법」 제44조제2항제2호의 의약품 도매상의 창고 및 영업소 시설

　자. 그 밖에 물류기능을 가진 시설로서 대통령령으로 정하는 시설

　차. 가목부터 자목까지의 시설에 딸린 시설(제8호가목 또는 나목의 시설로서 가목부터 자목까지의 시설과 동일한 건축물에 설치되는 시설을 포함한다)

8. "지원시설"이란 물류단지시설의 운영을 효율적으로 지원하기 위하여 물류단지 안에 설치되는 다음 각 목의 시설을 말한다. 다만, 가

목 또는 나목의 시설로서 제7호가목부터 자목까지의 시설과 동일한
건축물에 설치되는 시설을 제외한다.

가. 대통령령으로 정하는 가공·제조 시설

나. 정보처리시설

다. 금융·보험·의료·교육·연구 시설

라. 물류단지의 종사자 및 이용자의 생활과 편의를 위한 시설

마. 그 밖에 물류단지의 기능 증진을 위한 시설로서 대통령령으로
    정하는 시설

9. "물류단지개발사업"이란 물류단지를 조성하기 위하여 시행하는 다
   음 각 목의 사업을 말한다.

   가. 물류시설 용지 및 지원시설 용지의 조성사업

   나. 도로·철도·궤도·항만 또는 공항 시설 등의 건설사업

   다. 전기·가스·용수 등의 공급시설과 전기통신설비의 건설사업

   라. 하수도, 폐기물처리시설, 그 밖의 환경오염방지시설 등의 건설사업

   마. 그 밖에 가목부터 라목까지의 사업에 딸린 사업

제3조 (다른 법률과의 관계)

① 항만에 관한 개발계획은 「항만법」, 「신항만건설촉진법」 등 항만건설
   에 관한 법률로 정하는 바에 따른다.

② 다른 법률에서 물류터미널 및 물류단지 외의 물류시설의 개발·관리
   및 운영 등에 관하여 규정하고 있는 경우에는 그 법률로 정하는 바에
   따른다.

제2장 물류시설개발종합계획의 수립

제4조 (물류시설개발종합계획의 수립)

① 국토해양부장관은 물류시설의 합리적 개발·배치 및 물류체계의 효율

화 등을 위하여 물류시설(항만시설을 제외한다. 이하 이 장에서 같다)의 개발에 관한 종합계획(이하 "물류시설개발종합계획"이라 한다)을 5년 단위로 수립하여야 한다. <개정 2008.2.29>

② 물류시설개발종합계획은 물류시설을 다음 각 호의 기능별 분류에 따라 체계적으로 수립한다. 이 경우 다음 각 호의 물류시설의 기능이 서로 관련되어 있는 때에는 이를 고려하여 수립하여야 한다.

  1. 단위물류시설: 창고 및 집배송센터 등 물류활동을 개별적으로 수행하는 최소 단위의 물류시설

  2. 집적[클러스터(cluster)]물류시설: 물류터미널 및 물류단지 등 둘 이상의 단위물류시설 등이 함께 설치된 물류시설

  3. 연계물류시설: 물류시설 상호 간의 화물운송이 원활히 이루어지도록 제공되는 도로 및 철도 등 교통시설

③ 물류시설개발종합계획에는 다음 각 호의 사항이 포함되어야 한다.

  1. 물류시설의 장래수요에 관한 사항

  2. 물류시설의 계획적 공급에 관한 사항

  3. 물류시설의 지정·개발에 관한 사항

  4. 물류시설의 지역별·규모별·연도별 배치 및 우선순위에 관한 사항

  5. 물류시설의 기능개선 및 효율화에 관한 사항

  6. 물류시설의 공동화·집단화에 관한 사항

  7. 물류시설의 국내 및 국제 연계수송망 구축에 관한 사항

  8. 물류시설의 환경보전·관리에 관한 사항

  9. 도심지에 위치한 물류시설의 정비와 교외이전(郊外移轉)에 관한 사항

  10. 그 밖에 대통령령으로 정하는 사항

제5조 (물류시설개발종합계획의 수립절차)

① 국토해양부장관은 물류시설개발종합계획을 수립하는 때에는 관계 행정기관의 장으로부터 소관별 계획을 제출받아 이를 기초로 물류시설개발종합계획안을 작성하여 특별시장·광역시장·도지사 또는 특별자치

도지사(이하 "시·도지사"라 한다)의 의견을 듣고 관계 중앙행정기관의 장과 협의한 후「물류정책기본법」제19조제1항제2호의 물류시설 분과위원회의 심의를 거쳐야 한다. 물류시설개발종합계획 중 대통령령으로 정하는 사항을 변경하려는 때에도 또한 같다. <개정 2008.2.29>

② 국토해양부장관은 제1항에 따라 물류시설개발종합계획을 수립하거나 변경한 때에는 이를 관보에 고시하여야 한다. <개정 2008.2.29>

③ 관계 중앙행정기관의 장은 필요한 경우 국토해양부장관에게 물류시설개발종합계획을 변경하도록 요청할 수 있다. <개정 2008.2.29>

④ 국토해양부장관은 대통령령으로 정하는 바에 따라 관계 기관에 물류시설개발종합계획을 수립하거나 변경하는 데에 필요한 자료의 제출을 요구하거나 협조를 요청할 수 있으며, 그 요구나 요청을 받은 관계 기관은 정당한 사유가 없으면 이에 따라야 한다. <개정 2008.2.29>

⑤ 국토해양부장관은 물류시설개발종합계획을 효율적으로 수립하기 위하여 필요하다고 인정하는 때에는 물류시설에 대하여 조사할 수 있다. 이 경우 물류시설의 조사에 관하여는「물류정책기본법」제7조를 준용한다. <개정 2008.2.29>

⑥ 물류시설개발종합계획의 수립 등에 필요한 사항은 대통령령으로 정한다.

제6조 (물류시설개발종합계획과 다른 계획과의 관계)

① 물류시설개발종합계획은「물류정책기본법」제11조의 국가물류기본계획과 조화를 이루어야 한다.

② 국토해양부장관, 관계 중앙행정기관의 장 또는 시·도지사는 물류시설을 지정·개발하거나 인·허가를 할 때 이 법에 따라 수립된 물류시설개발종합계획과 상충되거나 중복되지 아니하도록 하여야 한다. <개정 2008.2.29>

③ 국토해양부장관, 관계 중앙행정기관의 장 또는 시·도지사는 다음 각 호의 어느 하나에 해당하는 경우에는 그 계획을 변경하도록 요청할 수 있다. 이 경우 조정이 필요하면「물류정책기본법」제19조제1항제2

호의 물류시설분과위원회에 조정을 요청할 수 있다. <개정 2008.2.29>

1. 다른 행정기관이 직접 지정·개발하려는 물류시설 개발계획이 물류
   시설개발종합계획과 상충되거나 중복된다고 인정하는 경우
2. 다른 행정기관이 인·허가를 하려는 물류시설 개발계획이 물류시설
   개발종합계획과 상충되거나 중복된다고 인정하는 경우

제3장 물류터미널사업

제7조 (복합물류터미널사업의 등록)

① 복합물류터미널사업을 경영하려는 자는 국토해양부령으로 정하는 바
   에 따라 국토해양부장관에게 등록하여야 한다. <개정 2008.2.29>
② 제1항에 따른 등록을 할 수 있는 자는 다음 각 호의 어느 하나에 해
   당하는 자로 한다.
   1. 국가 또는 지방자치단체
   2. 「공공기관의 운영에 관한 법률」에 따른 공공기관(이하 "공공기관"이
      라 한다) 중 대통령령으로 정하는 공공기관
   3. 「지방공기업법」에 따른 지방공사
   4. 특별법에 따라 설립된 법인
   5. 「민법」 또는 「상법」에 따라 설립된 법인
③ 제1항에 따라 복합물류터미널사업의 등록을 한 자(이하 "복합물류터
   미널사업자"라 한다)가 그 등록한 사항 중 대통령령으로 정하는 사항
   을 변경하려는 경우에는 대통령령으로 정하는 바에 따라 변경등록을
   하여야 한다.
④ 제1항에 따른 등록을 하려는 자는 다음 각 호의 등록기준을 갖추어야
   한다.
   1. 복합물류터미널이 해당 지역 운송망의 중심지에 위치하여 다른 교
      통수단과 쉽게 연계될 것

2. 부지 면적이 3만3천 제곱미터 이상일 것

3. 다음 각 목의 시설을 갖출 것

　가. 주차장

　나. 화물취급장

　다. 창고 또는 배송센터

4. 물류시설개발종합계획 및 「물류정책기본법」 제11조의 국가물류기본계획상의 물류터미널의 개발 및 정비계획 등에 배치되지 아니할 것

제8조 (등록의 결격사유) 다음 각 호의 어느 하나에 해당하는 자는 복합물류터미널사업의 등록을 할 수 없다.

1. 이 법을 위반하여 벌금형 이상을 선고받은 후 2년이 지나지 아니한 자

2. 복합물류터미널사업 등록의 취소처분을 받은 후 2년이 지나지 아니한 자

3. 법인으로서 그 임원 중에 제1호 또는 다음 각 목의 어느 하나에 해당하는 자가 있는 경우

　가. 금치산자·한정치산자 또는 파산선고를 받고 복권되지 아니한 자

　나. 이 법을 위반하여 금고 이상의 실형을 선고받고 그 집행이 종료(집행이 종료된 것으로 보는 경우를 포함한다)되거나 집행이 면제된 날부터 2년이 지나지 아니한 자

　다. 이 법을 위반하여 금고 이상의 형의 집행유예를 선고받고 그 유예기간 중에 있는 자

제9조 (공사시행의 인가)

① 복합물류터미널사업자는 건설하려는 물류터미널의 구조 및 설비 등에 관한 공사계획을 수립하여 국토해양부장관의 공사시행인가를 받아야 하며, 일반물류터미널사업을 경영하려는 자는 물류터미널 건설에 관하여 필요한 경우 시·도지사의 공사시행인가를 받을 수 있다. 인가받은 공사계획 중 대통령령으로 정하는 사항을 변경하는 경우에는 해당 인가권자의 변경인가를 받아야 한다. <개정 2008.2.29>

② 국토해양부장관 또는 시·도지사는 제1항에 따른 공사시행인가 또는
변경인가를 하려는 때에는 관할 특별자치도지사·시장·군수 또는
구청장(자치구의 구청장을 말한다. 이하 "시장·군수·구청장"이라
한다)의 의견을 듣고, 제21조제1항 및 제2항 각 호에 따른 관계 법령
에 적합한지를 미리 소관 행정기관의 장과 협의하여야 한다. <개정
2008.2.29>

③ 국토해양부장관 또는 시·도지사는 제1항에 따른 공사계획이 국토해
양부령으로 정하는 구조 및 설비기준에 적합한 경우에는 제1항에 따
른 인가를 하여야 한다. <개정 2008.2.29>

④ 국토해양부장관 또는 시·도지사는 제1항에 따른 공사시행인가 또는
변경인가를 한 때에는 국토해양부령으로 정하는 바에 따라 고시하여
야 한다. <개정 2008.2.29>

제10조 (토지등의 수용·사용)

① 제9조제1항에 따른 공사시행인가를 받은 자(이하 "물류터미널사업자"
라 한다)가 물류터미널(「국토의 계획 및 이용에 관한 법률」에 따른
도시계획시설에 해당하는 물류터미널에 한한다. 이하 제13조까지 같
다)을 건설하는 경우에는 이에 필요한 토지·건축물 또는 토지에 정
착한 물건과 이에 관한 소유권 외의 권리, 광업권·어업권 및 물의
사용에 관한 권리(이하 "토지등"이라 한다)를 수용하거나 사용할 수
있다.

② 제1항에 따라 토지등을 수용하거나 사용할 때 제9조제4항에 따른 공
사시행인가의 고시가 있는 때에는 「공익사업을 위한 토지 등의 취득
및 보상에 관한 법률」 제20조제1항 및 같은 법 제22조에 따른 사업
인정 및 사업인정의 고시를 한 것으로 보며, 재결(裁決)의 신청은 같
은 법 제23조제1항 및 같은 법 제28조제1항에도 불구하고 공사시행
인가에서 정한 사업의 시행기간 내에 할 수 있다.

③ 제1항에 따른 토지등의 수용·사용에 관하여는 이 법에 특별한 규정

이 있는 경우 외에는 「공익사업을 위한 토지 등의 취득 및 보상에 관한 법률」을 준용한다.

제11조 (토지매수업무 등의 위탁) 물류터미널사업자는 물류터미널의 건설을 위한 토지매수업무·손실보상업무 및 이주대책에 관한 업무를 「공익사업을 위한 토지 등의 취득 및 보상에 관한 법률」 제81조제1항 각 호의 기관에 위탁하여 시행할 수 있다. 이 경우 위탁수수료 등에 관하여는 같은 법 제81조제2항을 준용한다.

제12조 (토지 출입 등)

① 물류터미널사업자는 물류터미널의 건설을 위하여 필요한 때에는 다른 사람의 토지에 출입하거나 이를 일시 사용할 수 있으며, 나무, 토석, 그 밖의 장애물을 변경하거나 제거할 수 있다.

② 제1항에 따른 다른 사람의 토지 출입 등에 관하여는 「국토의 계획 및 이용에 관한 법률」 제130조 및 제131조를 준용한다.

제13조 (국·공유지의 처분제한)

① 물류터미널을 건설하기 위한 부지 안에 있는 국가 또는 지방자치단체 소유의 토지로서 물류터미널 건설사업에 필요한 토지는 해당 물류터미널 건설사업 목적이 아닌 다른 목적으로 매각하거나 양도할 수 없다.

② 물류터미널을 건설하기 위한 부지 안에 있는 국가 또는 지방자치단체 소유의 재산은 「국유재산법」, 「공유재산 및 물품 관리법」, 그 밖의 다른 법령에도 불구하고 물류터미널사업자에게 수의계약으로 매각할 수 있다. 이 경우 그 재산의 용도폐지(행정재산인 경우에 한한다. 이하 같다) 및 매각에 관하여는 국토해양부장관 또는 시·도지사가 미리 관계 행정기관의 장과 협의하여야 한다. <개정 2008.2.29>

③ 제2항 후단에 따른 협의요청이 있은 때에는 관계 행정기관의 장은 그 요청을 받은 날부터 30일 이내에 용도폐지 및 매각, 그 밖에 필요한 조치를 하여야 한다.

④ 제2항에 따라 물류터미널사업자에게 매각하려는 재산 중 관리청이 불분명한 재산은 다른 법령에도 불구하고 기획재정부장관이 이를 관리하거나 처분한다. <개정 2008.2.29>

제14조 (사업의 승계)
① 복합물류터미널사업자가 그 사업을 양도하거나 법인이 합병한 때에는 그 양수인 또는 합병 후 존속하는 법인이나 합병에 의하여 설립되는 법인은 복합물류터미널사업의 등록에 따른 권리·의무를 승계한다.
② 제1항에 따라 복합물류터미널사업의 등록에 따른 권리·의무를 승계한 자는 국토해양부령으로 정하는 바에 따라 국토해양부장관에게 신고하여야 한다. <개정 2008.2.29>
③ 제1항에 따라 승계한 자의 결격사유에 관하여는 제8조를 준용한다.

제15조 (사업의 휴업·폐업)
① 복합물류터미널사업자는 복합물류터미널사업의 전부 또는 일부를 휴업하거나 폐업하려는 때에는 미리 국토해양부장관에게 신고하여야 한다. <개정 2008.2.29>
② 복합물류터미널사업자인 법인이 합병 외의 사유로 해산한 경우에는 그 청산인(파산에 따라 해산한 경우에는 파산관재인을 말한다)은 지체 없이 그 사실을 국토해양부장관에게 신고하여야 한다. <개정 2008.-2.29>
③ 제1항에 따른 휴업기간은 6개월을 초과할 수 없다.
④ 복합물류터미널사업자가 사업의 전부 또는 일부를 휴업하거나 폐업하려는 때에는 미리 그 취지를 영업소나 그 밖에 일반 공중(公衆)이 보기 쉬운 곳에 게시하여야 한다.

제16조 (등록증대여 등의 금지) 복합물류터미널사업자는 다른 사람에게 자기의 성명 또는 상호를 사용하여 사업을 하게 하거나 그 등록증을 대여하여서는 아니 된다.

제17조 (등록의 취소 등)

① 국토해양부장관은 복합물류터미널사업자가 다음 각 호의 어느 하나에
해당하는 때에는 그 등록을 취소하거나 6개월 이내의 기간을 정하여
사업의 정지를 명할 수 있다. 다만, 제1호·제4호·제7호 또는 제8호
에 해당하는 때에는 등록을 취소하여야 한다. <개정 2008.2.29>

1. 거짓이나 그 밖의 부정한 방법으로 제7조제1항에 따른 등록을 한 때

2. 제7조제3항에 따른 변경등록을 하지 아니하고 등록사항을 변경한 때

3. 제7조제4항의 등록기준에 맞지 아니하게 된 때. 다만, 3개월 이내에
그 기준을 충족시킨 때에는 그러하지 아니하다.

4. 제8조 각 호의 어느 하나에 해당하게 된 때. 다만, 같은 조 제3호에
해당하는 경우로서 그 사유가 발생한 날부터 3개월 이내에 해당 임
원을 개임(改任)한 경우에는 그러하지 아니하다.

5. 제9조제1항에 따른 인가 또는 변경인가를 받지 아니하고 공사를 시
행하거나 변경한 때

6. 사업의 전부 또는 일부를 휴업한 후 정당한 사유 없이 제15조제1항
에 따라 신고한 휴업기간이 지난 후에도 사업을 재개(再開)하지 아
니한 때

7. 제16조를 위반하여 다른 사람에게 자기의 성명 또는 상호를 사용하
여 사업을 하게 하거나 등록증을 대여한 때

8. 이 조에 따른 사업정지명령을 위반하여 그 사업정지기간 중에 영업
을 한 때

② 제1항에 따른 처분의 기준 및 절차 등에 관한 사항은 국토해양부령으
로 정한다. <개정 2008.2.29>

제18조 (과징금)

① 국토해양부장관은 복합물류터미널사업자가 제17조에 해당하여 사업의
정지를 명하여야 하는 경우로서 그 사업의 정지가 그 사업의 이용자
등에게 심한 불편을 주는 경우에는 그 사업정지처분을 갈음하여 1천

만 원 이하의 과징금을 부과할 수 있다. <개정 2008.2.29>

② 제1항에 따라 과징금을 부과하는 위반행위의 종류와 그 정도에 따른 과징금의 금액, 그 밖에 필요한 사항은 대통령령으로 정한다.

③ 제1항에 따른 과징금을 기한 내에 내지 아니하면 국토해양부장관은 대통령령으로 정하는 바에 따라 국세 체납처분의 예에 따라 징수한다. <개정 2008.2.29>

제19조 (물류터미널사업협회)

① 복합물류터미널사업자 및 일반물류터미널을 경영하는 자는 물류터미널사업의 건전한 발전과 사업자의 공동이익을 도모하기 위하여 대통령령으로 정하는 바에 따라 사업자협회(이하 "물류터미널사업협회"라 한다)를 설립할 수 있다.

② 물류터미널사업협회를 설립하려는 경우에는 해당 협회의 회원의 자격이 있는 자 중 5분의 1 이상의 발기인이 정관을 작성하여 해당 협회의 회원 자격이 있는 자의 3분의 1 이상이 출석한 창립총회의 의결을 거친 후 국토해양부장관의 설립인가를 받아야 한다. <개정 2008.2.29>

③ 물류터미널사업협회는 제2항에 따른 설립인가를 받아 설립등기를 함으로써 성립한다.

④ 물류터미널사업협회는 법인으로 한다.

⑤ 물류터미널사업협회에 관하여 이 법에 규정한 것 외에는 「민법」 중 사단법인에 관한 규정을 준용한다.

⑥ 물류터미널사업협회의 업무 및 정관 등에 필요한 사항은 대통령령으로 정한다.

제20조 (물류터미널 개발의 지원)

① 국가 또는 지방자치단체는 물류터미널사업자가 다음 각 호의 어느 하나에 해당하는 사업을 수행하는 경우에는 소요자금의 일부를 융자하거나 부지의 확보를 위한 지원을 할 수 있다.

  1. 물류터미널의 건설

　　2. 물류터미널 위치의 변경

　　3. 물류터미널의 규모·구조 및 설비의 확충 또는 개선

② 국토해양부장관은 제1항 각 호의 사업을 위하여 필요하다고 인정하는
　경우에는 시·도지사에게 부지의 확보 및 도시계획시설의 설치 등에
　관한 협조를 요청할 수 있다. <개정 2008.2.29>

제21조 (인·허가등의 의제)

① 국토해양부장관 또는 시·도지사가 제9조에 따른 공사시행의 인가를
　하는 경우에 다음 각 호의 인가·허가·승인 또는 결정 등(이하
　"인·허가등"이라 한다)에 관하여 같은 조 제2항에 따라 관계 행정기
　관의 장과 협의한 사항은 해당 인·허가등을 받은 것으로 보며, 같은
　조 제4항에 따라 공사시행인가를 고시한 때에는 다음 각 호의 법률에
　따른 해당 인·허가등의 고시 또는 공고를 한 것으로 본다. <개정
　2007.12.27, 2008.2.29, 2008.3.21>

　1. 「건축법」 제11조에 따른 건축허가, 같은 법 제14조에 따른 건축신
　　고, 같은 법 제16조에 따른 건축허가·신고사항의 변경, 같은 법 제
　　20조에 따른 가설건축물의 건축의 허가·신고 및 같은 법 제29조에
　　따른 건축협의

　2. 「공유수면관리법」 제5조에 따른 공유수면의 점용·사용허가 및 같
　　은 법 제8조에 따른 실시계획의 승인 또는 신고

　3. 「공유수면매립법」 제9조에 따른 공유수면매립의 면허 및 같은 법
　　제15조에 따른 실시계획의 승인

　4. 「국토의 계획 및 이용에 관한 법률」 제30조에 따른 도시관리계획의
　　결정(같은 법 제2조제4호다목의 계획에 한한다), 같은 법 제56조제1
　　항제2호·제4호에 따른 토지형질변경의 허가 또는 토지분할의 허가,
　　같은 법 제86조에 따른 도시계획시설사업의 시행자의 지정 및 같은
　　법 제88조에 따른 실시계획의 인가

　5. 「농어촌정비법」 제22조에 따른 농업기반시설의 목적 외 사용승인

6. 「농지법」 제34조에 따른 농지전용의 허가 및 협의

7. 「도로법」 제34조에 따른 도로공사의 시행허가 및 같은 법 제38조에 따른 도로의 점용허가

8. 「도시개발법」 제11조에 따른 사업시행자의 지정 및 같은 법 제17조에 따른 실시계획의 인가

9. 「사도법」 제4조에 따른 사도개설의 허가

10. 「사방사업법」 제14조에 따른 벌채 등의 허가 및 같은 법 제20조에 따른 사방지 지정의 해제

11. 「산지관리법」 제14조 및 제15조에 따른 산지전용허가 및 산지전용신고, 「산림자원의 조성 및 관리에 관한 법률」 제36조제1항 및 제4항에 따른 입목벌채등의 허가·신고, 같은 법 제45조제1항 및 제2항에 따른 보안림 안에서의 행위의 허가 및 신고

12. 「수도법」 제17조 및 제49조에 따른 수도사업의 인가, 같은 법 제52조 및 제54조에 따른 전용수도 설치의 인가

13. 「장사 등에 관한 법률」 제23조에 따른 연고자가 없는 분묘의 개장허가

14. 「초지법」 제23조에 따른 초지전용허가

15. 「하수도법」 제16조에 따른 공공하수도공사의 시행허가

16. 「하천법」 제30조에 따른 하천공사 시행허가, 하천공사실시계획의 인가 및 같은 법 제33조에 따른 하천의 점용허가

17. 「항만법」 제9조제2항에 따른 항만공사의 시행허가 및 같은 법 제10조제2항에 따른 실시계획의 승인

② 물류터미널사업자가 제9조에 따른 물류터미널의 공사를 완료하고 「건축법」 제22조에 따른 사용승인을 받은 경우에는 다음 각 호의 사항에 관하여 소관 행정기관의 허가를 받거나 소관 행정기관에 등록 또는 신고한 것으로 본다. 다만, 제1호는 복합물류터미널의 경우에만 적용한다. <개정 2008.3.21, 2009.2.6>

1. 「물류정책기본법」 제43조에 따른 국제물류주선업의 등록

2. 「석유 및 석유대체연료 사업법」 제10조에 따른 석유판매업 중 주유
   소의 등록 또는 신고
3. 「식품위생법」 제37조에 따른 식품접객업(단란주점영업 및 유흥주점
   영업을 제외한다)의 허가
4. 「자동차관리법」 제53조에 따른 자동차관리사업 중 자동차매매업 및
   자동차정비업의 등록
5. 「화물자동차 운수사업법」 제24조제1항에 따른 화물자동차운송주선
   사업의 허가
③ 제1항 및 제2항 각 호의 어느 하나에 해당하는 사항의 관계 법령을
   관장하는 중앙행정기관의 장은 그 처리기준을 국토해양부장관에게 통
   보하여야 한다. 이를 변경한 때에도 또한 같다. <개정 2008.2.29>
④ 국토해양부장관은 제3항에 따라 처리기준을 통보받으면 이를 통합하
   여 고시하여야 한다. <개정 2008.2.29>

제4장 물류단지의 개발 및 운영

제22조 (물류단지의 지정)
① 물류단지는 국토해양부장관이 지정한다. 다만, 대통령령으로 정하는
   규모 이하의 물류단지는 관할 시·도지사가 지정한다. <개정 2008.2.29>
② 국토해양부장관은 물류단지를 지정하려는 때에는 물류단지개발계획을
   수립하여 관할 시·도지사의 의견을 듣고 관계 중앙행정기관의 장과
   협의한 후 「물류정책기본법」 제19조제1항제2호의 물류시설분과위원
   회의 심의를 거쳐야 한다. 물류단지개발계획 중 대통령령으로 정하는
   중요 사항을 변경하려는 때에도 또한 같다. <개정 2008.2.29>
③ 시·도지사는 물류단지를 지정하려는 때에는 물류단지개발계획을 수
   립하여 관계 행정기관의 장과 협의한 후 「물류정책기본법」 제20조의
   지역물류정책위원회의 심의를 거쳐야 한다. 물류단지개발계획 중 대

통령령으로 정하는 중요 사항을 변경하려는 때에도 또한 같다.

④ 관계 행정기관의 장과 제27조제2항제2호부터 제5호까지의 어느 하나
에 해당하는 자는 물류단지의 지정이 필요하다고 인정하는 때에는 대
상지역을 정하여 국토해양부장관 또는 시·도지사(이하 "물류단지지
정권자"라 한다)에게 물류단지의 지정을 요청할 수 있다. 이 경우 중
앙행정기관의 장 이외의 자는 물류단지개발계획안을 작성하여 제출하
여야 한다. <개정 2008.2.29>

⑤ 제2항 및 제3항에 따른 물류단지개발계획에는 다음 각 호의 사항이
포함되어야 한다. 다만, 물류단지개발계획을 수립할 때까지 제3호의
시행자가 확정되지 아니하였거나 제8호의 세부목록의 작성이 곤란한
경우에는 물류단지의 지정 후에 이를 물류단지개발계획에 포함시킬
수 있다.

1. 물류단지의 명칭·위치 및 면적
2. 물류단지의 지정목적
3. 물류단지개발사업의 시행자
4. 물류단지개발사업의 시행기간 및 시행방법
5. 토지이용계획 및 주요 기반시설계획
6. 주요 유치시설 및 그 설치기준에 관한 사항
7. 재원조달계획
8. 수용하거나 사용할 토지, 건축물, 그 밖의 물건이나 권리가 있는 경
   우에는 그 세부목록
9. 그 밖에 대통령령으로 정하는 사항

제23조 (물류단지지정의 고시 등)

① 물류단지지정권자는 제22조에 따라 물류단지를 지정하거나 지정내용
을 변경한 때에는 대통령령으로 정하는 사항을 관보 또는 특별시·광
역시·도 또는 특별자치도(이하 "시·도"라 한다)의 공보에 고시하고,
관계 서류의 사본을 관할 시장·군수·구청장에게 보내야 한다.

② 물류단지로 지정되는 지역에 수용하거나 사용할 토지, 건축물, 그 밖의 물건이나 권리가 있는 경우에는 제1항에 따른 고시내용에 그 토지 등의 세부목록을 포함시켜야 한다.

③ 제1항에 따라 관계 서류를 받은 시장·군수·구청장은 이를 14일 이상 일반인이 열람할 수 있도록 하여야 한다.

제24조 (주민 등의 의견청취)

① 물류단지지정권자는 물류단지를 지정하려는 때에는 주민 및 관계 전문가의 의견을 들어야 하고 타당하다고 인정하는 때에는 그 의견을 반영하여야 한다. 다만, 국방상 기밀(機密)사항이거나 대통령령으로 정하는 경미한 사항인 경우에는 의견 청취를 생략할 수 있다.

② 제1항에 따른 주민 및 관계 전문가의 의견청취에 필요한 사항은 대통령령으로 정한다.

제25조 (행위제한 등)

① 물류단지 안에서 건축물의 건축, 공작물의 설치, 토지의 형질변경, 토석의 채취, 토지분할, 물건을 쌓아놓는 행위 등 대통령령으로 정하는 행위를 하려는 자는 시장·군수·구청장의 허가를 받아야 한다. 허가받은 사항을 변경하려는 때에도 또한 같다.

② 다음 각 호의 어느 하나에 해당하는 행위는 제1항에도 불구하고 허가를 받지 아니하고 할 수 있다.

　1. 재해복구 또는 재난수습에 필요한 응급조치를 위하여 하는 행위

　2. 그 밖에 대통령령으로 정하는 행위

③ 제1항에 따라 허가를 받아야 하는 행위로서 물류단지의 지정 및 고시 당시 이미 관계 법령에 따라 행위허가를 받았거나 허가를 받을 필요가 없는 행위에 관하여 그 공사 또는 사업에 착수한 자는 대통령령으로 정하는 바에 따라 시장·군수·구청장에게 신고한 후 이를 계속 시행할 수 있다.

④ 시장·군수·구청장은 제1항을 위반한 자에게 원상회복을 명할 수

있다. 이 경우 명령을 받은 자가 그 의무를 이행하지 아니하면 시
장·군수·구청장은 「행정대집행법」에 따라 대집행할 수 있다.
⑤ 제1항에 따른 허가에 관하여 이 법에 규정한 것 외에는 「국토의 계획
및 이용에 관한 법률」 제57조부터 제60조까지 및 제62조를 준용한다.
⑥ 제1항에 따라 허가를 받은 경우에는 「국토의 계획 및 이용에 관한 법
률」 제56조에 따라 허가를 받은 것으로 본다.

제26조 (물류단지지정의 해제)

① 물류단지로 지정·고시된 날부터 대통령령으로 정하는 기간 이내에
그 물류단지의 전부 또는 일부에 대하여 제28조에 따른 물류단지개
발실시계획의 승인을 신청하지 아니하면 그 기간이 지난 다음 날 해
당 지역에 대한 물류단지의 지정이 해제된 것으로 본다.
② 물류단지지정권자는 물류단지의 전부 또는 일부에 대한 개발이 완료
되거나 개발 전망이 없게 된 경우에는 대통령령으로 정하는 바에 따
라 해당 지역에 대한 물류단지의 지정을 해제할 수 있다.
③ 제1항 또는 제2항에 따라 물류단지의 지정이 해제된 것으로 보거나
해제된 경우 해당 물류단지지정권자는 그 사실을 관계 중앙행정기관
의 장 및 시·도지사에게 통보하고 고시하여야 하며, 통보를 받은
시·도지사는 지체 없이 시장·군수·구청장으로 하여금 이를 14일
이상 일반인이 열람할 수 있도록 하여야 한다.
④ 물류단지의 지정으로 「국토의 계획 및 이용에 관한 법률」에 따른 용
도지역이 변경·결정된 후 제1항 또는 제2항에 따라 해당 물류단지
의 지정이 해제된 경우에는 같은 법의 규정에도 불구하고 해당 물류
단지에 대한 용도지역은 변경·결정되기 전의 용도지역으로 환원된
것으로 본다. 다만, 물류단지의 개발이 완료되어 물류단지의 지정이
해제된 경우에는 변경·결정되기 전의 용도지역으로 환원되지 아니한다.
⑤ 시장·군수·구청장은 제4항에 따라 용도지역이 환원된 경우에는 즉
시 그 사실을 고시하여야 한다.

제27조 (물류단지개발사업의 시행자)

① 물류단지개발사업을 시행하려는 자는 대통령령으로 정하는 바에 따라 물류단지지정권자로부터 시행자 지정을 받아야 한다.

② 제1항에 따라 물류단지개발사업의 시행자로 지정받을 수 있는 자는 다음 각 호의 자로 한다.

　1. 국가 또는 지방자치단체

　2. 대통령령으로 정하는 공공기관

　3. 「지방공기업법」에 따른 지방공사

　4. 특별법에 따라 설립된 법인

　5. 「민법」 또는 「상법」에 따라 설립된 법인

③ 제1항에 따라 물류단지개발사업의 시행자로 지정받으려는 자는 대통령령으로 정하는 바에 따라 물류단지지정권자에게 시행자 지정을 신청하여야 한다.

④ 물류단지지정권자는 제1항에 따라 물류단지개발사업을 시행하는 자로 지정받은 자(이하 "시행자"라 한다) 중 제2항제5호에 해당하는 자가 제28조에 따라 승인을 받은 물류단지개발실시계획에서 정하여진 기간 내에 물류단지개발사업을 완료하지 아니하면 제2항의 각 호의 자 중에서 다른 시행자를 지정하여 그 시행자에게 해당 물류단지개발사업을 시행하게 할 수 있다.

⑤ 제2항제1호부터 제4호까지의 시행자는 물류단지개발사업을 효율적으로 시행하기 위하여 필요하다고 인정하는 경우에는 대통령령으로 정하는 바에 따라 해당 물류단지에 입주하거나 입주하려는 물류시설의 운영자(이하 "입주기업체"라 한다) 및 지원시설의 운영자(이하 "지원기관"이라 한다)에게 물류단지개발사업의 일부를 대행하게 할 수 있다.

제28조 (물류단지개발실시계획의 승인)

① 시행자는 대통령령으로 정하는 바에 따라 물류단지개발실시계획(이하 "실시계획"이라 한다)을 수립하여 물류단지지정권자의 승인을 받아야

한다. 승인을 받은 사항 중 대통령령으로 정하는 중요 사항을 변경하려는 경우에도 또한 같다.

② 실시계획에는 개발한 토지·시설 등의 처분에 관한 사항이 포함되어야 한다.

③ 물류단지지정권자가 제1항에 따라 실시계획을 승인하거나 승인한 사항을 변경승인할 때에는 제30조제1항 각 호의 관계 법률에 적합한지를 미리 소관 행정기관의 장과 협의하여야 한다.

제29조 (실시계획승인의 고시)

① 물류단지지정권자는 제28조에 따라 실시계획을 승인하거나 승인한 사항을 변경승인한 때에는 대통령령으로 정하는 사항을 관보 또는 시·도의 공보에 고시하고, 관계 서류의 사본을 관할 시장·군수·구청장에게 보내야 한다.

② 제1항에 따라 관계 서류의 사본을 받은 시장·군수·구청장은 이를 14일 이상 일반인이 열람할 수 있도록 하여야 한다.

③ 제1항에 따라 관계 서류의 사본을 받은 시장·군수·구청장은 실시계획에 도시관리계획 결정사항이 포함되어 있으면 「국토의 계획 및 이용에 관한 법률」 제32조에 따라 지형도면의 고시 등에 필요한 절차를 취하여야 한다. 이 경우 시행자는 도시관리계획에 관한 지형도면의 고시 등에 필요한 서류를 작성하여 시장·군수·구청장에게 제출하여야 한다.

제30조 (인·허가등의 의제)

① 물류단지지정권자가 실시계획을 승인하는 경우에 다음 각 호의 인·허가등에 관하여 제28조제3항에 따라 관계 행정기관의 장과 협의한 사항은 해당 인·허가등을 받은 것으로 보며, 실시계획승인을 고시한 때에는 다음 각 호의 법률에 따른 해당 인·허가등의 고시 또는 공고를 한 것으로 본다. <개정 2008.3.21, 2008.12.26, 2009.1.30>
1. 「가축분뇨의 관리 및 이용에 관한 법률」 제11조에 따른 배출시설에

대한 설치허가 또는 신고

2. 「건축법」 제11조에 따른 건축허가, 같은 법 제14조에 따른 건축신고, 같은 법 제16조에 따른 건축허가·신고사항의 변경, 같은 법 제20조에 따른 가설건축물의 건축의 허가·신고 및 같은 법 제29조에 따른 건축협의

3. 「골재채취법」 제22조에 따른 골재채취의 허가

4. 「공유수면관리법」 제5조에 따른 공유수면의 점용·사용허가 및 같은 법 제8조에 따른 실시계획의 인가 또는 신고

5. 「공유수면매립법」 제9조에 따른 공유수면매립의 면허 및 같은 법 제15조에 따른 실시계획의 인가

6. 「공유재산 및 물품 관리법」 제11조에 따른 행정재산의 용도폐지 및 같은 법 제20조제1항에 따른 행정재산의 사용·수익의 허가

7. 「광업법」 제24조에 따른 광업권설정불허가처분 및 같은 법 제34조에 따른 광업권의 취소 또는 광구감소처분

8. 「국유재산법」 제30조에 따른 행정재산의 사용허가 및 같은 법 제40조에 따른 행정재산의 용도폐지

9. 「국토의 계획 및 이용에 관한 법률」 제30조에 따른 도시관리계획의 결정, 같은 법 제56조제1항제2호·제4호에 따른 토지형질변경의 허가 또는 토지분할의 허가, 같은 법 제86조에 따른 도시계획시설사업의 시행자의 지정 및 같은 법 제88조에 따른 실시계획의 인가

10. 「농어촌정비법」 제22조에 따른 농업기반시설의 목적 외 사용승인

11. 「농지법」 제34조에 따른 농지전용의 허가 및 협의

12. 「도로법」 제34조에 따른 도로공사의 시행허가 및 같은 법 제38조에 따른 도로의 점용허가

13. 「사도법」 제4조에 따른 사도개설의 허가

14. 「사방사업법」 제14조에 따른 벌채 등의 허가 및 같은 법 제20조에 따른 사방지 지정의 해제

15. 「산지관리법」 제14조 및 제15조에 따른 산지전용허가 및 산지전용

신고, 「산림자원의 조성 및 관리에 관한 법률」 제36조제1항 및 제
4항에 따른 입목벌채등의 허가·신고, 같은 법 제45조제1항 및 제
2항에 따른 보안림 안에서의 행위의 허가 및 신고

16. 「소하천정비법」 제10조에 따른 소하천 공사시행의 허가 및 같은
법 제14조에 따른 소하천 점용의 허가

17. 「수도법」 제17조 및 제49조에 따른 수도사업의 인가, 같은 법 제
52조 및 제54조에 따른 전용수도 설치의 인가

18. 「수질 및 수생태계 보전에 관한 법률」 제49조에 따른 종말처리시
설설치 기본계획의 승인

19. 「에너지이용 합리화법」 제8조에 따른 에너지사용계획의 협의

20. 「장사 등에 관한 법률」 제23조에 따른 연고자가 없는 분묘의 개장
허가

21. 「지적법」 제27조에 따른 사업의 착수·변경 또는 완료의 신고

22. 「집단에너지사업법」 제4조에 따른 집단에너지의 공급 타당성에 관
한 협의

23. 「초지법」 제23조에 따른 초지전용허가

24. 「측량법」 제25조에 따른 측량성과 사용에 관한 심사

25. 「폐기물관리법」 제29조에 따른 폐기물처리시설의 설치승인 또는
신고

26. 「하수도법」 제16조에 따른 공공하수도공사의 시행허가 및 같은 법
제24조에 따른 공공하수도의 점용허가

27. 「하천법」 제30조에 따른 하천공사 시행허가, 하천공사실시계획의
인가 및 같은 법 제33조에 따른 하천의 점용허가

28. 「항만법」 제9조제2항에 따른 항만공사의 시행허가 및 같은 법 제
10조제2항에 따른 실시계획의 승인

② 제1항에 따라 다른 법률에 따른 인·허가등을 받은 것으로 보는 경우
에는 관계 법률 또는 시·도의 조례에 따라 부과되는 그 인·허가등
에 따른 수수료·사용료 등을 면제한다.

③ 제1항에 따른 인·허가등의 의제와 관련된 처리기준에 관하여는 제21
조제3항 및 제4항을 준용한다.

제31조 (물류단지개발사업의 위탁시행)

① 시행자는 물류단지개발사업 중 항만, 용수시설, 그 밖에 대통령령으로
정하는 공공시설의 건설과 공유수면의 매립에 관한 사항을 대통령령
으로 정하는 바에 따라 국가·지방자치단체 또는 대통령령으로 정하
는 공공기관에 위탁하여 시행할 수 있다.

② 물류단지개발사업을 위한 토지매수업무 등의 위탁에 관하여는 제11조
를 준용한다. 이 경우 "물류터미널사업자"는 "시행자"로, "물류터미
널"은 "물류단지"로 본다.

제32조 (토지등의 수용·사용)

① 시행자는 물류단지개발사업에 필요한 토지등을 수용하거나 사용할 수
있다. 다만, 제27조제2항제5호의 시행자인 경우에는 사업대상 토지면
적의 3분의 2 이상을 매입하여야 토지등을 수용하거나 사용할 수 있다.

② 제1항에 따라 토지등을 수용하거나 사용하는 경우에 제23조제1항에
따른 물류단지 지정 고시를 한 때(제22조제5항 단서에 따라 시행자
및 수용하거나 사용할 토지등의 세부목록을 물류단지의 지정 후에 물
류단지개발계획에 포함시키는 경우에는 그 고시한 때를 말한다)에는
「공익사업을 위한 토지 등의 취득 및 보상에 관한 법률」 제20조제1
항 및 같은 법 제22조에 따른 사업인정 및 그 고시를 한 것으로 본다.

③ 국토해양부장관이 지정하는 물류단지 안의 토지등에 대한 재결은 중
앙토지수용위원회가 관장하고, 시·도지사가 지정하는 물류단지 안의
토지등에 대한 재결은 관할 지방토지수용위원회가 관장한다. 이 경우
재결의 신청은 「공익사업을 위한 토지 등의 취득 및 보상에 관한 법
률」 제23조제1항 및 같은 법 제28조제1항에도 불구하고 물류단지개
발계획에서 정하는 사업시행기간 내에 할 수 있다. <개정 2008.2.29>

④ 제1항에 따른 수용 또는 사용에 관하여는 이 법에 특별한 규정이 있

는 경우 외에는 「공익사업을 위한 토지 등의 취득 및 보상에 관한 법률」을 준용한다.

제33조 (「국토의 계획 및 이용에 관한 법률」 등의 적용특례)
① 제22조 및 제23조에 따라 물류단지가 지정·고시된 경우에는 그 범위에서 「공유수면매립법」 제4조 및 제8조에 따른 공유수면매립기본계획 또는 「국토의 계획 및 이용에 관한 법률」 제30조에 따른 도시관리계획이 결정·고시된 것으로 본다.
② 제28조에 따라 실시계획의 승인을 받은 시행자가 해당 물류단지 안의 토지에 관하여 체결하는 토지거래계약에 대하여는 「국토의 계획 및 이용에 관한 법률」 제118조를 적용하지 아니한다.
③ 지원시설에 대하여는 「국토의 계획 및 이용에 관한 법률」 제76조에 따른 지역·지구 안에서의 건축금지 및 제한에 관한 규정을 적용하지 아니한다.

제34조 (토지소유자에 대한 환지)
① 시행자는 물류단지 안의 토지를 소유하고 있는 자가 물류단지개발계획에서 정한 물류단지시설을 운영하려는 경우에는 그 토지를 포함하여 물류단지개발사업을 시행할 수 있으며, 해당 사업이 완료된 후 대통령령으로 정하는 바에 따라 해당 토지소유자에게 환지(換地)하여 줄 수 있다.
② 제1항에 따른 환지를 할 때 대통령령으로 정하는 사항 외에는 「도시개발법」 제28조부터 제49조까지를 준용한다. <개정 2008.3.21>

제35조 (토지 출입 등) 물류단지개발사업 시행을 위한 토지 출입 등에 관하여는 제12조를 준용한다. 이 경우 "물류터미널사업자"는 "시행자"로, "물류터미널"은 "물류단지"로 본다.

제36조 (공공시설 및 토지 등의 귀속)
① 제27조제2항제1호부터 제4호까지의 시행자가 물류단지개발사업의 시

행으로 새로 공공시설을 설치하거나 기존의 공공시설에 대체되는 공
공시설을 설치한 경우에는「국유재산법」및「공유재산 및 물품 관리
법」에도 불구하고 종래의 공공시설은 시행자에게 무상으로 귀속되고
새로 설치된 공공시설은 그 시설을 관리할 국가 또는 지방자치단체에
무상으로 귀속된다.

② 제27조제2항제5호의 시행자가 물류단지개발사업의 시행으로 새로 설
치한 공공시설은 그 시설을 관리할 국가 또는 지방자치단체에 무상으
로 귀속되고, 물류단지개발사업의 시행으로 인하여 용도가 폐지되는
국가 또는 지방자치단체 소유의 재산은「국유재산법」및「공유재산
및 물품 관리법」에도 불구하고 새로 설치한 공공시설의 설치비용에
상당하는 범위에서 그 시행자에게 무상으로 양도할 수 있다.

③ 물류단지지정권자는 제1항 및 제2항에 따른 공공시설의 귀속 및 양도
에 관한 사항이 포함된 실시계획을 승인하려는 때에는 미리 그 공공
시설을 관리하는 기관(이하 "관리청"이라 한다)의 의견을 들어야 한
다. 실시계획을 변경하려는 때에도 또한 같다.

④ 시행자는 제1항 및 제2항에 따라 국가 또는 지방자치단체에 귀속될
공공시설과 시행자에게 귀속되거나 양도될 재산의 종류와 토지의 세
부목록을 그 물류단지개발사업의 준공 전에 관리청에 통지하여야 하
며, 해당 공공시설과 재산은 그 사업이 준공되어 제46조제3항에 따라
시행자에게 준공인가통지를 한 때에 국가 또는 지방자치단체에 귀속
되거나 시행자에게 귀속 또는 양도된 것으로 본다.

⑤ 제4항에 따른 공공시설과 재산의 등기에 관하여는 물류단지개발사업
의 실시계획승인서와 준공인가서로써「부동산등기법」에 따른 등기원
인을 증명하는 서면을 갈음할 수 있다.

⑥ 제1항부터 제5항까지의 공공시설의 범위는 대통령령으로 정한다.

제37조 (국・공유지의 처분제한) 물류단지개발사업에 필요한 국・공유지
의 처분제한 등에 관하여는 제13조를 준용한다. 이 경우 "물류터미널을 건

설하기 위한 부지"는 "물류단지"로, "물류터미널 건설사업"은 "물류단지개발사업"으로, "국토해양부장관 또는 시·도지사"는 "물류단지지정권자"로, "물류터미널사업자"는 "시행자·입주기업체 또는 지원기관"으로 본다. <개정 2008.2.29>

제38조 (물류단지개발사업의 비용)

① 물류단지개발사업에 필요한 비용은 시행자가 부담한다.

② 물류단지에 필요한 전기시설·전기통신설비·가스공급시설 또는 지역난방시설은 대통령령으로 정하는 범위에서 해당 지역에 전기·전기통신·가스 또는 난방을 공급하는 자가 비용을 부담하여 설치하여야 한다. 다만, 물류단지개발사업의 시행자·입주기업·지방자치단체 등의 요청에 따라 전기간선시설을 땅 속에 설치하는 경우에는 전기를 공급하는 자와 땅 속에 설치할 것을 요청하는 자가 각각 100분의 50의 비율로 그 설치비용을 부담한다.

③ 제2항에 따른 각 시설의 설치시기, 그 밖에 필요한 사항은 대통령령으로 정한다.

제39조 (물류단지개발사업의 지원)

① 국가 또는 지방자치단체는 대통령령으로 정하는 바에 따라 물류단지개발사업에 필요한 비용의 일부를 보조하거나 융자할 수 있다.

② 국가 또는 지방자치단체는 물류단지의 원활한 개발을 위하여 필요한 도로·철도·항만·용수시설 등 기반시설의 설치를 우선적으로 지원하여야 한다.

제40조 (물류단지개발특별회계의 설치)

① 시·도지사 또는 시장·군수는 물류단지개발사업을 촉진하기 위하여 지방자치단체에 물류단지개발특별회계(이하 "특별회계"라 한다)를 설치할 수 있다.

② 특별회계는 다음 각 호의 재원으로 조성된다.

  1. 해당 지방자치단체의 일반회계로부터의 전입금

  2. 정부의 보조금

  3. 제67조에 따라 부과·징수된 과태료

  4. 「개발이익환수에 관한 법률」 제4조제1항에 따라 지방자치단체에 귀
     속되는 개발부담금 중 해당 지방자치단체의 조례로 정하는 비율의
     금액

  5. 「국토의 계획 및 이용에 관한 법률」 제65조제8항에 따른 수익금

  6. 「지방세법」 제238조에 따라 부과·징수되는 도시계획세의 징수액
     중 대통령령으로 정하는 비율의 금액

  7. 차입금

  8. 해당 특별회계자금의 융자회수금·이자수입금 및 그 밖의 수익금

제41조 (특별회계의 운용)

① 특별회계는 다음 각 호의 용도로 사용한다.

  1. 물류단지개발사업의 시행자에 대한 공사비의 보조 또는 융자

  2. 물류단지개발사업에 따른 도시계획시설사업에 관한 보조 또는 융자

  3. 지방자치단체가 시행하는 물류단지개발사업에 따른 도시계획시설의
     설치사업비

  4. 물류단지지정, 물류시설의 개발계획수립 및 제도발전을 위한 조사·
     연구비

  5. 차입금의 원리금 상환

  6. 특별회계의 조성·운용 및 관리를 위한 경비

  7. 그 밖에 대통령령으로 정하는 사항

② 국토해양부장관은 필요한 경우에는 지방자치단체의 장에게 특별회계
   의 운용상황을 보고하게 할 수 있다. <개정 2008.2.29>

③ 특별회계의 설치 및 운용·관리에 필요한 사항은 대통령령으로 정하
   는 기준에 따라 해당 지방자치단체의 조례로 정한다.

제42조 (시설의 존치) 시행자는 물류단지 안에 있는 기존의 시설이나 그 밖의 공작물을 이전하거나 철거하지 아니하여도 물류단지개발사업에 지장이 없다고 인정하는 때에는 이를 남겨두게 할 수 있다.

제43조 (선수금) 시행자는 그가 조성하는 용지를 분양·임대받거나 시설을 이용하려는 자로부터 대통령령으로 정하는 바에 따라 대금의 전부 또는 일부를 미리 받을 수 있다.

제44조 (시설부담금)

① 물류단지지정권자는 시행자에게 도로, 공원, 녹지, 그 밖에 대통령령으로 정하는 공공시설을 설치하게 하거나 기존의 공원 및 녹지를 보존하게 할 수 있다.

② 시행자는 제1항에 따른 공공시설의 설치나 기존의 공원 및 녹지의 보존에 필요한 비용에 충당하기 위하여 그 비용의 범위에서 제42조에 따른 존치시설의 소유자나 개발 후 토지·시설 등을 분양받는 자에게 시설부담금을 납부하게 할 수 있다.

③ 제2항에 따른 시설부담금의 산정기준, 징수방법, 그 밖에 필요한 사항은 대통령령으로 정한다.

제45조 (이주대책 등)

① 시행자는 「공익사업을 위한 토지 등의 취득 및 보상에 관한 법률」로 정하는 바에 따라 물류단지개발사업으로 인하여 생활의 근거를 상실하게 되는 자(이하 "이주자"라 한다)에 대한 이주대책 등을 수립·시행하여야 한다.

② 입주기업체 및 지원기관은 특별한 사유가 없으면 이주자 또는 인근지역의 주민을 우선적으로 고용하여야 한다.

제46조 (물류단지개발사업의 준공인가)

① 시행자는 물류단지개발사업의 전부 또는 일부를 완료하면 대통령령으로 정하는 바에 따라 물류단지지정권자의 준공인가를 받아야 한다.

② 시행자가 제1항에 따른 준공인가를 신청한 경우에 물류단지지정권자
는 관계 중앙행정기관, 지방자치단체 또는 대통령령으로 정하는 공공
기관, 연구기관, 그 밖의 전문기관의 장에게 준공인가에 필요한 검사
를 의뢰할 수 있다. 이 경우 공공시설에 대한 검사는 원칙적으로 그
시설을 관리할 국가 또는 지방자치단체에 의뢰하여야 한다.

③ 물류단지지정권자는 제2항에 따른 준공검사를 한 결과 실시계획대로
완료된 경우에는 준공인가를 하고 대통령령으로 정하는 바에 따라 이
를 공고한 후 시행자 및 관리청에 통지하여야 하며, 실시계획대로 완
료되지 아니한 경우에는 지체 없이 보완시공 등 필요한 조치를 명하
여야 한다.

④ 시행자가 제1항에 따른 준공인가를 받은 때에는 제30조제1항에 따라
실시계획승인으로 의제되는 인·허가등에 따른 해당 사업의 준공에
관한 검사·인가·신고·확인 등을 받은 것으로 본다.

⑤ 제1항에 따른 준공인가 전에는 물류단지개발사업으로 개발된 토지나
설치된 시설을 사용할 수 없다. 다만, 대통령령으로 정하는 바에 따라
물류단지지정권자의 사용허가를 받은 경우에는 그러하지 아니다.

제47조 (관계 서류 등의 열람)

① 시행자는 물류단지개발사업을 시행할 때 필요하면 국가 또는 지방자
치단체에 서류의 열람 또는 등사를 하거나 그 등본 또는 초본의 교부
를 청구할 수 있다.

② 국가 또는 지방자치단체는 제1항에 따라 발급하는 서류에 대하여는
수수료를 부과하지 아니한다.

제48조 (지정·승인·인가의 취소 등)

① 국토해양부장관 또는 시·도지사는 시행자가 다음 각 호의 어느 하나
에 해당하는 경우에는 이 법에 따른 지정·승인 또는 인가를 취소하
거나 공사의 중지, 공작물의 개축, 이전, 그 밖에 필요한 조치를 할
수 있다. 다만, 제1호부터 제4호까지의 경우에는 그 지정·승인 또는

인가를 취소하여야 한다. <개정 2008.2.29>

1. 거짓이나 그 밖의 부정한 방법으로 제22조제1항에 따른 물류단지의 지정을 받은 경우
2. 거짓이나 그 밖의 부정한 방법으로 제27조제1항에 따른 시행자의 지정을 받은 경우
3. 거짓이나 그 밖의 부정한 방법으로 제28조제1항(제49조에서 준용하는 경우를 포함한다)에 따른 실시계획의 승인을 받은 경우
4. 거짓이나 그 밖의 부정한 방법으로 제46조제1항(제49조에서 준용하는 경우를 포함한다)에 따른 준공인가를 받은 경우
5. 사정이 변경되어 물류단지개발사업을 계속 시행하는 것이 불가능하게 된 경우

② 국토해양부장관 또는 시·도지사는 제1항에 따른 처분을 한 때에는 대통령령으로 정하는 바에 따라 그 사실을 고시하여야 한다. <개정 2008.2.29>

제49조 (물류단지개발 관련 사업에 대한 준용) 물류단지의 인근지역에서 물류단지개발과 관련되는 사업으로서 다음 각 호의 어느 하나에 해당하는 사업을 시행하는 경우 해당 사업에 대하여는 제25조, 제28조부터 제37조까지, 제39조, 제45조부터 제47조까지, 제52조 및 제61조를 준용한다. 이 경우 "물류단지"는 "물류단지개발과 관련되는 사업에 대한 실시계획승인이 고시된 지역"으로, "물류단지개발실시계획"은 "물류단지개발과 관련되는 사업에 대한 실시계획"으로, "물류단지 지정의 고시"는 "물류단지개발과 관련되는 사업에 대한 실시계획 승인의 고시"로, "물류단지개발계획"은 "물류단지개발과 관련되는 사업에 대한 실시계획"으로 본다.

1. 항만·도로·하천·철도·용수공급시설·하수도·폐수종말처리시설·폐기물처리시설·전기시설 또는 통신시설사업
2. 가스 또는 유류의 공급시설사업
3. 물류단지의 조성을 위하여 그 물류단지에 연접한 취토장(取土匠) 또

는 돌산을 개발하는 사업

4. 물류단지를 조성하기 위한 준설사업

제50조 (개발한 토지·시설 등의 처분)

① 시행자는 물류단지개발사업에 따라 개발한 토지·시설 등을 직접 사용하거나 분양 또는 임대하여야 한다.

② 제1항에 따른 토지·시설 등의 처분방법·절차·가격기준 등에 관하여 필요한 사항은 대통령령으로 정한다.

제51조 (개발한 토지·시설 등의 처분제한)

① 입주기업체 또는 지원기관은 물류단지시설 또는 지원시설의 설치를 완료하기 전에 분양받은 토지·시설 등을 처분하려는 때에는 시행자 또는 제53조에 따른 관리기관에 양도하여야 한다. 다만, 시행자나 관리기관이 매수할 수 없는 때에는 대통령령으로 정하는 바에 따라 시행자나 관리기관이 매수신청을 받아 선정한 다른 입주기업체, 지원기관 또는 다음 각 호의 자에게 양도하여야 한다.

1. 한국토지공사

2. 「은행법」 제8조에 따라 은행업의 인가를 받은 금융기관

3. 그 밖에 대통령령으로 정하는 자

② 제1항에 따른 토지의 양도가격은 취득가격에 대통령령으로 정하는 이자 및 비용을 더한 금액으로 하고, 시설 등의 양도가격은 「부동산 가격공시 및 감정평가에 관한 법률」에 따른 감정평가업자의 감정평가액을 고려하여 결정할 수 있다.

③ 제1항 각 호의 자가 매수한 토지·시설 등의 매각가격·매각절차 등에 필요한 사항은 대통령령으로 정한다.

제52조 (물류단지시설 등의 건축허가 및 사용승인)

① 물류단지 안에서 물류단지시설 또는 지원시설을 건축하려는 자가 「건축법」 제11조에 따른 건축허가를 받은 때(제28조제1항의 실시계획의

승인에 따라 건축허가가 의제된 시설의 경우에는「건축법」제22조에 따른 사용승인을 받은 때를 말한다)에는 다음 각 호의 인·허가등을 받은 것으로 본다. <개정 2008.3.21>

1.「가축분뇨의 관리 및 이용에 관한 법률」제11조에 따른 배출시설에 대한 설치허가 또는 신고 및 같은 법 제15조에 따른 준공검사
2.「건축법」제20조제1항·제2항에 따른 가설건축물의 건축허가 또는 신고 및 같은 법 제83조에 따른 공작물축조의 신고
3.「고압가스 안전관리법」제4조제3항에 따른 고압가스저장소 설치의 허가, 같은 법 제16조제3항에 따른 고압가스의 제조·저장·판매·수입시설이나 용기 등의 제조시설의 설치공사의 완성검사 및 같은 법 제20조에 따른 특정고압가스시설의 완성검사
4.「국토의 계획 및 이용에 관한 법률」제56조제1항에 따른 개발행위(건축물의 건축 또는 공작물의 설치에 한한다)의 허가, 같은 법 제62조제1항에 따른 준공검사, 같은 법 제86조에 따른 도시계획시설사업의 시행자의 지정, 같은 법 제88조에 따른 실시계획의 인가 및 같은 법 제98조제2항에 따른 준공검사
5.「대기환경보전법」제23조,「수질 및 수생태계 보전에 관한 법률」제33조 및「소음·진동규제법」제8조에 따른 배출시설 설치의 허가 또는 신고
6.「대기환경보전법」제30조,「수질 및 수생태계 보전에 관한 법률」제37조 및「소음·진동규제법」제13조에 따른 배출시설과 방지시설의 가동개시 신고
7.「도로법」제38조에 따른 도로점용허가
8.「소방시설설치유지 및 안전관리에 관한 법률」제7조제1항에 따른 건축허가등의 동의,「소방시설공사업법」제13조제1항에 따른 소방시설공사의 신고, 같은 법 제14조에 따른 완공검사,「위험물안전관리법」제6조제1항에 따른 제조소등의 설치허가 및 같은 법 제9조에 따른 완공검사

9. 「수도법」 제52조 및 제54조에 따른 전용수도 설치의 인가

10. 「액화석유가스의 안전관리 및 사업법」 제6조제1항에 따른 액화석
유가스저장소 설치의 허가 및 같은 법 제18조제2항에 따른 저장소
설치와 가스용품제조시설의 완성검사

11. 「전기사업법」 제62조에 따른 자가용전기설비 공사계획의 인가 또
는 신고 및 같은 법 제63조에 따른 자가용전기설비의 사용전검사

12. 「정보통신공사업법」 제36조에 따른 사용전검사

13. 「지적법」 제3조제2항에 따른 토지이동의 등록신청

14. 「총포·도검·화약류 등 단속법」 제25조제1항에 따른 화약류(간
이)저장소설치의 허가 및 같은 법 제43조에 따른 완성검사

15. 「토양환경보전법」 제12조에 따른 특정토양오염관리대상시설 설치
의 신고

16. 「폐기물관리법」 제29조제2항에 따른 폐기물처리시설의 설치승인
또는 신고 및 같은 법 제29조제4항에 따른 폐기물처리시설의 사용
개시신고

17. 「하수도법」 제24조에 따른 공공하수도 점용허가, 같은 법 제27조
제3항에 따른 배수설비설치신고, 같은 법 제34조제2항에 따른 개
인하수처리시설의 설치신고 및 같은 법 제37조에 따른 준공검사

② 제1항 각 호의 어느 하나에 해당하는 사항이 해당 특별시장·광역시
장 또는 시장·군수·구청장 외의 다른 행정기관의 권한에 속하는
경우에는 해당 특별시장·광역시장 또는 시장·군수·구청장은 미리
그 다른 행정기관의 장과 협의를 하여야 한다.

③ 제1항에 따른 인·허가등의 의제와 관련된 처리기준에 관하여는 제21
조제3항 및 제4항을 준용한다.

제53조 (물류단지의 관리기관)

① 물류단지는 입주기업체가 자율적으로 구성한 협의회(이하 "입주기업
체협의회"라 한다)가 관리한다. 다만, 입주기업체협의회가 구성되기

전에는 시행자가 물류단지를 관리할 수 있다.

② 물류단지지정권자는 제1항에도 불구하고 물류단지의 효율적인 관리를 위하여 특히 필요하다고 인정하는 경우에는 대통령령으로 정하는 관리기구에게 물류단지를 관리하게 할 수 있다.

③ 제1항 및 제2항에 따른 입주기업체협의회 및 관리기구의 구성과 운영에 필요한 사항은 대통령령으로 정한다.

제54조 (물류단지의 관리지침)

① 국토해양부장관은 물류단지의 관리에 관한 지침(이하 "물류단지관리지침"이라 한다)을 작성하여 관보에 고시하여야 한다. <개정 2008.-2.29>

② 국토해양부장관은 물류단지관리지침을 작성하려는 때에는 시·도지사의 의견을 듣고 관계 중앙행정기관의 장과 협의한 후「물류정책기본법」 제19조제1항제2호의 물류시설분과위원회의 심의를 거쳐야 한다. 물류단지관리지침 중 대통령령으로 정하는 사항을 변경하려는 때에도 또한 같다. <개정 2008.2.29>

③ 물류단지관리지침의 내용 및 작성 등에 필요한 사항은 대통령령으로 정한다.

제55조 (물류단지관리계획)

① 제53조에 따른 관리기관은 물류단지관리계획을 수립하여 물류단지지정권자에게 제출하여야 한다.

② 제1항에 따른 물류단지관리계획에는 다음 각 호의 사항이 포함되어야 한다.

  1. 관리할 물류단지의 면적 및 범위에 관한 사항
  2. 물류단지시설과 지원시설의 설치·운영에 관한 사항
  3. 그 밖에 물류단지의 관리에 필요한 사항

③ 제1항에 따른 물류단지관리계획의 작성에 필요한 사항은 대통령령으로 정한다.

제56조 (관리비 등)

① 제53조에 따른 관리기관은 물류단지의 효율적인 관리를 위하여 대통
   령령으로 정하는 바에 따라 입주기업체 및 지원기관(지원시설을 운영
   하기 위하여 물류단지에 입주하거나 입주하려는 자를 포함한다. 이하
   같다)으로부터 관리비를 징수할 수 있다.
② 제53조에 따른 관리기관은 물류단지 안의 폐기물처리장, 가로등, 그 밖
   에 대통령령으로 정하는 공동시설의 설치·유지 및 보수를 위하여 필
   요하면 입주기업체 및 지원기관으로부터 공동부담금을 받을 수 있다.
③ 제1항에 따른 관리비 및 제2항에 따른 공동부담금에 관한 기준 및 방
   법 등에 필요한 사항은 대통령령으로 정한다.

제57조 (권고) 물류단지지정권자는 물류단지의 기능이 원활히 수행되도록
하기 위하여 관리기관·입주기업체 및 지원기관에 그 관리 및 운영방법,
그 밖에 대통령령으로 정하는 사항에 관하여 필요한 조치를 권고할 수 있
다. 이 경우 필요하다고 인정할 때에는 그 권고를 받은 자에게 그 권고에
따라 강구한 조치에 대하여 보고를 하게 할 수 있다.

제58조 (조세 등의 감면) 국가 또는 지방자치단체는 물류단지의 원활한
개발 및 입주기업체의 유치를 위하여 「지방세법」·지방세감면조례·「농
업·농촌기본법」·「농지법」·「산지관리법」·「개발이익환수에 관한 법률」·
「수도권정비계획법」 등으로 정하는 바에 따라 지방세·농지보전부담금·대
체산림자원조성비·개발부담금 또는 과밀부담금 등을 감면할 수 있다.

제59조 (자금지원) 국가 또는 지방자치단체는 물류단지의 원활한 개발 및
입주기업체의 유치를 위하여 자금지원에 대한 필요한 조치를 할 수 있다.

제59조의2 (「산업단지 인·허가 절차 간소화를 위한 특례법」의 준용)

① 물류단지 지정 및 개발절차에 관하여 「산업단지 인·허가 절차 간소
   화를 위한 특례법」을 준용한다. 다만, 같은 법 제17조 및 제18조는
   준용하지 아니한다.

② 제1항에 따라 「산업단지 인·허가 절차 간소화를 위한 특례법」을 준용하는 경우 "산업단지"는 "제2조제6호에 따른 물류단지"로, "국가산업단지"는 "제22조제1항 본문에 따라 국토해양부장관이 지정한 물류단지"로, "산업단지개발지원센터"는 "물류단지개발지원센터"로, "산업단지계획심의위원회"는 "물류단지계획심의위원회"로, "중앙산업단지계획심의위원회"는 "중앙물류단지계획심의위원회"로, "지방산업단지계획심의위원회"는 "지방물류단지계획심의위원회"로, "산업단지계획"은 "물류단지계획"으로, "민간기업등"은 "제22조에 따라 물류단지를 지정하는 자 외의 자"로, "산업입지정책심의위원회"는 "「물류정책기본법」 제19조제1항제2호에 따른 물류시설분과위원회 또는 같은 법 제20조에 따른 지역물류정책위원회"로, "산업단지계획 통합기준"은 "물류단지계획 통합기준"으로 본다.

③ 국토해양부장관은 물류단지 지정 및 개발을 원활히 수행하기 위하여 물류단지지정권자에게 사업추진현황 등에 관한 자료를 요청할 수 있으며, 관계 기관 협의 등을 위하여 필요한 경우 국무총리에게 조정을 요청할 수 있다.

[본조신설 2008.6.5]

제5장 보칙

제60조 (창고업의 육성) 정부는 창고업의 육성을 위하여 필요하다고 인정하면 다음 각 호의 사업을 위한 자금의 일부를 융자할 수 있다.

1. 창고의 건설
2. 창고시설의 보수·개조 또는 개량
3. 창고시설 관련 기술의 개발

제61조 (보고)

① 국토해양부장관은 복합물류터미널사업자에게 복합물류터미널의 건설에 관하여 필요한 보고를 하게 하거나 자료의 제출을 명할 수 있으며 소속 공무원에게 복합물류터미널의 건설에 관한 업무를 검사하게 할 수 있다. <개정 2008.2.29>

② 국토해양부장관 또는 시·도지사는 시행자에게 물류단지의 개발에 관하여 필요한 보고를 하게 하거나 자료의 제출을 명할 수 있으며 소속 공무원에게 물류단지의 개발에 관한 업무를 검사하게 할 수 있다. <개정 2008.2.29>

③ 국토해양부장관 또는 시·도지사는 제53조에 따른 관리기관·입주기업체 및 지원기관에게 물류단지의 관리에 관하여 필요한 보고를 하게 하거나 자료의 제출을 명할 수 있으며, 소속 공무원에게 물류단지의 관리에 관한 업무를 검사하게 할 수 있다. <개정 2008.2.29>

④ 제1항부터 제3항까지의 규정에 따라 검사를 하는 공무원은 그 권한을 나타내는 증표를 지니고 이를 관계인에게 내보여야 한다.

⑤ 제4항에 따른 증표에 필요한 사항은 국토해양부령으로 정한다. <개정 2008.2.29>

제62조 (청문) 국토해양부장관 또는 시·도지사는 다음 각 호의 어느 하나에 해당하는 경우에는 청문을 실시하여야 한다. <개정 2008.2.29>

1. 제17조제1항에 따른 복합물류터미널사업 등록의 취소
2. 제48조제1항에 따른 지정·승인 또는 인가의 취소

제63조 (수수료) 다음 각 호의 어느 하나에 해당하는 신청을 하려는 자는 국토해양부령으로 정하는 바에 따라 수수료를 내야 한다. <개정 2008.2.29>

1. 제7조제1항 및 제3항에 따른 복합물류터미널사업의 등록신청 및 변경등록의 신청
2. 제9조에 따른 물류터미널의 구조 및 설비 등에 관한 공사시행인가와 변경인가의 신청

제64조 (권한의 위임)

① 이 법에 따른 국토해양부장관의 권한 중 다음 각 호의 권한을 대통령령으로 정하는 바에 따라 시·도지사에게 위임할 수 있다. <개정 2008.2.29>

1. 제7조제1항 및 제3항에 따른 복합물류터미널사업의 등록 및 변경등록
2. 제9조제1항에 따른 공사시행인가·변경인가, 같은 조 제2항에 따른 소관 행정기관의 장과의 협의 및 같은 조 제4항에 따른 공사시행인가의 고시
3. 제13조제2항(제37조에서 준용하는 경우를 포함한다)에 따른 국·공유재산의 용도폐지 및 매각에 관한 관계 행정기관의 장과의 협의
4. 제14조제2항에 따른 복합물류터미널사업자에 대한 사업승계의 신고수리
5. 제15조제1항 또는 제2항에 따른 사업의 휴업·폐업 또는 법인해산의 신고수리
6. 제17조에 따른 복합물류터미널사업자에 대한 등록취소 및 사업정지
7. 제18조에 따른 복합물류터미널사업자에 대한 과징금의 부과 및 징수
8. 제28조제1항(제49조에서 준용하는 경우를 포함한다)에 따른 실시계획의 승인·변경승인 및 같은 조 제3항(제49조에서 준용하는 경우를 포함한다)에 따른 관계 행정기관의 장과의 협의
9. 제29조제1항(제49조에서 준용하는 경우를 포함한다)에 따른 실시계획승인·변경승인의 고시 및 관할 시장·군수·구청장에게의 송부
10. 제46조제1항(제49조에서 준용하는 경우를 포함한다)에 따른 물류단지개발사업의 준공인가, 같은 조 제3항(제49조에서 준용하는 경우를 포함한다)에 따른 공고와 시행자 및 관리청에의 통지 및 같은 조 제5항 단서(제49조에서 준용하는 경우를 포함한다)에 따른 사용허가
11. 제55조제1항에 따른 물류단지관리계획의 접수
12. 제57조에 따른 관리기관 등에 대한 권고

13. 제61조제1항에 따른 복합물류터미널사업자에 대한 보고·자료 제
    출의 명령 및 업무의 검사

14. 제62조제1호에 따른 청문

15. 제67조에 따른 복합물류터미널사업자에 대한 과태료의 부과 및 징수

16. 그 밖에 대통령령으로 정하는 업무

② 시·도지사는 제1항에 따라 국토해양부장관으로부터 위임받은 권한의
   일부를 국토해양부장관의 승인을 받아 시장·군수·구청장(특별자치
   도지사를 제외한다)에게 재위임할 수 있다. <개정 2008.2.29>

③ 시·도지사는 이 법에 따른 권한의 일부를 시·도의 조례로 정하는
   바에 따라 시장·군수·구청장(특별자치도지사를 제외한다)에게 위임
   할 수 있다.

④ 제1항제7호에 따라 과징금의 부과·징수권한이 시·도지사에게 위임
   된 경우에 제18조제1항에 따른 과징금을 기한 내에 내지 아니하는 자
   에 대하여는 시·도지사가 해당 지방자치단체의 조례로 정하는 바에
   따라 지방세 체납처분의 예에 따라 징수한다.

제6장 벌칙

제65조 (벌칙) 다음 각 호의 어느 하나에 해당하는 자는 1년 이하의 징역
또는 3천만 원 이하의 벌금에 처한다.

1. 제7조제1항을 위반하여 등록을 하지 아니하고 복합물류터미널사업
   을 경영한 자

2. 제7조제3항을 위반하여 변경등록을 하지 아니하고 등록한 사항을
   변경한 자

3. 제9조제1항을 위반하여 공사시행인가 또는 변경인가를 받지 아니하
   고 공사를 시행한 자

4. 제16조를 위반하여 성명 또는 상호를 다른 사람에게 사용하게 하거

나 등록증을 대여한 자

5. 제25조제1항(제49조에서 준용하는 경우를 포함한다)을 위반하여 건
   축물의 건축 등을 한 자

6. 거짓이나 그 밖의 부정한 방법으로 제27조제1항 또는 제28조제1항
   (제49조에서 준용하는 경우를 포함한다)에 따른 지정 또는 승인을
   받은 자

7. 제51조제1항을 위반하여 토지 또는 시설을 처분한 자

제66조 (양벌규정) 법인의 대표자, 법인 또는 개인의 대리인·사용인 및
그 밖의 종업원이 그 법인 또는 개인의 업무에 관하여 제65조의 위반행위
를 하면 행위자를 처벌하는 외에 그 법인 또는 개인에 대하여도 같은 조의
벌금형을 과(課)한다.

제67조 (과태료)

① 제61조제1항부터 제3항까지의 규정(제49조에서 준용하는 경우를 포함
   한다)에 따른 보고 또는 자료제출을 하지 아니하거나 거짓 보고 또는
   거짓 자료를 제출한 자 또는 검사를 방해·거부한 자에게는 300만
   원 이하의 과태료를 부과한다.

② 다음 각 호의 어느 하나에 해당하는 자에게는 200만 원 이하의 과태
   료를 부과한다.

1. 제14조제2항에 따른 승계의 신고를 하지 아니한 자

2. 제15조제1항 또는 제2항에 따른 사업의 휴업·폐업 또는 법인해산
   의 신고를 하지 아니한 자

3. 제15조제4항에 따른 사업의 전부 또는 일부의 휴업·폐업의 취지를
   게시하지 아니한 자

제68조 (과태료 부과절차)

① 제67조에 따른 과태료는 대통령령으로 정하는 바에 따라 국토해양부
   장관 또는 시·도지사가 부과·징수한다. <개정 2008.2.29>

② 제1항에 따른 과태료 처분에 불복하는 자는 그 처분을 고지받은 날부터 30일 이내에 국토해양부장관 또는 시·도지사에게 이의를 제기할 수 있다. <개정 2008.2.29>

③ 제1항에 따른 과태료 처분을 받은 자가 제2항에 따라 이의를 제기하면 국토해양부장관 또는 시·도지사는 지체 없이 관할 법원에 그 사실을 통보하여야 하며, 그 통보를 받은 관할 법원은 「비송사건절차법」에 따른 과태료 재판을 한다. <개정 2008.2.29>

④ 제2항에 따른 기간 이내에 이의를 제기하지 아니하고 과태료를 내지 아니하면 국세 또는 지방세 체납처분의 예에 따라 징수한다.

부칙 〈제8616호, 2007.8.3〉

제1조 (시행일) 이 법은 공포 후 6개월이 경과한 날부터 시행한다.

제2조 (물류단지개발사업의 비용에 관한 적용례) 제38조의 개정규정은 이 법 시행 후 최초로 물류단지개발실시계획의 승인을 받는 것부터 적용한다.

제3조 (물류단지개발 관련 사업에 관한 적용례) 제49조의 개정규정은 이 법 시행 후 최초로 물류단지개발실시계획의 승인을 받는 물류단지와 관련된 사업부터 적용한다.

제4조 (종전의 인·허가 등에 관한 경과조치) 이 법 시행 당시 종전의 「유통단지개발 촉진법」 또는 「화물유통촉진법」(화물터미널사업 및 창고업에 한한다. 이하 같다)에 따른 행정기관의 행위나 행정기관에 대한 행위는 그에 해당하는 이 법에 따른 행정기관의 행위나 행정기관에 대한 행위로 본다.

제5조 (물류시설개발종합계획에 관한 경과조치) 이 법 시행 후 최초의 물류시설개발종합계획은 제4조에도 불구하고 2008년 6월 31일까지 수립하여야 한다.

제6조 (종전의 복합화물터미널사업자에 대한 경과조치) 이 법 시행 당시 종전의 「화물유통촉진법」 제24조에 따라 등록한 복합화물터미널사업자는 이 법 제7조에 따라 등록한 복합물류터미널사업자로 본다.

제7조 (종전의 협회에 대한 경과조치) 이 법 시행 당시 종전의 「화물유통

촉진법」 제38조에 따라 설립된 화물터미널사업협회는 이 법 제19조에 따라 설립된 물류터미널사업협회로 본다.

　　제8조 (종전의 유통단지에 관한 경과조치) 이 법 시행 당시 종전의 「유통단지개발 촉진법」 제5조에 따라 지정된 유통단지는 이 법 제22조에 따라 지정된 물류단지로 본다.

　　제9조 (종전의 유통단지개발사업 시행자에 대한 경과조치) 이 법 시행 당시 종전의 「유통단지개발 촉진법」 제10조에 따라 시행자 지정을 받은 유통단지개발사업 시행자는 이 법 제27조에 따라 지정받은 물류단지개발사업의 시행자로 본다.

　　제10조 (벌칙 등에 관한 경과조치) 이 법 시행 전에 종전의 「유통단지개발 촉진법」 또는 「화물유통촉진법」을 위반한 행위에 대한 벌칙 및 과태료를 적용할 때에는 종전의 「유통단지개발 촉진법」 또는 「화물유통촉진법」에 따른다.

　　제11조 (다른 법률의 개정) ① 경제자유구역의지정및운영에관한법률 일부를 다음과 같이 개정한다.

　　제8조제5호를 다음과 같이 한다.

　　5. 「물류시설의 개발 및 운영에 관한 법률」 제22조에 따른 물류단지의 지정

　　제11조제1항제33호를 다음과 같이 한다.

　　33. 「물류시설의 개발 및 운영에 관한 법률」 제28조에 따른 물류단지개발실시계획의 승인

　　② 기업도시개발 특별법 일부를 다음과 같이 개정한다.

　　제13조제24호를 다음과 같이 한다.

　　24. 「물류시설의 개발 및 운영에 관한 법률」 제22조에 따른 물류단지의 지정 및 같은 법 제28조에 따른 물류단지개발실시계획의 승인

　　③ 대덕연구개발특구등의육성에관한특별법 일부를 다음과 같이 개정한다.

　　제29조제1항제31호를 다음과 같이 한다.

　　31. 「물류시설의 개발 및 운영에 관한 법률」 제28조에 따른 물류단지개

발실시계획의 승인

④ 도시개발법 일부를 다음과 같이 개정한다.

제19조제1항제25호를 다음과 같이 한다.

25. 「물류시설의 개발 및 운영에 관한 법률」 제22조에 따른 물류단지의 지정(도시개발사업의 일부로 물류단지를 개발하는 경우에 한한다) 및 같은 법 제28조에 따른 물류단지개발실시계획의 승인

⑤ 사회기반시설에대한민간투자법 일부를 다음과 같이 개정한다.

제2조제1호더목을 다음과 같이 하고, 같은 호 러목을 삭제한다.

더. 「물류시설의 개발 및 운영에 관한 법률」 제2조제2호 및 제6호에 따른 물류터미널 및 물류단지

제2조제13호어목을 다음과 같이 하고, 같은 호 저목을 삭제한다.

어. 「물류시설의 개발 및 운영에 관한 법률」

제21조제1항제7호를 다음과 같이 한다.

7. 「물류시설의 개발 및 운영에 관한 법률」에 따른 물류터미널사업

제21조제3항제7호를 다음과 같이 한다.

7. 「물류시설의 개발 및 운영에 관한 법률」 제7조에 따른 등록, 같은 법 제9조에 따른 공사시행의 인가 및 같은 법 제21조에 따라 인·허가 등을 받은 것으로 보는 인·허가등

⑥ 연안관리법 일부를 다음과 같이 개정한다.

제13조제1항제3호 중 "유통단지개발촉진법"을 "「물류시설의 개발 및 운영에 관한 법률」"로 한다.

⑦ 자유무역지역의 지정 및 운영에 관한 법률 일부를 다음과 같이 개정한다.

제5조제1호다목을 다음과 같이 하고, 같은 호 라목을 삭제한다.

다. 「물류시설의 개발 및 운영에 관한 법률」 제2조제2호 및 제6호에 따른 물류터미널 및 물류단지

제8조제1항제3호를 다음과 같이 하고, 같은 항 제4호를 삭제한다.

3. 제5조제1호다목의 물류터미널 및 물류단지: 건설교통부장관

⑧ 접경지역지원법 일부를 다음과 같이 개정한다.

제9조제1항제21호를 다음과 같이 한다.

21. 「물류시설의 개발 및 운영에 관한 법률」 제27조에 따른 물류단지개발사업 시행자의 지정 및 같은 법 제28조에 따른 물류단지개발실시계획의 승인

⑨ 제주특별자치도 설치 및 국제자유도시 조성을 위한 특별법 일부를 다음과 같이 개정한다.

제230조제1항제33호를 다음과 같이 한다.

33. 「물류시설의 개발 및 운영에 관한 법률」 제28조에 따른 물류단지개발실시계획의 승인

⑩ 지방소도읍육성지원법 일부를 다음과 같이 개정한다.

제9조제1항제21호를 다음과 같이 한다.

21. 「물류시설의 개발 및 운영에 관한 법률」 제27조에 따른 물류단지개발사업 시행자의 지정 및 같은 법 제28조에 따른 물류단지개발실시계획의 승인

제12조 (다른 법률과의 관계) 이 법 시행 당시 다른 법률에서 종전의 「화물유통촉진법」·「유통단지개발 촉진법」 및 그 규정을 인용하고 있는 경우 이 법 중 그에 해당하는 규정이 있으면 종전의 규정을 갈음하여 이 법 또는 이 법의 해당 규정을 인용한 것으로 본다.

부칙 〈제8819호, 2007.12.27〉 (공유수면관리법)

제1조 (시행일) 이 법은 공포 후 6개월이 경과한 날부터 시행한다. <단서 생략>

제2조부터 제7조까지 생략

제8조 (다른 법률의 개정) ①부터 ⑩까지 생략

⑪ 물류시설의 개발 및 운영에 관한 법률 일부를 다음과 같이 개정한다.

제21조제1항제2호 중 "인가"를 "승인"으로 한다.

⑫부터 <43>까지 생략

제9조 생략

부칙 〈제8820호, 2007.12.27〉 (공유수면매립법)

제1조 (시행일) 이 법은 공포 후 6개월이 경과한 날부터 시행한다. <단서 생략>

제2조부터 제7조까지 생략

제8조 (다른 법률의 개정) ①부터 ⑪까지 생략

⑫ 물류시설의 개발 및 운영에 관한 법률 일부를 다음과 같이 개정한다.
제21조제1항제3호 중 "실시계획의 인가"를 "실시계획의 승인"으로 한다.

⑬부터 <39>까지 생략

제9조 생략

부칙 〈제8852호, 2008.2.29〉 (정부조직법)

제1조 (시행일) 이 법은 공포한 날부터 시행한다. 다만, <……생략……>, 부칙 제6조에 따라 개정되는 법률 중 이 법의 시행 전에 공포되었으나 시행일이 도래하지 아니한 법률을 개정한 부분은 각각 해당 법률의 시행일부터 시행한다.

제2조부터 제5조까지 생략

제6조 (다른 법률의 개정) ①부터 <581>까지 생략

<582> 물류시설의 개발·운영에 관한 법률 일부를 다음과 같이 개정한다.
제4조제1항, 제5조제1항 전단, 제2항부터 제4항까지·제5항 전단, 제6조제2항·제3항 각 호 외의 부분 전단, 제7조제1항, 제9조제1항 전단·제2항부터 제4항까지, 제13조제2항 후단, 제14조제2항, 제15조제1항·제2항, 제17조제1항 각 호 외의 부분 본문, 제18조제1항·제3항, 제19조제2항, 제20조제2항, 제21조제1항 각 호 외의 부분, 제3항 전단·제4항, 제22조제1항 본문·제2항 전단·제4항 전단, 제32조제3항 전단, 제37조 후단, 제41조제2항, 제48조제1항 각 호 외의 부분 본문·제2항, 제54조제1항·제2항 전단, 제61조제1항부터 제3항까지, 제62조 각 호 외의 부분, 제64조제1항 각 호

외의 부분·제2항 및 제68조제1항부터 제3항까지 중 "건설교통부장관"을 각각 "국토해양부장관"으로 한다.

제7조제1항, 제9조제3항·제4항, 제14조제2항, 제17조제2항, 제61조제5항 및 제63조 각 호 외의 부분 중 "건설교통부령"을 각각 "국토해양부령"으로 한다. 제13조제4항 중 "재정경제부장관"을 "기획재정부장관"으로 한다.

<583>부터 <760>까지 생략

제7조 생략

부칙 〈제8970호, 2008.3.21〉 (도시개발법)

제1조 (시행일) 이 법은 2008년 4월 12일부터 시행한다. <단서 생략>

제2조부터 제8조까지 생략

제9조 (다른 법률의 개정) ①부터 ⑦까지 생략

⑧ 물류시설의 개발 및 운영에 관한 법률 일부를 다음과 같이 개정한다. 제34조제2항 중 "제27조부터 제48조"를 "제28조부터 제49조"로 한다.

⑨부터 <20>까지 생략

제10조 생략

부칙 〈제8974호, 2008.3.21〉 (건축법)

제1조 (시행일) 이 법은 공포한 날부터 시행한다. <단서 생략>

제2조부터 제12조까지 생략

제13조 (다른 법률의 개정) ①부터 <21>까지 생략

<22> 물류시설의 개발 및 운영에 관한 법률 일부를 다음과 같이 개정한다.

제21조제1항제1호 중 "제8조"를 "제11조"로, "제9조"를 "제14조"로, "제10조"를 "제16조"로, "제15조"를 "제20조"로, "제25조"를 "제29조"로 하고, 같은 조 제2항 각 호 외의 부분 본문 중 "제18조"를 "제22조"로 한다.

제30조제1항제2호 중 "제8조"를 "제11조"로, "제9조"를 "제14조"로, "제10조"를 "제16조"로, "제15조"를 "제20조"로, "제25조"를 "제29조"로 한다.

제52조제1항 각 호 외의 부분 중 "제8조"를 "제11조"로, "제18조"를 "제22조"로 하고, 같은 항 제2호 중 "제15조제1항·제2항"을 "제20조제1항·제2항"로, "제72조"를 "제83조"로 한다.

<23>부터 <70>까지 생략

제14조 생략

부칙 〈제8976호, 2008.3.21〉 (도로법)

제1조 (시행일) 이 법은 공포한 날부터 시행한다. <단서 생략>

제2조부터 제8조까지 생략

제9조 (다른 법률의 개정) ①부터 <33>까지 생략

<34> 물류시설의 개발 및 운영에 관한 법률 일부를 다음과 같이 개정한다.

제21조제1항제7호, 제30조제1항제12호 및 제52조제1항제7호 중 "제40조"를 각각 "제38조"로 한다.

<35>부터 <99>까지 생략

제10조 생략

부칙 〈제8979호, 2008.3.21〉 (화물자동차 운수사업법)

제1조 (시행일) 이 법은 공포한 날부터 시행한다.

제2조부터 제4조까지 생략

제5조 (다른 법률의 개정) ①부터 ③까지 생략

④ 물류시설의 개발 및 운영에 관한 법률 일부를 다음과 같이 개정한다. 제21조제2항제5호 중 "제21조제1항"을 "제24조제1항"으로 한다.

⑤부터 ⑪까지 생략

제6조 생략

부칙 〈제9106호, 2008.6.5〉 (산업단지 인·허가 절차 간소화를 위한 특례법)

제1조 (시행일) 이 법은 공포 후 3개월이 경과한 날부터 시행한다.

제2조 생략

제3조 (다른 법률의 개정) ① 생략

② 물류시설의 개발 및 운영에 관한 법률 일부를 다음과 같이 개정한다. 제4장에 제59조의2를 다음과 같이 신설한다.

제59조의2(「산업단지 인·허가 절차 간소화를 위한 특례법」의 준용) ① 물류단지 지정 및 개발절차에 관하여 「산업단지 인·허가 절차 간소화를 위한 특례법」을 준용한다. 다만, 같은 법 제17조 및 제18조는 준용하지 아니한다.

② 제1항에 따라 「산업단지 인·허가 절차 간소화를 위한 특례법」을 준용하는 경우 "산업단지"는 "제2조제6호에 따른 물류단지"로, "국가산업단지"는 "제22조제1항 본문에 따라 국토해양부장관이 지정한 물류단지"로, "산업단지개발지원센터"는 "물류단지개발지원센터"로, "산업단지계획심의위원회"는 "물류단지계획심의위원회"로, "중앙산업단지계획심의위원회"는 "중앙물류단지계획심의위원회"로, "지방산업단지계획심의위원회"는 "지방물류단지계획심의위원회"로, "산업단지계획"은 "물류단지계획"으로, "민간기업 등"은 "제22조에 따라 물류단지를 지정하는 자 외의 자"로, "산업입지정책심의위원회"는 "「물류정책기본법」 제19조제1항제2호에 따른 물류시설분과위원회 또는 같은 법 제20조에 따른 지역물류정책위원회"로, "산업단지계획 통합기준"은 "물류단지계획 통합기준"으로 본다.

③ 국토해양부장관은 물류단지 지정 및 개발을 원활히 수행하기 위하여 물류단지지정권자에게 사업추진현황 등에 관한 자료를 요청할 수 있으며, 관계 기관 협의 등을 위하여 필요한 경우 국무총리에게 조정을 요청할 수 있다.

부칙 〈제9174호, 2008.12.26〉 (공유재산 및 물품 관리법)

제1조 (시행일) 이 법은 공포 후 4개월이 경과한 날부터 시행한다. <단서 생략>

제2조 생략

제3조 (다른 법률의 개정) ① 생략

② 물류시설의 개발 및 운영에 관한 법률 일부를 다음과 같이 개정한다.

제30조제1항제6호 중 "행정재산과 보존재산"을 각각 "행정재산"으로 한다.

③부터 ⑦까지 생략

제4조 생략

부칙 〈제9401호, 2009.1.30〉 (국유재산법)

제1조 (시행일) 이 법은 공포 후 6개월이 경과한 날부터 시행한다. <단서 생략>

제2조부터 제9조까지 생략

제10조 (다른 법률의 개정) ①부터 <29>까지 생략

<30> 물류시설의 개발 및 운영에 관한 법률 일부를 다음과 같이 개정한다.

제30조제1항제8호를 다음과 같이 한다.

8. 「국유재산법」 제30조에 따른 행정재산의 사용허가 및 같은 법 제40조에 따른 행정재산의 용도폐지

<31>부터 <86>까지 생략

제11조 생략

부칙 〈제9432호, 2009.2.6〉 (식품위생법)

제1조 (시행일) 이 법은 공포 후 6개월이 경과한 날부터 시행한다. <단서 생략>

제2조부터 제5조까지 생략

제6조 (다른 법률의 개정) ①부터 ⑦까지 생략

⑧ 물류시설의 개발 및 운영에 관한 법률 일부를 다음과 같이 개정한다.

제21조제2항제3호 중 "「식품위생법」 제22조"를 "「식품위생법」 제37조"로 한다.

⑨부터 <30>까지 생략

제7조 생략

23 물류인력의 양성에 관한 규칙

[시행 2008.3.14] [국토해양부령 제4호, 2008.3.14, 타법개정]
국토해양부(물류정책과), 02 – 2110 – 8516

제1조 (목적) 이 규칙은 「물류정책기본법」 제50조제2항제3호 및 제3항에
따른 물류인력의 양성에 관한 사항을 규정함을 목적으로 한다.

제2조 (물류연수기관) 국토해양부장관은 「물류정책기본법」(이하 "법"이라
한다) 제50조제2항제3호에 따라 다음 각 호의 물류연수기관이 같은 조 제1
항 각 호의 사업을 하는 경우에는 예산의 범위에서 사업 수행에 필요한 경
비의 전부나 일부를 지원할 수 있다. <개정 2008.3.14>

   1. 법 제55조제1항에 따라 설립된 물류관련협회 또는 물류관련협회가
      설립한 교육·훈련기관
   2. 법 제56조제1항에 따라 설치된 물류지원센터
   3. 「한국해양수산연수원법」에 따른 한국해양수산연수원
   4. 「항만운송사업법」 제27조의3에 따라 국토해양부장관의 설립인가를
      받아 설립된 교육훈련기관
   5. 「대한무역투자진흥공사법」에 따른 대한무역투자진흥공사
   6. 「민법」 제32조에 따라 설립된 물류와 관련된 비영리법인
   7. 그 밖에 국토해양부장관이 지정·고시하는 기관

제3조 (교육·연수의 위탁)
① 국토해양부장관은 법 제50조제3항에 따라 같은 조 제2항 각 호의 기

관(이하 "물류교육·연수기관"이라 한다)과 협약을 체결하여 같은 조
제1항제1호의 교육·연수를 위탁할 수 있다. <개정 2008.3.14>

② 국토해양부장관은 제1항에 따라 교육·연수를 위탁하려는 경우에는
대상 교육·연수 프로그램의 명칭, 협약 체결의 신청 및 선정의 절차
와 방법 등 협약 체결에 필요한 사항을 관보에 공고하여야 한다. <개
정 2008.3.14>

③ 물류교육·연수기관은 제1항에 따른 협약 체결을 신청하려는 경우에
는 국토해양부장관에게 다음 각 호의 사항이 포함된 신청서를 제출하
여야 한다. <개정 2008.3.14>

1. 교육·연수의 목적 및 대상자

2. 교육·연수의 내용·방법·기간·강사 및 장소

3. 교육·연수에 소요되는 비용

④ 국토해양부장관은 제3항에 따라 신청서를 받은 경우에는 교육·연수
에 적합하다고 인정되는 물류교육·연수기관을 선정하여 다음 각 호
의 사항이 포함된 협약을 체결하여야 한다. <개정 2008.3.14>

1. 물류교육·연수기관의 명칭·대표자 및 위치

2. 지원대상이 되는 교육·연수 프로그램

3. 지원사항, 지원방법 및 지원조건

4. 협약의 변경 및 해지에 관한 사항

5. 협약의 위반에 관한 조치

부칙 〈제414호, 2008.2.27〉
이 규칙은 공포한 날부터 시행한다.

부칙 〈제4호, 2008.3.14〉 (정부조직법의 개정에 따른 감정평가에 관한 규칙
등 일부 개정령)
이 규칙은 공포한 날부터 시행한다.

24   종합물류기업 인증 등에 관한 규칙

[시행 2008.8.7] [국토해양부령 제38호, 2008.8.7, 일부개정]
국토해양부(물류정책과), 02 – 2110 – 8516

제1조 (목적) 이 규칙은「물류정책기본법」 제38조부터 제42조까지의 규정에 따라 종합물류기업 인증의 기준·절차 및 방법과 인증종합물류기업에 대한 지원대상 사업 등에 관하여 필요한 사항을 규정함을 목적으로 한다.
[전문개정 2008.8.7]

제2조 (정의) 이 규칙에서 사용하는 용어의 뜻은 다음과 같다. <개정 2008.8.7>

1. 삭제 <2008.8.7>
2. "물류기업"이라 함은 물류사업을 1개 이상 영위(실제 매출액이 발생하는 경우를 말한다)하는 물류사업자를 말한다.
3. 삭제 <2008.8.7>
4. "전략적제휴"라 함은 물류기업이 물류사업의 경쟁력을 높이기 위하여 다른 물류기업과 상호 협력하는 관계를 형성하는 것을 말한다.
5. "전략적제휴기업집단"이라 함은 다음 각 목의 요건을 모두 갖추어 전략적제휴를 하는 물류기업의 집단을 말한다. 다만,「독점규제 및 공정거래에 관한 법률」 제2조제1호의3의 규정에 의한 자회사 간에 전략적제휴를 하는 경우에는 바목의 요건을 제외한다.
   가. 5개 이내의 물류기업으로 구성될 것
   나. 전략적제휴의 기간이 인증신청일을 기준으로 3년 이상 유효할 것
   다. 공동브랜드를 이용하여 물류사업을 영위할 것
   라. 물류정보망 및 물류시설을 공동으로 이용할 것
   마. 통합적인 물류회계보고서를 작성할 것

바. 주력기업(전략적제휴기업집단 중 지분교환 또는 지분투자를 주도
　　적으로 하는 하나의 기업을 말한다)을 중심으로 5퍼센트 이상의
　　지분교환 또는 지분투자를 할 것

사. 「독점규제 및 공정거래에 관한 법률」에 위반되지 아니할 것

제3조 (인증기준) 법 제38조제2항제2호에 따른 종합물류기업의 인증기준
은 다음 각 호와 같다. <개정 2008.8.7>

1. 영 별표 1에 따른 대분류별 세분류에 해당하는 물류사업을 각각 1
개 이상씩 영위할 것

2. 영 별표 1에 따른 대분류별 세분류에 해당하는 물류사업 중 각각 1
개 물류사업의 매출액이 물류사업 총매출액의 3퍼센트 또는 30억
원 이상일 것

3. 물류사업의 총 매출액 중 제3자물류의 매출액비율이 30퍼센트 이상
이거나 제3자 물류의 매출액이 3,000억 원 이상일 것(전략적제휴기
업집단의 경우에는 전략적제휴를 하는 물류기업별로 각각 계산한다)

4. 별표에 따른 평가항목 및 평가기준에 따라 산정된 평가영역별 점수
의 합계가 1개 이상의 평가영역에서 70점 이상일 것

5. 별표에 따른 평가항목 및 평가기준에 따라 산정된 평가영역별 점수
의 합계가 전략적제휴를 하는 물류기업별로 1개 이상의 평가영역에
서 30점 이상일 것(전략적제휴기업집단의 경우에 한한다)

6. 별표에 따른 평가항목 및 평가기준에 따라 각 세부평가항목별로 산
정된 평가영역별 점수의 소계는 해당 세부평가항목의 평가영역별로
배정된 소계 점수의 20퍼센트 이상의 점수일 것(단, 전략적제휴기업
집단의 경우는 제휴기업합산점수에 의하여 판단한다)

제4조 (인증신청)

① 종합물류기업으로 인증을 받으려는 자는 별지 제1호서식의 종합물류
기업 인증신청서에 다음 각 호의 서류를 첨부하여 물류사업을 관장하
는 중앙행정기관의 장(이하 "주무부장관"이라 한다) 중 자신의 주된

물류사업을 관장하는 주무부장관에게 제출하여야 한다. 다만, 「전자정
부법」 제21조제1항의 규정에 의한 행정정보의 공동이용을 통하여 첨
부서류에 대한 정보를 확인할 수 있는 경우에는 그 확인으로 첨부서
류의 제출에 갈음할 수 있다. <개정 2008.8.7>

1. 별표에 따른 평가항목 및 평가기준에 따른 자체평가표 1부

2. 법인등기부등본 1부(법인의 경우에 한한다)

3. 사업자등록증 사본 1부

4. 재무제표 1부

5. 물류회계보고서 1부

6. 그 밖에 별표의 규정에 의한 평가항목별 평가를 위하여 필요한 입
   증자료로서 주무부장관이 공동으로 정하여 고시하는 서류

② 종합물류기업으로 인증을 받으려는 자가 전략적제휴기업집단인 경우
   에는 전략적제휴를 하는 물류기업의 공동명의로 별지 제2호서식의 종
   합물류기업 인증신청서에 다음 각 호의 서류를 첨부하여 주무부장관
   중 당해 전략적제휴기업집단의 주된 물류사업을 관장하는 주무부장관
   에게 제출하여야 한다. 다만, 「전자정부법」 제21조제1항의 규정에 의
   한 행정정보의 공동이용을 통하여 첨부서류에 대한 정보를 확인할 수
   있는 경우에는 그 확인으로 첨부서류의 제출에 갈음할 수 있다. <개
   정 2008.8.7>

1. 별표에 따른 평가항목 및 평가기준에 따른 자체평가표 및 물류기업
   별 자체평가표 각 1부

2. 법인등기부등본 각 1부(법인의 경우에 한한다)

3. 사업자등록증 사본 각 1부

4. 재무제표 각 1부

5. 전략적제휴를 증명하는 서류 1부

6. 통합적 물류회계보고서 1부

7. 통합적 물류시스템 구축도 1부

8. 그 밖에 별표의 규정에 의한 평가항목별 평가를 위하여 필요한 입

증자료로서 주무부장관이 공동으로 정하여 고시하는 서류

제5조 (인증서의 교부 등)

① 주무부장관은 제4조의 규정에 의하여 인증을 신청한 자가 인증심사 결과 제3조의 규정에 의한 인증기준에 적합한 경우에는 별지 제3호서식 또는 별지 제4호서식의 종합물류기업 인증서를 공동명의로 교부하여야 한다. <개정 2008.8.7>

② 주무부장관은 제1항의 규정에 의하여 인증을 받은 종합물류기업이 제3조에 따른 인증기준을 적합하게 유지하고 있는지를 2년마다 1회 이상 정기적으로 점검하여야 한다. <개정 2008.8.7>

③ 제2항에 따른 점검을 위하여 필요한 세부사항은 주무부장관이 공동으로 정하여 고시한다. <개정 2008.8.7>

제6조 (인증표시)

① 제5조의 규정에 의하여 종합물류기업 인증을 받은 자는 당해 물류기업이나 당해 물류기업에서 취급하는 포장·용기·홍보물 등에 인증의 내용을 나타내는 표시(이하 "인증표시"라 한다)를 할 수 있다. <개정 2008.8.7>

② 제1항의 규정에 의한 인증표시의 도안 및 표시방법 등에 관하여는 주무부장관이 공동으로 정하여 고시한다.

제7조 (수수료) 법 제69조제1항제1호에 따른 종합물류기업의 인증 신청 수수료는 3백만 원으로 한다. 다만 전략적제휴기업집단의 경우에는 물류기업의 수가 1개씩 증가함에 따라 수수료를 30만 원씩 증액한다.

[전문개정 2008.8.7]

제8조 (인증종합물류기업에 대한 지원) 법 제42조제3항제5호에서 "그 밖에 물류사업을 효율적으로 영위하기 위하여 필요한 사항으로서 공동부령으로 정하는 사항"이란 물류전문인력을 양성하는 사업을 말한다.

[전문개정 2008.8.7]

부칙 〈제317호, 2005.12.30〉

이 규칙은 2006년 1월 1일부터 시행한다.

부칙 〈제38호, 2008.8.7〉

제1조 (시행일) 이 규칙은 공포한 날부터 시행한다. 다만 제3조제3호의 개정규정은 2009년 1월 1일부터 시행한다.

제2조 (인증기준에 관한 적용례) 제3조 및 별표의 개정규정은 이 규칙 시행 후 최초로 종합물류기업의 인증을 신청하는 자부터 적용한다.

제3조 (수수료에 관한 적용례) 제7조의 개정규정은 이 규칙 시행 후 최초로 종합물류기업의 인증을 신청하는 자부터 적용한다.

제4조 (인증종합물류기업에 관한 경과조치) 종전의 「종합물류업자 인증 등에 관한 규칙」에 따른 인증종합물류업자는 이 규칙에 따른 인증종합물류기업으로 본다.

제5조 (정기적 점검 시 인증기준 적용에 관한 경과조치) ① 이 규칙 시행 당시 종합물류기업으로 인증을 받은 자에 대하여 제5조제2항에 따른 정기적 점검을 실시하는 경우의 인증기준 적용에 관하여는 2009년 12월 31일까지 제3조제3호·제5호 및 제6호의 개정규정에도 불구하고 종전의 규정에 따른다.

미래의 상거래 변화가능성

Ⅲ

미래의 상거래 변화가능성

　　미래의 상거래는 주로 백화점식이거나, 대형화할 것이고, 또한 전자상거래화할 것이다. 다소 시일은 걸릴 것이다. 그러나 이렇게 변화하는 것은 시대적인 필연이고, 다만 그 시기가 언제냐가 관건인 것이다. 그러면 이러한 상거래의 변화, 즉 인터넷으로 변화한 이유는 무엇인가 알아봐야 할 것이다. 전자상거래의 시작에 가장 큰 영향은 인터넷이 활성화되면서부터이다. 인터넷으로 물건을 팔 수 있을 것이라는 것의 가장 큰 힌트는 카탈로그를 통한 통신 판매였다. 시장의 가능성을 연 것은 미국의 아마존으로 책을 팔기 시작해서 히트를 치게 된다. 이를 통해 인터넷을 통한 판매가 시간의 제약도, 거리의 제약도, 국경도 없다는 것을 사람들이 실감하면서 오픈마켓이 등장하였다. 미국의 이베이는 물건을 팔 사람과 살 사람을 네트워크로 연결해 주고 수수료와 광고 수익을 발생해 물류와 유통에 새로운 패러다임을 만들었다.

　　그 후 각 나라의 인터넷 사정에 따라, 국민들 성향에 따라 조금씩 다른 모습으로 발전하게 되었다. 한국은 옥션이 이베이와 같은 방법으로 큰 성과를 본 뒤 이것을 업그레이드해서 나온 아이템이 인터넷 쇼핑몰이다. 그리고 이것은 마트가 백화점처럼 고급화한 것이다. 그 후 많은 인식의 변화가 있었고, 인터넷은 아이들이나 하는 것이었던 것이 세대가 바뀌기 시작하며 기업들이 이를 받아들이게 됨으로써 발전하게 되었다. 쇼핑몰과 은행이 연동

되고 은행의 세금 고지 내역은 정부의 세무 시스템으로 연결되며 예전에 사람이 직접 하던 것들이 점점 네트워크에 수용되어 가고 있고 또한 기업 간 거래가 은행을 통한 전자상거래를 이용하면서 시장의 규모는 몇백 조로 커질 것을 예상하고 있다. 앞으로는 인공지능과 네트워크의 발달로 전자상거래를 별도로 구별 짓지 않고 생활 서비스의 개념으로 발전해 나갈 것이다

온라인(On-Line) 전자상거래는 세계통상 패러다임의 일대 변혁을 초래할 가능성이 크다. 그것은 이 전자상거래가 초첨단정보통신네트워크를 통해서 이루어지고 있기 때문이다.

인터넷 전자상거래는 인터넷의 사이버 쇼핑몰에서 상품과 서비스의 모든 공급자와 모든 수요자가 전자우편으로 이루어지므로 전통적 방법의 무역거래와는 전혀 다른 특징을 지니고 있다.

무역거래에 필요한 국제전화나 팩스는 전자우편으로, 상품 카탈로그는 CD-롬이나 사이버 쇼핑몰로, 상품의 물리적 전시장은 사이버전시장이나 사이버 쇼핑몰로, 영업사원의 마케팅활동은 텔레마케팅으로, 수출입대금결제는 전자화폐로, 대체되어 나가고 있고 더군다나 종래 수입품에 부과되던 관세 등 조세는 무세로 바뀔 가능성이 있는 것이 인터넷 전자상거래이다.

세계 모든 나라의 무역상사들은 자사의 사이버 쇼핑몰을 구축하고 있으며 일부 제조업체들은 세계적 체인을 갖고 있는 대규모 상품 카탈로그 전문업체를 통해 인터넷 광고, 제품 소개 등 텔레마케팅 활동을 하고 있다. 이 상품 카탈로그 전문업체는 세계 각국에서 수집된 제조업체, 고급업체, 바이어 등 수출입거래에 필요한 모든 정보를 인터넷 홈페이지나 웹 사이트(Web Site)에 탑재시켜 두고 있다.

예를 들면 아시아 최대 인터넷 쇼핑몰인 아시안 소시즈 온라인(Asian sources On-Line)이 그 대표적 예의 하나이다. 이 업체는 50여 개국 3만여 업체 제품을 취급하고 있다. 확보한 바이어 수만 하더라도 4만여 명이나 된다.

초첨단 정보통신 네트워크를 활용한 인터넷 전자상거래가 세계통상에서 이루어짐에 따라 전통적 수출입거래방식은 줄어들지 않을 수 없게 된 것이다.

전자상거래는 각국 국가경제의 세계화를 촉진시킬 가능성이 매우 높다.

최근 각국 경제가 세계경제로 통합되어 나가고 있는 것은 초첨단 전자정보
통신기술이 비약적으로 발전되고 이 기술이 지구촌 마당(Global Village
Square)을 닦아 주고 있기 때문이다.

인터넷 전자상거래를 통해 세계 모든 공급자들과 소비자들이 사이버 쇼
핑몰에서 만나 전자우편으로 하루 24시간 광속으로 거래를 하게 됨에 따라
종래 이를 규제해 오던 경제적 국경이 허물어지고 말았다.

경제적 국경의 붕괴는 관세장벽, 비관세장벽 등 무역장벽의 소멸을 말한
다. 1997년 미국 클린턴 대통령이 인터넷으로 거래하는 모든 무역에 대해
서는 관세를 철폐하자는 주장은 관세장벽마저 철폐시키려고 하는 의도로
해석된다.

인터넷 전자상거래가 무역장벽을 붕괴시키고 있는 것은 이 상거래가 각
국 경제를 세계경제로 통합시켜 가고 있는 것을 말해 준다. 따라서 인터넷
전자상거래는 세계화를 촉진시키고 있는 것이 분명하다.

인터넷 전자상거래는 각국 간에 존재하던 경제적 국경을 붕괴시키고 있
을 뿐 아니라 '거리의 소멸(Death of Distance)'를 초래시킴으로써 각국 경
제의 세계화를 경이적으로 확대시켜 나가고 있다.

인터넷 전자상거래는 ① 신속·정확한 정보 제공, ② 상품 및 서비스의
유통경로 단축, ③ 시간과 공간의 초월성, ④ 완전경쟁의 실현 가능성, ⑤
거래비용의 절감, ⑥ 시장의 확대 등을 통해 각국 경제의 세계화를 더욱더
가속화시켜 나가고 있는 것이 사실이다.

인터넷 전자상거래가 세계화를 촉진시키고 있는 것은 인터넷 전자상거래
의 개방성 때문이다. 인터넷 전자상거래의 개방성이란 인터넷 전자상거래가
광대한 세계시장을 형성하고 있는 것을 의미한다.

인터넷 전자상거래는 상품의 세계화를 촉진시키고 있다. 그 이유는 상품
이 제조업자의 인터넷 홈페이지나 또는 세계적인 상품 카탈로그 전문업체
의 사이버 쇼핑몰에 뜨게 되면 세계 어느 나라 어느 지역에서도 알 수 있
을 뿐 아니라 그 구매가 가능하기 때문이다.

초첨단 정보통신 네트워크가 확장되어 인터넷 전자상거래가 활성화되어

나가고 있는 시대에는 모든 상품이나 서비스는 사이버 공간(Cyber Space)에 전시, 선전, 홍보되어야 하기 때문에 상품의 세계화는 급속도로 촉진되어 나갈 전망을 보이고 있다. 이는 초첨단 전자정보통신 네트워크가 구축되기 전에 너무나 큰 대조를 보여 주고 있는 것이 사실이다.

그전에 상품은 종이로 된 카탈로그로 만들어져 국내외에 배포되어 홍보되거나 또는 신문, 잡지, 방송 등의 광고를 통해 국내외 소비자들에게 인식되어 왔다. 이러한 마케팅 전략에는 본사, 지사나 대리점의 영업사원들이 판촉활동을 할 수밖에 없었다. 그 활동은 물리적 공간에서 제약된 시간 내에서만 가능했다.

그러나 인터넷 전자상거래상에서 상품은 인터넷 사이버 쇼핑몰에서 공간과 시간의 제약 없이 전 세계 모든 소매자를 대상으로 무한하게 마케팅되고 있으므로 세계적으로 널리 알려지기 마련이다. 이는 바로 상품의 세계화를 말해 준다.

인터넷 전자상거래는 세계분업구조를 개편시키게 될 것이다. 원거리통신망은 상품의 제조업자와 생산공장을 연결시킬 뿐 아니라 디자이너와 공장, 소프트웨어 엔지니어와 하드웨어 엔지니어, 상품의 공급자와 소매인, 그리고 생산자와 소비자를 세계적으로 연계시켜 주는 역할을 하고 있다.

따라서 세계화 속에서는 기업 등이 전문가를 고용하여 더 이상 비싼 고정임금을 지급할 필요가 없게 되었다. 프리랜서(free-lancer) 디자이너는 자신이 개발한 의류 디자인을 초첨단 전자 정보통신 매체를 통해 직접 의류공장으로 보낼 수 있게 되었다. 그리고 소비자들은 세계 도처의 어떤 상품이더라도 온라인망을 통해 주문하고 전자결제시스템을 통해 지불할 수 있게 된 것이다.

세계의 많은 기업경영자들이 초첨단 정보통신 네트워크 통해 임금이 싼 해외사무직 근로자를 찾아 이들에게 일을 시키고 있다. 그 사무직종은 원거리 통신망을 이용하여 현지국에서 작업할 수 있는 컴퓨터자료 입력, 소프트웨어 프로그래밍, 연구조사 등이다. 이미 미국의 일부 항공사들은 항공쿠폰 입력자료를 임금이 싼 해외에서 입력시키고 있다.

한편 인터넷 전자상거래는 상품과 서비스의 공급자들과 구매자들이 위치, 거리, 시간에 구애받지 않고 가상전자공간(Vitual Electronic Space)에서 만나 거래를 할 수 있도록 하기 때문에 기존의 세계분업체제가 형성되지 않으면 안 되게 되었다.

인터넷 전자상거래는 국가의 재정, 금융, 통화, 외환, 조세 등 모든 경제 부분에 영향을 미치게 될 것이다. 왜냐하면 인터넷 전자상거래에서는 전통적 상거래와 달리 그 대금결제가 전자방식이나 혹은 전자화폐(Eiectronic Cash)로 결제되기 때문이다.

전통적 상거래에서는 현금, 수표, 어음, 신용카드 등이 결제수단으로 이용되어 왔다. 그러나 인터넷 전자상거래나 혹은 전자화폐(Electronic Cash)로 결제되기 때문이다.

전통적 상거래에서는 현금, 수표, 어음, 신용카드 등이 결제수단으로 이용되어 왔다. 그러나 인터넷 전자상거래시대에는 전자화폐나 신용카드 등을 통해 전자식 방식으로 결제된다. 전자상거래 시대에는 신용거래가 확대되기 마련이다.

앞으로 인터넷 전자상거래가 활성화되고 이 상거래가 국내 상거래나 또는 세계무역거래를 지배하게 되어 그 규모가 엄청나게 크게 될 경우 종래 전통적 방식으로 실시해 오던 재정, 금융, 통화, 외환 등 여러 정책이나 그 제도로서는 그 관리가 어렵다고 보아야 할 것이다. 인터넷 전자상거래시장은 분명히 미래의 경제사회에 핵으로 떠오를 것이다. 따라서 새로운 인터넷 전자상거래 시대에 부응하는 정책과 제도의 개편이 불가피할 것이다.

실제로 인터넷 쇼핑이 외화유출의 구멍이 되고 외환관리의 사각지대라는 것은 너무나 잘 알려진 사실이다. 안방에 앉아서 컴퓨터 마우스의 클릭으로 하는 인터넷 쇼핑은 한국의 경우 건당 5천 달러 미만이면 수만 달러를 써도 문제가 되지 않는다. 이는 전자상거래시대를 맞이하여 외환정책상 신중히 고려하지 않으면 안 될 문제이다. 현행 한국의 외환관리규정상 인터넷의 전자상거래는 경상거래로 분류되기 때문에 건당 5천 달러 이하는 별도 관리나 집계되지 않는다. 1997년 한국에서 외환위기가 발생될 무렵 인터넷 전자상거래를 통해 엄청난 외화가 해외로 빠져나가 버렸던 사실에 주목해야 한다. 인터넷 전자상거래는 경쟁의 격화를 초래시킨다. 그리고 인터넷 전자상거래는 세계화를 촉진시키므로 인터넷 전자상거래에 따른 세계화 속에서 경쟁은 더욱더 가열될 조짐을 보여 주고 있다. 인터넷 전자상거래는 전통적 상거래와는 전혀 다른 인터넷의 사이버 쇼핑몰에 세계의 모든 상품 및 서비스 공급자들과 수요자들이 들어와서 거래를 하기 때문에 경쟁이 치열할 수밖에 없다. 그리고 인터넷 전자상거래는 각국 경제의 세계화를 촉진시키기 때문에 이 세계화 속에서 벌어지는 경쟁은 더욱더 격심하게 가열되기 마련이다. 가상전자공간에서 치러지는 경쟁은 초첨단 정보통신 기술을 이용한 경쟁이며 이는 초인간적 능력의 두뇌경영경쟁이다. 그리고 경쟁은 그야말로 국경 없는 무한 경쟁이다. 미국의 세계적인 경제잡지인 비즈니스위크(business Week)지는 "국경이라는 말은 경제적 의미로는 더 이상 쓸모 없게 되어 버렸으며 어느 단일국가의 기업은 사라지게 된다."는 지적은 초첨단 정보통신 인프라를 이용한 인터넷 전자상거래 시대에 도래할 새로운 경쟁상태를 예고해 준다고 볼 수 있다. "파산이 없는 자본주의는 지옥이 없는 기독교와 같다(Capitalism Without bankruptcy is like Christianity without hell)."는 제임스 그래스 맨(James Glassman)의 지적이 인터넷 전자상거래시대에 실감 난다고 하지 않을 수 없다. 온라인 전자상거래는 분명히 유통혁명을 초래시킬 것으로 믿어진다. 왜냐하면 전자상거래는 물리적 공간과 제약된 시간을 초월하여 이루어지고 있으며 또한 유통채널을 크게 단축시키고 있기 때문이다. 그리고 인터넷 전자상거래는 유통 및 물류비용을 대폭적으로 삭감하기 때문이다.

인터넷 전자상거래는 전통적 상거래와는 달리 거래대상이 전 세계의 소비자들이고 인터넷 마케팅이나 텔레마케팅으로 상품홍보를 하고 있는 것도 분명히 유통혁명을 초래시키는 요인이 되고 있다. 또한 상품이나 서비스의 공급자들과 수요자들이 사이버 쇼핑몰에서 서로 만나 전자우편으로 거래를 하고 있는 것도 새로운 유통경로를 여는 괄목할 만한 현상이 아닐 수 없는 것이다. 인터넷 전자상거래에서 대금결제수단으로 전자통화 등이 도입되고 전자결제가 이루어지는 것도 분명히 유통혁명이라고 보아야 할 것이다. 인터넷 전자상거래에서는 전자물류인프라 위에서 이루어지고 있고 사이버 쇼핑몰과 상품의 배송회사와 인터넷으로 연계되어 상품이 지체 없이 신속·정확하게 배달되고 확인되는 것도 괄목할 만한 유통혁명이 되고 있다. 인터넷 전자상거래에서 돌풍처럼 휘몰아치고 있는 경이적인 유통혁명은 이 상거래를 눈부시게 발전시킬 뿐 아니라 제조, 농수산, 운송, 보험, 금융, 창고, 무역 등 모든 산업부문에 커다란 영향을 미쳐 세계경제의 새로운 패러다임을 조성해 나갈 것으로 보인다.

인터넷 전자상거래는 오퍼상, 중간상(도매 및 소매) 등 중간거래를 퇴출시키고 있다. 전통적으로 무역거래에서는 오퍼상이 수출입거래에서 큰 역할을 해 온 것이 사실이다. 이 오퍼상은 영세한 중소기업들로부터 수출이나 수입의 의뢰를 받고 이를 대행해 왔다. 오퍼상은 교역대상상품을 홍보하기도 하고 거래대상을 물색하기도 하고 또는 수출대상품목의 오퍼를 해외 바이어들에게 제공하기도 했다. 오퍼상들은 그 대가로 수수료를 받아 왔다. 오퍼상들이 수출입거래에서 상당한 역할을 해 온 것은 이들이 이 거래에 전문성을 가지고 있고 국내외 시장정보에 밝기 때문이다. 인터넷 전자상거래가 활성화됨에 따라 공급자와 구매자가 사이버 쇼핑몰에 직접 등장하여 거래를 함에 따라 오퍼상 등 중간상은 쇠퇴되거나 퇴출되지 않으면 안 될 처지에 놓이고 말았다. 사이버 쇼핑몰에서의 판매자와 구매자의 직접적인 접촉은 종래 중개인에게 지불되던 수수료나 정보의 송달, 처리, 해석 등의 비용을 엄청나게 줄여 주고 있다. 이와 마찬가지로 국내 수출입상품의 중간상거래도 쇠퇴되거나 퇴출되기 마련이다. 따라서 인터넷 전자상거래는 수출입상품의 유통경로를 공급자와 수요자 중심으로 크게 단축시킴으로써 중개거래를 허용하지 않는다. 그것은 인터넷의 사이버 쇼핑몰이 새로운 가상 세계시장으로서 가장 효과적인 역할을 수행하고 있기 때문이다.

온라인 전자상거래는 필연적으로 소득세, 부가가치세, 관세 등 조세문제를 야기한다. 인터넷 온라인에 따른 거래에 누가 세금을 내어야 하는가의 문제가 당연히 발생되지 않을 수 없는 것이다. 우리나라의 구매자들이 미국

계열의 사이버 쇼핑몰에 접속하여 상품이나 서비스를 사게 되면 그 미국기업의 매출액이 늘어나게 되고 이익도 증가되기 마련이다. 그런데 이 기업은 우리나라의 사람들한테서 이익을 얻지만 소득세는 미국 정부에 내게 된다. 우리나라의 구매자들이 내어야 하는 부가가치세도 이와 마찬가지이다. 수입상품에 부과되는 관세의 경우에 있어서도 미국은 인터넷 무역으로 이뤄지는 모든 상품과 디지털제품에 대해 관세를 부과하지 말자고 주장하고 있다. 그리고 인터넷 교역에 대한 새로운 내국세 과세를 금지하자고 고집하고 있다. 이와 같이 온라인 전자상거래는 그 기업이 내어야 하는 소득세와 구매자들이 납부해야 하는 부가가치세의 조세관할권을 왜곡시킨다. 인터넷 전자상거래에 따른 소득세, 부가가치세는 대부분 미국 등 선진국들이 징수하게될 것이 분명하다. 그리고 인터넷 무역으로 이뤄지는 상품에 대해 무관세화되면 경쟁적 우위에 있는 미국을 비롯한 선진국들의 상품이 많이 수출될 것이 틀림없다. 이는 우리나라 조세수입의 감소, 경상수지의 악화 등을 초래시키게 될 것이다. 인터넷 전자상거래는 그 상거래관련기술을 비롯하여 정보통신과 그 산업을 발달시키게 될 것이다. 초첨단 정보통신기술이 인터넷 전자상거래의 새로운 장을 열어 놓고 이 상거래가 다시 초첨단 정보통신기술을 발전시켜 가고 있다. 인터넷 전자상거래가 활성화됨에 따라 개발이 가능한 분야는 시스템 통합(System Interation: SI), 전자상거래 솔루션(Solution), 멀티미디어 콘텐츠 분야, 전자상거래 소프트웨어 등의 분야이다. 국내외 SI업체들은 앞으로 인터넷 전자상거래분야가 크게 활성화될 전망을 보임에 따라 인터넷 전자상거래 관련 정보기술 개발에 열을 올리고 있다. 인터넷 전자상거래의 보안 시스템, 암호, 인증 등 여러 분야의 새로운 기술 개발이 기대된다. 그리고 최근 새로운 정보교환수단으로 관심을 끌고 있는 인트라넷(Interanet)과 엑스트라넷(Extranet) 분야의 개발 확대도 기대된다고 볼 수 있다. 그 외에도 인터넷 전자상거래에 적용되고 있는 다음과 같은 전자정보통신기술이 혁신적으로 개발될 전망을 보여 주고 있다. ① 검색도구: 오디오 텍스트 및 비디오 텍스트, 온라인 데이터베이스, 전자카탈로그, 다양성목록서비스, ② 교환메커니즘: 수취자 요금부담 전화번호(한국: 080, 미

국: 800), EDI, 컴퓨터, 컴퓨터예약시스템, ③ 전자모니터링 및 시행체계: 전자자료 녹취, 신용카드 위임, 전자자금 이체 및 자동결제.

인터넷 전자상거래는 세계 모든 기업의 인터넷 시스템 구축을 촉진시키고 있는 것이 사실이다. 몇 년 전까지만 하더라도 인터넷 기반의 전산시스템은 일부 대학이나 연구소 중심으로 구축되었으나 인터넷 전자상거래가 활성화되고 있는 오늘날에는 세계의 모든 기업들이 이미 이 시스템을 개설했거나 또는 개설에 나서고 있다. 그것은 기업이 영업활동을 수행하기 위해서나 경쟁적 우위를 확보하기 위해 절대적으로 필요하기 때문이다. 세계의 모든 기업에서는 인터넷 기반의 전산시스템 구축이 불가피한 것이 사실이다. 기업이 정상적인 영업활동을 하려고 하면 그 기업을 국내외에 널리 알려 기업 이미지를 향상시켜야 하고 영업내용을 홍보하지 않으면 안 된다. 생산된 상품이나 서비스를 판매해야만 한다. 그리고 애프터서비스를 제공해야 하고 고객들도 관리해야 한다. 이러한 모든 영업활동을 가장 능률적으로 수행할 수 있는 것이 인터넷에 입각한 전산시스템이다. 기업이 이 시스템을 갖추지 않고는 전자정보 초고속도로로 활짝 트여 있는 세계화된 경제환경 속에서 잠시라도 살아남을 수 없다. 따라서 기존의 폐쇄적 네트워크 기반의 기업전산시스템이 개방형 시스템으로 바꿔 나가고 있으며 또는 이를 초첨단 모형으로 구축해 나가고 있는 실정이다. 기업의 인터넷 시스템에 접속하는 수요자의 수는 과거에 비교할 수 없을 정도로 폭발적으로 증가하고 있다. '21세기에는 인터넷과 미국 영어가 세계를 지배한다'는 추세를 기업경영자들은 미리 알아차리고 인터넷 시스템 구축과 그 능률적인 활용에 열을 올리고 있는 것이다.[2]

미래에 무역과 상거래는 비약적으로 발전할 것이다. 특히 글로벌화된 사회와, 지구촌 사회가 연결되어 필요를 신속히 충당할 수 있는 네트워크형 무역과 상거래가 진행될 것이다. 신속하면서도 정확한 국제적인 1일 생활권으로 좁혀지고 무역과 상거래도 그것에 발맞추어 발전을 거듭할 것이다.

---

2) http://kin.naver.com/detail/detail.php?d1id=4&dir_id

배상목 ———————————————————————————————————————

▌약 력

경기대학교 무역학과 학사
경기대학교 경영학 석사
경기대학교 경영학 박사
(주)충남방적 과장 역임
청운대학교 기획과장 역임
한서대학교 국제통상학과 강사 역임
혜전대학 입학관리본부 본부장 역임
국제지역학회 이사
현) 혜전대학 무역유통마케팅과 교수
현) 혜전대학 산학협력센터장

▌주요논문 및 저서

한국기업의 스왑거래제도 이용실태에 관한 연구(1991)
한국기업의 효율적 외환관리 방안에 관한 연구(1999)
한국의 복합운송에 관한 연구(1994)
금융선물시장의 국내도입 방안에 관한 연구(1994)
파생금융상품거래에 관한 고찰(1998)
국내 파생금융상품거래 실태에 관한 연구(1999)
우리나라 항만의 e-port구현전략에 관한 연구(2002)
eUCP-전자적 제시를 위한 UCP500의 추록의 주요 내용에 관한 연구(2002)
전자식선하증권의 운용방안에 관한 연구(2003)
치기공사의 이직에 관한 연구(2003)
IMF이후 한국기업 외환관리의 문제점과 개선방향(2003)
확장된 기술수용모델(ETAM)에 의한 전자무역 수용에 관한 연구(2003)
환경 특성에 따른 전자무역 수용에 관한 연구(2005)
2005학년도 대입전형 변형에 따른 대학의 대응전략(2005)

『최신경영학원론』
『무역실무론』

▌약 력

1994. U.S.A. Midwest University(M.Div 교역학석사)
2002. 고려대학교(교육정책학 석사 – 수석장학생)
2002. Midwestern Graduate school(D.Th. Hon)
2005. 성균관대학교 대학원 박사 Cand(교육행정학 전공)
1991. 한국세무신문사 전문취재부 기자
1995. 한국어린이선교원신학교 캠퍼스 분교장
2002. 고려교육정책학회 상임회장(학진 학회검색 가능)
2002. 몬테쏘리학회 상임회장(학진 학회검색 가능)
2002. 고구려대학교 설립추진위원회 법인이사
2003. 한주신학 학술원 설립이사(신학원 교수)
2003. U.S.A. Glenford University 교육학과 교수 역임
2004. U.S.A. Cohen University 정책학과 외래교수
2004. 한국복지상담학술재단 이사 겸 홍보처장
2005. U.S.A Holy People University Campus 유학담당 지도교수
2005. PHILIPPINE PRESBYTERIAN THEOLOGICAL COLLEGE 객원교수
2005. 대통령직속기관 사법개혁추진위원회 모의재판 배우 활동(광주법원, 서울 공연)
2005. 혜전대학 adjunct professor 역임
2006. 고위직 직무교육 콘텐츠 연기자 활동(기아, 현대, 대우 자동차)
2006. 장애인복지시설 행복한재단 이사 활동
2008. 혜전대학 초빙교수
2008. 지방분권신문사 사장(대표이사)
2009. Korea Entertainment institute 대표이사
2009. 고려신학대학원, 고려사이버신학대학 원격평생교육원 기획처장

▌주요논문 및 저서

우리나라의 복지행정제도에 관한 고찰 연구(1988)
Kal Barth의 신관 연구(1988)
한국 민중문화와 민중 신학 연구(1992)
Rein hold Niebuhr & Marx에 대한 상관관계 연구(1993)
A CHRONOLOGICAL HARMONY OF THE RESURRECTION
APPEARANCES OF JESUS THE MESSIAH(1994)
북한종교의 변화 전망 연구(2002)
교육위원회와 지방의회간의 갈등 현상에 관한 연구(2001)
조선조 과거시험 방식의 정책적 분석(공동, 2005)
조선의 과거제도에 대한 정책적 연구(공동, 2005)
조선왕조 과거제도 인사정책 연구(공동, 2005)
조선왕조 과거시험주기 정책적 주장 분석연구(공동, 2005)
조선왕조 과거제도가 현대 정책에 주는 의미(공동, 2005)
과거제도 시험주기의 정책 분석연구(공동, 2005)
북한 종교지형 변천 정책 분석연구(공동, 2005)

『대학생활영어』(공저)	『행정경제교육』(저술)	『행정정책기획론』(저술)
『의원학』(저술)	『국회의원학』(저술)	『교육정책학 상』(저술)
『교육정책학 하』(저술)	『산학협동교육학』(저술)	『현대교육학실기론』(저술)
『현대환경행정론』(공저)	『행정사무관리론』(공저)	『영재교육심리』(저술)
『인사행정학』(저술)	『행정복지론』(저술)	『조직신학』(공저)
『아다르마 성공비법』(저술)	『동양환경행정』(저술)	『교육학과 비서행정』(저술)
『7만교인 교육론』(저술)	『지방자치발전론』(저술)	『CEO 지도자론』(공저)
『NGO 행정론』(공저)	『경영행정학』(저술)	『직업과경제』(저술)
『실기교육방법론』(저술)	『전산실무』(저술)	『사회복지행정론』(공저)
『대박마케팅』(공저)	『행정학』(저술)	『멘 토』(저술)
『모세오경의 교론론』(공저)	『사회복지정책론』(공저)	『금융재테크 성공론』(공저)
『사회복지법제』(저술)	『리더쉽 성공론』(저술)	『사회복지상담』(저술)
『경찰행정법』(공저)	『무역법과 상거래』(공저) 외 다수	

무역법과 상거래

초판인쇄 | 2009년 7월 31일
초판발행 | 2009년 7월 31일

지은이 | 배상목, 한만봉
펴낸이 | 채종준
펴낸곳 | 한국학술정보㈜
주 소 | 경기도 파주시 교하읍 문발리 파주출판문화정보산업단지 513-5
전 화 | 031) 908-3181(대표)
팩 스 | 031) 908-3189
홈페이지 | http://www.kstudy.com
E-mail | 출판사업부 publish@kstudy.com

등 록 | 제일산-115호(2000. 6. 19)
가 격 | 46,000원

ISBN   Paper Book)
      978-89-268-0186-4 98320(e-Book)

내일을여는지식 ■ 은 시대와 시대의 지식을 이어 갑니다.